U0124279

一带一路双向投资丛书

"一带一路"与国际产能合作

企业生存之道

徐绍史　主编

何立峰　宁吉喆　王晓涛　副主编

张继栋　等　编著

机械工业出版社

CHINA MACHINE PRESS

图书在版编目（CIP）数据

"一带一路"与国际产能合作：企业生存之道 / 徐绍史主编 . —北京：机械工业出版社，2017.4

（一带一路双向投资丛书）

ISBN 978-7-111-56506-2

Ⅰ . ①一⋯ Ⅱ . ①徐⋯ Ⅲ . ①企业—对外投资—研究—中国 ②外资利用—研究—中国 Ⅳ . ① F279.247 ② F832.6

中国版本图书馆 CIP 数据核字（2017）第 067967 号

机械工业出版社（北京市百万庄大街 22 号 邮政编码 100037）
责任编辑：徐明煜 朱 林 责任校对：李 伟
封面设计：饶 薇 责任印制：李 飞
北京新华印刷有限公司印刷
2017 年 4 月第 1 版第 1 次印刷
170mm×242mm·33.5 印张·503 千字
标准书号：ISBN 978-7-111-56506-2
定价：180.00 元

个百分点；与此同时，中国对外直接投资为 1456.7 亿美元，同比 2014 年增长 18.3%，比 2014 年增速快 4.1 个百分点，投资额是 2002 年的 54 倍，不仅实现连续 13 年的增长，而且年均增速高达 35.9%。2015 年，中国对外直接投资规模仅次于美国，实际使用外资规模位列全球第三，且"走出去"比"引进来"多 100.7 亿美元，首次成为资本的净输出国。

"十二五"时期，中国利用外资与对外直接投资总规模分别是"十一五"时期的 1.5 倍和 2.4 倍，这表明中国的开放程度与国际化发展能力水平都进入了一个新阶段。

新格局之二：在服务业已成为中国双向投资的重点领域的同时，出现了利用外资产业结构中第三产业持续增加，对外直接投资产业结构中第二产业比重增加的新特点。

2015 年，中国利用外资的三个产业构成比为 1.13：32.16：66.71。与 2014 年相比，第一、第二产业分别下降 0.05、2.04 个百分点，第三产业相应增加 2.09 个百分点。投资金额最多的主要产业领域依次排名是制造业、房地产业、金融业及批发零售业，共计占利用外资金额总量的 77.34%。国内产业结构变动与利用外资产业结构变动的吻合，充分表明利用外资对推动中国产业结构升级起了重要的积极作用。

2015 年中国对外直接投资已涵盖了国民经济的 18 个大类，对外直接投资金额的三个产业构成比为 1.74：27.5：70.76。与 2014 年相比，第一、第二产业分别提升了 0.44 和 2.2 个百分点，相应第三产业下降了 2.64 个百分点。投资金额最多的主要产业领域依次排名是制造业 199.9 亿美元，同比增长 108.5%，其中流向装备制造业 100.5 亿美元，占制造业的 50.3%；金融业 242.5 亿美元，同比增长 52.3%；信息传输软件和信息服务业 68.2 亿美元，同比增长 115.2%。

新格局之三：香港仍是内地双向投资最大和最稳定的来源地与投资目的地，发达经济体在中国双向投资中出现了分化的新特点。

2015 年，中国境内利用外资的来源地与对外直接投资地仍主要是亚洲，实际使用外资金额与对外直接投资流量都占七成以上（分别为 82.32% 和 74.4%），其中来自香港的投资与内地对香港的投资都高达六成以上（分别为

63.7% 和 61.7%），基本与 2014 年持平，保持了稳定的态势。

2015 年，在外商投资来源地中，来自美国与欧盟 15 国的企业数量分别增长 5.53% 和 11.9%，但来自美国的实际投资金额同比下降了 11.8%，欧盟则增长了 3.55%。2015 年，在中国对外直接投资中，对美国的投资仅增长 5.7%，对欧盟、澳大利亚的投资则分别下降了 44% 和 16%，都大大低于去年同期增长两位数以上的水平。这表明，尽管随着中国经济综合实力的不断增强，以及中国企业发展经营实力的不断壮大，中国参与高端产业国际分工合作与竞争的能力正在大大提高，但对外投资的政治风险、市场风险、环境风险等也在逐步加大，成为影响着中国对外投资稳定发展的重要因素。

新格局之四：在中国双向投资的国内区域分布中，"东重中西轻"的格局没有根本变化，但中西部地区的作用正在逐步增强。

2015 年，东部地区仍是中国双向投资的主要地区，外商投资企业数量与投资金额占总量之比分别约为 88.41% 和 78.09%。相比之下，中部分别约为 7.04% 和 7.7%，西部分别约为 4.52% 和 7.34%，比重都仍较低，但一些中西部省份已经出现了较快发展的好势头。如中部的安徽省和湖南省，实际使用外资分别为 136.2 亿美元和 115.6 亿美元，分别增长 10.4% 和 12.7%；对外直接投资分别为 9.7 亿美元和 14.8 亿美元，分别增长 1.1 倍和 55.9%，均大大高于全国平均增速。又如西部的云南省和新疆维吾尔自治区，实际使用外资分别为 29.9 亿美元和 4.5 亿美元，分别增长 10.6% 和 8.5%；对外直接投资分别为 13.44 亿美元和 11.02 亿美元，分别增长 30.4% 和 37%，也均大大高于全国平均增速。这表明"一带一路"倡议带动的中西部大开发正在逐步形成中国新的经济增长极。

新格局之五：投资主体与投资方式的多元化已经成为中国双向投资的主要发展格局。

2015 年，外商独资、中外合资、中外合作及股份制等已成为中国利用外资的主要企业类型，但其中外商独资和中外合资占有九成，已成为主导。2015 年，在对外投资中，已形成了以有限责任公司为主导的，包括民营、股份制、个体、集体等多元化的投资主体。中国国有企业在对外直接投资中占比为 50.4%，较 2014 年同期下降了 3.2 个百分点，与此同时，非国有企业的比重持续上升为 49.6%，表明非国有企业在"走出去"方面已成为重要的生力军。同时，中国对外投资已形成了并购投资、股权投资、收益再投资、债务工具投资等多种投资方式并存的多元化格局。

新格局之六：中国与"一带一路"沿线国家的双向投资跨入新阶段，国际产能与装备制造合作已成为中国对外投资的新亮点。

2015 年，我国企业共对"一带一路"相关的 49 个国家进行了直接投资，投资额合计 189.3 亿美元，同比增长 38.6%，投资主要流向新加坡、俄罗斯、印度尼西亚、阿联酋、印度、土耳其、越南、老挝、马来西亚、柬埔寨等国家。我国企业在"一带一路"相关的 60 个国家新签对外承包工程项目合同 3987 份，新签合同额 926.4 亿美元，占同期我国对外承包工程新签合同额的 44.1%，同比增长 7.4%；完成营业额 692.6 亿美元，占同期总额的 45%，同比增长 7.6%。2015 年，"一带一路"沿线国家在华设立外商企业 2164 家，比 2014 年同期增长 18.32%；实际使用外资金额 77.89 亿美元，比 2014 年同期增长 25.34%，均大大高于同期全国的水平。这充分表明在全面推进建设"一带一路"的带动下，中国对"一带一路"沿线国家的投资正显示出强劲的发展势头与广阔的发展空间。

2015 年中国企业在交通运输、电力、通信等优势产业的对外直接投资累计约 116.6 亿美元，同比增长 80.2%。截至 2015 年年底，我国企业正在推进的境外经济合作区共计 75 个，其中一半以上是与产能合作密切相关的加工制造类园区，建区企业累计投资 70.5 亿美元；入区企业 1209 家；合作区累计总产值 420.9 亿美元，上缴东道国税费 14.2 亿美元，带动了纺织、服装、轻工、家电等优势传统行业优势富余产能向境外转移。境外投资、工程承包带动装备出口快速增长，大型成套设备出口额同比增长超过 10%。中资企业通过国际产能合作优化全球布局，带动国内装备、技术、服务、标准和品牌走出去，促进了我国经济结构调整优化。这充分表明，中国积极推进国际产能和装备制造业合作的成效正在持续显现，国际产能与装备制造业合作正成为我国对外投资的新亮点。

在取得成绩的同时也应清醒看到，中国的双向投资仍存在诸多问题。就"引进来"方面，要进一步改善国内投资环境，提升外资的质量与水平，吸引与指导外资更好地为促进中国经济增长方式转变、产业结构转型升级服务。就"走出去"方面，由于中国企业"走出去"的时间相对较短，发展经验还有待进一步积累。特别是由于对外投资面临的国家多、领域宽，情况复杂多变，政治、经济、市场、文化、外交及人才等风险因素交错，更增加了中国企业对外投资的不确定性与难度。同时，在今后的对外投资发展中中国企业也还将要面临许多新形势、新问题，因此，特别需要加强对投资国国情、法律、市场等方面的深入了解与认识，不断积累经验，增强国际化运营能力，才能更好适应对外投资发展的新形势。

由国家发展和改革委员会国际合作中心组织编写的"一带一路双向投资丛书"，是一套为推动中国"引进来"与"走出去"双向投资良好发展，以信息服务指导为主要内容的工具书。丛书的主要特点：一是收集了2015年中国国家与各地方双向投资的发展情况，为全面了解中国双向投资发展情况提供了大量信息；二是汇集了最新推进国际产能和装备制造合作的相关政策，向境内外投资者展示中国开放的新政策及投资导向；三是提供了国际产能和装备制造合作重点国别研究报告，对境内外投资者深入了解投资国国情，把握市场动向，进行投资决策提供一定的帮助；四是收集了推进国际产能和装备制造合作的典型案例，包括地方案例和企业案例，以及重点行业研究报告，对境内外投资者进一步系统了解相关情况提供了多层面的大量信息。

我相信，丛书的出版将对各方面更加全面完整了解中国的双向投资提供有益的信息与情况，有助于更好推进"一带一路"建设，有助于推进国际产能和装备制造合作健康有序发展，促进中国企业的国际化进程和与世界各国的经贸合作交流。

徐绍史

（时任国家发展和改革委员会主任）

前言

当前，全球产业结构加速调整，基础设施建设方兴未艾，发展中国家大力推进工业化、城镇化进程，为国际产能和装备制造合作提供了重要机遇。党中央、国务院在深入分析国内和国际经济发展新形势、综合考虑现实和未来产业转换新方式、科学研究供给和需求全面结合新模式、开拓创新三方和多方合作新形式等基础上，做出了积极推进国际产能和装备制造合作的重大决策。

2015 年 5 月 16 日，国务院发布《国务院关于推进国际产能和装备制造合作的指导意见》，明确了我国开展国际产能合作的基本原则、发展目标和主要任务，梳理出国内制造能力强、技术水平高、国际市场有需求的 12 个优势行业（钢铁、有色、建材、铁路、电力、化工、轻纺、汽车、通信、工程机械、航空航天、船舶和海洋工程），作为我国未来国际产能合作的主要领域。

李克强总理在 2015 年 6 月对推进中央企业参与"一带一路"建设暨国际产能和装备制造合作工作会议所做的批示指出：推动国际产能和装备制造合作，是新阶段下以开放促进发展的必由之路，既有利于顶住经济下行压力，实现中高速增长、迈向中高端水平，也是与全球经济深度融合，在更高层次上嵌入世界产业链条，实现优势互补、合作发展的共赢之举。

在这之后，国务院于 2016 年 1 月 29 日、4 月 14 日和 5 月 6 日的国务院常务会议上，都强调了关于推进国际产能和装备制造合作，加大"走出去"力度的重要性，提出了"企业主导、政府推动、突出重点、有序推进，注重实效、互利共赢，积极稳妥、防控风险"的基本原则。其中以企业为主导是国家实施"一带一路"建设暨国际产能和装备制造合作工作的首要原则。

习近平主席在 2016 年 8 月 17 日召开的推进"一带一路"建设工作座谈会上指出，以"一带一路"建设为契机，开展跨国互联互通，提高贸易和投资合作水平，推动国际产能和装备制造合作，本质上是通过提高有效供给来催生新的需求，实现世界经济再平衡。

参与国际产能合作是中国企业主动适应经济新常态和积极融入开放型经济发展的务实合作；是企业积极提升国际分工地位，重塑价值链的战略合作；是企业充分发挥互补优势，实现全球产业链聚合的开放合作；是企业注重可持续发展，积极承担社会责任，实现人与自然和谐发展的绿色合作；是企业由中国制造向全球金融服务、国际人才培养、行业标准推广、知识产权布局的深层次合作。

两年来，国际产能和装备制造合作初见成效，呈现出国有企业和民营企业从竞争向合作转变、传统产业向新兴产业转变、硬基础向软实力转变的良好态势。国际产能合作规模不断扩大，合作方式不断深化，合作机制不断完善，未来将更加紧密结合"一带一路"，为促进中国新一轮高水平对外开放，为发展增添新动能，为实现经济提质、增效、升级做出更大贡献。

本书在撰写过程中得到了北京大学、天津财经大学、中国地质大学（北京）、中煤国际工程集团北京华宇工程有限公司以及有关企事业单位和领导专家的帮助与支持，在此一并表示感谢。本书可供参与"一带一路"和国际产能合作的企业和研究人员参考。鉴于撰写时间仓促，且编者水平和能力有限，书中难免存在疏漏乃至错误之处，敬请读者批评指正。

编者

2016 年 12 月 16 日

目录

编委会

序言

前言

第一篇　取势篇

第三篇　优术篇

第五篇　案例篇（下）——装备制造

第一篇
取势篇

对外投资合作是世界各国和地区有效参与国际分工和生产要素配置的重要方式，在经济全球化进程中发挥着越来越重要的作用。在世界经济深度调整的关键时期，世界各国和地区优势互补、密切合作，做大做强实体经济，持续扩大总需求和总供给，是全球经济走出困境、通往可持续增长的必由之路。中国将坚定实施"走出去"战略，坚持企业和个人的境外投资主体地位，努力提高境外投资质量和效率，增强中国企业国际化经营能力[○]。

开展国际产能合作，把我国的优质产能和优势装备与发达国家的关键技术结合起来，与广大新兴市场国家和发展中国家的城市化、工业化需求对接起来，是中国和世界各国实现优势互补、合作发展的共赢之举。当前正在大力推进的"一带一路"建设，积极打造"共商、共建、共享"的国际合作架构，获得沿线国家和地区的广泛参与和支持，这也为开展国际产能合作提供了新的发展机遇。中国作为世界第二大经济体、最大的进出口贸易国和主要的对外投资国，愿与各国和地区一道携手并进，构建与重点国家和地区的新型投资合作伙伴关系，为世界经济的可持续增长和长期繁荣稳定做出新的更大贡献。

○ 宁吉喆.企业主导五位一体推进国际产能合作.中国经贸导刊.2015（22）

第一章
企业开展国际产能合作的意义

企业是实施"一带一路"建设构想，开展国际产能合作的主导力量。在各级政府推动和指导下，企业的"走出去"战略可以优化生产要素配置方式，合理利用我国优势资源实现贸易和投融资过程中的优势互补，提高技术创新和研发能力，提升产品附加值，提高我国参与国际价值链的分工地位，从而实现国际范围内的产能合作。另一方面，国际产能合作的开展，有助于优化企业贸易结构、投资结构和生产要素结构，缓解企业资源不协调所带来的生产和经营压力，最大化发挥生产要素职能，提高技术研发能力，丰富产品结构内涵，缓解产能过剩所带来的一系列问题，从而优化我国产业结构、经济增长结构，保持经济持续健康发展。

由此可见，企业的"走出去"战略和我国的国际产能合作是互为依托、相互影响、互相促进的统一体。企业开展国际产能合作，会为自身起到推进产能转移、促进转型升级、拓展发展空间、优化全球布局、扩大国际市场和加强对外合作的作用。

第一节　实现产能合作共赢

以"一带一路"战略化解中国优势富余产能的途径主要有两个：一个是国内产品通过对外贸易销售到沿线国家；另一个是对外投资，在沿线国家建厂，实行成套设备整体转移，并将配套产业和设备进行同步转移，形成产能、资本、技术、标准立体化综合转移。

国际产能合作实质上是一种对外直接投资代替原有对外贸易的双向互惠互利合作方式。互通有无、互补性强的产能合作比贸易方式更受欢迎。当贸易成本很高、投资准入门槛较低、投资风险较小时，以产能合作的直接投资方式，优于以出口贸易满足东道国市场的贸易方式。具有高度产业互补性的国家开展产能合作，可以充分利用两国资源和两国市场，减少长距离、大规模贸易带来的浪费，有效增加两国要素和资源利用效率，增加就业和国民收入。跨境投资不仅为东道国带来扩大就业和税收收入的利好，而且可以促进当地产业发展，这是投资比贸易更受东道国欢迎的重要原因，但前提是外国投资不会对东道国同行产生挤出效应。

利用东道国廉价劳动力和资源，开展产能合作，可以提高资源配置效率，形成（东道国+投资国+第三方的庞大市场）规模经济，降低产品平均生产成本，提高国际竞争力，促进经济增长，增加东道国及全球福利。

此外，政府提出的"一带一路"战略从国内、国外两个市场发掘投资需求和消费需求，为提升传统产业效益和化解传统产业产能过剩开出了一味新药。重点淘汰的产业是相对于我国现有经济发展阶段而言的，并不是绝对的落后产业。这些产业在东南亚、南亚和中亚等地区仍然是先进产业。以水泥为例，被淘汰的"窑径3.0米以下水泥机械化立窑生产线等落后水泥产能"在"一带一路"部分沿线国家仍属于先进生产工艺[一]。

综上，对外投资是化解中国优势富余产能的占优方案，但这并不意味着完全放弃产品出口贸易方式，一些不宜投资的产品也可采取产品出口贸易方式。另外，还需要根据该国的经济发展水平、资源要素禀赋、地理区位等因素，综合决定中国与产能输入国之间有关产能合作的具体内容。

㊀ 刘瑞，高峰."一带一路"战略的区位路径选择与化解传统产业产能过剩.社会科学研究.2016（1）

第二节　推进企业产能转移

产能国际转移是通过国际贸易或国际投资等方式，将产能从一个国家或地区转移到另一个国家和地区的过程，从而实现生产要素在全球范围内的重新配置组合。企业，特别是传统产业企业参与国际产能合作，有助于推进企业自身的产能转移，从而提高资源利用率，提升投入－产出效率，优化产品结构，开展国际合作、拓展海外市场，最终增强其在国际市场的核心竞争优势。

一、国际产能转移的主要模式

（一）富余产能的普遍性

关于产能转移，在国际社会上并不是无迹可寻，相反，它是美日等发达国家占据国际竞争优势地位的一条重要的成功经验。它们正是通过扩大对外投资和贸易，在全球范围内转移产能、化解国内产能相对过剩、助推产业结构升级、改善贸易条件，并藉此向他国"引入"本国技术格式、产业标准，从而控制和重塑产业链。同时，在对外投资理论范畴中，更是有非核心产业对外转移，重组并增强核心竞争力的观点。

（二）产能转移的主要理论与模式⊖

工业革命以来，世界经历了多次产能转移，发达国家全球范围内的产能转移业已形成两种理论，并基于这两种理论形成了两种产能国际转移模式。

1）基于产品生命周期理论形成的美国"比较优势"产业转移模式。美国式对外产业转移是基于雷蒙德·弗农的"产品生命周期理论"的指导。该理论认为先进国与后起国家之间的技术差距以及各自不同的自然资源禀赋决定了国际贸易的发生。

⊖ 卓丽洪，贺俊，黄阳华.《"一带一路"战略下中外产能合作新格局研究》,《经济研究》，第36卷/第10期，2015年10月

自 20 世纪 50 年代开始，美国产业转移正是基于上述理论，出现了"创新国新产品出口垄断时期→仿制国仿制该新产品时期→仿制国产品与原创新国产品竞争时期→原创新国开始进口时期"四个阶段的演进过程，即所谓的美国"比较优势"产业转移模式。第一阶段，新产品的出口垄断时期。由于创新阶段需要投入大量的研究与开发费用和技术力量，这只能由像美国这样的资本充裕和科技力量雄厚的发达国家来进行。第二阶段，仿制该种新产品时期。其他发达国家开始仿制该种新产品，由于仿制国不需要负担新产品的研发费用，也不需要支付因出口而产生的国际间的运费和关税，因此在劳动成本方面具有优势，产品价格低于从美国进口产品的价格。其他国家的仿制使美国产品竞争力下降，出口也相应萎缩。第三阶段，仿制国产品与原创国产品竞争时期。其他国家生产仿制的新产品后，取得了规模经济的效益，生产成本进一步下降，使其能在世界出口市场上与美国产品进行价格竞争，从而使得美国垄断地位逐渐丧失，出口大幅度下降，最终美国产品在第三国市场上的地位被取代。第四阶段，原创新国进口时期。随着其他发达国家出口的扩大，新产品成本持续降低的数量超过向美国出口所需要的运费、关税和保险费用，它们的产品终于进入美国市场，致使美国出口出现停滞状态；外国产品进入美国市场，美国进口该种"不再是创新"的产品，开始从净出口国转变为净进口国，从而使得新产品周期在美国宣告结束。当这四个阶段结束后，该产品的国际生产周期在仿制国依然继续进行。

1948 年，美国国会通过了《对外援助法案》，利用其自身的过剩产能援助欧洲国家，启动了马歇尔计划。该计划把信贷援助转化成商品输出，极大地刺激了美国的工业生产和对外贸易，使美国的过剩产能得到了有效释放，对美国在第二次世界大战后保持经济繁荣发展起到了积极作用[一]。

2）基于边际产业扩张理论形成的日本"边际产业转移"模式。日本产业国际转移，走出了不同于其他资本主义国家的所谓"日本式道路"。日本式对外产业转移是基于小岛清的"边际产业扩张理论"的指导。

"边际产业"所包括的范围较广。小岛清从国际分工的比较成本这一视角

〇 董小君 . 中国下阶段产业转移的道路选择——基于产能国际转移日美两种模式的创新探索 . 人民论坛·学术前沿 . 2013

出发分析对外直接投资。他认为，随着劳动力成本的提高，日本的劳动密集型产业较之发展中国家，已处在比较劣势状态，成为"边际产业"。在劳动密集型的产业中，可能有一些大企业还保持着较强的比较优势，而中小企业则处于比较劣势，成为"边际性企业"。在同一企业中，也可能存在一些部门保持较强的比较优势，而另一些部门则处于比较劣势，成为"边际性部门"的情况。小岛清将这些"边际性产业""边际性企业""边际性部门"概括称为"边际产业"。

在区位选择上，该理论认为，对外直接投资应选择在国际分工中处在更低层次的国家或地区，这样容易找到立足点并占领当地市场。该理论主张，日本的对外直接投资应该选择在发展中国家进行，同时要根据比较成本的动态变化情况，依次从差距小、易转移的技术进行，以达到占领市场的目的。小岛清认为，日本对发达国家的投资是不合理的，几乎找不出理由来解释日本要直接投资与美国相比并不具备比较优势的小汽车等产业的合理性；如果说对外直接投资的作用仅限于节省运费、关税及贸易障碍性费用，以及其他交易费用等，那还不如由美国企业向日本的小型汽车生产进行投资，日本企业向美国的大型汽车生产进行投资，即实行所谓的"协议性的产业内部交互投资"。

在对外直接投资的特点上，该理论认为对外直接投资不仅是货币资本的流动，也是资本、技术、经营管理知识的综合体由投资国的特定产业部门的特定企业向东道国的同一产业部门的特定企业（子公司、合办企业）的转移，是投资国的先进生产函数向东道国的转移和普及。

日本式产业转移主要是基于自然资源导向和低成本导向。与比较优势的动态变化相一致，这类对外投资可以促进国际分工的重新调整，以及劳动力缺乏与劳动力富余的国家之间的贸易的增长。这类对外直接投资可以将已标准化的传统劳动密集型产业，或将密集地使用廉价劳动力的产品从日本转移到泰国、菲律宾、马来西亚、印尼和中国等国家生产。小岛清认为，日本这种劳动力导向型投资的目的，不是为了实现进口替代，而是为了建立出口基地。

二、美日两种产能转移模式比较

美日产能转移的不同特点主要体现见表1.1-1。

表1.1-1 美日产能转移的不同特点

	美国	日本
所选择的产业	比较优势产业：从汽车、电子计算机、化学产品、医药产品等垄断性的新产品开始	边际产业：本国劣势，但在东道国尚存在明显或潜在比较优势
产业转移主体	大型跨国公司	中小型企业
对贸易的影响	贸易替代	补充、创造、扩大贸易
经营方式	寡头垄断，多独资	多合资

三、对我国企业产能转移的启示

从上面的论述我们可以看出，推进国际产能合作符合国际产业发展的基本规律，历史上英、美、日等国都曾推动过国际产业转移[一]。而与美国、日本当年的情形相似，目前中国拥有全球最大规模的外汇储备，并且也拥有庞大的制造业优势产能。在经济全球化深入发展以及中国"一带一路"战略推进实施的大背景下，产能国际转移既是化解中国过剩产能的宏观治理举措，也是为中国巨额外汇储备找到理想出路，助力"中国制造"走向世界，占据产业链制高点的可行路径。

企业，作为国际产能合作的微观主体更能借势寻求互补性资源，提高资源利用率，抢占更广阔的国际市场，提高并巩固国际分工地位，从而提高企业参与国际竞争的整体竞争力。"十三五"及未来更长时期，我国企业，特别是传统产业企业应当以更加积极的、建设性的态度对待中外产能合作和向外产业转移问题，以在全球范围内构建完善的"母子工厂"体系为核心，积极参与并推进我国与广大新兴经济体的产能合作。并在此过程中，提升企业自身的核心竞争力，增强国际市场话语权。

○ 邢厚媛.以五大发展理念引领"一带一路"建设的思考.国际经济合作.2016

第三节　促进企业转型升级

国际产能合作是一种国家间产业互通有无、调剂余缺、优势互补的合作方式，是一种国际产业转移与对外直接投资相结合的新模式[1]。李克强总理在 2015 年 6 月对推进中央企业参与"一带一路"建设暨国际产能和装备制造合作工作会议所做的批示指出：推动国际产能和装备制造合作，是新阶段下以开放促进发展的必由之路，既有利于顶住经济下行压力，实现中高速增长、迈向中高端水平，也是与全球经济深度融合，在更高层次上嵌入世界产业链条，实现优势互补、合作发展的共赢之举。可以说，积极融入全球产业链条是我国开展国际产能合作的重要内涵和任务之一。

一、我国企业转型升级的必要性

第二次世界大战之后，尤其是 20 世纪 90 年代以来，发达国家的跨国公司对其全球生产网络和贸易体系进行了基于价值链的重新塑造，其目的是充分利用不同国家和地区的比较优势，并将其转化为企业在特定环节的竞争优势。全球价值链分工的最显著表现就是随着国际分工的深入，商品和服务的价值创造体系在全球范围内出现了垂直分离，发达国家占据全球价值链的研发、设计、营销网络等高端环节以获取高额利润，而发展中国家大多处于价值链的低附加值环节[2]。如今，全球价值链已成为世界经济的重要特征。我国经济过去 30 多年的高速增长，正是得益于东部沿海地区对全球价值链的深度嵌入。制造业产品的大量出口虽为我们赢得"世界工厂"的美誉，并推动我国成为世界第二大经济体，但并未实现我国制造业向价值链高端攀升的目标。目前，大部分中国制造业企业从事着中间品加工和最终品组装，处于价值链中低端位置，缺乏核心竞争力，产品附加值较低。

在出口导向型战略下，我国制造业企业对外依存度高，周期性经济危机

---

[1] 夏先良. 构筑一带一路国际产能合作体制机制与政策体系. 国际贸易. 2015（11）

[2] 刘志彪，张杰. 产业链定位、分工与集聚如何影响企业创新. 中国工业经济. 2007

中发达国家减少进口，而由于我国企业被"锁定"在价值链低端，出口产品缺乏核心技术和自主品牌，往往遭受发达国家的技术性贸易壁垒，导致出口受阻，进而放大了周期性产能过剩的影响。

不仅如此，我国制造业还面临"前后夹击、进退维谷"的困境。一方面，2008 年国际金融危机爆发后，美国等发达国家纷纷提出以"重振制造业"为核心的"再工业化"战略，这可能导致发达国家的企业将部分产业环节转移回国内。另一方面，我国经济在经历 2008 年金融危机之后进入经济新常态，在三期叠加○和国际经济复苏乏力背景下，工业整体呈现出产能过剩局势，并且无论是在传统产业中的钢铁产业、装备制造业产业还是在新兴产业中的光伏产业都存在产能过剩○。另外，劳动力密集型产业对要素成本变化的敏感度很高，而近年来我国东部地区要素成本上升明显，企业原有的成本优势日益减弱，很多企业选择向东南亚等劳动力成本更低的国家转移。在此背景下，我国工业发展面临巨大的转型压力，产业价值链升级刻不容缓。

二、 目前企业转型升级的外部条件

首先，"一带一路"涉及众多的发展中国家，市场需求巨大，发展潜力诱人。我国目前许多产业具有庞大的优势产能，尤其是在一些传统产业，在新常态下单靠中国的市场难以吸收化解，而这些产业对于"一带一路"沿线正处于工业化进程中的发展中国家而言，是其发展的必需。因此，以"一带一路"沿线国家市场为重点构建新的价值链体系，显得尤为重要。

其次，"一带一路"沿线的诸多国家属于发展中国家，处在工业化初期或中期阶段，工业化发展水平均低于我国，产业发展的资本缺乏，吸引外资和争取外援需求强烈。而我国多年来形成的庞大制造业产能、优良的制造业配套能力、适中的产业技术标准和相对过剩的产业资本对于这些国家具有强大

○ 所谓三期叠加是指，增长速度换档期（由经济发展的客观规律所决定），结构调整阵痛期（是加快经济发展方式转变的主动选择），以及前期刺激政策消化期（是化解多年来积累的深层次矛盾的必经阶段）

○ 刘瑞，高峰."一带一路"战略的区位路径选择与化解传统产业产能过剩.社会科学研究.2016（1）

的吸引力，有利于我国在这些国家形成产业分工体系，规划产业链布局。

再次，全球金融危机之后，大多数发达国家仍处于弱复苏阶段，经济实力不足，且囿于本国的体制无力对发展中国家进行大规模的投资和援助。同时发达国家在经贸和产业领域中的高标准，对于"一带一路"沿线的多数不发达国家而言也难以适应。而我国与发展中国家有共同发展的愿望，具有大规模的投资和援助能力，以及处于中等水平的产业技术标准，恰恰能为"一带一路"沿线发展中国家提供重要的外部资源和动力⊖。

最后，中国外向型经济快速发展已有 30 余年的基础，企业也具有相对熟练的国际市场运营能力，与"一带一路"相关国家有着良好的经贸交流基础，积累了诸多开发经验。

三、企业转型升级的重要切入点⊖

在国际产能合作的操作层面，境外资源开发是我国企业"走出去"的重要方向之一，在我国对外投资的过程中具有重要地位。我国国际产能合作转型升级不仅不能没有境外资源开发领域的参与，还应该以境外资源开发的转型升级为切入点，以境外资源开发项目的纵向或横向拓展，带动我国和投资东道国产业对接，推动我国产业链向投资东道国延伸。

1. 境外能源资源开发是对外投资合作发展的重要亮点

2008 年国际金融危机爆发以后，根据国内外经济形势的发展变化，我国对"走出去"发展战略进行了调整，侧重于对境外能源资源的开发。受区位资源禀赋所限，我国油气、煤炭、铁矿、铝土矿以及木材等许多资源相对匮乏。但是，在经济高速发展的过程中资源能源消耗巨大，国民经济发展和资源能源供应相对不足的矛盾已经显现。要解决这一矛盾，就必须用全球化的视野，在开发利用国内资源的同时，加快境外资源能源的开发利用，在境外建立能源、

　　⊖　钟飞腾．"一带一路"产能合作的国际政治经济学分析．山东社会科学．2015
　　⊖　张述存，境外资源开发与国际产能合作转型升级研究——基于全球产业链的视角．山东社会科学．2016（7）

原材料供应基地，在全球范围内优化资源配置，为国民经济可持续发展提供充足的能源和资源保障。

2.产业链视角下境外资源开发转型升级发展潜力巨大

在全球产业链视角下，境外资源开发对国际产能合作具有良好的促进作用。首先，境外资源开发是国际产能合作转型升级的重要组成部分。受到我国传统经济发展方式和企业国际化经验欠缺的影响，目前相当多的境外投资企业和项目均在一定程度上存在着经营粗放、经营效益不高的问题，但是随着近年来世界各国对资源环境、可持续发展的要求不断提升，绿色投资已经成为境外资源开发国际合作的必备要件。在这种新形势下，如果境外资源开发项目依然坚持原有的生产模式，将会面临越来越多的指责和非议。这既不利于企业投资目标的实现，也有损于企业乃至我国在东道国的投资形象，因此境外资源开发项目的转型升级迫在眉睫。

其次，境外资源开发的转型升级能够带动国际产能合作其他项目的跟进。从产业链的角度看，资源能源开发在企业生产链条中处于前端和下游，且利润率较低。我国企业开展的国际产能合作可以从境外资源开发起步，但不能以境外资源开发为最终目标。随着企业在投资合作和资源开发过程中对东道国市场环境的深化了解，企业应该也有条件进行产业链条的重新布局和构建，引导投资项目向附加值更高的链条和环节转化。这样，企业就从最初的境外资源开发向更高级别、更广领域的对外投资合作模式转化。因此说，境外资源开发自身升级的巨大潜力会对国际产能合作的转型升级产生显著推动力。

四、企业转型升级的主要发展方向[⊖]

鉴于寻求境外资源互补开发在国际产能合作中的重要作用，我国应当更加重视境外资源开发的良性发展，特别是通过境外资源开发，推动我国企业进入目标市场，在境外资源开发的基础上构建跨境产业链条，从而推动企业

⊖ 张述存.境外资源开发与国际产能合作转型升级研究——基于全球产业链的视角.山东社会科学.2016（7）

有效地转型升级，助推国际产能合作向更高层次发展。

1. 创新产品生产，占据全球产业链中高端——以轨道交通装备制造业为例

在中国制造2025[一]战略背景下，我国轨道交通装备制造业应逐步构建完善且具有持续创新能力的创新性体系，全面推行智能制造模式，让生产的主要产品逐渐达到国际化领先水平。其中，通过主导国际标准内容修订，构建全球领先的现代化轨道交通装备产业体系，逐步生产高端化产品。在我国轨道交通装备制造业技术创新的过程中，主要创新产品、工艺和服务内容[二]。通过实施中国制造2025战略，有利于加快我国轨道交通装备制造业逐渐由"中国制造"向"中国创造"转变，全面推进我国轨道交通产业快速升级，有效提升整个信息产业、电子工业和材料工业等相关性产业链的整体实力，促进我国由"制造大国"朝着"制造强国"发展。

2. 培育跨国生产企业，优化国际产能合作载体

充分调动各类企业的积极性，尽快培育一批效益好、竞争力强的本土跨国公司，尽快形成不同类型、不同规模的本土跨国公司协同开展国际产能合作的格局。加快调整重组，支持国有企业和民营企业做大做强，建设大型跨境企业集团。进一步理顺企业的产权关系，规范公司法人结构，尽快完成完善公司治理结构的任务。加大完善母子公司体系的力度，通过降低成本实现规模效益。

以企业为主体，以资本为纽带，推动大型企业与关联企业、配套企业互相持股，形成技术创新能力强、辐射带动力度大、市场占有率高的大型企业集团，切实提高我国企业承接境外项目的能力。积极引导企业加强对大项目投资，重点推动大中型国有企业和大型民营企业积极承接大型国际项目。

　　[一]　中国制造2025，是中国政府实施制造强国战略第一个十年的行动纲领。坚持"创新驱动、质量为先、绿色发展、结构优化、人才为本"的基本方针，坚持"市场主导、政府引导，立足当前、着眼长远，整体推进、重点突破，自主发展、开放合作"的基本原则

　　[二]　葛文，田天.创新驱动中国制造2025的实施战略与路径——以大连瓦房店轴承产业为例.中国商论.2016

3. 促进中国标准"走出去"

尽管相较于发达国家，中国标准仍处在较低的水平。但对于工业化水平较低的"一带一路"沿线的许多不发达国家，中国标准仍然是较为适用的标准，中国工业化发展的模式和经验也是这些国家学习的榜样。尤其是中国加大对这些国家的投资和援助力度，更是在推广中国标准方面具有一定的话语权。因此，要全面深化与"一带一路"沿线国家和地区在标准化方面的合作和互联互通，积极推进标准互认，重点推广铁路、电力、钢铁、有色、建材、轻纺以及工程建设等领域的标准，使其"走出去"，从而更好地支撑我国产业、产品、技术、工程等"走出去"，服务于以中国为核心的价值链打造。

4. 树立绿色投资意识，维护我国企业境外形象

将绿色发展战略融入国际产能合作，严格遵照东道国的法律法规进行资源开发。建立有利于节约、高效、清洁、安全发展的长效机制；加快发展绿色工业技术，大力推进节能环保技术改造，把节约和环保贯穿于工业产品生产、流通、消费、建设的全过程，使环境保护成为我国开展国际产能合作的鲜明标志，成为促进经济合作、转变经济合作发展思路的重要手段。最大限度地带动社区就业与区域经济发展，通过属地化经营，吸引更多的当地劳动者到企业工作，提升当地员工管理水平和业务水平。促进当地生产网络形成，积极推动境外投资企业与当地企业之间生产网络的链接，将自身不具优势的生产环节向当地企业分包，并带动当地产业升级和提升了自主发展能力。

国际产能合作与国际直接投资能够推动中国产业实现转型升级，通过持续不断的科技、制度与管理创新推动产业迈向中高端水平，大幅度提高劳动生产力，跨越中等收入陷阱[⊖]。

⊖ 夏先良.构筑"一带一路"国际产能合作体制机制与政策体系.国际贸易.2015

第四节　拓展企业发展空间

"一带一路"建设和国际产能合作可以是通过基础设施建设推动中东和中亚融入全球价值链、产业链的分工体系，打通欧亚大陆形成新的生产网络和消费市场，为欧亚经济乃至全球经济的发展形成新的增长空间。

一、企业拓展发展空间的必要性

"一带一路"沿线是全球人口聚集区，同时也是经济在增长的地区，对基础设施建设有巨大的需求。而基础设施的投资量大、工程量大，将对高铁、工程承包等中国优势产业以及建筑材料、钢铁、水泥、玻璃等富余产能，产生巨大的需求。"一带一路"建设的实施将极大地促进我国与沿线国家的产能合作，为我国企业特别是传统产业企业提供更大的发展空间，为我国企业的对外贸易提供更广阔的市场，为"走出去"的发展战略提供更大的对外投资平台。

以高铁为例，未来"丝绸之路经济带"区域需要建设的铁路总长将达 1 万公里左右，铁路行业钢材需求量约占钢铁需求总量的 3%，而修建 1 公里高铁需消耗钢材 3000 吨，是修建普通铁路的 10 倍。因此，高铁出口可以在一定程度上化解我国国内钢铁行业的富余产能，更重要的是通过典型承包案例在国际社会上所建立起来的示范效应，为我国的高铁树立起质量与诚信的形象，为其出口参与国际竞争寻求并开拓更广泛的发展空间。

除此之外，"一带一路"将有效促进中国产业结构转型升级。正如前面的例子中所提到的，高铁输出不仅能够带动国内轨道交通装备、光电显示制造、集成电路制造、电子信息等行业的出口，同时还能够输出中国标准和技术，从而使我国在国际经济领域拥有更大的话语权。

二、以产能合作为契机拓展企业发展空间

国际产能合作拓展产业发展新空间，推动经济全面深度融入全球化。国

际产能合作是国际直接投资、国际经济合作的创新方式，利用这种新方式可以把我国经济与欧美技术、亚非拉市场需求紧密联系起来，促进我国与全球产业链对接和分工合作，从而把过去囿于国内的产业融入全球产业链之中，极大地扩展产业发展空间。

企业以"一带一路"建设为平台，以产能合作为契机，以"走出去"战略为目的，成为化解我国优势产能全球化的必然选择。因此，企业在"走出去"开展产能合作的过程当中，恰当地选择路径与方式，寻求一条与企业自身优势特征更为契合的"走出去"道路，就成为企业参与"一带一路"建设的产能合作，拓展自身发展空间的关键要素。

三、企业拓展发展空间的路径选择——"中国式"产业转移区域选择○

海外拓展通常情况下，既可走高端道路又可走低端道路。

（一）低端道路

通过"边际产业"向发展中国家转移，获得资源、避税和过剩产能的消化。现阶段，我们应该选择在国际分工中处于更低阶梯的国家或地区，即把发展中国家作为中国"边际产业"转移的重点区域。通过"边际产业"向外转移，达到三个目的：一是寻求资源合作；二是消化过剩产能；三是避开贸易壁垒。

"自然资源寻求型"区域选择——"丝绸之路经济带"是中国战略资源、能源的稳定供给带，地域辽阔，有丰富的自然资源、矿产资源、能源资源、土地资源和宝贵的旅游资源，被称为 21 世纪的战略能源和资源基地。中国通过与"丝绸之路经济带"国家合作，能够构建外部战略资源、能源的稳定供给体系。要把丝绸之路从线形的"商贸路"变成产业和人口集聚的"经济带"，必须要有现代交通和物流的基础保障，才能吸引企业入驻，形成产业生态链。

○ 董小君 . 中国下阶段产业转移的道路选择——基于产能国际转移日美两种模式的创新探索 . 人民论坛学术前沿 .2013(24)

中国企业在中亚地区承揽了公路、电信、电力等基础设施建设项目。随着区域内基础设施的不断完善，连接本地区的能源、交通、电信等网络已初显轮廓。

"劳动密集型产业"区域选择——将"边际产业"转移到东南亚、非洲、南美、东欧。中国"边际产业"主要涉及机电行业和轻工服装业。富余产能对我们可以是负担，但对周边国家和其他发展中国家则是财富。许多国家除了要我们扩大从他们国家进口外，普遍期望我们去投资兴业。现阶段，我们要以"边际生产成本"为原则，转移那些边际生产成本呈现恶化状态的加工贸易行业和劳动密集型产业。目前，最佳区位选择应该是在东南亚、非洲、南美、东欧等发展中国家。从距离上看，东南亚各国和中国比较近，运输成本较低。非洲、南美、东欧等部分国家和地区也面临着发展经济、资金短缺和解决国内就业的困难，而我国"边际产业"相对起步较早、规模较大、技术较好、成本较低，选择上述投资区位既有利于东道国问题的解决，加快其产业结构和技术结构升级；同时，也能实现我国产业的外部延伸，增强产业竞争优势，促进产业结构的调整与升级，实现双赢。

"避税型"区域选择——将出口依赖度较高的外贸产业向那些拥有出口免税区的国家转移。我国纺织、服装鞋帽、通信设备、化学工业等产业，对出口的需求依赖度高。这些产品在国内生产，出口到国外，消耗了大量国内资源，加大了环境承载压力，因此从资源与环境压力的角度考虑，应该将这类企业转移到资源环境承载力较强的地方去。目前，洪都拉斯、摩洛哥、多哥、马达加斯加等国家拥有出口免税区，如果中国将外贸加工产业转移到这些国家，可以实现"双赢"：一方面，帮助这些国家加快工业化进程，完成资本原始积累；另一方面，中国可利用外部资源，扩大产业优势。

（二）高端道路

通过"优势产业"向欧美发达国家扩散，获得技术、销售网络，并规避"双反"。雷蒙德·弗农的"产品生命周期理论"和美国式产业国际转移模式，对于中国"优势产业"在发达国家的产业布局具有很强的比较和借鉴意义。在这里，"优势产业"不仅是产业本身，还应该包括"优势企业"。"优势产业"更适合选择在国际分工中处于更高阶梯的国家或地区。

中国企业对欧美等发达国家的产业转移，是发展中国家对发达国家的一种逆向投资。发展中国家跨国公司的海外直接投资遵循"周边国家→发展中国家→发达国家"的顺序。但中国对外直接投资并没有遵从这一顺序，从一开始就零星地开展了对发达国家的直接投资。随着经济的发展和企业实力的增强，中国企业对发达国家的逆向投资不断增加。这种发展中国家企业向发达国家进行的国际化战略型投资和创业活动，被称为充满机遇和风险的另一条路线，但却是中国实现开拓海外市场、规避欧美反倾销诉讼、获取先进技术以及与世界经济接轨等目的的最佳途径。

"技术寻求型"区域选择——投资欧美国家的优质资产，以获得国际知名品牌和技术。全球著名品牌主要云集在美国、日本、德国、意大利、芬兰等国家，它们掌握着某些产业的核心技术，是行业主导者。如欧盟高技术发展的重点主要集中在信息通信技术、能源与环境技术等领域，这些都是我国进行产业升级所急需的技术。近十年，欧美国家的优质资产成为中国企业的主要收购目标，国内有些生产型企业通过对国际品牌进行投资可获取一个较高的起点。例如，浙江诺亚纺织收购意大利爱慕帝威 MDV，南山纺织服饰完成了对意大利服装品牌 DELLMA 的收购，北京金亚科技收购了英国 Harvard International plc 的全部股份；TCL 集团旗下的国际控股有限公司收购德国施耐德电子，吉利控股集团收购沃尔沃等；雅戈尔也利用品牌投资模式成功进入欧美市场，最终树立自己的知名品牌，达到世界一流水平。

"市场网络获得型"区域选择——中国"比较优势产业"投资发达国家实业，以获得全球销售网络。欧洲是世界工业革命的发祥地，美国高科技全球领先，赴欧美投资实业，将扩大中国企业的资产和海外实体，为企业国际化和技术升级积累要素。如果不在欧美拥有强大的生产、销售或其他经营实体，中国的品牌走向世界、成为世界知名品牌，就是一句空话。目前，我国大部分"比较优势产业"在发达国家的布局，更多是以开拓销售市场为目的。我国"比较优势产业"主要有两大类：一是具有一些传统优势的产业，如中医中药、古典园林、传统食品等领域，这些都是我国专有的，任何国家都无法仿制、仿造。从某种意义上说，专有技术是垄断技术的一种，其出口和对外直接投资前景十分乐观。二是已具有世界知名品牌的产业，如已入选世界品牌百强的 23 个品牌（CCTV、中国移动、工商银行、国家电网、海尔、联想、五粮液、中石化、鞍山钢铁等）。这些企业的经营业绩优秀，资产总额、销售收入、净利润中一项或几项均保持较高的增长。这些产业能够基于产品优势在发达国家市场上竞争。从国际环境看，目前欧盟应该是中国"比较优势产业"走出去的最佳选择。与美国和澳大利亚相比，欧盟拥有先进技术、熟练劳动力、法律环境透明度较高的稳定投资环境（中国公司很少遇到审批的障碍）。

"规避双反型"区域选择——通过委外加工、国外办厂的方式，应对来自贸易壁垒的挑战。自 2004 年加拿大首次对我国烧烤架产品发起"双反"调查以来，中国连续十几年成为全球遭受反倾销调查最多和连续 7 年成为全球遭受反补贴调查最多的国家。尤其是近年，中国的光伏产业接连遭遇美国、欧盟反倾销和反补贴的"双反"调查。为了规避"双反"，国内企业更是要向海外进行产业布局，通过委外加工、国外办厂的方式，应对来自贸易壁垒的挑战。如澳大利亚就是我国光伏过剩产能转移出处。由于澳大利亚没有光伏生产企业，中国企业不会面临与澳大利亚本土企业的竞争，亦不会产生类似欧美"双反"的贸易摩擦。

第五节　优化企业全球布局

以往的国际产业转移，往往是由发达国家主导的，尤其是第二次世界大战以来，发达国家的制造业向发展中国家不断加速转移，形成了发达国家主导的全球价值链。如今，中国倡导的"一带一路"建设也在推动中国与相关国家和地区的产业转移与产能合作，成为中国布局国际价值链的平台。

一、优化企业全球布局的必要性

当前新形势下，各国都在努力提升国际竞争力，争取全球贸易和跨境投资中的话语权和影响力[⊖]。一方面，在世贸组织多哈回合谈判以及国际货币体系改革裹足不前的情况下，多双边贸易和投资协定快速发展，各国都在积极参与国际规则体系的制定和重塑。另一方面，发达国家纷纷提出了工业升级和制造业复兴战略，吸引高端制造业回流；同时，印度、东南亚等发展中国家正利用低廉的劳动力，培育制造业的国际竞争优势。受此影响，国际价值链分工正经历新的变化和调整，从而形成新的生产全球布局。

改革开放30多年来，中国依靠对外开放政策以及廉价的劳动力成本，承接了大量的国际生产外包订单，充当了"世界工厂"的角色，获得了贸易和经济的快速增长。但近年来，我们面临的内部和外部形势都发生了显著的变化，孟加拉国、菲律宾、越南等东南亚国家在加工制造业领域快速追赶，一些跨国公司开始调整亚洲地区的产业链分工布局，一个侧面反映是近年来我国制造业吸收的外商直接投资规模逐年下降、跨国公司关闭中国工厂的报道不断增多。与此同时，国内经济下行压力和产业结构调整的压力不断加大，既有不少产能亟待消化和转移，又有众多产业亟须升级换代。近年来，中国政府提出了"中国制造2025"，以及支持国际产能合作和推动装备制造业"走出去"的相关政策。总体来看，中国参与全球价值链分工到了一个主观上必须转型、客观上不得不转型的十字路口。

推动国际产能合作创新，提升全球产业链布局能力。一是应当注重加大股权直接投资力度，获取境外资产的所有权或长期经营权，以长期稳定的现金流回报，自然对冲一些周期性风险（例如汇率、外国政府换届等）。股权安排要有流动性，以便满足企业或投资者的股权转让和退出需要。二是应当注重全产业链布局和资源整合，积极发挥协同效应和集群效应。譬如，应注重打造产业链联动的产融投资合作平台，关注多双边产业园区或自贸区建设，在做好项目总承包商的同时要努力成为项目业主，既带动上下游企业、国内大型成套装备走出去，也推动国内设计和技术标准、运营管理和人才走向国际市场。三是重大境外基础设施建设应积极推广公私合营的合作模式，既减轻外国政府提供主权担保的压力，也可推动国内企业参与股权投资和投后经

⊖ 丁学东.中国从"世界工厂"到国际产能合作——中国在全球生产价值链中地位的提升.全球化.2015

营管理。四是应当尽快研究推广融资租赁的合作模式，在中国购买或生产制造大型设备，租赁给外国政府或企业使用，收取设备的使用费，以此来推动中国装备"走出去"。

二、优化企业全球布局——提升全球价值链位置

（一）发达国家的生产全球布局成功经验

第二次世界大战以后形成了四次大的国际制造业产业转移浪潮，见表1.1-2。

表1.1-2　四次大的国际制造业产业转移浪潮

序号	时间	方向	主要行业
1	20 世纪 50 ～ 60 年代	美国向日本	钢铁、纺织
2	20 世纪 70 年代	日本向"亚洲四小龙"	钢铁、纺织、化工、造船
3	20 世纪 90 年代～ 2008 年	美国、日本、"亚洲四小龙"向中国大陆	劳动密集型、资本密集型、资源密集型
4	时至今日	中国沿海向东南亚、南亚、非洲	劳动密集型

（二）"一带一路"国家参与国际分工现状[一]

对于"一带一路"区域国家来说，由于自身资源和地理条件的限制，大多数国家位于内陆地区，没有或者很低程度上参与到国际分工，制造业发展水平较低。除了东亚太平洋地区，其他地区的制造业都不发达，中亚和西亚主要集中在能源开采行业，由于能源开采的成本相对较低，能源深加工的收益相对较低，在能源深加工和其他制造业上就没有多少投资。

近几年来，许多相对低端的制造产业纷纷转向越南、柬埔寨、缅甸、孟加拉国等东南亚国家，而中国则逐渐开始瞄准高端制造业市场，南亚等地区的制造业发展水平有所提高。表 1.1-3 的数据显示了东亚太平洋、中东和北非、南亚和中亚的制造业发展及其出口的状况。由此可以看出，东亚太平洋地区的制造业在国民经济中的地位下降，开始向服务业转型，而南亚和中亚的制

[一] 孟祺 . 基于"一带一路"的制造业全球价值链构建 . 财经科学 .2016（2）

造业地位有所上升。

表1.1-3 "一带一路"部分区域制造业发展状况[一]

比例	地域	2007年	2008年	2009年	2010年	2011年	2012年	2013年
占GDP比例 （单位：%）	东亚太平洋	32	32	33	32	33	32	31
	中东和北非	13	12	12	12	13	13	12
	南亚和中亚	14	14	14	14	14	15	15
占世界比例 （单位：%）	东亚太平洋	14	15	18	18	19	19	20
	中东和北非	2	2	2	2	2	2	1
	南亚和中亚	3	3	3	3	3	4	4
中高技术增加值占 比（单位：%）	东亚太平洋	42	42	42	43	42	43	44
	中东和北非	30	31	31	31	33	32	33
	南亚和中亚	40	42	43	44	43	42	42
人均制造业出口 （单位：美元）	东亚太平洋	776	895	753	976	1159	1252	1276
	中东和北非	627	753	546	656	715	736	775
	南亚和中亚	101	115	104	144	183	265	301
制造业出口占总出 口比例 （单位：%）	东亚太平洋	91	91	91	91	90	91	91
	中东和北非	39	34	39	41	38	38	39
	南亚和中亚	74	70	75	66	62	64	68
占世界出口比例 （单位：%）	东亚太平洋	13	14	15	16	17	18	19
	中东和北非	2	2	2	2	2	2	2
	南亚和中亚	2	2	2	2	3	3	3
中高技术出口占比 （单位：%）	东亚太平洋	57	57	58	58	57	58	59
	中东和北非	34	34	36	37	37	34	33
	南亚和中亚	22	26	27	27	27	26	26

（三）以跨国企业为主导，优化全球布局[二]

由学术界、产业专家、企业界和政府部门共同参与制定《中国促进中外产能合作战略规划2025》，明确未来十年中国中外产能合作的战略目标、重点领域和政策体系。加快开展重点国别和产业规划布局研究。统筹布局"一带一路"战略实施和中外产能合作，按照化解国内过剩产能与优化提升国内产业结构"双轮驱动"的基本思路，以构建完善的"母子工厂"体系为战略目标，即将中国在新兴市场国家投资的产能作为承载一般产品和技术的"子工厂"，而将中国国内的工厂建设成为具有技术支援、开发试制、先进制造技术

[一] 孟祺.基于"一带一路"的制造业全球价值链构建.财经科学.2016
[二] 卓丽洪，贺俊，黄阳华."一带一路"战略下中外产能合作新格局研究.经济研究.2015(10)

应用和满足高端市场需求功能的"母工厂"。通过"母子工厂"建设，既有序推进中国过剩产能的输出和转移，又通过提高本土的生产效率提升竞争能力、解决要素成本快速上涨的问题。

国际产业转移的实践证明，构建合理的全球价值链可以使得企业在全球进行资源的优化配置，提高企业利润，也使得东道国和母国经济都获得发展。越来越多的跨国公司将产品设计、原材料采集、零部件生产、组装、销售、售后等各个环节，分散至全球不同国家进行，按照各国的要素禀赋和比较优势，工序在全球进行资源配置，从而实现利润最大化。生产网络按照资源最优配置到不同国家，形成"全球价值链"，每个国家通过融入全球价值链获得部分附加值，此类贸易又被称为附加值贸易。改革开放以来，依赖于自由贸易和FDI的政策，中国对外贸易发展非常迅速，不仅仅是进出口规模的增加，而且进出口的结构也显著优化。但是，中国整体仍处于全球价值链的低端，迫切需要提升在全球价值链中的地位，其关键在于技术创新。随着中国制造业技术实力的增强，部分产业已经向产业中上游转移，开始加快对外直接投资的步伐，有能力在构建全球价值链的同时优化企业的全球布局，"一带一路"的提出为此提供了可能。

第六节　扩大企业国际市场

李克强总理曾强调，做好国内产能与国外市场的对接，更好契合不同地区尤其是"一带一路"沿线国家的需求。这不仅有利于中国盘活存量资产，也有利于其他国家加快工业化进程、扩大就业，还可以为中国与发达国家合作开拓第三方市场创造更多机遇。

一、国际产能合作对扩大产品市场的重要意义

在全球化经济发展的背景下，在产能合作的进程中，必须要突出市场运作。

以企业为主导，依照商业原则，灵活运用境外经贸园区、工程总承包、第三方合作等多种"出海"模式，做好国内产能与国外市场的对接，更好契合不同地区尤其是"一带一路"沿线国家的需求。

鉴于境外资源开发在国际产能合作中的重要作用，我国企业应当更加重视境外资源开发的良性发展，特别是通过境外资源开发进入目标市场，在产能合作的基础上构建跨境产业链条，从而扩大产品国际目标市场，从需求侧化解产能过剩，推动国际产能合作向更高层次发展。因此，从全球产业链的角度看，开展国际产能合作，通过扩大对外投资和国际贸易等方式将产能从本国转移到其他国家和地区，有利于化解国内产能过剩、助推产业转型升级、实现国家间优势互补和资源优化配置⊖。

另一方面，跨国产能合作涉及各国法律、汇率、财会制度及各种复杂因素，而企业只有拥有完备的熟悉国际市场分析、商务规则、法律法规、投融资管理和项目管理等人才队伍，才能在错综复杂的国际市场中做出正确的投资决策⊜。由此可见，在扩大产品市场的过程中，企业的软实力也绝对不容忽视，这也是企业成功"走出去"的必要条件。就这一点，跨国公司更加具有经验优势，成功的跨国公司具有丰富的本土化经验，并且更重要的是有实力组建这样的人才队伍，以团队合作形式适应每一个目标市场的法律、政策、文化、风俗，乃至宗教信仰。因此，产能合作有利于催生中国更多的跨国公司集团，而已有的跨国大型集团将是产能合作的主力军，助推产能合作的进程。

二、"一带一路"区域内资源市场——扩大发展中国家市场

（一）扩大市场的国际环境

2008 年国际金融危机影响深远，全球经济至今复苏缓慢，国际贸易与对外直接投资仍处于低速增长区间。但从长期看，工业化是任何国家必经的发展阶段，国际贸易和对外直接投资仍有快速增长的潜力。联合国贸易和发展

⊖ 张述存.境外资源开发与国际产能合作转型升级研究——基于全球产业链的视角.山东社会科学.2016（7）

⊜ 郭朝先，邓雪莹，皮思明."一带一路"产能合作现状、问题与对策.中国发展观察.2016

组织发布的《2015 年世界投资报告》显示，2014 年发展中经济体吸引的 FDI 占全球总量的一半以上；全球前十名 FDI 接受目的地中，有一半是发展中国家和地区。尽管全球经济仍未完全走出国际金融危机的阴影，但广大发展中国家的工业化进程同样势不可挡。

毫无疑问，随着自由贸易和全球产业分工的深化，发展中国家的工业化进程将创造巨大的市场机遇[一]。在此背景下，我国如何抓住发展中国家工业化提供的市场机遇，加大对发展中国家的投资力度，成为经济保持中高速增长和实现产业转型升级的关键因素之一。

（二）"一带一路"区域内市场

"一带一路"区域内国家资源丰富，包括原油、矿产等战略资源储藏量巨大。从经济发展程度来看，既有经济发展程度较高的国家，也有新兴发展中国家，还有大量亟待经济起飞的国家，比较优势差异比较大。在制造业价值链条上，东亚地区制造能力突出，工业门类齐全，技术比较先进，广大的中亚和南亚国家劳动力资源丰富，在劳动密集型制造业上有所起步，西亚地区资源采掘和深加工能力比较强，因此具有比较大的合作空间。"丝绸之路经济带"的内陆区域主要出口矿物燃料、金属矿物和制品、粮食皮毛等初级原料，进口以机械设备、电子电器、交通工具等工业成品和日用生活消费品为主。与内陆地区相对应，相对发达的东亚和东南亚地区主要出口电子电器、机械设备、交通工具等工业成品，进口油气、金属原材料、塑料化工等初级产品。

从贸易流向看，2013 年，中亚、西亚等国家主要出口资源类产品和机电类产品，东亚和东南亚国家主要出口机械制造业、交通运输和橡胶塑料等产品。通过对东、西不同区域的经济发展状况和消费水平的未来趋势分析，内陆国家未来对电子消费类、耐用品类、基建设备、机电类产品需求会有更大的增长空间，东部国家对资源加工类、农产品及特殊消费品类需求仍会持续增加。东、西双向贸易的主要货种包括钢铁及有色金属制品（东向为主）、交通运输工具及零配件（西向为主）、智能电器设备（西向为主）、机械设备及零件（西向为主，部分零部件为东向）、塑料及橡胶制品（东、西双向）、化工产品（东、

———
〇 白永秀，王泽润，王颂吉.丝绸之路经济带工业产能合作研究.经济纵横.2015

西双向）、皮毛棉纺制品（东向为主）、粮食及食品饮料（东、西双向）8类。

三、积极开拓第三方市场——拓展进入发达国家市场

开拓第三方市场的主要方式就是利用我国拥有价格优势的中端装备与拥有国际先进技术和核心装备的发达国家公司开展合作，服务于第三方国家。这种形式为我国企业创造了与世界一流企业合作的机会，我国企业在合作中能学习到国际上先进的管理理念、管理方法、施工技术和接触到各类先进的技术装备，从而提高自身管理和技术水平，提高企业的全球竞争力。我国与法国在核电、高铁等方面的合作就属于这种形式⊖。

第七节　加强企业对外合作

随着世界经济一体化进程的不断加快，区域生产链条开始向更加广阔的范围拓展，不仅突破了国界的限制，而且逐步形成了跨境产业链条。如何通过多方合作的方式，构建区域内的跨境产业链条，特别是本国跨国公司主导的跨境产业链已经成为开放型大国的重要课题。○

一、对外合作的提出背景

2015年5月16日《国务院关于推进国际产能和装备制造合作的指导意见》发布以来，国际产能合作已经成为我国对外经贸合作的重要形式。李克强总理2015年5月出访拉美，与巴西、哥伦比亚、秘鲁、智利四国领导人达成产能合作多项协议，开启中拉产能合作"3×3"新模式；2015年6月底出席第十七次中国欧盟领导人会晤，与欧盟工商界共同探讨推动全球产能合作之道，与法国签署了《开发第三方市场合作协议》，就在第三方合作领域开展合作达

⊖　袁丽梅，朱谷生.我国开展国际产能合作的动力因素及策略.企业经济.2016（5）

○　卢进勇，陈静，王光.加快构建中国跨国公司主导的跨境产业链.国际贸易.2015

成共识，决定在核电、高铁等领域开展三方合作。习近平主席 2015 年 10 月出访英国，促成中广核集团与法国电力集团签署了《英国核电项目投资协议》，中投公司、中船集团与嘉年华英国公司、芬坎蒂尼公司签署了《豪华游轮建造及运营项目合作协议》等一批国际产能合作大项目。

国家发展和改革委员会副主任宁吉喆在 2015 年的高层论坛中提出，要稳步实施多边合作。我们愿意携手欧盟，参与"容克投资计划"，共建投资平台，促进对欧产能合作。我们愿意发挥中国－中东欧国家合作机制作用，有效运用投资合作基金，拓展与中东欧 16 国的产能合作。我们愿意对接非盟，推进中非"三网一化"合作，加大融资支持力度，扩大对非产能合作。我们愿意对接东盟，借助中国－东盟博览会平台，扩展对东盟国家产能合作。我们也愿意着眼中国－拉共体论坛框架下的中拉整体合作，实施"3×3"合作新模式，发挥中拉产能合作基金作用，推动中拉产能合作迈上新台阶。

二、建立利益共同体

当前，"一带一路"区域许多发展中国家运用政策、法律等手段逐渐强化国内企业对资源的控制力，实行国内企业联手国外企业合作开发资源的模式。中国也应注意到这一点，突出中国企业与东道国企业的合作举措，坚持"资源增量共享"和"淡化政治"原则，尽可能地利用东道国本地公司的优势。

在开发"一带一路"相关发展中国家市场时，中国企业可以考虑与发展中国家当地企业和发达国家企业建立利益共同体，构建中国商品与资本、发展中国家资源与劳动力、发达国家技术与管理的协调发展机制，探索与发达国家尤其是"一带一路"涉及的发达国家在开拓发展中国家市场的合作模式，这样不仅能保护自身合法权益，降低投资风险，而且能有效回避发达国家在东道国设置的发展阻碍，及由于东道国政局动荡带来的消极影响，从而保障国际价值链的顺利打造。

同时，我国"一带一路"重大倡议也包含着打造"命运共同体"和"利益共同体"的内涵。所谓的"命运共同体"和"利益共同体"绝不是一方对另一方利益的简单让渡，而是由双方生产一体化而形成的"一荣俱荣、一损俱损"的共赢合作体，未来的国际产能合作应该更多地体现合作机制。

三、企业如何在政府引导下参与对外合作

企业间合作是"一带一路"建设成功的重要因素之一，我们要突出企业合作，协调各方利益，有计划、有步骤地开拓"一带一路"沿线发展中国家市场。

（一）充分利用"一带一路"的扶持政策⊖

1. 开发先行

一个国家和地区的企业在开展国际生产过程中，可以根据自身发展的实际，特别是竞争优势的情况，自主选择进入市场的方式。实践证明，通过境外资源开发进入目标市场是一条切实可行的发展道路。以境外资源开发作为先行选择或者跳板进入目标市场，不仅有利于在激烈竞争的市场条件下抢占优质资源能源，为本地区经济发展提供灵活、稳定的资源供给体系，还有利于了解东道国的管理制度、运营机制、法律法规以及相关行业的投资信息，提升我国企业的国际竞争力。

资源的开发和供应处在产品生产链条的最前端，对东道国资源的开发可以为跨国生产链条的连接提供合作入口。因此，未来我国应该继续坚持境外资源开发的发展战略，积极落实并加大境外资源开发的扶持政策，进一步拓展我国境外资源开发的市场空间。

2. 促进联系

频繁的生产互动和联系是跨境产业链得以存在并保持长久活力的重要基础。随着世界经济一体化的发展，不同国家和地区之间的经济联系不断加强。未来的国际产能合作也应当顺应国际经济的发展趋势，加速生产流程的重组和调整，通过加强生产联系，夯实跨境产业链的基础。当前，应该突出以下

⊖ 张述存.境外资源开发与国际产能合作转型升级研究——基于全球产业链的视角.山东社会科学.2016（7）

三个方面的联系。

1）顺应投资贸易一体化新趋势，促进国内生产企业和资源开发东道国的经济联系。积极推动资源开发企业向国内企业采购生产过程中需要的设备和相关零部件，鼓励国内企业为境外开发企业提供配套服务。鼓励境外开发企业将所开发的资源、能源产品返销国内，特别是国内加工企业。

2）顺应生产专业化新趋势，促进境外开发企业与东道国企业的经济联系。自20世纪90年代以来，跨国公司的经营战略发生了重大变革，越来越多的跨国公司正在加快剥离非主营业务，大幅度收缩经营范围，这一趋势被称为生产的垂直专业化。我国在国际产能合作的过程中，也应该积极顺应生产垂直专业化趋势，将一些自己竞争优势不是很强的模块或者环节向投资地的企业转让，将自己的经营重点放在自己具有核心竞争优势的环节，然后将这些环节的规模扩张，再开始新一轮的生产环节剥离或者再扩张，从而走出一条"剥离优势较低环节—核心环节扩张—再剥离—再扩张"的转型升级发展道路。

3）适应生产标准一体化的新趋势，推动我国企业的生产标准和投资东道国生产标准的统一。在合作的过程中，将我国企业的标准引入资源开发地区，帮助当地企业按照中国标准进行生产，力争有更多的中国标准成为当地的企业标准、地区标准乃至国家标准。

在上述过程中，我国"走出去"企业应不断做大核心环节，增强核心优势，不断加强与当地企业的经济联系，从而实现企业效益提升和生产经营在当地生根的双重收益。

3. 园区建设

加快境外合作园区建设，降低国际产能合作经营风险。应根据国际产能合作的发展状况和优势，出台境外经贸园区发展框架方案或指导性意见，对不同区域内经贸合作的重点给予必要的协调和指导，引导企业走差异化发展的道路。进一步明确境外园区的优势，在充分考虑东道国国情需要的基础上，对经贸园区未来的产业方向和商务功能做出明确、具体的定位。

依据园区所处的地理环境、经济条件和社会条件，以代表性经贸园区的发展数据为基础，综合制定一套科学化、定量化、标准化的指标体系，作为推进境外经贸园区合理规划和科学发展的量化指标，借以反映经贸园区建设水平或发展程度。不断优化境外园区建设行政服务，对赴境外园区进行投资的企业进行认证，减少或者免除这些企业生产所用设备和企业人员生活用品的出境检疫以及投资项目返销产品的入境检疫，加快检验检疫的速度。

4. 发展集群

在国际产能合作的过程中，大力建设境外经济园区、发展产业集群是我国企业减少投资风险，提升经营效益的必然选择。一方面境外园区在推动中国企业抱团出海、形成海外产业集聚、维护企业合法权益等方面发挥了积极作用，同时促进了东道国增加就业、提高税收、扩大出口，深化了双边经贸合作关系；另一方面，境外园区是"中国经验"和中国文化"走出去"的重要载体，通过与东道国分享中国发展经验与成果，分享中国建设开发区、设立特区的理念与管理经验，推动中国品牌、中国人才和中国标准"走出去"。

在以往的资源开发过程中，我国高度重视境外园区和产业集群的发展，逐步建成了俄罗斯中俄托木斯克木材工贸合作区、赞比亚中国经济贸易合作区、越南龙江工业园、巴基斯坦海尔－鲁巴经济区、中俄（滨海边疆区）农业产业合作区等境外合作园区，这些产业园区不仅是企业境外资源开发的载体，还发展成为综合性的、多类型企业入驻的经济园区。在境外园区的基础上，形成了一大批富有竞争优势的产业集群。因此，发展集群应该是我国在境外资源开发先行地区构建跨境产业链的一条重要路径。

5. 塑造合作体制

我国政府要主动出面，尽快与有关国家达成投资保护双边和多边协定，要尽快把对外投资体制从审批制转变为备案制为主、审批为辅，并在此基础上构建对外投资和国际合作的促进体制。推动与有关国家已签署的共同行动计划、自贸协定和重点领域合作谅解备忘录等双边共识的尽快落实。

6. 模块化合作策略

以模块化为基础推动制造业"走出去"。为了突出核心优势、降低成本，结合比较优势，可以将一些在国内相对附加值较低、非核心的制造业生产模块外包给"一带一路"沿线的发展中国家，充分利用沿线国家的劳动力优势和市场潜力，提高生产效率，促进产业结构优化升级；通过模块分解，中国制造业致力于开发核心技术模块，增加核心模块的附加值，不断强化和巩固核心模块的控制地位，占据价值链的高端环节，形成中国"智"造优势。同时，中国可以在充分了解沿线各国资源优势、生产制造能力的基础上，协调价值链成员国共同为客户提供更加丰富的产品服务组合，集合所有成员国的力量吸引更多的客户，增加每个经济体的业务量，促进其形成规模经济，推动工业化进程，实现互利共赢。最终通过价值链条的紧密分工合作，深化中国和"一带一路"沿线国家间的经济关系，进而形成利益共同体。

（二）企业积极参与对外合作

1. 多元拓展

境外资源可以成为我国企业参与国际产能合作的起点，但绝不是"走出去"的终极目标。在境外能源资源开发的过程中，应坚持多元发展的眼光，不断拓展合作的范围和领域。当前形势下，企业应当积极地在政府政策导向下，参与国际产能合作在以下领域的延伸：

一是，我国通过横向一体化和纵向一体化推动生产链条横向和纵向拓展，引导国际产能合作向更大规模、更广领域、更高层次发展。与此同时，企业应不断寻求技术含量高、附加值高的生产经营项目。

二是，政府引导企业将加工贸易向相应的资源开发集中区域转移。在改革开放进程中，我国通过积极承揽国外加工贸易项目，推动生产逐步融入全球生产链条。在我国对外开放进入新的发展阶段以后，依然需要将这一经验和做法应用于国际产能合作领域，即通过制定计划，引导那些在我国境内已经失去竞争优势的生产加工贸易企业向境外资源开发集中区域转移。通过加工贸易的转移，带动我国和境外资源开发集中地区的产业对接。

三是，向相关服务业拓展。企业通过成立独资公司或者与国外先进企业联合成立合资公司，为当地经营种类相同或相似的资源开发企业提供各项生产服务。

2. 多样化合作方式

通过对外承包工程，实现跨境合作，消化过剩产能。目前，发展中国家普遍希望发展基础设施、农业和基础制造业等对本国经济发展具有"造血"功能的领域。对外承包工程可带动国内相关企业境外设厂，既实现钢铁、水泥、平板玻璃、纺织、建材等国内过剩产能转移，又为发展中国家工业化和产业升级提供了基础。同时，通过对交通、电力等特定基础设施项目的投资，强化自身在东道国的影响，可以形成与发展中国家在紧缺物资和战略性资源开发方面的"一揽子"合作。据统计，对外承包工程营业额每增加 1 美元，国内生产总值可增加 4.92 美元。事实上，中国制造业通过对外承包工程，取得了明显的产能输出效果。根据美国《工程新闻纪录（ENR）》2015 年度国际承包商和全球承包商前 225 强排行榜，我国进入国际承包商 225 强的企业共 65 家，比 2014 年增加 3 家，上榜数量居各国第一位。

3. 深入了解东道国需求，"量身定做"合作方案[⊖]

对东道国投资环境的了解要更加深入。国际产能合作不是转移落后和过剩产能，而是需要满足三个条件，即"我们有比较优势、东道国有需求、合作具备基础条件"，其核心因素是要切实了解东道国国情，把"一国一策"的合作理念落到实处，"量身定做"合作方案以提高双方合作的匹配程度，这就必须对各个东道国的国情有具体、深入、全面的了解。

要深入了解东道国的经济和社会发展规划，例如印度尼西亚的"全球海洋支点"战略、印度的"季风计划"、蒙古国的"草原之路"计划，国际产能合作才能有的放矢。其次，要充分考虑沿线国家的发展基础，包括经济发展水平、产业基础、基础设施状况，资源、能源及劳动力等生产要素禀赋，这些要素决定了东道国的产业承载能力。最后，要深入了解东道国市场和行业管制政策，包括市场开放程度，行业准入政策，这些要素决定了与东道国合作的具体模式。

⊖ 赵德宇，刘苏文. 国际产能合作风险防控问题研究. 国际经济合作. 2016 年第 3 期

第二章
企业开展国际产能合作的机遇

第一节 国际产能合作的主要对象

一、现实预示国际产能合作对象主要在国际产业链下游[一]

受传统生产发展惯性的影响，当前我国无论是高耗能的电解铝、钢铁，还是造船业，都存在产能相对过剩问题。通过分析我国十二个主要行业领域以及国际产能需求，可以发现，与国际产业链下游经济体开展国际产能合作是主要方向。

（一）我国产能过剩问题主要集中在六大行业

具体来讲，我国六大行业深受发展惯性的困扰，并拖累了我国经济增长速度。整体来讲，我国钢铁、水泥、汽车等 220 多种工业品产量居世界首位，机床产量、造船完工量和发电设备量分别占世界的 38%、41% 和 60%。当前钢铁行业、煤炭行业、建材行业、有色金属行业、船舶行业、石化行业已经形成优势产能，整体处于产能相对过剩状态，收益率下降，亟须新增市场拉动。从这些行业来看，其产品需求方应多是处于工业化和城镇化发展初期的经济体，也就是我国国际产业链下游的经济体。

[一] 徐长春.国际产能合作方向及风险防范对策.中国经济分析与展望.2015-2016

（二）国际产业链下游经济体对我国优势产能需求大

由于我国国际产业链下游经济体都处于工业化的初期阶段，工业化、城镇化任务较重，对我国优势产能过剩产品需求量大。我国国际产业链下游的经济体绝大多数是工业化还未起步或刚刚起步的经济体，第二产业比较落后，一方面对工业品的需求比较大，另一方面对工业能力建设方面的技术和装备需求比较大，与第二产业发达的我国有天然的互补性。比如，印度当前致力于跨越式发展第二产业，不仅需要规模巨大的工业品，而且要通过引进工业化所需的技术和装备来发展自己的工业；更为重要的是，工业化的推进必然要求城镇化的快速发展，需要相关基础设施的快速跟进，这进一步增加了对我国优势产能的需求。再如，越南等处于工业化建设起步阶段的国家，农产品供应相对过剩，而工业品供应相对不足，其也是我国产能合作的天然伙伴。

与此相反，处于我国国际产业链上游的经济体对我国优势产能的需求就要小得多。我国国际产业链上游的经济体多是步入工业化后期阶段的经济体。这些经济体已经完成工业化进程，进入了后工业化阶段，基础设施和城镇化的高峰期已经过去，而其优势过剩产能一般更适合我国这样的经济体市场。所以，处于我国国际产业链上游的经济体对我国优势过剩产能的需求不大。比如，韩国工业品供应易于过剩，而农产品则供应相对不足。所以，一般情况下，我国当前产能合作的对象不是我国国际产业链上游的发达经济体。当然，也不排除与这些经济体进行国际产能合作的可能性，比如在基础设施的维护和更新领域，但这不是主流。

总之，由经济体发展阶段和面临的任务决定，我国与国际产业链下游经济体在优势过剩产能方面互补性较大，具备互利共赢的产能合作的基本条件，是天然的产能合作伙伴。

（三）我国与国际产业链下游经济体产能合作的路径

在没有新增市场拉动的条件下，我国这些富余产能看似成了我们的包袱，但它们并不是应该被淘汰的产业或落后产能，而是先进、绿色、低碳、有国际竞争力的优势产能。如何与国际产业链下游经济体建立适当的合作路径，是消化这些产能的关键所在。

当前，世界各国都在加速调整产业结构，通过加快基础设施建设抢占下一轮国家竞争制高点，广大发展中国家大力推进工业化、城镇化进程，着力提升本国产业结构。这为我国通过推进国际产能合作消化富余产能提供了重大机遇。为抓住这一有利时机，我国要打通与这些经济体国际产能合作的路径，推进互利共赢的国际产能合作。

首先，可以充分利用我国参与的国际合作机制推进相关产能走出去，既缓解我国产能过剩的压力，也缓解相关国家产能不足的压力。这已经有成功的案例。在钢铁产能过剩的大背景下，河北钢铁集团积极谋划"走出去"，2014年9月与南非工业发展公司、中非发展基金签署了《南非钢铁合作谅解备忘录》。这标志着我国在海外投资建设的最大规模、全流程钢铁项目落户南非，年产钢铁500万吨。河北钢铁正式走向海外，开展化解自身产能过剩和解决南非钢铁产能不足的互利共赢的产能合作。

其次，我国可以通过海外投资，依靠供应链带动国内过剩产能走出去。在"中巴经济走廊"建设中，首个能源项目——巴基斯坦卡西姆港1320兆瓦火电项目已经启动。该项目设备由东方电气集团东方汽轮机有限公司、东方电机有限公司与山东电建三公司提供。这是我国通过投资参与相关国家项目建设带动国内产能向国外转移的成功范例。

最后，可以通过加强向需要这些产能的目标市场出口，积极主动推进与相关国家的产能合作。比如，印度政府大力推进交通基础设施建设，我国就要积极主动参与印度铁路交通等基础设施建设的招投标，为我国高铁以及连带产品出口印度市场创造条件。当然，也可以采用投资换市场、技术换市场的方式促进国际产能合作。

总之，我国要跳出国内看产能问题，将我国产业优势和资金优势与国外需求相结合，积极主动推进优势富余产能走出国门，与我国国际产业链的下游经济体实现互利共赢的合作，促进国内经济发展、产业转型升级，培育经济增长新动力，打开对外开放新局面。

二、通过第三方市场寻求高端合作伙伴

当今世界的格局中，作为最大发展中国家的中国已经进入了工业化中期，拥有处在世界中端的工业生产线和装备制造水平。在这方面，法国等发达国家处于高端水平，而大多数发展中国家尚处在工业化的初期。

对于国际产能合作而言，这样的坐标系意味着巨大的机会——将中国的中端装备与法国的先进技术和核心装备结合起来共同开发第三方市场，于中国而言，意味着存量资产得到盘活，产业链迈向中高端；于法国而言，意味着更多的出口与就业；于第三方市场而言，则意味着获得更高性价比的装备与工业生产线，满足自身工业化的需求。

最持久的合作往往是各取所需的合作，第三方市场合作就是这样一种合作。甚至，它会产生 1+1+1>3 的效果：联合发展中国家与发达国家的国际产能和第三方合作，将会调动更大范围的全球力量，甚至有可能成为化解世界经济颓势的钥匙。

国家发展和改革委员会副主任宁吉喆表示，要积极拓展三方合作。他指出，中国的产能优势、资金优势和欧美发达国家的技术优势、品牌优势相结合，共同开拓第三方市场，可以实现多方共赢。目前，中法两国政府已共同发表开展第三方市场合作的联合声明并正在加紧设立中法第三方市场合作共同基金，树立了第三方合作新样板。同时，我们也与韩国、英国、西班牙、德国、澳大利亚等国就共同开拓第三方市场达成了重要共识。我们愿与更多的发达国家积极探讨第三方合作，共同为全球经济增长注入活力。

三、政府搭台，企业唱戏

通过高访和国际合作机制等方式，政府要统筹协调，创新对外合作机制，积极促使与相关国家产能合作框架的达成，推进贸易投资便利化，健全服务保障体系，营造良好环境，为企业后续跟进提供条件；国际产能合作具体运作要以企业为主体，以市场为导向，按照国际惯例和商业原则开展国际产能合作，企业自主决策、自负盈亏、自担风险；政企合作大力推进国际产能合作，

推动国内产能因地制宜地走出去，促进国内经济发展，为国民经济转型升级、培育经济增长新动力、打开对外贸易新局面创造条件[一]。

第二节　国际产能合作的经济基础

一、国际产能合作开展现状[二]

当前我国"一带一路"产能合作规模迅速增长，参与的主体和产业呈现多元化特点，合作方式也日益多样化。

为推动"一带一路"产能合作，我国铁路、核电、钢铁、有色和建材等优势产能正源源不断地"走出去"，境外投资、工程承包也在如火如荼地进行。随着2015年5月16日《国务院关于推进国际产能和装备制造合作的指导意见》的印发，将带动国内装备、技术、服务、标准和品牌进一步"走出去"。

1. 合作规模增长迅速，合作方式多种多样

1）据统计，截至2015年12月底，我国累计对外非金融类直接投资5.4万亿元人民币（折合8630.4亿美元）。其中，2015年我国企业共对"一带一路"相关的49个国家进行了直接投资，投资额合计148.2亿美元，同比增长18.2%，占总额的12.6%，投资主要流向新加坡、哈萨克斯坦、老挝、印尼、俄罗斯和泰国等。同期，我国企业向交通运输、电力和通信等产业直接投资累计约116.6亿美元，同比增长80.2%。装备制造业对外直接投资70.4亿美元，同比增长154.2%。

在工程承包方面，2015年我国对外承包工程业务新签合同额13084亿元人民币（折合2100.7亿美元），同比增长9.5%，完成营业额9596亿元人民币（折合1540.7亿美元），同比增长8.2%。其中，我国企业在"一带一路"相关的60个国家和地区承揽对外承包工程项目3987个，新签合同额926.4亿美元，

　㊀ 徐长春. 全球治理博弈视角下的"一带一路". 复旦国际关系评论. 2015
　㊁ 郭朝先，皮思明，邓雪莹. 一带一路产能合作进展与建议. 中国国情国力. 2016（4）

占同期我国对外承包工程新签合同额的 44.1%，同比增长 7.4%；完成营业额 692.6 亿美元，占同期总额的 45%，同比增长 7.6%。

2）我国企业参与"一带一路"沿线国家产能合作的方式日益多样化。如电力行业从最初的设备供货，到目前的 EP（设计－采购）、EPC（设计－采购－建设）、IPP（独立电站）、BOT（建设－运营－移交）、BOO（建设－拥有－运营）、PPP（公私合营）、并购和融资租赁等多种形式，我国电力企业"走出去"的水平不断提高。在对外承包工程方面，我国企业在继续发挥传统承包优势的同时，充分发挥资金、技术优势，积极探索开展"工程承包＋融资"和"工程承包＋融资＋运营"等方式的合作，有条件的项目更多采用了 BOT、PPP 等方式。

境外经贸合作区是推进国际产能与装备制造合作的有效平台，已成为促进我国和东道国经贸合作双赢的重要载体。截至 2015 年年底，我国企业正在推进的合作区共计 75 个，其中一半以上是与产能合作密切相关的加工制造类园区。在建的 75 个合作区中，53 个分布在"一带一路"沿线国家；已通过考核的 13 个合作区中，10 个位于"一带一路"沿线国家。

2. "走出去"产业既有传统优势产业，又有新兴装备制造优势产业

当前我国在"一带一路"沿线开展国际产能合作的产业，既有以轻工、家电和纺织服装为主的传统劳动密集型优势产业，以钢铁、电解铝、水泥和平板玻璃为主的富余产能优势产业；又有以电力设备、工程机械、通信设备、高铁和轨道交通为主的装备制造优势产业。

1）中国铁路"走出去"项目地区不断拓展，主要市场集中在"一带一路"沿线国家。2014 年，我国企业参与的境外轨道交通类项目 348 个，比 2013 年增加 113 个。2015 年我国再次在激烈竞争中脱颖而出，中标印度尼西亚雅万（雅加达－万隆）高铁项目，充分展示了竞争优势。

2）电力装备行业是"走出去"步伐迈得较大的行业。目前，已涵盖巴基斯坦、印度、赞比亚、埃塞俄比亚、阿根廷、意大利和葡萄牙等近百个国家，多数分布在"一带一路"沿线国家。从发电种类看，涵盖了火电、水电、风电、太阳能、核电和生物质能等领域，其中，火电、水电是我国电力企业开拓国

际市场的主要领域,新能源是我国电力企业"走出去"的新增长点。从产业链看,包括了电站的设计、咨询、融资、建设、采购和运营等全产业链。从行业配套看,既包括电站建设,也包括电网建设。

3)钢铁行业对外投资合作侧重于上游环节。钢铁企业"走出去"主要集中在越南、印度尼西亚和俄罗斯等22个国家,境外设立企业或分支机构约200家。多数企业集中在上游开采环节,截至2014年年底,上游环节对外直接投资累计约78.2亿美元;中游冶炼环节投资相对较少,对外直接投资累计约13.8亿美元,已有云南鑫河钢铁公司在老挝设立冶炼厂,昆钢集团在越南投资设厂。

4)水泥等行业利用出口、承包工程和对外投资等多条腿走路方式推进国际产能合作。截至2015年年底,我国水泥企业在境外投资设立的企业数量约100家,主要分布在东南亚、中亚和非洲等34个国家(地区)。老挝、越南、缅甸和蒙古等亚洲国家基础设施建设需求旺盛,非洲国家如埃塞俄比亚、莫桑比克、尼日利亚、坦桑尼亚、赞比亚、布基纳法索和南非等水泥消费量大,自身产能难以满足需求,我国企业对这些国家投资力度较大。

3. 国有企业占主导地位,民营企业异军突起

1)在国有企业中,中央企业是"走出去"的主要力量。截至2014年年底,共有107家中央企业在境外设立了8515家分支机构,分布在全球150多个国家和地区。其中,已有80多家央企在"一带一路"沿线国家设立分支机构,比较有代表性的央企包括中国石油、中国石化、中国海油、中国移动、国家电网、南方电网、中国建材集团和中国电建等。

2)在"一带一路"战略引导下,众多民营企业纷纷参与国际产能合作。如浙江恒逸集团在文莱投资43.2亿美元建设800万吨炼油炼化项目,该项目是我国民营企业迄今为止最大的海外投资项目。青山钢铁在印尼建设青山工业园,总投资约40亿美元,已建设三期镍铁生产线和自备电厂项目。华夏幸福基金有限公司与印度尼西亚的PTAlam Sutera Realty Tbk公司共同设立合资公司,在印尼的万丹省唐格朗市建设产业新城。事实上,当前不少境外经贸合作区实际上是由民营企业作为境内实施主体而运营的。

值得一提的是，2014 年 8 月，全国工商联发起设立中国民生投资股份有限公司（简称中民投），由 59 家民营企业组成，注册资本高达 500 亿元。中民投的成立为民营资本参与跨国产能合作提供了新的资源、途径和商业模式。目前，中民投已在我国香港地区以及新加坡和伦敦等地开展业务。

4. 产能合作机制逐步形成，海外布局已显雏形

近年来，我国着力建立三方面的产能合作机制：一是与国外商谈建立双多边产能合作机制。国家发展和改革委员会牵头与 17 个国家开展了机制化的双边产能合作；对接东盟、非盟和欧盟等区域组织，借助多边舞台推动产能合作；与法国、韩国等发达经济体建立第三方合作机制。二是建立中央地方协同联动机制。国家发展和改革委员会与河北、江西等 10 多个省份分别签署合作协议，通过委省协同联动机制合力推进国际产能合作。三是建立央企、民企与协会协同推进机制。国家发展和改革委员会分别会同国资委、全国工商联和各行业协会建立协同机制，推动央企、民企走出去，发挥行业协会桥梁纽带作用，全面推进国际产能合作。

在各方努力下，目前我国国际产能合作初步形成了"一轴两翼"合作布局：以我国周边重点国家为"主轴"，以非洲、中东和中东欧重点国家为"西翼"，以拉美重点国家为"东翼"。其中，"一带一路"产能合作主要分布在"主轴"和"西翼"上，重点国家有俄罗斯、巴基斯坦、印尼、马来西亚、泰国、老挝和缅甸等。

二、开展国际产能合作的现阶段收益

通过近些年的实践摸索，我国开展国际产能合作已经取得了初步成效，在全球范围内配置资源的能力得到显著提升，对国内产业结构的调整升级也起到了明显的促进作用。

1）开展国际产能合作的优势。中国拥有较为完整和规模庞大的工业体系，200 多种工业产品产量位居世界第一，其中既有钢铁、水泥、平板玻璃、工程机械、家用电器、纺织等传统产业产品，也有多晶硅、光伏电池、风能设备

等新兴产业产品，在高铁、路桥、电力、运输设备、大型通信和网络设备等许多装备制造业和大型工程领域积累了较强的技术实力[⊖]。这些优势不仅能够支持中国对外开展铁路、公路、航空、电信、电网和能源管道等领域互联互通战略的需要，在对外产能合作中还可以延长产业链和价值链，发挥产业前后向关联效应，推动中国逐渐从产品输出向产业输出转变。同时，中国对能源、资源等消费需求量巨大，一方面中国可以向外转移工业产能和装备，促进东道国工业化发展，另一方面，中国可以向内进口境外开发的资源和能源，满足国内的需求，实现国际产能合作的双赢。

2）我国国际产能合作已经取得初步成效。目前，我国对外投资规模已逐渐接近利用外资规模，2014年中国对外直接投资达到创新高的1231.2亿美元，仅比利用外资少53.8亿美元，双向投资首次接近平衡。当然，国内的对外投资统计由于包含了流向中国香港等地区的"返程投资"和"跳板投资"，（"返程投资"是指为了享受对境外投资者的优惠待遇，国内资本先以对外投资的形式转移到中国香港、新加坡、开曼群岛、英属维尔京群岛等地，然后再以外商投资的形式流回国内；"跳板投资"是指以中国香港、新加坡等地区为投资中转地向第三地进行对外投资）存在一定程度的高估，而OECD的统计标准较为严格，一般不包括流向避税地的投资。据《中国对外投资合作发展报告2015》数据显示，截至2014年年底，中国制造业累计对外直接投资523.5亿美元，设立境外制造业企业6105家，在计算机、通信、汽车制造、通用设备制造、纺织等诸多领域与东道国开展了广泛的合作；对外承包工程累计签订合同额13616亿美元，完成营业额9352亿美元，累计派出各类劳务人员748万人次。装备制造"走出去"快速发展。2014年，境外轨道交通建设类签订合同额247亿美元，承揽境外项目348个，带动了大批相关设备出口和技术标准输出；通信工程建设类签订合同额150.9亿美元，承揽境外项目260个；境外电力工程建设类签订合同额297.3亿美元，承揽境外项目570个。另外，境外企业对东道国税收和就业贡献明显，2014年境外企业向投资所在国缴纳的各种税金总额达191.5亿美元，雇佣外方员工83.3万人，中国开展国际产

⊖ 卓丽洪、贺俊."一带一路"战略下中外产能合作新格局研究.东岳论丛.2015

能合作的双赢效果逐渐显现。

3）通过国际产能合作在全球配置资源的能力显著增强。经过在海外市场多年的经营实践，一部分中国企业不断扩充实力、积累经验，已经成为有一定国际竞争力的跨国公司，具有在全球布局产业链和配置资源的能力。据《2014年度中国对外直接投资统计公报》显示，2014年中国企业共实施对外投资并购项目595起，涉及69个国家（地区），实际交易总额569亿美元，其中直接投资324.8亿美元，占并购交易总额的57.1%；境外融资244.2亿美元，占并购金额的42.9%。2013年中海油以151亿美元收购加拿大尼克森公司，是中国企业迄今为止完成的最大一笔海外并购；2014年中粮集团公司以15亿美元收购来宝农业有限公司51%股权，是迄今为止中国企业涉及农业领域最大金额的海外并购；2013年中国五矿集团首次在海外成功发行25亿元人民币债券，2014年又以58.5亿美元收购秘鲁拉斯邦巴斯铜矿项目。不过，我们也应当看到，由于许多国家对中国国有企业开展对外直接投资动机的忧虑，导致近年来国企发起的一些规模较大的并购案频现失败。鉴于此，国有企业也在不断地调整对外投资策略，比如对较敏感行业的投资不再追求完全的控制权，在投资方式和商业操作上也更加开放和灵活等。在国有企业不断进行海外布局的同时，中国的民营企业也逐渐加快了对外投资合作的步伐。2013年双汇集团以71亿美元收购全球最大的猪肉生产加工企业史密斯菲尔德食品公司；万达集团投资7亿英镑在伦敦建设酒店，这是中国企业首次在海外投资建设高端酒店；绿地集团以50亿美元投资纽约布鲁克林的大西洋广场地产项目，这是中国房企迄今为止在美最大的一笔投资。

4）国际产能合作与国内产业调整升级的联动性明显增强。中国企业对外直接投资和并购的规模不断扩大，涉及的产业不断增多，其中对外直接投资主要涉及商务服务业、批发零售业、金融业、房地产业、运输仓储业、IT业等重点产业。当然，商务服务业投资中相当一部分是进行"返程投资"和"跳板投资"的企业在投资中转地设立的投资公司或者平台公司（登记为商务服务业）；跨国并购主要涉及采矿业、制造业、水电生产和供应业、IT业、农业、商务服务业等重点产业。对外合作产业领域的不断拓展和优化，一方面有利于向外转移国内优势过剩产能，实现产业结构调整；另一方面，有利于各产业吸收国外先进技术和管理经验，实现产业转型升级。另外，中国的境外经贸合作区建设也取得了一定成效，截至 2015 年年底，中国企业正在建设的境外经贸合作区 75 个，已通过确认考核的 13 个，其中有一半以上是与国际产能合作相关的加工类项目，累计投资 179.5 亿美元，这里面建区企业累计投资 69.6 亿美元，入区企业 1151 家，累计投资 109.9 亿美元；建区企业和入区企业总产值 41.3 亿美元；累计上缴东道国税费 14.1 亿美元，为当地创造就业岗位 15.3 万个。合作区涉及的产业，包括有色、轻纺、服装、汽配、建材、家电等多个领域，已成为促进中国和东道国经贸合作双赢的重要载体。

第三节　国际产能合作的政策基础

一、"十三五"时期国际产能合作面临的发展形势——机遇和挑战

当前和今后一个时期，世界政治经济格局将继续发生深刻变化，我国经济社会发展也将呈现新的阶段性特征。综合判断国内外形势，我国"走出去"发展仍处于大有可为的重要战略机遇期，同时也面临诸多风险和挑战。要进一步提高对加快实施"走出去"战略的认识，增强机遇意识和忧患意识，科学把握发展规律，主动适应环境变化，有效化解各种矛盾，稳步推进"一带一路"建设等重大战略，积极稳妥推进国际产能合作又好又快发展。

（一）发展机遇

一是全球基础设施建设和制造业投资活跃，国际产业重组加快，孕育外部增长空间和合作机会。随着区域经济一体化的发展，跨区域互联互通基础设施的需求日益增长，全球基础设施建设正迎来一轮发展热潮。发展中国家在加速工业化和城市化发展中，需要加大基础设施投资建设；发达国家出于改造升级老化基础设施和刺激经济复苏的双重目的，也在陆续推出规模庞大

的基础设施建设计划。随着周边基础设施互联互通以及中非的"三网一化"等深入推进，将带动我国基础设施相关行业如建材、水泥、平板玻璃、施工机械、汽车等生产企业进军国外。此外，全球金融危机以后，国际产业重组加快，全球产业重新布局和新一轮国际产业转移趋势愈发明显，将为我国企业更大规模"走出去"提供重要机遇。通过国际产能合作，将我国发展较为成熟的产业和受要素成本上升影响的产业转移到其他发展中国家，特别是东南亚、南亚、非洲、拉美等国家，实现我国产业的转型升级。

二是"一带一路"倡议与各国对外开放领域中长期发展战略和经济产业发展需求相契合，为国际产能合作带来新机遇。"一带一路"沿线国家（地区）汇聚东西方文明，人口总量约为44亿、占全球的63%，经济总量约为22万亿美元、占全球的30%，自然资源和人力资源丰富，产业结构互补性强，是全球最有发展潜力的区域。"一带一路"倡议与各国对外开放领域中长期发展战略和经济产业发展需求相契合，目前已有哈萨克斯坦、印尼、俄罗斯、蒙古和欧盟等国家和地区对中国政府提出的"一带一路"倡议均积极明确提出对接意愿，如哈萨克斯坦的"光明大道"计划、俄罗斯主导的欧亚经济联盟建设、伊朗的"铁路丝绸之路"计划、土耳其的"中间走廊"战略、蒙古国的"草原之路"倡议等有意对接"丝绸之路经济带"，印尼的"全球海洋支点"计划有意对接"21世纪海上丝绸之路"，欧盟主导的欧洲投资计划有意对接"一带一路"。我国将同"一带一路"沿线国家和地区的发展战略进一步对接和耦合，多双边投资合作继续深化，为国际产能合作带来新机遇。

三是多双边自由贸易协定等全球贸易投资新规则加速重构，将增加国际产能合作市场准入机会。近年来全球贸易投资新规则加速重构，涉及的国别产业领域、投资模式愈发广泛，全球贸易投资规则的发展反映了全球经济的需求，有利于创造稳定和有吸引力的投资环境。目前我国已与东盟、新西兰、智利、秘鲁、瑞士、韩国和澳大利亚等签署了14项自由贸易协定，涉及22个国家和地区，将增加中国企业开展国际产能合作的市场准入机会、可预见性和透明度。

四是国内产业优势和企业竞争实力不断增强，国际产能合作条件更趋成熟。经过多年发展，我国已成为世界第二大经济体、世界第一货物贸易大国和世界第一制造大国，制造业增加值占全球的1/5，200多种工业品产量居世界首位，形成了一批在国际上具有一定竞争优势的产业，企业国际竞争力明显增强，企业大规模开展国际产能合作的条件更加成熟。特别是当前我国经济发展进入新常态，产业结构转型升级进入关键阶段，优势产能和先进装备制造业"走出去"的内生动力不断增强。

五是人民币国际化步伐加快，资本市场逐步放开，有助于产融结合，实现资本、技术、服务和产品联合"走出去"。人民币国际化进程加快，包含人民币的新的国际货币基金组织特别提款权货币篮子（SDR）于2016年10月1日正式启用，资本市场逐步放开，人民币成为可兑换、可自由使用的货币，有助于产融结合，实现资本、技术、服务和产品联合"走出去"，同时有利于降低中国企业对外投资的汇率风险，提升国际产能合作的安全性和便利化。

六是政府服务和保障水平不断提升，深化改革促使境外投资便利化深入推进，进一步释放国际产能合作活力。党的十八大召开以来，"走出去"政策促进和服务保障体系不断完善，投资便利化逐步推进，政策协调性显著提高，多双边投资促进机制逐步健全。党中央、国务院高度重视国际产能和装备制造合作工作，有关部门研究制订务实举措，按照"企业为主、政府推进、市场化运作"的原则，引导并支持企业开展国际产能合作。

（二）风险挑战

一是全球产业链、价值链深度重组，国际竞争加剧。发达国家大力推动制造业回归，与中国产业结构的关系正由互补为主向互补与竞争替代转变，国际资本开始将更多向发达国家回流。新兴经济体加快工业化步伐，对我国劳动密集型产业发展形成挤压，由此造成全球产能尤其是原材料市场竞争加剧，我国境外投资成本优势有所减弱。

二是国际市场产能普遍过剩，价格波动、市场需求等因素影响我国投资项目收益。目前国际市场产能普遍过剩，如全球钢铁行业陷入了前所未有的困境，欧洲、亚洲及北美洲等地区的钢厂均举步维艰、生存艰难。根据国际钢协发布的数据，2015年全球钢铁需求为15.13亿吨，同比下降1.7%。而我国前一时期钢铁产能高速增长，产能总量占到全球近半，这决定了我国通过海外投资规模性地实现国际产能合作的压力较大。另外，国际市场能源资源价格波动以及部分新兴经济体经济增速回落，为我国境外投资项目收益带来不确定性。

三是国际治理规则发展使国际产能合作面临更大挑战。国际规则的发展可能使中国企业特别是国有企业面临更大挑战。如美国在其主推的 BIT、TPP 和 TTIP 中都极力强调"竞争中立"原则，认为国有企业因为获得政府补贴在竞争中享受着不当利益，要求相关国家政府要平等对待市场主体，不能因特殊身份而使之获得竞争优势。因此，国际投资规则变化将对我国政府提出更大挑战，在保护本国市场时需要选择恰当的行业设置准入清单，同时对有最大需求的行业要求更大的市场开放。

四是境外安全风险不断上升，国际产能合作不确定因素增多。当前，国际安全形势依然严峻复杂，各种地区冲突和局部战争此起彼伏，部分国家和地区安全局势恶化，恐怖活动频繁，对境外中国企业的人员和资产安全构成威胁。全球贸易投资保护主义盛行，对外投资不确定性风险较高。有的国家以保护就业和工作岗位、保护本国资源等理由阻止中国企业投资并购。有关国家在人员流动、技术标准互认、投资股比限制、业绩要求等方面门槛重重，工作签证和许可办理难度大。

此外，国际产能合作发展也存在一些自身问题和障碍。一方面，政府规划引导力度有待加强，政策支持手段有限，境外投资便利化程度不足，服务保障体系仍需完善，立法相对滞后；另一方面，企业融资难问题突出，跨国经营能力不强，部分企业存在短期行为，社会第三方中介服务机构欠缺等。

总体来看，"十三五"期间我国与有关国家开展国际产能合作依然处于可以大有作为的重要战略机遇期。为此，要适应"走出去"发展的阶段性变化，更有效地利用"两个市场"和"两种资源"，加快全球布局，为构建开放型经济新体制，全面提升我国在国际产业分工和价值链中的地位，推动实现国内经济转型和产业结构升级做出应有的贡献。

二、"十三五"时期国际产能合作发展的总体要求

（一）指导思想

高举中国特色社会主义伟大旗帜，全面贯彻党的十八大和十八届三中、四中、五中、六中全会精神，以马克思列宁主义、毛泽东思想、邓小平理论、"三个代表"重要思想、科学发展观为指导，深入贯彻习近平总书记系列重要讲话精神，全面贯彻"十三五"规划《纲要》的指导思想、主要目标、发展理念、重点任务和重大举措，紧紧围绕"四个全面"战略布局、"五位一体"总体布局和五大发展理念，充分体现全面建成小康社会的目标要求和经济发展新常态的阶段性特征。坚持以提高发展质量和效益为中心，主动适应国际国内经济发展新趋势、全面深化改革，积极主动实施新一轮对外开放，统筹国际国内两个大局，兼顾当前利益与长远发展，突出创新和调结构两条主线，加快培育参与国际经济合作竞争新优势，构建以我为主的全球价值链，推动国际产能合作转型升级和平稳健康增长，形成内外联动发展的新格局。

（二）基本原则

确保实现"十三五"时期对外投资合作的各项发展目标，必须牢固树立并切实贯彻创新、协调、绿色、开放、共享的发展理念。

一是坚持创新发展的理念，增强国际产能合作的发展动能。深入实施《中国制造2025》，培育一批战略性新兴产业，促进装备制造业出口。通过"走出去"更好地利用全球技术资源，促进开放式技术创新，推动对外投资合作由要素驱动向创新驱动转变，形成创新引领国际产能合作的新格局。

二是坚持协调发展理念，实现政企联动、统筹兼顾。国家经济外交工作与企业国际产能合作应相互促进、相互配合。适应新的国际政治经济形势，加强经济外交对企业开展国际产能合作工作的服务与保障，加大对我国海外公民的领事保护，切实维护中方企业人员的合法权益。加强对外沟通协调力度，为我国企业和人员争取公平的市场准入机会和国民待遇。增强服务意识，提高驻外经商机构为境外中资企业服务水平。

三是坚持绿色发展理念，提升国际产能合作可持续发展能力。坚持采取

资源节约与环境友好的技术标准与准则，环保绿色产业要有机融入国际产能合作重点任务和项目设计。利用境外经贸合作区和示范试点项目，促进绿色低碳环境技术与产业发展成为支撑国际产能合作可持续发展的重要方向和内容。要基于全球视野包容性发展的理念，加快推进国内产能过剩行业的绿色转型与升级；坚持环保高标准要求，不断推进国内优质产能、绿色产能"走出去"。制订我国钢铁、水泥、有色、建材、铁路、电力、石油化工、汽车、通信等优势及富余产能领域的绿色标准，提高国内产业结构升级与创新升级，大力推动高端产业链的绿色"走出去"。

四是坚持开放发展的理念，优化国际产能合作的全球布局。把握经济全球化大趋势，实行更加积极主动的开放和合作战略，建立与大国新型工业化、现代化要求相适应，对内对外开放相互促进，将"引进来"与"走出去"更好结合，形成国际国内要素有序自由流动、更大程度更高质量融入全球分工体系、实现绿色低碳循环发展的开放型经济体制。构建全方位开放新格局，从以商品贸易为主，进入资本、技术带动的全方位国际经济合作时代，带动中国企业、中国装备、中国技术、中国服务、中国标准"走出去"，促进我国同世界产业运行进一步深度融合。

五是坚持共享的发展理念，强化国际产能合作中的企业社会责任意识。牢固树立"互利共赢、和谐发展"的共享理念，充分考虑各方利益和诉求，扩大和深化中外利益汇合点，妥善处理各方矛盾和利益平衡，尊重东道国（地）发展意愿，增强"走出去"企业的社会责任意识，促进当地社会经济发展。

三、"十三五"期间国际产能合作发展的主要目标

"十三五"期间，国际产能合作规模进一步扩大，全方位、多领域的发展格局进一步形成，质量和效益显著提高，在全球范围内运用技术、人才、资源、品牌、营销渠道等要素的能力继续增强，一批大型跨国公司和跨国金融机构初具规模。国际产能合作在实施互利共赢开放战略中的地位和作用大幅提升，形成对外投资与引进外资协调发展、对外投资与对外贸易相互促进的格局，对扩大内外需求、平衡国际收支、提高企业竞争力发挥更大、更直接的作用，

对国民经济和社会发展的贡献率有明显提高。

（一）大型装备出口

"十三五"时期，继续巩固装备出口作为国际产能合作的重要渠道，提升出口装备的质量和档次，加快实现国内设备、技术、标准和服务一体化"走出去"。具体来说，就是进一步扩大装备的外部需求，同时优势装备出口规模和档次稳步提高，重大装备自主化水平显著提升，国际市场多元化进程加快推进。境外基建合作步伐加快，对外承包工程向高附加值领域升级，一批重大工程和重大项目顺利实施，装备、材料、产品、标准、技术、服务加快"走出去"。

（二）对外直接投资

"十三五"时期，我国对外直接投资合计达到7200亿美元，比"十二五"时期增长2000亿美元，全球产业布局明显优化。对外投资区域布局、行业、方式和投资者结构进一步优化，企业跨国并购整合能力进一步增强，海外建立加工组装、分销网络、售后服务基地和全球维修体系不断增多，跟随性服务水平进一步提升，带动相关设备产品出口效果更明显。

（三）对外承包工程

"十三五"时期，对外承包工程继续稳步增长，完成营业额合计达到8000亿美元，比"十二五"时期增长1500亿美元，带动成套设备与大型装备出口的能力显著增强。通过大力推进"建营一体化"促进对外承包工程转型升级，推动中国资金、技术、标准、设计、施工、咨询、运营维护、管理服务为一体的全产业链服务输出，促使对外承包工程由工程建设向项目融资、设计咨询、运营管理等高附加值领域拓展，形成综合优势。

（四）境外经贸合作区建设

"十三五"时期，进一步加快境外经贸合作区建设，形成若干产能合作示范基地，国别区域布局更加合理，辐射作用更加明显，更好地吸引上下游关联产业企业"抱团出海",成为推进国际产能合作的重要平台。

（五）对外援助

"十三五"时期，坚持援外服务国家对外战略的基本定位，进一步提高对外援助服务"一带一路"、国际产能合作等重大战略的能力和水平，全力配合元首首脑外交，精心设计援助方案，落实好高访成果，从战略高度发挥援外特有功能，突出战略价值，把握工作重点，用足用好援款资金，挖掘并实施一批重大战略性项目，为战略性项目提供融资和贴息支持，帮助战略合作创造良好条件和环境，培育一批有国际竞争力和市场开拓能力的企业队伍，促进"一带一路"建设和产能装备合作重大战略项目顺利实施。

（六）重大项目合作和机制建设

"十三五"时期，制造业占对外投资比重进一步提升至16%，一批产能合作重点领域标志性合作项目取得实质进展，形成若干境外产能合作示范基地，境外形成的有效产能规模进一步扩大。与重点国家产能合作保障机制基本建立，国内有关体制机制进一步完善，政府部门支持政策更加有效，服务保障能力全面提升。

（七）规模化形成国际经营的企业集群

"十三五"时期，在国际产能合作各个重要领域涌现出一批具有较强创新能力和国际竞争力的跨国公司，在全球范围内配置资源要素的能力明显增强，在全球产业链、供应链和价值链中的地位显著提升，品牌、技术、人才、资金、管理经营优势进一步确立。

四、"十三五"时期国际产能合作发展的重点任务

（一）继续提高装备出口的质量水平

装备出口重点面向基础设施投资需求旺盛的传统市场和新兴市场，同时

进一步拓展发达国家市场，唱响中国设备，向外联合输出产品、技术、标准和服务。建设一批大宗商品境外生产基地，开展铜、铝、铅、锌等有色金属的冶炼和深加工，带动装备和大型成套设备出口。利用高访、经贸联委会等多双边高层合作机制，着力推动我铁路、电站等大型成套设备出口项目，带动国内技术、标准和自主品牌输出，引导和促进我国大型成套设备企业在国际化经营上迈出大国步伐。进一步完善电信、电力、铁路、冶金、石化和建材等重点行业出口竞争自律公约，规范出口秩序。鼓励企业建设国际营销网络，建立境外售后维修服务中心、备件生产基地等境外服务保障体系，提供运营、维护、管理、培训、零备件供给等一揽子服务，努力向价值链高端环节转移。

（二）大幅提升对外投资的拉动作用

通过跨境并购、参股和合作等方式，获取知名品牌、营销网络和先进技术，在海外设立或并购研发中心，融入全球创新网络，提升我国产业国际竞争力。加强同"一带一路"沿线国家和地区的基础设施投资合作、能源资源开发合作和产能合作，向沿线国家有序转移部分制造业产能，延伸产业链。贯彻落实《国务院关于推进国际产能和装备制造合作的指导意见》和《中国制造2025》，指导企业加快对外投资供给侧改革，提升竞争实力、产品质量和服务水平，努力向价值链高端环节转移，带动装备、技术、标准和服务"走出去"。

（三）加速引领对外承包工程的转型升级

在继续发挥传统工程承包优势的同时，充分发挥我国资金、技术和管理经验等优势积极开展"建营一体化"。鼓励有条件的项目采用 BOT、PPP 等"工程承包 + 融资 + 运营"合作方式，大力开拓国际市场，带动装备制造合作，全面推动我国技术标准、通信软件、机械装备和建设力量"走出去"，推动承包工程向项目融资、设计咨询、运营管理等高附加值领域拓展，形成综合优势。抓住实施"一带一路"等重大战略的历史性机遇，加强我国与沿线国家和地区的基础设施合作，重点推动铁路、公路、管线、港口、机场、通信等重大合作项目。以落实中非"三网一化"合作和中非工业化伙伴行动计划为契机，加强中非在建设非洲高速铁路、高速公路和区域航空"三大网络"及基础设施工业化方面合作，以中非基础设施合作先行推动中非产能合作。进一步优化经营主体结构，培育更多具有相当规模和较强国际竞争力的大型企业，形成若干一流水平的国际承包公司。加强对外承包工程企业间合作，强化海外工程建设质量和风险管理。

（四）强化境外经贸合作区的示范效应

制订出台境外经贸合作区发展布局规划，引导境外经贸区合理布局，形成一批国际产能合作示范基地。结合"一带一路"关键节点，完善"一带一路"沿线国家和地区的境外经贸合作区布局，提升已建合作区层次和水平，积极发挥合作区资源优势，开发潜力市场。推动与有条件、有意愿的国家共建新的境外经贸合作区，积极建设以钢铁、建材、化工、轻纺、汽车、通信、工程机械等主导产业的加工制造园区，以农作物种植、畜牧养殖为主的农业产业园区。加大财税支持力度，发挥好政策性银行、丝路基金等金融机构的作用，鼓励商业银行、保险、信托等创新金融产品和服务，为合作区建设提供融资支持。

（五）充分发挥对外援助的先导带动作用

优化援款和项目战略布局，从国家"一带一路"建设和国际产能合作战略出发，突出与周边沿线国家的基础设施互联互通，重点支持企业在公路、铁路、管道、桥梁、港口、电站、通信、能源等基础设施领域里的投资开发活动。以支持中非"三网一化"合作为核心，重点推进公路网、铁路网、区域航空网投资建设，支持钢铁、有色、建材、铁路、电力等优势行业的产能和装备制造向非洲大陆转移。支持受援国开展国际产能合作重大项目前期可研、规划、设计等工作，为战略性项目实施提供全方位支持。新建或升级一批工业园区等境外经贸合作区，并援建区外必要的配套设施，打造产能制造合作示范基地。利用援外资金向对方政府提供发展战略规划咨询，为我国企业进入当地市场创造有利的软性条件。在重点合作国以及企业大型投资合作项目所在区域，扎实做好民生、减贫、环保、人道支援等领域援助工作，为合作创造良好的社会民意环境。加强重点合作国的安全执法援助，切实维护我企业人员生命、财产和项目安全。加大培养受援国行业管理人才和技术队伍。

第四节　国际产能合作的优势条件

一、符合理论基础条件

国际产能合作的"走出去"战略是依附于中国的比较优势：一是中国完备的工业体系和制造能力。中国装备制造业从 2009 年起连续成为全球装备制造业第一大国，总体规模约占全球总量的三分之一，其中中国机床产量占世界的 38%，造船完工量占世界的 41%，发电设备产量占全球 60%；中国高铁运营里程居世界第一；中国在钢铁、有色、建材等行业都具有较强的装备制造能力和建设能力、运营管理能力。二是除了在产品上有相当基础外，一些既有重大装备制造业，如机械制造、轨道交通、航空航天等领域也具有相当能力。因而《国务院关于推进国际产能和装备制造合作的指导意见》将钢铁、有色、建材、铁路、电力、化工、轻纺、汽车、通信、工程机械、航空航天、船舶和海洋工程等 12 个行业作为重点开展国际产能合作。三是中国形成了一批具有国际竞争优势的大型企业。

二、拥有产品资源条件⊙

（一）从供给侧看

在供给方面，大量富余优质产能是中国开展中外产能合作的产业前提条件。

一是中国产业体系完备，有助于中国立体化推进对外产业合作。中国 200 余种工业产品产量位居世界第一，其中既有钢铁、水泥、平板玻璃、工程机械、

⊙ 卓丽洪，贺俊，黄阳华."一带一路"战略下中外产能合作新格局研究. 经济研究. 第 36 卷 / 第 10 期，2015 年 10 月

电解铝、家用电器、纺织等传统产业产品，也有多晶硅、光伏电池、风能设备等新兴产业产品。这些不仅能够有力支持中国对外开展铁路、公路、航空、电信、电网和能源管道等领域互联互通战略的需要，在对外产能合作中还可以延长产业链和价值链，发挥产业前后向联系效应。

二是中国产品颇受发展中国家的青睐。总体而言，中国产品性价比高，技术含量不断提升，更符合发展中国家的需求特征，比发达国家产品更具市场竞争优势。

三是服务水平不断提升，形成了较好的国际声誉。近年来中国在交通基础设施建设、水利水电工程和市政工程等领域具备了较强的现场问题解决能力，为带动上游的钢铁、建材、工程机械等过剩产能的对外投资奠定了良好基础。

四是管理经验不断丰富。中国相当数量的企业已在对外投资时机研判、生产经营、工程现场管理和法律事务处理等方面积累了一定的经验。一些企业还能够在投资地提供劳动力培训、技术服务和检验检测等公共服务，带动当地企业共同成长，逐步开创"双赢"的局面。

（二）从需求侧看

在需求方面，由货物贸易转向产业合作势在必行。根据多家权威研究机构的评估，全球货物总需求已逼近峰值，商品贸易的增长空间受限，全球市场需求重心正在加速向发展中国家转移。一方面，全球广大欠发达地区普遍存在着基础设施升级和加速工业化的迫切需求；另一方面，发展中国家仍然普遍受到资本和外汇储备"双缺口"问题的困扰，在国际市场中难以找到廉价、有效的资金和技术供给，尤其欠缺符合其特定发展阶段的整体技术解决方案，这为中国从出口导向战略升级为多层次的产业合作创造了有利环境。

三、庞大的产品需求市场。

中国具有完整的、较强的工业体系，对能源、资源进口需求庞大，对亚

㊀ 夏先良.构筑"一带一路"国际产能合作体制机制与政策体系.国际贸易.2015年第11期

非拉广大发展中国家谋求开发能源资源，实现本国工业化、城市化，具有同时输出工业装备、开发并进口能源资源的优势。中国和哈萨克斯坦产能合作计划就是一个典型案例，它推动哈萨克斯坦能源资源开发和输出，将丰富的自然资源转化为经济实力，同时推动基础设施建设，加快工业化进程，促进哈萨克斯坦钢铁、有色金属、平板玻璃、炼油、水电、汽车等工业制造业发展。建设一个完备的工业化体系对一个国家实现现代化至关重要。中国和哈萨克斯坦产能合作对双方的工业化进程都大有好处，对其他国家开展产能合作具有广泛示范作用。

四、良好的产品质量和市场形象[一]

中国已经在许多装备制造业以及大型工程领域显示出较强的技术创新能力，逐渐在国际市场上创出了一定知名度的品牌和标准，实现了从单一产品输出到成套输出的转变。通过十多年的引进消化吸收再创新，中国已经掌握了高铁核心技术，能够自主研制高寒、高温、高原、特殊地形地貌下各类动车组列车，覆盖时速200公里至380公里各个等级。中国修建高铁的平均成本只有国外同行的三分之二，施工效率却是他们的一倍以上。中国高铁企业已经在马来西亚、南非、土耳其、阿根廷等国实现了从单一的"产品输出"向"产品＋服务＋技术＋管理＋资本"的全产业链输出。2015年9月，中泰两国政府签署了铁路合作框架协议，此外中国已经与近30个国家洽谈高铁合作，高铁合作正成为"一带一路"沿线各国互联互通的重要交通方式。中国公路施工技术也在全球高等级公路市场展现了中国技术实力，公路建设已经遍及亚、非、欧、美几十个国家。中国工程技术人员攻克中国－巴基斯坦喀喇昆仑国际公路施工中一个个地质灾害难关，实现公路安全施工；解决了东部非洲黑棉土公路修筑成套技术。

一　夏先良.构筑"一带一路"国际产能合作体制机制与政策体系.国际贸易.2015年第11期

五、一定的国际市场竞争力⊖

中国装备正在引领出口结构从一般消费品向资本品升级，体现出较强的国际竞争力。2015年以来，我国外贸出口当中机电产品已经占了半壁江山，大型单机和成套设备出口成为亮点。除了高铁和核电两张名片，中国制造在其他领域的出口也表现出了强劲的优势，铁路、船舶、航空航天和其他运输设备制造业出口增长保持了较高水平。2015年上半年中国船企获得了一份价值7.2亿美元的最大汽滚船订单；中国造船企业与位于荷兰的全球最大冷藏船运营商签下了8艘冷藏集装箱船的订单；中国核电公司积极推进在英国、南非、罗马尼亚等国的项目落地。

六、丝绸之路经济带工业产能合作条件分析——以中亚五国为例⊜

中亚五国是我国共建丝绸之路经济带的天然合作伙伴。日前，我国已同哈萨克斯坦达成合同总额数百亿美元的工业产能合作协议，这为我国推进丝绸之路经济带工业产能合作提供了示范。基于此，以中亚五国为重点考察对象，对丝绸之路经济带开展工业产能合作的条件进行分析。

（一）中亚五国的工业发展现状

哈萨克斯坦工业支柱行业为石油天然气工业和煤炭工业，采矿业在工业产值中占有绝对主导地位，制造业由于基础薄弱、资本投入不足、外国产品冲击等原因而发展缓慢。例如，尽管哈萨克斯坦拥有丰富的棉花、毛皮等原材料，但由于其本国生产加工能力低下，棉花、毛皮大部分用作出口。

乌兹别克斯坦的主要工业行业为能源、机械制造、食品加工和有色金属。苏联时期，乌兹别克斯坦已形成完整的工农业体系，机械制造、冶金、石化、棉纺、原料生产及加工等产业完善，其机械制造业比其他中亚国家发达，规

⊖ 夏先良.构筑"一带一路"国际产能合作体制机制与政策体系.国际贸易.2015年第11期
⊜ 白永秀，王泽润，王颂吉.丝绸之路经济带工业产能合作研究.经济纵横.2015年第11期

模占中亚地区三分之二，具备汽车和飞机制造能力。

吉尔吉斯斯坦的主要工业行业为采矿业、金属及非金属制品加工业。吉尔吉斯斯坦有色金属如金、汞、锡、锑储量较大，拥有一些世界级的大型矿床，如库姆托尔金矿、哈伊达尔干汞矿等。黄金在吉尔吉斯斯坦的经济地位十分重要，库姆托尔金矿 2011 年开采黄金 18.1 吨，产值约 19 亿美元，占吉尔吉斯斯坦当年 GDP 的 11.7%、工业总产值的 26.1%、出口总值的 51.1%。而 2012 年由于该矿产量下降，在一定程度上导致当年 GDP 增速下滑[一]。不同于哈萨克斯坦、乌兹别克斯坦和土库曼斯坦石油和天然气储量丰富，吉尔吉斯斯坦缺乏油气资源，因此更多依赖金属矿产资源出口。

塔吉克斯坦的主要工业行业为铝业和水电业。受自然环境限制、基础设施落后以及内战问题的影响，塔吉克斯坦经济发展相对滞后，工业结构单一，人均 GDP 位列中亚末位。由于拥有相当丰富的水资源，水电业成为主要的工业行业，但实际开发量不足 10%。2014 年，以铝为主的金属矿产出口和以棉花为主的农业原材料出口占其出口总额的 71%。虽然现有工业发展滞后，但并不意味着缺乏发展潜力。2013 年，塔吉克斯坦加入世界贸易组织后，其对外直接投资流入额从 2010 年 802 万美元上升为 1.07 亿美元。可以预见，随着塔吉克斯坦对外开放程度的加深，将吸引更多外国直接投资，并通过外国资本、技术优势与其本国资源优势的充分结合，促进其工业发展。

土库曼斯坦的主要工业行业为油气工业和棉毛纺织业。其天然气、石油、芒硝、碘、有色及稀有金属等矿产资源十分丰富，天然气储量位居世界第三。得益于此，土库曼斯坦实行能源强国政策，除去自身消费的很小部分，其余全部出口，依靠能源出口保持着经济高速增长态势。近年来，由石油和天然气开采、石油制品和电力构成的"燃料—能源综合体"成为土库曼斯坦的主要工业部门，产值占工业总产值一半以上[二]。

（二）我国与中亚五国工业发展的互补性

我国与中亚五国处于不同的工业化发展阶段。我国总体上正步入工业化

[一] 孙力，吴宏伟.中亚国家发展报告.社会科学文献出版社
[二] 裴长洪，樊瑛.继续提升对外贸易促进我国经济发展的功能.国际贸易.2014

后期，而中亚五国总体上处于工业化初期阶段，因此，双方在产品和产业结构上均存在较强的互补性。中亚五国虽迫切希望发展现代制造业，但受历史和地缘政治等因素影响，经过20多年发展，其原有产业格局并未发生实质变化。随着参与国际贸易与世界产业分工的深化，其资源型工业结构反而得到了强化。

通过分析中亚五国出口前十位商品的分布情况，印证了中亚五国工业结构的资源主导特征。同时，中亚五国出口商品结构高度集中。各国出口虽然各有侧重，但矿产资源类和农业原材料类产品占据绝对份额，且排名前十的商品中绝大部分属于初级产品，这深刻反映出中亚各国加工制造能力的不足。尽管资源类初级产品是中亚国家现阶段的比较优势，但若单一依靠资源类初级产品出口，而不重视自身制造能力的提升，就很有可能被永远"锁定"在全球产业分工的外围。在此背景下，中亚国家急需提升工业发展水平。只有大力发展现代制造业，才能改变单一依靠资源类初级产品出口的现状，实现出口产品多元化。

一般认为，我国与中亚国家工业发展的互补性体现在基于资源与市场互补的产品贸易层面上，即我国向中亚国家出口机电产品、日用消费品等制成品，而中亚国家向我国出口能源、原材料。但我国与中亚国家工业发展的互补性不仅体现在产品贸易层面，更体现在产业资本合作乃至发展战略层面：一方面，相比于产品贸易，中亚国家更有意愿、有动力获得外国直接投资，以提升自身工业发展水平；另一方面，我国有实力、有条件、有动力推动优势工业产能"走出去"，拓展我国工业的国际发展空间。2014年，我国与哈萨克斯坦在钢铁、水泥、平板玻璃、化工、机械、有色、轻纺等产业领域的深度合作，为我国与丝绸之路经济带沿线地区开展工业产能合作提供了示范。

中亚五国除土库曼斯坦外都是上海合作组织成员国，我国与中亚国家开展产业合作具有制度框架。2001年在哈萨克斯坦签订了《上海合作组织成员国政府间关于区域经济合作的基本目标和方向及启动贸易投资便利化进程的备忘录》，2002年在中国上海签订了备忘录的议定书，2003年在中国北京签订了《上海合作组织多边经贸合作纲要》，这三份文件是上海合作组织经济合作的基本文件。

第五节　国际产能合作的政策环境

一、政府积极推进国际产能合作

国家发展和改革委员会副主任宁吉喆指出，推进国际产能合作是中国政府在新时期就扩大对外投资与合作提出的重要倡议。国际产能合作可以汇集世界不同发展阶段国家的供给和需求，推动全球产业链高中低端深度融合，从而凝聚全球经济稳定增长的新动力，推动全球经济加快整体复苏进程，必将在世界经济发展史上留下浓墨重彩的篇章。

2015 年 5 月，国务院发布了《国务院关于推进国际产能和装备制造合作的指导意见》，这既是我们对内的工作部署，也是我们面向世界各国的政策宣示。我们将坚持国际惯例、商业原则、企业主导、政府推动，采取基础设施、冶金建材、装备制造、金融服务、人才科技"五位一体"的模式，积极推进国际产能合作。

以基础设施合作为先导。顺应全球基础设施建设浪潮，以铁路和电站建设为龙头，推动公路、港口、机场、通信、能源等大型基础设施项目，带动关联产业发展。

以冶金建材合作为延伸。紧密结合基础设施合作项目，推动钢铁、有色、建材等上下游行业优质产能"走出去"，支持企业就地建厂、就地销售。

以装备制造合作为重心。面向合作国工业化发展需要，充分利用当地劳动力、土地等资源，以各类产业集聚区、工业园区、经济特区为载体，带动轻工、机械、汽车、化工等优势行业企业抱团"走出去"。

以金融服务合作为支撑。发挥中方资金优势，与有条件的国家和多边机构共建投资平台，通过设立多双边产能合作基金等多种形式，加大对产能合作重点项目的投融资支持力度。

以人才科技合作为纽带。以重点项目为载体，为亚非拉合作国培养实用人才队伍，支持有实力的企业与合作国共建科技园区、技术研发中心，促进中方先进技术、标准对外转移。

国家发展和改革委员会副主任宁吉喆指出，2015年年底以来，我们与哈萨克斯坦成功开展了产能合作试点，树立了可复制、可推广的双边产能合作样板。并且已与巴西、秘鲁、印尼、埃塞俄比亚等17个国家开展了机制化的产能合作。接下来，我们愿意按照"建立合作机制、对接项目清单、明确融资安排、促成早期收获"的方式，与更多国家开展双边产能合作，扎实推动项目落地。

二、"十三五"时期国际产能合作的政策措施

（一）创新管理体制

加强部门协调会商，形成合力。按照深化改革的总体部署和要求，进一步简政放权、放管结合，按照转变政府职能的要求，以市场为先导、以推动便利化为核心，最大限度缩小核准的范围，实行以备案制为主的管理模式，加大宏观指导和监督力度，提升各类企业的投资效率和应变能力。推动出台《境外投资条例》，重点加强事中事后监管和服务促进。完善对外投资台账制度，加强重点行业国际产能合作统计分析和运行监测。进一步落实企业自主决策权，建立中央企业国际化经营评价指标体系和境外项目监测系统。加大国际产能合作重大项目协调，规范对外承包工程和大型成套设备出口项目竞争秩序，充分发挥行业组织、驻外经商机构、境外中资企业商会的自律和监管作用，防止无序竞争。

（二）推进重点工程

贯彻落实《国务院关于推进国际产能和装备制造合作的指导意见》，统筹做好国际产能合作的指导协调工作。调动地方积极性，重点支持东北、河北等地开展国际产能合作。加强与产业主管部门、驻外使领馆、行业组织联动，做好调查研究、政策制订、项目对接、信息服务等工作。建立国际产能合作重大项目库，重点围绕匈塞铁路、土耳其东西高铁、"三海港区"建设改造工程等战略支点和重大标志性工程，推进"一带一路"建设和国际产能合作。

加大境外经贸合作区建设，大力实施非洲"三网一化"行动计划、跨国跨区域基础设施建设、周边通道建设项目，争取取得突破性进展。落实《关于推动中央企业大力开展境外建设项目"建营一体化"工作的指导意见》，引导企业组建产业联盟"抱团出海"，向价值链高端环节转移。启动境外农业合作示范区挂牌试点，推进境外林业投资合作示范区、境外森林资源合作开发基地建设。加快自主品牌价值评价、国际标准制订和互认，推动中国标准"走出去"。

（三）完善政策导向

继续加大外经贸发展专项资金对国际产能合作重点项目的支持力度，外经贸发展专项资金和"两优"信贷等支持政策将"建营一体化""中非工业化伙伴"行动计划等重大合作项目作为重点支持项目。完善"两优"贷款管理办法，推动出台境外 PPP 贷款管理办法。完善出口信用保险支持装备出口的制度性安排，对风险可控的项目实现"应保尽保"，并根据项目特性、投保风险及赔偿比例等因素，建立更加有弹性的保费费率体系，适当降低费率水平。研究适度扩大优惠贷款规模，结合受援国偿还能力和项目战略价值、经济效益确定国别信贷规模，加大对"一带一路"建设和国际产能合作等战略性项目的支持力度。统筹用好南南合作援助基金，加强使用无偿援助、无息贷款、优惠贷款的分工与协作，将一部分无偿援助、无息贷款与援外优惠贷款、优惠出口买方信贷、商业贷款搭配组合，提高贷款整体优惠度。拓展援外资金支持范围，对于在重点对象国使用商业贷款推进的重大战略性项目，考虑利用无偿援助给予贴息支持，软化贷款条件，提升企业竞争力。进一步完善税收政策，加强境外税收信息收集研究。做好自贸协定和普惠制的出口执行工作，帮助企业充分享受优惠关税减免。

（四）加强产融结合

推动形成政策性银行、商业银行和信保公司共同对国际产能合作和重大基础设施建设项目予以支持的金融服务体系。加快推动金融机构境外机构布局，对贷款集中度、风险资产资本占用等指标实行差别化管理。继续推动政策性银行落实改革方案，支持利用境内外资本市场为"走出去"项目融资，进一步规范发展债券市场，完善股权基金境外投资相关政策。支持金融机构利用外汇储备、发行定向债券等方式建立多元、稳定、长期、低成本的外汇资金筹集机制，募集资金主要用于支持国际产能合作。进一步拓宽外汇储备多元化运用渠道，稳步扩大委托贷款规模和覆盖范围，充分发挥丝路基金等投融资平台的投资带动作用。积极推动"一带一路"建设、国际产能合作等重点项目的承保落实，鼓励保险机构有针对性地创新开发保险产品。

（五）强化服务保障

更新发布对外投资合作发展报告、便利化经营报告、国别地区指南，增强国别产业针对性，因国施策提出国别重点行业目标指引。完善"走出去"公共服务平台，为企业提供政策信息、在线办事等一站式服务。启动农业"走出去"公共信息服务平台建设，建立重点国别森林资源信息及预警系统、能源装备出口信息服务平台。利用各类投促平台，做好"走出去"项目对接和政策宣传。加大对中央和民营企业国际化人才的培训力度。加强国际多双边磋商与合作，与重点国家政府部门签署投资促进、产能合作、基础设施和境外经贸合作区等协议，加快与有关国家开展自贸区、投资、税收、银行监管等协定谈判，减少和排除各种境外投资壁垒，积极应对国际贸易摩擦，为企业营造良好的国际制度和规则环境。建立对外投资合作海外经济利益协调保障机制，加大外交支持力度，维护我国海外公民和机构的安全与合法权益。强化国别安全风险评估和安全预警机制，落实安全风险一票否决制，完善境外突发事件处置机制，指导企业做好安全风险应对工作。完善境外国有资产监管机制和责任追究制度，实现境外资产保值增值。提高境外企业社会责任意识和环境保护意识，督促企业认真履行社会责任，提升我国国家和企业形象。

第三章
企业开展国际产能合作的理论基础

国际产能合作是两个存在意愿和需要的国家或地区之间进行产能供求跨国或者跨地区配置的联合行动。产能合作可有两个渠道进行：既可以通过产品输出方式进行产能位移，也可以通过产业转移的方式进行产能位移。可见，我国提出的产能合作超越了传统的资本输出，它既是商品输出，也是资本输出。不过，目前流行的产能合作主要指产业转移。

由此可见，国际产能合作可以通过产品输出的贸易方式和产业转移的投资方式来实现产能合作。因此简单来说，实现国际产能合作的渠道可以包括贸易和投资这两种方式，而目前更多提到也是更主要的方式是投资方式。

因此，我们在探讨国际产能合作的理论基础时，以对外直接投资理论为基础，而对外直接投资的行为主体，也就是跨国公司，是国际产能合作企业层面的主要领导和执行力量。

第一节　发达国家的对外投资理论

第二次世界大战后，尤其是进入 20 世纪 60 年代以后，随着各国对外直接投资和跨国公司的迅速发展，西方经济学界对这一领域进行了大量探讨和研究，形成许多观点各异的理论。这些理论一般统称为海外直接投资理论或对外直接投资理论，又因其多涉及跨国公司的对外直接投资行为而称为跨国公司对外直接投资理论。下面对其中一些有代表性的主要理论做简要的介绍。

一、垄断优势理论

垄断优势理论（Monopolistic Advantage Theory）是最早研究对外直接投资的独立理论，它产生于 20 世纪 60 年代初，在这以前基本上没有独立的对外直接投资理论。1960 年，美国学者海默（Stephen H. Hymer）在他的博士论文《国内企业的国际经营：对外直接投资研究》中首先提出了以垄断优势来解释对外直接投资的理论。此后，海默的导师金德尔伯格（Charles P. Kindleberger）在《对外直接投资的垄断理论》等文中又对该理论进行了补充和系统阐述。由于两人从理论上开创了以海外直接投资为研究对象的新领域，故学术界将他们两人并列为这一理论的创立者。后来，又有一些学者对垄断优势理论做了发展和补充。由于该理论主要是以产业组织学说为基础展开分析，因此也被称为产业组织理论分析法。

海默研究了美国企业对外直接投资的工业部门构成，发现对外直接投资和垄断的工业部门结构有关，他认为，跨国公司拥有的垄断优势是他们开展对外直接投资的决定因素。美国从事对外直接投资的企业主要集中于具有独特优势的少数部门。美国企业走向国际化的主要动机是为了充分利用自己独占性生产要素优势，以谋取高额利润。海默认为，其他国家的对外直接投资也与部门的垄断程度较高有关。

垄断优势理论把跨国公司从事对外直接投资所凭借的"垄断优势"分为以下几类：

1）来自产品市场不完全的垄断优势：如来自跨国公司拥有的产品差异化能力、商标、销售技术和渠道，或其他市场特殊技能以及包括价格联盟在内的各种操纵价格的条件。

2）来自要素市场不完全的垄断优势：如技术要素（优势可来自专利、技术诀窍等知识产权，技术的专用和垄断既可以使跨国公司的产品与众不同，又可以限制竞争者进入市场；充足的研发费用，加快了大公司的技术创新步伐）、资本要素（跨国公司可凭借其拥有的较高的金融信用等级而在资本市场上以较低的成本，较多、较快地筹集到资金）、管理技能和信息等方面。

3）来自规模经济的垄断优势：大企业为谋求规模经济而投入的巨额初始

资本，对预加入与之竞争的新企业来说无疑是一道难以逾越的门槛，而且伴随着很大的风险；另外，跨国公司可以利用国际专业化生产来合理配置经营的区位，避免母国和东道国经营规模的限制，扩大市场占有份额。

4）来自政府干预的垄断优势：东道国和母国政府可以通过市场准入、关税、利率、外汇和进出口管理等方面的政策法规对跨国公司的直接投资进行干预，跨国公司可以从政府提供的税收减免、补贴、优先贷款等方面的干预措施中获取某种垄断优势。

海默还分析了产品和生产要素市场的不完全竞争性对对外直接投资的影响。在市场完全竞争的情况下，国际贸易是企业参与或进入国际市场或对外扩张的唯一方式，企业将根据比较利益原则从事进出口活动。但在现实生活中，市场是不完全的，这种不完全是指，市场的竞争是不完全的，市场中存在着一些障碍和干扰，如关税和非关税壁垒，少数买主或卖主能够凭借控制产量或购买量来影响市场价格，政府对价格和利润的管制等。正是上述障碍和干扰的存在严重阻碍国际贸易的顺利进行，减少了贸易带来的益处，从而导致企业利用自己拥有的垄断优势通过对外直接投资参与和进入国际市场。

二、内部化理论

内部化理论（The Theory of Internalization）也称市场内部化理论，它是20世纪70年代以后，西方跨国公司研究者为了建立所谓跨国公司一般理论时所提出和形成的理论，是解释对外直接投资的一种比较流行的理论，但不足以称其为"通论"。这一理论主要是由英国学者巴克利（Peter Buckley）、卡森（Mark Casson）和加拿大学者拉格曼（Allan M. Rugman）共同提出的。巴克利和卡森在1976年合著的《多国企业的未来》及1978年合著的《国际经营理论》中，对跨国公司的内部化形成过程的基本条件、成本与收益等问题做了明确的阐述，使人们重新审视内部化概念。1979年，卡森在《多国企业的选择》中，对内部化的概念做了进一步的理论分析。拉格曼在《在多国企业内部》一书中对内部化理论做了更为深入的探讨，扩大了内部化理论的研究范围。

内部化是指，在企业内部建立市场的过程，以企业的内部市场代替外部市场，从而解决由于市场不完整而带来的不能保证供需交换正常进行的问题。企业内部的专业价格起着润滑剂的作用，使内部市场能像外部市场一样有效地发挥作用。跨国化是企业内部化超越国界的表现。

内部化理论认为，由于市场存在不完整性和交易成本上升，企业通过外部市场的买卖关系不能保证企业获利，并导致许多附加成本。因此，企业进行对外直接投资，建立企业内部市场，即通过跨国公司内部形成的公司内市场，克服外部市场上的交易障碍，弥补市场机制不完整缺陷所造成的风险与损失。该理论认为，市场不完全并非由于规模经济、寡占或关税壁垒，而是某些市场失控（Market Failure）、某些产品的特殊性质或垄断势力的存在。

内部化理论建立在 3 个假设的基础上：一是企业在不完全市场上从事经营的目的是追求利润的最大化；二是当生产要素特别是中间产品市场不完全时，企业就有可能以内部市场取代外部市场，统一管理经营活动；三是内部化超越国界时就产生了多国公司。

市场内部化的过程取决于 4 个因素。

一是产业特定因素（Industry-Specific Factor），指与产品性质、外部市场结构和规模经济等有关的因素；二是区位特定因素（Region-Specific Factor），指由于区位地理上的距离、文化差异和社会特点等引起交易成本的变动；三是国家特定因素（Country-Specific Factor），指东道国的政治、法律和财经制度对跨国公司业务的影响；四是公司特定因素（Firm-Specific Fator），指不同企业组织内部市场的管理能力。在这几个因素中，产业特定因素是最关键的因素。这是因为，如果某一产业的生产活动存在着多阶段生产的特点，那么就必然存在中间产品（原材料、零部件，信息、技术、管理技能等），若中间产品的供需在外部市场进行，则供需双方无论如何协调，也难以排除外部市场供需间的摩擦和波动，为了克服中间产品市场的不完全性，就可能出现市场内部化。市场内部化会给企业带来诸多方面的收益。

三、产品生命周期理论

产品生命周期理论（The Theory of Product Life Cycle）是美国哈佛大学教授维农（Raymond Vernon）在 1966 年发表的《产品周期中的海外投资与国际贸易》一文中提出的。在该文中，他十分重视创新的时机、规模经济和不稳定等因素的重要性。维农认为，美国企业对外直接投资的变动与产品的生命周期有密切的联系，他把海外直接投资同国际贸易和产品的生命周期结合起来，利用产品生命周期的变化，解释美国战后对外直接投资的动机与区位的选择。这一理论既可以用来解释新产品的国际贸易问题，也可以用来解释对外直接投资。

维农把一种产品的生命周期划分为创新、成熟和标准化 3 个阶段，不同的阶段决定了不同的生产成本和生产区位的选择，决定了公司应该有不同的贸易和投资战略。

在产品创新阶段，由于创新国垄断着新产品的生产技术，因此，尽管价格偏高也有需求，产品的需求价格弹性很低，生产成本的差异对公司生产的区位选择影响不大，这时，最有利的安排就是在国内生产。企业主要利用产品差别等竞争手段，或力图垄断技术与产品生产来占领市场。这一阶段，新产品等需求主要在国内，至于其他经济结构和消费水平与美国类似的国家如果对这种产品有需求，则美国企业主要通过出口而不是直接投资来满足这些国家（如西欧国家）的市场需求。

在产品成熟阶段，产品逐渐标准化，最有效的生产工序已经形成，产品的生产技术基本稳定，市场上出现了仿制品和替代品，在国内市场需求扩大的同时市场竞争也日趋激烈，新产品生产企业的技术垄断地位和寡占市场结构被削弱。此时，产品的需求价格弹性逐渐增大，降低成本对提高竞争力的作用增强，因而，如何降低生产成本成为企业考虑的首要因素。为此，企业一方面通过规模经济来降低成本，通过价格竞争来维持和占领国际市场，另一方面，在国内竞争日趋激烈、国际市场日趋饱和以及国外市场对这类产品的需求不断扩大的条件下，创新国企业开始对外直接投资，在国外建立子公司开始生产，投资地区一般是那些消费水平与创新国相似、但劳动力成本略低于创新国的地区。到国外投资办厂的另一个好处就是可以避开进口国关税与非关税壁垒。

在产品标准化阶段，产品的生产技术、规格、工艺等都已完全标准化，产品已完全成熟。创新国企业的技术优势已经丧失，企业之间的竞争更加激烈，竞争的焦点和基础是成本和价格，因此，企业将在世界范围内寻找适当的产品生产区位，通过对外直接投资将产品的生产转移到工资最低的国家和地区，一般是发展中国家和地区，以降低生产成本，继续参与市场竞争。最初的创新国将从发展中国家运回最终产品满足国内需求，原来新产品的生产企业也将由于产品生命周期的终结而必须转向另一新产品的研究与开发。

产品生命周期理论的独到之处在于将企业所拥有的优势同该企业所生产产品的生命周期的变化联系起来，这样，就为当时的对外直接投资理论增添了时间因素和动态分析的色彩。这一理论把美国的经济结构、美国企业的产品创新取向以及美国跨国公司海外生产的动机和选址三者较好地联系起来，一方面解释了美国跨国公司从事对外直接投资的特点，另一方面也说明了这些公司先向西欧再向发展中国家投资的原因。

四、边际产业扩张理论

边际产业扩张理论（The Theory of Marginal Industry Expansion），是日本小岛清（Kiyoshi Kojina）教授基于比较优势理论，在20世纪70年代提出来的。从第二次世界大战后到20世纪70年代中期，日本理论界接受和流行的对外直接投资理论主要是海默和金德尔伯格的垄断优势理论以及维农的产品生命周期理论。但后来，日本理论界提出了不同的看法，认为上述两个理论只研究了美国跨国公司的对外直接投资问题，而没有考虑其他国家的对外直接投资的特点，不能解释日本的对外直接投资问题。因此，应创立符合日本国情的对外直接投资理论，用以说明和指导日本企业的对外直接投资活动。小岛清在其于1987年出版的《对外贸易论》等书中提出了新的观点。

小岛清的投资理论有3个基本命题：第一，国际贸易理论中的赫克歇尔－俄林模型（H-O模型）的基本假定是合理的，即资源禀赋或资本－劳动要素比例的假定是对的，但在运用其分析对外直接投资时可使用比资本更广义的经营资源（Managerial Resources）的概念来代替资本要素。第二，凡是具有成本优势的行业其比较利润率也较高，建立在比较成本或比较利润率基础上的国际分工原理不仅可以解释国际贸易的发生，也可以说明海外投资的原因。小岛清甚至认为可以将国际贸易和对外直接投资的综合理论建立在比较优势（成本）的基础上。第三，日本式的对外直接投资与美国式的对外直接投资是不同的。

小岛清认为，由于各国的经济状况不同，因此，根据美国对外直接投资状况而推断出来的理论无法解释日本的对外直接投资。日本的对外直接投资与美国相比有 4 点显著的不同：一是美国的海外企业大多分布在制造业部门，从事海外投资的企业多处于国内具有比较优势的行业和部门；而日本对外直接投资主要分布在自然资源开发和劳动力密集型行业，这些行业是日本已失去或即将失去比较优势的行业，对外投资是按照这些行业比较成本的顺序依次进行的。二是美国从事对外直接投资的多是拥有先进技术的大型企业；而日本对外直接投资以中小企业为主体，所转让的技术也多为适用技术，比较符合当地的生产要素结构及水平，对当地发展具有比较优势的劳动密集型产业，增加就业和扩大出口等都有积极促进作用。三是美国对外直接投资是贸易替代型的（反贸易导向），由于一些行业对外投资的增加而减少了这些行业产品的出口；与此相反，日本的对外投资行业是在本国已经处于比较劣势，而在东道国正在形成比较优势或具有潜在的比较优势的行业，所以对外投资的增加可以带来国际贸易量的扩大，这种投资是贸易创造型的（顺贸易导向）。四是美国设立的海外企业一般采用独资形式，与当地的联系较少，类似"飞地"；而日本的对外投资多采用合资形式，注意吸收东道国企业参加，有时还采用非股权安排方式（Non-Equity Arrangement）。

比较优势理论的内容是，对外投资应该从本国已经处于或即将处于比较劣势的产业（边际产业）依次进行。这些产业是指已处于比较劣势的劳动力密集部门或者某些行业中装配或生产特定部件的劳动力密集的生产环节或工序。即使这些产业在投资国已处于不利地位，但在东道国却拥有比较优势。凡是在本国已趋于比较劣势的生产活动都应通过直接投资依次向国外转移。

小岛清认为，国际贸易是按既定的比较成本进行的，根据上述原则所进行的对外投资也可以扩大两国的比较成本差距，创造出新的比较成本格局。据此，小岛清认为，日本的传统工业部门很容易在海外市场找到立足点，传统工业部门到国外生产要素和技术水平相适应的地区进行投资，其优势远比在国内新行业投资要大。

五、国际生产折衷理论

国际生产折衷理论（The Eclectic Theory of International Production）又称为国际生产综合理论，是 20 世纪 70 年代由英国里丁大学海外投资和国际企业教授邓宁（John H. Dunning）提出的。邓宁是当代著名的研究跨国公司和海外直接投资的专家，他的代表作是于 1981 年出版的《国际生产和跨国公司》，该书集中汇集了一系列阐述其折衷理论的论文。

国际生产是指跨国公司对外投资所形成的生产活动。邓宁认为，导致其提出这一理论的原因主要有两个：其一是第二次世界大战后，尤其是 20 世纪 60 年代以后国际生产格局的变化。在 60 年代以前，国际生产格局是比较单一的，那时以美国为基地的跨国公司在国际生产中占有重要地位，国际生产主要集中于技术密集的制造业部门和资本密集的初级工业部门，投资主要流向西欧、加拿大及拉美国家，海外子公司大多采用独资形式。进入 60 年代以后，国际生产格局出现复杂化趋势，西欧和日本的跨国公司兴起，发达国家间出现相互交叉投资现象，一些跨国公司开始向新兴工业国家（地区）和其他发展中国家投资，一些发展中国家的企业也开始加入到对外投资的行列之中，合资形式成为海外企业的主要形式。其二是缺乏统一的国际生产理论。传统的理论只注重资本流动方面的研究，而缺乏将直接投资、国际贸易和区位选择综合起来加以考虑的研究方法。在邓宁看来，他的理论将企业的特定垄断优势、国家的区位与资源优势结合起来，为国家经济活动提供了一种综合分析的方法，从而弥补了过去的不足，所以他的理论也可称为综合理论。

邓宁认为，自 20 世纪 60 年代开始，国际生产理论主要沿着 3 个方向发展：一是以海默等人垄断优势理论为代表的产业组织理论；二是以阿利伯的安全通货论和拉格曼的证券投资分散风险论为代表的金融理论；三是以巴克利和卡森等人内部化理论为代表的厂商理论。但这 3 种理论对国际生产和投资的解释均是片面的，没有把国际生产和贸易或其他资源转让形式结合起来分析，特别是忽视了对区位因素的考虑。国际生产折衷理论吸收了上述 3 个理论的主要观点，并结合区位理论解释跨国公司从事国际生产的能力与意愿，解释它们为什么在对外投资、出口或许可证安排这 3 个参与国际市场的方式中选择对外投资。

国际生产折衷理论认为，一个企业，要从事对外直接投资必须同时具备以下 3 个优势，即所有权优势（Ownership-Specific Advantag）、内部化优势（Internalization-Specific Advantage）和区位优势（Location-Specific Advantage）。

1. 所有权优势是指企业所拥有的大于外国企业的优势

它主要包括技术优势、企业规模优势、组织管理能力优势、金融货币优势以及市场销售优势等。邓宁认为，对外投资和海外生产必然引起成本的提高与风险的增加，在这种情况下，跨国公司之所以愿意并且能够发展对外投资，并能够获得利益，是因为跨国公司拥有一种当地竞争者所没有的比较优势，这种比较优势能够克服国外生产所引起的附加成本和政治风险。他把这种比较优势称为所有权优势，这些优势要在跨国生产中发挥作用必须是这个公司所特有的、独占的，在公司内部能够自由移动，并且能够跨越一定的距离。这种所有权优势是进行对外投资的必要条件。

2. 内部化优势是指企业通过对外投资将其资产或所有权内部化过程中所能拥有的优势

也就是说，企业将拥有的资产通过内部化转移给国外子公司，可以比通过交易转移给其他企业获得更多的利益。一家企业拥有了所有权优势，还不能说明它必然进行对外投资活动，因为它可以通过其他途径发挥和利用这些优势。一般而言，企业有两个途径发挥和利用这些优势：其一，将所有权资产或资产的使用权出售给别国企业，即把资产的使用外部化；其二，自己利用这些所有权资产，即把资产的使用内部化。到底选择资产内部化还是选择资产外部化取决于利益的比较。由于外部市场是不完善的，其所拥有的各种优势进行外部化有丧失的危险，因而，为了保持垄断优势，企业就存在对其优势进行内部化使用的强大动力。海外直接投资就是企业利用它的所有权优势直接到海外办厂开店，建立企业内部的国际生产和运营体系的过程。

3. 区位优势是指可供投资的地区在某些方面较国内优越

在邓宁看来，一家企业具备了所有权优势，并有能力将这些优势内部化，还不能完全解释清楚直接投资活动，还必须加上区位优势。区位特定优势包括劳动力成本、市场需求、地理距离、自然资源、基础设施、运输与通信成本、关税和非关税壁垒、政府对外国投资的政策，因历史、文化、风俗、商业惯例差异而形成的心理距离等。区位优势是开展对外投资的充分条件。企业进行国际生产时必然受到区位因素的影响，只有在国外区位优势大时，企业才可能从事国际生产。

如果一家企业同时具备上述 3 个优势，那么它就可以进行对外投资。这 3 个优势的不同组合，还决定了企业进入国际市场和从事国际经济活动的不同方式。

国际生产折衷理论的特点和贡献在于：它吸收和借鉴了在此之前 20 年中出现的新的海外投资理论，采用了折衷和归纳的方法，对各家之长兼容并蓄，并在区位理论方面做出了独到贡献；它与海外投资的所有形式都有联系，涵盖和应用的范围宽；它能够较好地解释企业选择国际经济的 3 种主要形式的原因，即出口贸易、技术转让与对外投资；将这一理论同各国经济发展的阶段与结构联系起来进行动态化分析，还提出了"投资发展周期学说"。国际生产折衷理论有时也被称为 OIL（Ownership-Internalization-Location）模式，因其概括性、综合性、应用性强而获得了对外投资"通论"之称。这一理论目前已成为世界上对外投资和跨国公司研究中最有影响的理论，并被广泛用来分析跨国公司对外投资的动机和优势。

以上我们介绍和分析了西方学者在研究海外投资时提出的 5 种主要理论。上述 5 种理论主要是从微观和企业的角度来研究和回答跨国公司对外投资的决定因素、动机、竞争优势、重要条件及其方式等。

缪尔和希勒在 20 世纪 90 年代末提出子公司特定优势理论，即要通过对外投资建立子公司"卓越中心"，最有效地配置资源和整合外部资源。村上友佳子将多国籍企业跨国经营的决定因素概括为运输费用、规模经济和企业的差异性。

有的学者从发展阶段的角度，研究了美国型、日本型及发展中国家的对外投资。日本学者小岛清分析了国际企业优势性的源泉，并将其概括为垄断性、规模经济以及补充东道国匮乏的生产要素等方面。遵循赤松要先生提出的"产业发展的雁行形态论"，及新兴产业国追随先进产业国的产业逐步成长的理论，小岛清提出对外投资的"小岛理论"，亦称"边际产业论"，基本主张是，对外投资应该从本国（投资国）已经处于或即将陷于比较劣势的产业——可称为边际产业——（这也是对方国家存在显在或潜在比较优势的产业）依次进行。他对美国和日本的对外投资进行比较研究，认为美国型的特点是从具有垄断优势的产业开始对外投资：一是在高技术创新和垄断的产业，而不是以价格竞争生产标准化产品的产业；二是以技术密集而不是资金密集为基础，依靠工业产品差异化战略。日本企业是从已经或即将比较劣势的边际产业开始，依次进行对外投资。它是由于日本战后一段时间的产业结构所形成的现象，随着 20 世纪 80 年代日本的经济发展和技术进步，其对外投资方式逐渐向美国趋同。

除此之外，还有一些其他的海外投资理论，如投资诱发要素组合理论、寡占反应理论、产业内双向直接投资理论、横向一体化直接投资理论、纵向一体化直接投资理论、核心资产论、投资与贸易替代论、最佳对外投资课税论、区位论、通货区域论、资本化率理论等。这些理论有的是从微观角度展开研究，有的则是从宏观角度研究和分析海外投资现象，力图找到东道国为什么要利用外资、资本为什么要发生国际流动等问题的答案。对外投资理论是在 20 世纪 60 年代从国际间投资（国际证券投资）理论中独立出来的，理论的发展源于实践的发展和丰富，可以相信，随着各国对外直接投资活动的不断开展和跨国公司影响的进一步扩大，有关这方面的理论研究也将会不断有所创新，并结出新的果实。

第二节 发展中国家的对外投资理论

随着发展中国家对外投资的增长，发展中国家对外投资理论也不断发展。传统的发展中国家对外投资理论主要强调了发展中国家跨国公司自身所具有的、与发展中国家社会经济发展密切相关的独特的所有权优势；在全球生产网络下，发展中国家对外投资理论更加注重国际生产联系和母国政策在对外直接投资中的推动作用。

一、生产折衷理论视角下的发展中国家对外直接投资

传统的发展中国家对外投资理论认为，发展中国家跨国公司对外投资也是基于某种独特的所有权优势，这些优势在本质上与发达国家跨国公司是相同的，但在形式和来源上不同。发展中国家跨国公司的优势主要来自小规模、劳动密集而且灵活的生产工艺，根据当地生产和市场改造外国技术和设计的能力，以及对不确定的经济发展、不透明的政策法规和较弱的市场制度环境的适应。

（一）小规模技术理论

小规模技术理论是由美国学者威尔斯（L. Wells）针对发展中国家的对外投资提出的。该理论注意到发展中国家投资母国对发展中国家跨国公司的"特定优势"的影响，认为发展中国家跨国公司的技术优势具有十分特殊的性质，是投资母国市场环境的反映。具体来说，发展中国家跨国公司具有如下 3 点优势：

1）小规模技术优势。由于发展中投资母国大多市场规模不大、需求多样化，从而迫使发展中国家的企业不得不将引进的技术加以改进，使其生产技术更具有灵活性，提供品种繁多的产品，以适应本国小规模、多样化的市场

〇 李国学. 发展中国家对外直接投资理论综述. 中国社会科学院世界经济与政治研究所国际问题研究系列工作论文. 2012

需求，从而具有小规模技术的特征。这些经过改造的小规模技术成为发展中国家跨国公司到类似市场开展对外投资的特殊优势之一。

2）当地采购和特殊产品优势。威尔斯分析，当发达国家的技术转移到发展中国家之后，往往需要对其加以改造，以便适应发展中国家当地的原材料供应和零部件配套生产的能力，而这一优势同样成为发展中国家对外投资的特殊优势之一。另外，发展中国家对外投资往往还带有鲜明的民族特色，能够提供具有民族文化特点的特殊产品，在某些时候它甚至可以成为压倒性的经营优势。

3）物美价廉优势。发展中国家跨国公司之所以有可能做到这一点，主要原因有两点：一是与发达国家相比，发展中国家的劳动力成本普遍偏低；二是发展中国家跨国公司的广告支出较少。

威尔斯的小规模技术理论的贡献在于，将发展中国家跨国公司的竞争优势与其投资母国自身的市场特征结合起来，能够解释发展中国家对外投资的部分行为。但该理论也存在明显的缺陷，如威尔斯始终将发展中国家在技术上的创新活动局限于对现有技术的继承和使用上，从而限制了该理论的适用范围。

（二）技术地方化理论

拉奥（S. Lall）在对印度跨国公司的竞争优势和投资动机进行了深入的研究之后，提出了关于发展中国家跨国公司的技术地方化理论。和小规模技术理论一样，技术地方化理论也是从技术角度来分析发展中国家跨国公司竞争优势的。

所谓技术地方化，是指发展中国家跨国公司可以对外国技术进行消化、改进和创新，从而使得产品更适合自身的经济条件和需求。拉奥强调，发展中国家的这种创新过程是企业技术引进的再生过程，而非单纯的被动模仿和复制。所产生的技术在小规模生产条件下具有更高的经济效益，且效果会由于民族或语言等因素得到加强。另外，拉奥还认为东道国的国内市场较大，存在特殊的市场需求的情况下（如消费者的不同口味和购买力），发展中国家的跨国公司有可能填补这市场，从而使其产品具有一定的竞争力。

（三）技术创新产业升级理论

英国学者坎特威尔（J. Cantwell）和托兰惕诺（P. E. Tolentino）对发展中国家对外投资问题进行了系统的考察，提出了发展中国家技术创新产业升级理论。

技术创新产业升级理论强调技术创新是一国、产业、企业发展的根本动力。在发展中国家跨国公司的技术创新活动具有明显的"学习"特征，换句话说，这种技术创新活动主要利用特有的"学习经验"和组织能力，掌握和开发现有的生产技术。坎特威尔和托兰惕诺认为，不断地技术积累可以促进一国经济的发展和产业结构的升级，而技术能力的不断提高和积累与企业的对外投资直接相关，它影响着发展中国家跨国公司对外投资的形式和增长速度。

（四）投资发展周期理论

英国学者邓宁（John H. Dunning）将一国的吸引外资能力和对外投资能力与其经济发展水平结合起来，提出了投资发展周期理论。该理论是其国际生产折衷理论在发展中国家的运用与延伸。

邓宁认为，在一定的经济发展条件下，一国的利用外资和对外投资是紧密相连的两个发展过程，并且指出，一国的海外投资地位与其人均国民生产总值成正相关的关系，随着人均国民生产总值的逐渐提高，一国的对外直接投资先落后于外商对该国的直接投资，而后超过。

投资发展周期理论是少有的从宏观经济角度分析发展中国家对外投资的理论。虽然该理论存在很大的局限性，但它从理论上指出了发展中国家对外投资发展的一般轨迹，阐明了发展中国家跨国公司发展的可能性。邓宁投资发展四阶段的划分见表1.3-1。

表1.3-1　邓宁投资发展四阶段的划分

人均GDP	利用外资和海外投资情况
400美元以下	只有少量的外国直接投资，几乎没有对外投资
400～2500美元	利用外资量有所增加，本国对外投资量仍较少，净对外投资额仍为负值
2500～4000美元	在利用外资进一步增长的同时，对外投资大幅度增加，其发展速度可能超过引进外资的速度，但净对外投资额仍为负值
4000美元以上	对外投资增长速度高于引进外资的速度，净对外投资额为正值

（五）一体化国际投资理论

小林辉智认为发展中国家可以通过对外投资实现经济转型，应与工业化和出口导向战略结合，充分发挥和激发比较优势。不断增强本国的比较优势，从而保持经济竞争力，这是发展中国家从纯吸收外资进入的国家变为向海外投资的国家的基本动机。这个理论将发展中国家的经济发展、比较优势与对外投资相结合，从动态的角度揭示了由资源禀赋变化导致的比较优势与对外投资的产业结构变化之间的关系。

（六）中国学者的相关理论探讨

20 世纪 80 年代以来，中国企业的对外投资迅速发展。与此同时，中国学者在吸收国外学者相关研究成果的基础上，对中国企业对外投资问题也展开了理论研究，并取得了一些成绩。

林叶于 1992 年出版了《中国跨国公司》一书。作者在书中对邓宁的国际生产折衷理论进行了修正，指出：即使发展中国家不同时具有邓宁所称的三种优势，也可能发生优势替代性投资；人均 GNP 低于 400 美元的发展中国家仍可能存在比较优势而发展对外投资。另外，林叶还以马克思的劳动价值理论和国际价值理论为基础分析了跨国公司的投资行为，提出了社会主义跨国公司的概念。

毛蕴诗在《跨国公司战略竞争与海外直接投资》一书中提出了跨国公司战略竞争的概念，把对外投资行为视为跨国公司实施战略目标及其在竞争中对环境所做出的战略反应结果，并建立了对外投资决策过程的四维分析模型。

卢进勇在《入世与中国利用外资和海外投资》一书中提出了应从经济全球化、市场一体化和资源配置的角度考虑发展中国家海外投资的问题。由于经济全球化的发展导致市场和资源配置越来越具有全球整体性，因此发展中国家的企业开展海外投资的行为和阶段都有所提前。另外，由于入世也使中国的企业加快了"走出去"的必要性和可能性。

朱希颜、李汉铃和卢进勇在《中国企业的国际竞争力及其培育措施》一文中指出，尽管中国企业的整体竞争力还比较低，但某些企业由于规模经济和技术与管理上的比较优势的存在，因此也就具备了开展对外投资的基础和条件。

程惠芳在《对外直接投资比较优势研究》一书中提出了中国对外投资比较优势及其发展模式，将对外投资作为开放宏观经济重要组成部分，在对外投资比较优势与宏观经济内外均衡发展的相互关系上做出了有益的探索。

鲁桐是以确定中国目前在投资发展轨迹中所处的阶段为前提，揭示中国企业跨国经营和对外投资的动因：在已有初具规模的对外投资基础上，伴随着国内经济水平的提高，将进入中国对外投资快速增长和净对外投资流量增加的新阶段。与此相应的动因是贸易替代、资源寻求、技术获取和战略资产寻求等。江小涓分析了我国加快发展对外投资的原因：我国需要更多地参与国外自然资源的开发；需要利用国外的科技资源；需要通过对外投资带动出口；需要更好地贴近国外市场；需要推动国内产业结构的调整。邢建国从更加广阔的范围分析了中国企业对外投资的动因机制：政府部门的政策推动是中国对外投资的根本推动机制；综合国力的增强是企业"走出去"的重要支撑；微观经济主体经营的调整是中国企业对外投资的基本动因之一。王林生等人提出，国家利益的驱动是对外投资发生的宏观动因；企业利益的驱动是对外投资发生的微观动因。而从我国企业的角度看，主要是寻求广阔的市场、开发经营资源、追求更高的投资效率、利用国外的资金等。

二、国际生产联系与国际直接投资⊖

与传统发达国家的跨国公司不同，不具有强大所有权优势的发展中国家跨国公司，往往是通过与外资企业合资或合作或者进出口贸易获得对外直接投资所需要的知识和能力。特别是在全球生产网络中，它们在与其他企业的联系中实现资源共享，从而提升了自己的生产力水平。

（一）内向国际化理论

类似于投资发展周期理论，跨国公司在本国的投资也是本国对外投资的

　　⊖ 李国学. 发展中国家对外直接投资理论综述. 中国社会科学院世界经济与政治研究所国际问题研究系列工作论文. 2012

一个驱动因素。Ozawa（1992）认为发展中国家对外投资是比较优势动态变化的结果。世界各国经济发展水平呈现阶梯形的等级结构，通过吸引发达国家跨国公司直接投资，发展中国家获得了相关的知识和技术，增强了本国的比较优势，逐步演变为对外直接投资输出国。发展中国家比较优势的转化过程对应了国际投资四个发展阶段：在第一阶段，发展中国家是外国直接投资的接受国，没有对外直接投资；在第二阶段，随着比较优势增强，发展中国家逐渐转向为对外直接投资；在第三阶段，从劳动力导向型直接投资转向技术导向型直接投资；在第四阶段，本国既是资本密集型外国直接投资的接受国，又是资本导向型外国直接投资的输出国。

Gavusgil 和 Naor（1987）、Korhonen 等（1994）、Child 和 Rodrigues（2005）以及 Luo（2002）和 Matthews（2002）认为外国企业在本国跨国兼并以及与本国企业的合资或合作，不但产生了规模经济和范围经济，而且向本国企业转移了知识、技术、专业技能和管理诀窍，弥补了本国企业的比较劣势，提高了本国企业的国际竞争力，从而为本国企业的对外直接投资创造了有利条件。

（二）L–L–L范式

类似于国际生产折衷理论，资源基础论（RBV）把所有权优势定义为可以在外国竞争中运用的企业资源，如优越的专有资源或者管理能力（Barney，1991）。与 OLI 模式不同的是，资源基础论不但把跨国公司的成功归因于优质专用资源的利用，而且还归因于快速高效的收购和整合专用知识（Madhok，1997），与发达经济体相比，新兴经济体的研发投资要低得多，而且新兴经济体和发达国家之间存在显著的技术差距（UNCTAD，2005）。为了迅速赶上产业内的领导厂商，新兴市场国家跨国公司不是通过技术革新而是通过组织革新来实现这一国际化进程。

基于资源基础论观点，Matthews（2006）把国际化看作发展中国家跨国公司获得它们所缺乏的技术、人力资本和品牌等战略资源的有效途径，并将这种模式定义为 L-L-L（Linkage，Leverage and Learning）范式。L-L-L 范式认为，发展中国家跨国公司早期的国际化并不是集中于固有的所有权优势，而是通过外部环境联系获得这种优势（linkage）；发展中国家跨国公司不是集中于可以被垄断的资源，而是集中于资源如何通过联盟更好地利用（leverage），国际合资或合伙是它们的风险管理和技术参与战略合作必需的；发展中国家跨国公司通过频繁的循环实验学习（learning）不断完善它们的战略，进一步通过外部联系促进资源的利用。

Makino、Lau 和 Yeh（2002）曾经探讨了跨国公司如何通过对外直接投资利用现有资源和开发新的资源；相反，当它们向比母国更发达的国家投资时，它们有机会开发东道国的技术、管理和营销技能等战略资源。另外，Luo 和 Tang（2007）等的"跳板"观点（springboard perspective）、Witt 和 Lewin（2007）等的"制度逃逸主义"观点（institutional escapism perspective）都强调了，为了生存和发展，新兴市场国家跨国公司必须对多维度的外部因素做出反应，包括嵌入到外国制度环境和商业体系。当然，由于复杂的、不稳定的外部环境以及企业异质性的内部资源和能力，单一的理论和方法可能不足以解释发展中国家跨国公司对外投资的动机（Peng，Wang&Jang，2008）。

三、政府支持与国际直接投资⊖

在发展中国家对外投资过程中，政府发挥着重要的作用。母国以财政补贴、低息贷款、对外经济合作以及投资保险等方式推动本国企业国际化，东道国优惠的外资政策、互惠性的贸易和投资协定也推动了发展中国家企业在本国直接投资。

（一）国家专用优势

国家竞争优势理论提供了一种分析跨国公司行为的理论视角，但是政府作用对该理论重视不够。事实上，发展中国家政府在企业的国际直接投资过程中发挥着重要的作用。在企业的国际化扩张过程中，国家专用优势和公司

⊖ 李国学. 发展中国家对外直接投资理论综述. 中国社会科学院世界经济与政治研究所国际问题研究系列工作论文. 2012

专用优势都是非常重要的（Rugman ang Verbeke，2003），为了创造独特的战略机遇，跨国公司管理人员运用了基于国家专用优势和企业专用优势相互作用的战略（Rugman，1981，2007）。

从某种程度上来说，在全球竞争中跨国公司的所有权优势是建立在国家专用优势的基础上的。最基本的国家专用优势源自然资源禀赋、劳动力特性、文化和经济因素以及在某些情况下一个有吸引力的国际品牌（Peter，1990）。国家专用优势还包括通过许可、OEM或合资企业等形式吸引外国直接投资的政府政策，低成本融资、海外并购所需外汇的供给（Child and Rodrigues，2005）及其国际经济合作关系等，这些国家专用优势在某种程度上缓解了本国企业对外直接投资的所有权劣势。此外，国家专用优势还体现在一系列推动企业自主创新的政策方面，如鼓励企业学习和采用更有效的组织形式，增强公司收购外国资产的能力，促进国内技术的开发和利用等。此外，有些发展中国家为了鼓励本国企业到某个国家和地区进行直接投资而出台相关的优惠政策，例如补贴、低息贷款以及投资风险保险等。这些优惠政策降低了企业投资风险，减少了投资成本，增加了投资利润。

（二）投资诱发要素组合理论

小规模技术理论和适宜技术理论等传统的对外直接投资理论，主要分析了发展中国家跨国公司利用自己的所有权优势在比母国经济发展水平低的国家所进行的资源和劳动密集型产业的投资，但是，在技术和服务密集型的产业中，与发达国家跨国公司相比，来自新兴市场国家的跨国公司似乎并不具备强大的所有权优势，但它们依然能够成为国际直接投资的重要参与者。针对这种现象，20世纪80年代后期到90年代初期，经济学家们不但考虑了母国专用优势对国际直接投资的推动作用，而且还兼顾了东道国专用优势对国际直接投资的拉动作用。在母国和东道国专用优势的分析中，经济学家们进一步区分了对外直接投资的直接诱发要素和间接诱发要素，前者主要是指国家在劳动力、资本、技术、管理及信息方面的要素禀赋，后者是指国家的政策环境。

投资诱发要素组合理论认为任何形式的对外直接投资都是在投资的直接

诱发要素和间接诱发要素的组合作用下发生的。直接诱发要素是企业对外投资的内在动力，其目的是为了充分利用母国和东道国的劳动力、资本、技术、管理和信息方面的要素禀赋，实现优势互补。间接诱发要素是企业对外投资的外在条件，目的是为了充分利用母国和东道国有利的政策环境，例如母国鼓励对外直接投资的各种政策措施，东道国良好的投资环境和外资优惠政策，世界和区域经济一体化中贸易和投资促进措施等。投资诱发要素组合理论进一步认为，间接诱发要素在当今国际直接投资中发挥着越来越重要的作用，而且是发展中国家跨国公司对外直接投资的重要推动力量。

第三节　企业"走出去"理论的发展

尽管国际经济学界从经济学视角对发展中国家对外直接投资进行了初步的分析和探讨，并取得了一定的研究成果，但是，目前国际经济学领域仍然缺少一套普适的国际直接投资理论体系。此外，母国和东道国在社会、政治、经济、文化和外交等方面错综复杂的关系也影响和制约着发展中国家对外直接投资，国际直接投资的研究方法也有待进一步丰富和发展。

一、理论体系有待进一步完善

虽然发展中国家对外直接投资理论已取得了一些进展，但目前国际经济学界尚未建立起一个统一的发展中国家对外直接投资理论体系。传统的国际直接投资理论以单个跨国公司作为理论分析的起点，经济学家们基于 OLI 范式探讨了不同发展阶段发展中国家之间单向的国际直接投资。20 世纪 90 年代中期以来，全球生产网络的兴起为发展中国家对外直接投资提供了新的机遇，经济学家们从企业到国际生产联系视角分析了发展中国家企业对外直接投资；近十年来，特别是 2008 年金融危机爆发之后，政府在推动对外直接投资中扮演了非常重要的角色，经济学家们又探讨了政策环境对发展中国家对外直接投资的影响。但是，上述发展中国家对外直接投资理论都是从某一个角度进行探讨的可能只适用于某一类型的发展中国家，迄今为止，国际经济学界尚未建立起一个可以解释所有发展中国家对外直接投资的普适理论体系。

虽然发达国家和发展中国家之间的相互投资不断增多，但目前国际经济学家尚未在统一的理论体系下解释不同经济发展水平国家间的国际资本双向流动。从全球对外直接投资发展趋势来看，虽然发展中国家之间国际直接投资不断增多，但发达国家对发展中国家（特别是对新兴市场国家）的国际直接投资仍然占据绝对优势地位。传统的跨国公司理论主要解释了发达国家对发展中国家的单向国际直接投资或者同一发展水平国家间的双向国际资本流动；目前的发展中国家对外直接投资理论主要解释了不同经济发展水平的发展中国家之间的单向国际直接投资，或者发展中国家向发达国家的单向国际资本流动。但是，无论是传统的跨国公司理论还是目前的发展中国家对外直接投资理论都无法同时解释发达国家与发展中国家之间的双向直接投资。

二、研究方法需要进一步拓展

除了受到经济因素影响以外，发展中国家对外直接投资还受到政治、安全、外交等非经济因素的影响，主要表现在以下几个方面：第一，一些发展中国家之间的对外直接投资与彼此间的外交关系密切相关，例如中国对非洲的直接投资本身就是对非洲经济援助的一部分；第二，与传统的发达国家对外直接投资不同，政府往往在发展中国家对外直接投资中扮演着非常重要的角色，例如中国政府的"走出去"战略在推动本国对外直接投资过程中发挥着非常重要的角色；第三，在一些发展中国家，国有企业在贯彻国家经济发展战略的同时，在对外投资方面享受了其他所有制企业所不能得到的优惠待遇，例如融资便利等；第四，在全球生产网络条件下，企业网络是一个成员企业提供信息、知识、资源、市场和技术的"战略平台"，企业通过"战略平台"利用并放大了自己对外直接投资的所有权优势；第五，不同的社会意识形态也影响着彼此间的国际直接投资，例如近年来中国的崛起引起了欧美等传统的资本主义国家的不安，它们提高了中国在本国直接投资的壁垒。因此，我们不能单纯从国际经济学角度来分析发展中国家对外直接投资，国际政治经济学、国际关系、经济社会学等不同学科的研究方法可能对于我们深入理解发展中国家对外直接投资具有重要的参考价值。

第四章
发达国家国际产能合作的经验

第一节 美国的对外投资经验

美国是当今世界的经济霸主，但是由于经济周期性，历史上曾多次面临产能过剩的问题。20 世纪 50 年代，美国将传统产业转移到联邦德国和日本，对国外进行大量的资本和技术投资，但资本密集型与技术密集型的高科技产业并没有向国外转移，这奠定了美国第三次国际产业转移的高地地位。美国主要是通过"马歇尔计划"顺利化解了二战之后的产能过剩问题。"马歇尔计划"主要是通过美国政府拨款对一些欧洲国家进行经济援助，在促进被援助国家经济恢复的同时，也进一步推动了美国工业经济和贸易的发展。2008 年金融危机爆发使美国再次陷入了产能过剩的泥潭，全球产业战略转移和主导 TTIP 协议是美国化解此次产能过剩问题的有力举措。

一、美国对外投资的主要发展历程

探寻美国对外直接投资的历史，最早可追溯到独立战争以后。独立战争以后，美国采取"新经济发展政策"，开始了最早期的国外工业制造业的投资。以两次世界大战为分界点，可以将美国对外直接投资的发展历程分为三个时期。

第一次世界大战（1914 年）以前，美国就开始了世界最早期的对外直接投资，1897 年其对外直接投资就有 6 亿美元的存量，到 1914 年更是增长到 16 亿美元的存量规模。这一时期，美国对外直接投资的绝大部分集中在邻国的加拿大，并以获取丰富的矿产和石油资源为主要目的。

1914～1945 年，美国对外直接投资呈现快速增长态势。到 1945 年，其对外投资存量达到 84 亿美元，成为超过英国的世界第一大对外投资国。这一时期，随着美国在制造业上的快速发展，其制造业上的国际比较优势越发突出，为了获得高额垄断优势，其在制造业上的对外直接投资不断增长，由 1914 年的 18.2% 增长到 1945 年的 30%，而对资源类的投资相对总量有所下降。同时，投资的触角远伸到欧洲发达国家，以达到占领市场的目的。

第二次世界大战（1945 年）以后，美国对外直接投资获得了空前的持续发展，并基本一直稳坐世界对外直接投资额第一的位置。在对外直接投资的存量上，其在 1949 年就超过 100 亿美元，1973 年冲破 1000 亿美元，1980 年冲破 2000 亿美元，1990 年冲破 4000 亿美元，1999 年冲破 10000 亿美元大关，2003 年达到 20690 亿美元，是 1945 年的 246 倍。

在对外直接投资流量上，20 世纪 70 年代以前，其增长相对缓慢，80 年代进入较快增长的同时波动幅度也相对较大，90 年代以后，其对外投资进入空前的高速发展阶段，1990 年对外直接投资流量为 310 亿美元，到 1999 年扩大为 2093 亿美元，增长 5.75 倍。

这一时期，随着美国在高新技术等知识密集型产业方面垄断优势的突出，对外投资的产业结构也发生显著变化。1950～1995 年间，美国服务业的对外直接投资快速增长，由 18.6% 飞速增长到 48%；制造业在对外投资中的比重也稳步上升，由 32.5% 先上升到 41.7%，后又回落到平稳的水平；而石油和采矿业的比重则自 1960 年开始不断下降，由最高时候的 43.3% 降到 1995 年的 9.8%。同时，美国对外直接投资更进一步地倾向发达国家，到 1990 年，其对发达国家的投资增长到 74.1%，而对发展中国家的投资进一步下降到 25.1%。此外，在投资方式上美国也有相应调整，由第二次世界大战前的以独资为主的对外投资方式逐渐转变为以独资、合资相适应的方式再向大规模跨国并购转变。特别是 20 世纪 90 年代以后到 21 世纪初，美国的跨国并购活动达到历史巅峰，跨国并购累计额占当期美国对外直接投资流量累计额的70%以上。并且对发达国家主要采取跨国并购的投资方式，而对发展中国家则更多地采取绿地投资的直接投资方式。

二、美国对外直接投资的发展模式

（一）优先投资先进技术产业

美国的跨国公司能在世界市场竞争中立于不败，其最主要的优势就在于其拥有国际领先的科学生产经营技术。纵观美国对外直接投资历史，其最先从事跨国经营活动的公司，基本都是那些拥有首先在国内发明生产出来的产品（虽然有些产品不是在美国发明出来的，但是是在美国经过革命性改造的，比如汽车工业等）或者拥有世界最先进技术的部门。从最初的汽车、家电等制造业，到如今的高新科技领域，可以很容易地发现，美国在每个时期对外直接投资的重点产业都是其在当时的优势产业。这些部门利用其专利、知识等所有权优势，取得国际规模的垄断地位，一方面为了更多地获取高额利润并占领其传统的海外市场，另一方面，为了防止外国企业对其产品的仿造，这些拥有垄断优势的美国企业必然大规模到目标市场当地投资建厂。

（二）以资源和市场控制导向为主的投资目的

从19世纪末开始，美国就在世界的各个地区进行了直接投资，由于每个地区的投资环境、资源禀赋各不相同，其对外直接投资的目的也不尽相同，但其无论在哪个区域投资，都离不开对当地资源和市场控制的强烈动机。

加拿大和拉丁美洲都是美国对外直接投资资源和市场控制目的的集中体现。以加拿大为例，加拿大与美国都归属于北美洲，它们不仅陆路相接，而且加拿大有着丰富的矿产资源，因此，美国首先对加拿大的资源和市场展开了直接投资。为了绕过加拿大的关税壁垒，对抗英国由于历史原因对加拿大市场的占领，美国公司纷纷到加拿大投资建厂，就地生产，就地销售，或者收购当地公司，最终达到了对加拿大市场的绝对占领。此外，1960～1980年间，在加拿大采矿业 70% 的外国资本中，美国占到了绝大部分，这使加拿大成为美国矿物原料的供应基地。

欧洲则是美国实施市场控制目标最典型的地区之一。欧洲和美国都是世界上经济最发达的地区，二者无论要素禀赋还是需求偏好都非常类似。虽然欧洲与美国有大西洋相隔，但是欧洲巨大的市场容量和潜力则是美国企业所更为看重的。欧洲共有 7 亿人口，生活水平大部分也处于中上阶层，购买力较强，此外，欧洲与美国之间的经济差距很小，美国的产品在欧洲市场推广，具有很好的适用性和同步性，其市场潜力巨大。

（三）以发达国家为主要投资对象

为了争夺和占领全球生产和销售市场，美国对外直接投资从发达国家开始并将其作为主要的投资对象国。20 世纪 60 年代以后，美国对发达国家投资存量一直占其存量总额的 60% 以上。在美国 90 年代的对外直接投资中，其对包括欧洲、加拿大、日本等发达国家的投资就占到 70% 以上，只有 30% 的资金流向了发展中国家。截至 2000 年，美国对外直接投资累计存量达 1.2 万亿美元之多，其中发达国家占总额的 70%，而这 70% 中欧洲就占了一半以上。

（四）大型跨国公司是其重要的推动力量

大型跨国公司，拥有雄厚的资金和技术、丰富的跨国经营经验，强大的经济实力使其成为美国对外直接投资中最活跃的力量，在美国对外直接投资的全球化战略中占据着极为重要的角色。根据 UNCTAD 的统计数据显示，根据境外资产总额，美国在全球前 100 位的非金融跨国公司的排名中占到 1/4。入选美国《财富》杂志"全球 500 强"的企业中，美国占 1/3 以上。

美国跨国公司的规模化特点，主要归因于美国历史上的五次并购浪潮：19 世纪末到 20 世纪初的横向并购，使当时美国排名前 100 名的大企业平均规模扩大了 4 倍；20 世纪初的纵向并购和 20 世纪中期的混合并购，使美国形成了 200 多家工业和金融业结为一体的大财团型跨国公司；20 世纪中后期的上市公司并购以及 1994 年以来的强强联合水平并购。这五次的并购浪潮，使美国跨国公司形成规模巨型化、功能完整化的特点。

三、美国对外投资的借鉴经验[一]

（一）国家强力实施对外投资战略支持和推动企业对外投资

世界各国在第二次世界大战后都急于恢复经济的强烈愿望提供了美国资本输出的土壤和机会，促使美国为实现其快速控制欧洲和日本，以抗衡苏联。如美国利用"马歇尔计划"向西欧市场输入大量美国资本和商品，加强了对西欧国家政治和经济的控制，把西欧纳入美国对苏联冷战的战略轨道；同时利用"道奇路线"对日本提供了大量贷款和援助，美其名曰是帮助日本复兴经济，取得了既把日本扶植为当时世界第二经济大国，也同时实现美国迫使日本在经济甚至政治外交上对美国全面开放的实际控制日本的企图。美国的对外投资战略完成了美国在全球经济领导权的确立和成为资本主义世界头号经济大国的梦想。

进入20世纪80年代，美国经济趋于不景气影响到其对外直接投资的地位。于是，美国调整对外投资战略，对外投资从全球范围集中到美加墨自由贸易区、欧共体和日本这三大经济区域内。

2008年金融危机之后，美国加快推动跨太平洋战略经济伙伴协定[二]（TPP）和跨大西洋贸易与投资伙伴协定（TTIP）谈判，旨在最终建成亚太自由贸易区和美欧自由贸易区，推动全球贸易版图进行重大变化。时任美国总统的奥巴马在他的第二任期开始就急于推动"跨两大洋贸易战略"谈判，并将TPP排在优先位置，已经成了全球广泛关注的焦点。至今，TPP谈判成员国已迅速增加至12个，即美国、日本、加拿大、墨西哥、澳大利亚、新西兰、智利、秘鲁、越南、马来西亚、文莱、新加坡。

（二）政府制定企业海外利益保护机制保障企业对外投资安全

美国海外经济利益保障机制是从传统的权势霸权转向制度霸权的产物，签订双边或多边协定对本国的对外直接投资提供外交方面的保护与支持，成

[一] 敦忆岚（中国社科院研究员）. 新时期中国企业对外投资问题及对策研究. 中国社会科学院研究生院. 2014年5月

[二] 美国已退出TPP

为美国维持和巩固其海外经济利益的有力工具。美国对外投资保证制度是第二次世界大战后实施"马歇尔计划"过程中逐步建立起的，带有"国家保险"的性质。该制度主要包括对外直接投资的战争险、征用险和外汇险等特定的政治风险，由国家特设机构或指定机构负责实施，而且常与政府间的双边投资保护协议有密切关系，并随着《对外援助法》多次修订，奖励、促进和保护私人海外投资的安全与利益。同时美国政府常常通过外交途径和国际组织向投资东道国的有关机构及企业施压，帮助美国投资者解决在海外投资过程中遇到的难题和提供服务。对于美国的双边投资协定（Bilateral Investment Treaty，以下简称 BIT），美国著名的国际投资法学者文德菲尔德曾指出其致力于三大目标的实现：①为美国投资者提供更强有力的保护；②重申保护对外投资是美国外交政策的重要组成部分；③通过美式 BIT 的广泛实践，巩固美国倡导的关于国际投资保护的国际法标准⊖。

（三）设立专门机构促进企业对外投资

美国海外私人投资公司设立于 1969 年修订《对外援助法》后，是联邦政府的独立机构，具有政府机构和私人双重身份。政府直接指导公司的战略规划的制定，来源于国会拨付专款的经营资金保证了足够的保险储备金和信用；公司对美国企业对外直接投资予以资助，并承担政治风险的保险、再保险及保证，同时能够在法律上或仲裁程序上以自己的名义起诉或被诉。海外私人投资公司为企业提供以下主要服务：以直接贷款和贷款担保的形式为美国企业海外投资提供中长期项目融资；为一些私人拥有和管理的投资基金提供担保帮助美国企业解决在海外投资中难以筹措到足够的资本金的问题；为美国企业和涉及国际业务的金融机构提供政治风险担保；为企业提供对外投资的机会⊜。美国小企业管理局是美国政府独立部门，主要负责管理和支持美国中小企业进行对外投资。

⊖ Kenneth J. Vandevelde. The Political Economy of a Bilateral Investment Treaty. American Journal of International Law. 1998, 92(4)

⊜ 侯高岚、曹红辉. 美日支持企业国际化经营的经验及其启示. 河北经贸大学学报. 2006 年第 4 期：63-68

（四）健全的对外直接投资法律体系保障企业对外投资权益

早在 1948 年美国就制定了《对外援助法》《经济合作法》《岁入法》等保障私人对外直接投资的法律，并在实施过程中根据条件变化而不断进行修改完善，还就特定国家间的经贸合作制定有如《美英贸易和金融协定》、1974年贸易法中的限制条款。美国政府 1999 年开始实行的《金融服务现代化法》，使得美国跨国公司的筹资成本和在金融市场上直接融资的成本得以降低，从法律方面促进了美国的对外直接投资活动。

（五）完善金融体系增强企业竞争力

美国政府为企业对外直接投资提供资金扶持，尤其是来自美国进出口银行和海外私人投资公司的大量而廉价的借贷资本。美国进出口银行隶属美国政府，其资金大部分来自财政部，是不以赢利为目标的独立机构。它通过非一般商业渠道的特别信贷来专门支持美国公司对外直接投资，支持企业通过对外投资开发某个国家的对美国具有重要意义的战略物资资源和为对外投资企业扩展海外业务给予贷款，帮助它们提高在国外的竞争力[一]。

（六）制定优惠的税收政策激发企业对外投资的积极性

美国政府为了鼓励和支持企业的对外直接投资，从 20 世纪初就按照《岁入法》对美国企业实行纳税优惠，如在所得税方面给予税收减免、抵免、延付、亏损退算和结转的优惠，"附加价值征税制"的关税优惠。其中值得一提的是始于 1954 年就对海外投资企业的国外所得实行的延迟纳税制度，这实质上使企业从政府那里得到了一笔无息贷款。还有 1962 年国会通过 CFC 法规，规定当年实际未分配的所得，在外国缴纳的所得税可以按规定获得抵免。也有海外企业可以将在一个年度出现正常的经营亏损抵消前 3 年的利润或向后 5年结转而少缴税款。另外根据规定，凡是使用美国产品运往国外制造或装配的精密仪器设备，如内燃机部件、飞机部件、照相器材、无线电设备等，再重新进口时可享受减免关税的待遇等关税优惠。

㊀ 江波、刘成军.汲取美国实践经验发展我国海外经营.国际经济合作.2002 年第 4 期：26-30

（七）企业实施跨国并购和本地化战略提高了对外投资的国际化水平

美国企业在 20 世纪 90 年代通过直接投资在全球范围内组织生产和销售而形成的大批跨国公司，为应对经营环境的变化，采取了跨国并购这个开展国际化经营、争夺国际市场最快、最有效的手段。贸易全球化使企业面对国际市场竞争日趋激烈，通过跨国并购迅速扩大经营规模而降低生产成本，开展多样化经营而有效分散经营风险和获得专利技术，巩固和增强核心竞争力；投资管理政策的自由化，如多国取消对一些行业外资进入及外资拥有多数股权的限制，为跨国并购创造了有利条件；金融全球化、国际资本市场的发展为美国跨国公司开展跨国并购提供如通过互换股票进行并购的方便[一]。美国企业采用并购方式对外直接投资，利用国外资源和市场，带动了美国经济的发展，形成了美国经济中一个强大的增长点。

跨国公司的本地化战略，除了以上通过跨国并购实现原材料、生产和市场本地化以外，近年来更多地体现在研发和人力资源本地化方面。跨国公司逐步在市场地位重要并有一定研发条件的东道国设立研发中心为当地服务。例如 IBM、宝洁、微软等美国知名跨国公司都在中国设立了研发中心。当地的高层次人才逐步进入公司的管理层，实现了深层次的本地化。

第二节　日本的对外投资经验

美国是当今世界最强大的经济体，同时，它不仅是世界最早开展对外直接投资的国家之一，而且是当今世界最大的对外直接投资国。而日本虽然对外直接投资发展较迟，但是依靠大规模对外直接投资而实现本国经济飞跃的典型国家。

由于自然资源贫乏和国内市场狭小，经济实力雄厚的日本迅猛发展对外直接投资，成为当代世界上对外直接投资大国之一。日本曾赶超了法国、英国、

［一］　陈继勇、王清平．经济全球化与美国对外直接投资的变化．世界经济与政治．2003 年第 7 期：64-69

92　"一带一路"与国际产能合作——企业生存之道

德国，成为与美国、欧盟鼎立的三大经济体之一。

虽然两国与我国的国情有着显著的差别，但简要分析两国对外直接投资的发展历程，总结其发展模式，借鉴其对外直接投资中的种种经验，包括对外直接投资模式和政府对企业海外投资的支持政策等，对下一步更好地推动我国企业"走出去"有着重要的现实意义。

一、日本对外直接投资的发展历程

20 世纪 50 年代，处于战后恢复期的日本也不可避免地出现了产能过剩问题。日本遵循小岛清教授所提出的"边际产业扩张论"进行产业的国外转移，有效化解了国内过剩产能。日本通过对外直接投资对本国已经发展成熟并存在过剩产能的产业进行海外转移。他们首先将高污染、高耗能的劳动密集型重化工产业转移到东南亚和拉美国家，再将落后的资本密集型产业重点转向韩国、新加坡、中国香港和中国台湾地区，最后将标准化产业转移到"亚洲四小龙"和中国内地。通过逐步转移，最终日本在亚洲奠定了"雁首"地位。

依据对外直接投资的规模和产业、区位等特征，可以大致将日本对外直接投资的发展划分为起步、成长、高速发展以及停滞和调整四个阶段。

1. 起步阶段（1970 年以前）

20 世纪 50 年代，日本开启了其海外直接投资的历史。由于刚经历第二次世界大战的失败，日本国内正处于逐步复苏、经济高速增长和工业现代化的关键时期，企业普遍对资金需求旺盛，加上国际收支赤字、外汇不足等原因，这一时期日本对外直接投资的规模并不大，发展也较缓慢。在 1970 年以前，日本年对外直接投资额都不超过 3 亿美元，处于对外直接投资的初探和起步阶段。这一阶段，日本的对外直接投资以资源开发型和商业服务业为主要投资产业，并且主要流向以中东为主的自然资源丰富的发展中国家。

2. 成长阶段（1970 ～ 1980 年）

经过多年的资本积累，日本工业化基本完成，在 20 世纪 70 年代初达到经济的高速增长的顶峰。为了给过剩的资金寻求出路，日本对外直接投资也第一次出现了迅速增长的局面。只 1969～1971 三年，日本对外直接投资累计额就达 21.5 亿美元，到 1972 年和 1973 年，其规模更是扩大到以前的 3 倍多，而到 1975 年当年，日本对外直接投资额高达 20.12 亿美元，一举成为仅次于美、英、德的世界第四大对外投资国。这一阶段，在产业方面，日本对海外资源的投资占比仍然较高，但已经逐步向发展成熟的劳动密集型和轻化工业的产业方向发展。将国内相对劣势的产业依次向外转移，也因此成为日本海外直接投资的最大特色。在区位方面，对发达国家的投资增长迅速，但对发展中国家的直接投资仍占主导地位，这与其产业转移的模式是分不开的。

3. 高速发展阶段（1981～1990 年）

20 世纪 80 年代以后，日本经济社会环境发生了较大的变化：国内经济面临全面的结构调整，一大批传统的工业面临着被"边缘化"的危机；越来越激烈的日美贸易摩擦使两国关系极度紧张；1985 年签订"广场协议"后，日元大幅度升值，使日本国内本来就存在的资本过剩现象更加严重；此外，政府在金融和外汇管理上还采取了一系列的"松绑"政策，再加上劳动、土地等要素成本的不断上升，日本迎来了对外直接投资的黄金期，并实现了空前的规模。

1981～1990 年十年，日本对外直接投资额累计 1924.2 亿美元，相当于 1951～1970 年二十年对外直接投资总额的 60 多倍、1971～1980 年十年对外直接投资总额的近 7 倍。特别是，1986～1991 年五年内的对外直接投资总额就接近 2000 亿美元，相当于从 1951～1986 年整个 35 年对外直接投资的总额。特别是 1989 年、1990 年、1991 年三年的投资额分别为 462.5 亿美元、407.8 亿美元、316.4 亿美元，连续 3 年超越美国成为当时世界上对外直接投资第一大国（数据来源：UNCTAD 数据库）。

在此阶段，日本对外直接投资大体是分三个层次展开的：对欧美发达国家的技术型投资，对"亚洲四小龙"的资本型投资，以及对中国、东盟的劳动、资源密集型投资。贸易优势和产业、区位优势的很好搭配，使这一阶段日本对外直接投资的发展势头异常强劲。其中对重化工制造业为主的第二产业和以商业、金融保险、房地产业等为主的第三产业对外投资迅速增长。到1985年，日本制造业和第三产业分别占到其当年对外直接投资流量的30%和50%。同时，日本对外直接投资也日益转向更为发达的欧美国家，而对发展中国家直接投资的增长逐渐放缓。截至1991年，亚洲占日本对外直接投资总额的15.2%，降为次于北美和欧洲的日本对外直接投资第三位投资区域。此外，日本在这一阶段的对外直接投资方式也开始更加多元化，绿地投资、收购、兼并并存，并实现跨国并购的历史最高峰。

4. 停滞和调整阶段（1991年以后）

20世纪90年代以后，日本泡沫经济破灭，日本经济陷入严重的衰退，之后日本经济一直仅能维持低速增长，对外直接投资也只是维持在较低规模水平，并呈现波动起伏不定的态势。1991～2007年的十七年间，日本累计对外直接投资5314亿美元，年均仅313亿美元。然而同一时期，世界其他国家的对外直接投资却出现了异常繁荣的发展局面，特别是美国和欧盟各国更是达到了前所未有的投资规模。而日本对外直接投资却一落千丈，由曾经连续三年成为全球第一大对外直接投资国，一下跌落到十名以外。同时，由于在80年代日本将本国产业大规模对外转移，致使对国内的产业投资大幅下降，而同时期吸引的外来直接投资规模又太小，不足以补充转移出去的产业规模，日本国内逐渐显现出产业"空心化"问题，同时伴随着经济的长期停滞，其产业"空心化"问题越来越受到日本国内的关注。

二、日本对外直接投资的发展模式

（一）优先转移"边际产业"

在日本首先对外直接投资的产业部门，大多都是当时在日本国内已经失去或者即将失去比较优势的产业部门，根据比较成本的顺序，依次对这些行业进行对外转移，从而形成日本对外投资分布由低级到高级的产业演变。从低生产率、低附加值、劳动密集型产品、行业逐步向高生产率、高附加值的资本和技术密集型产品、行业进行调整。通过如此的对外直接投资，日本有效地减少了国内已经失去或正在失去竞争优势产业的生产，并为本国有更好国际竞争优势的产业让出了更多的发展空间，从而促进日本国内的产业结构不断优化和升级。

自 20 世纪六七十年代，随着国内劳动、土地等资源成本的上升，日本的劳动密集型和传统优势产业的相对甚至绝对优势逐步丧失，于是日本一面致力于国内产业结构的不断良性调整和升级，一方面充分利用各被投资国的廉价要素，将劳动密集型、低附加价值的"边际产业"转移到国外，而将高技术含量、高附加值的产业或工序保留和引进到国内。如此的对外直接投资，不仅使日本不断实现了产业结构的调整和优化，而且成为日本经济强势发展的巨大推动力。

（二）投资重点由发展中国家转向发达国家投资

发展中国家是战后日本对外直接投资的起点。1951 ～ 1970 年，日本对发展中国家的直接投资占其投资总额的 56.7%，而对发达国家为 43.3%。到 70 年代，日本对发展中国的投资则更是迅速增长，占到当期日本对外投资总额的 61.4%。可以说，20 世纪 80 年代以前，日本的对外直接投资都是以发展中国家为重点。80 年代以后，日本对发达国家的直接投资迅速增长，并超过了对发展中国家的投资，1981 ～ 1990 年间，发达国家占日本对外直接投资总额的 65% 以上，转而替代发展中国家成为日本对外直接投资的主要去向。

（三）由中小企业向大型跨国公司为主体转变

在最初劳动密集型产业逐步成为日本国内的"边际产业"时，日本国内的中小企业由于不具备本国大企业所拥有的规模优势，生产成本相对较高。为了生存和发展，它们灵活利用小企业所特有的产权明晰、经营机制灵活等优势，选择向国外进行实业投资，以利用他国廉价的劳动、土地等资源，降低生产成本，获得相对竞争力。因此，在日本首先进行对外直接投资活动的企业，必然是在日本本国竞争中处于相对劣势的中小企业。

但在 20 世纪 80 年代以后，日本企业为了绕过贸易壁垒，不得不进入欧美发达国家和地区进行直接投资。由于传统中小型企业的经济实力无法与这些发达国家的超大型公司相竞争，于是日本开始不断尝试创立新的更具有竞争力的公司形式作为对外直接投资主体。最终，在日本工业企业、商社和金融业之间的密切联合和协作之下，形成了一种具有高度日本特色的对外直接投资主体——综合商社型跨国公司。这种具有高结合度又自成体系的跨国公司具有强大的国际竞争力，它集合交易、金融、信息、协调和开发等功能于一体。日本共成立了九大综合商社型跨国公司，构成了日本对外直接投资的主体，特别是对发达国家。此外，在成立这种超大型跨国公司的同时，日本政府大力鼓励大企业与中小企业进行密切的合作，实施各种措施激励大企业向中小企业提供技术、资金和信息，以带动本国中小企业的对外直接投资，特别是向发展中国家进行投资建厂。

三、日本对外投资的借鉴经验◎

（一）依国内经济发展的变化灵活调整对外投资战略

日本对外投资战略在国内经济发展的不同阶段不断进行调整，如 20 世纪50 年代，日本的对外直接投资以自然资源开发型为主；60 年代以后，由于部分发达国家对进口工业制品实施高关税和数量限制，而发展中国家推行进口替代的工业化发展战略，日本就对这些国家扩大了直接投资，获取先进技术；70 年代后，日本把大量消耗资源和能源及产生污染的产业转移到国外，全面实施对外直接投资战略；80 年代，日本为了缓和与欧美的贸易摩擦，扩大了对外直接投资属地化经营。日元的大幅度升值促使对外生产来降低成本；进入 90 年代，日本在日元继续大幅度升值的环境下只能进一步扩大海外生产以提高国际竞争力。区域战略上，日本通过增加对亚洲尤其是东亚各国的投资获得相对廉价的劳动力和原材料，控制东亚经济区域的内部市场，确立其在

◎ 敦忆岚（中国社科研究员）. 新时期中国企业对外投资问题及对策研究，中国社会科学院研究生院 . 2014 年 5 月

东亚经济集团的核心地位；积极实施国际化发展战略以应对世界经济全球化和区域经济一体化的发展趋势，通过投资欧美在欧洲统一大市场和北美自由贸易区内部占领市场。

（二）打"经济外交"牌促进企业对外直接投资

为了保证日本企业的海外利益，日本政府与许多的国家和地区签订双边投资保护协定，确保其最惠国待遇。在支持企业进行对外资源投资和开发上，国家元首亲自出面游说，在国际政治中采用包括施加外交影响在内的各种手段，大力改善和加强与资源国和国际大型资源企业的关系。

（三）建立对企业对外投资的金融支持和保险机制

日本政府制定一系列特别融资机制以支持企业对外直接投资，其中主要包括政策性金融机构、商业金融机构、民间金融机构等各种性质的金融机构共同构成了完整的金融体系，为中小企业的发展提供融资方面的支持。为此，日本政府专门设立了国民生活金融公库、中小企业金融公库和商工组合中央公库 3 个主要面向中小企业的政策性金融机构，为缺乏资金的中小企业在使用期限较长、风险较大以及难以从商业银行得到贷款的项目上的对外投资提供了可能性；中小企业综合事业团的高度化融资制度提供长期低利息甚至无利息的融资；除此之外，日本还有信用银行、相互银行和信用组合等民间中小企业金融机构。

日本政府在直接融资渠道上于 1963 年就建立了柜台交易市场（OTC）。20 世纪 90 年代又建立了"日本创业板市场（JASDAQ）"，此后又建立了上市条件宽松的"第二柜台交易市场"。也设立由政府、社会团体和民间企业共同出资建立的中小企业投资育成公司；日本政府、日本开发银行等大力支持民间的各类创业基金，为创业基金提供担保和贷款以及对中小企业发行的股票和公司债券进行认购。

通过中小企业的信用担保支持体系的建立，成功地分散了银行对中小企业提供贷款的风险，极大地解除了银行的后顾之忧。日本的信用担保制度分为中央与地方两级，在中央设立中小企业信用保险公库（现为中小企业综合事业团），在地方设立信用保险协会。中小企业可向各都道府县的信用保险协会申请使用"海外投资关系信用保险制度"对其债务进行担保，继而再由中央的信用保险公库对信用保险协会进行再担保，形成了中央与地方共担风险、担保与再担保相结合的信用补全制度。

日本于1956年建立了名为"对外投资原本保险"的对外投资保险制度，可为企业提供的担保包括融资担保（如贷款担保）、与项目相关的担保（如履约保函、投标保函、预付款保函）、利息支持、信用证保兑等担保。企业对外投资可申请使用"对外投资保险"，对本金和收益进行保险。为此日本政府与多国签订了双边投资保护协定。

除了以上的对外投资保险制度，日本政府于20世纪60年代开始建立了一系列的对外直接"投资损失准备金制度"，企业可将对外直接投资的一定比例计入对外直接投资损失准备金，享受税收优惠政策：对外投资如果遇到损失可从准备金中获得补偿，而无损失的该部分金额累积5年后可从第6年起分成5份逐年合并到应税所得中进行纳税。按照相关规定，在日本企业对发展中国家投资股权达到10%的情况下就可以将融资的50%的准备金作为损失计算，对发达国家的投资则是将融资的10%的准备金作为损失计算，从企业收入中扣除，一旦企业发生损失就可以得到补偿。该制度实质上是把企业对外投资所面临的部分风险交由政府来分担，减轻企业税负和补偿企业损失。

（四）成立专门机构向对外投资企业提供财政资助

日本成立了多个专门机构与发展援助结合促进本国企业对外直接投资。其中，进出口银行专为日本公司对外投资提供项目贷款，也和金融企业提供联合贷款、贷款担保，对日本企业在境外从事带有公共性质的项目进行股权融资。日本海外经济协力基金提供期限长且利息低甚至是无息的贷款，以特别支持日本企业对发展中国家的直接投资项目。如政府提供补助金的"海外技术者研修制度"、政府资助的"海外投资调查辅助制度"和海外矿产勘查补贴计划，成立海外资源勘查风险基金进行事前的补贴。

此外，日本政府还出资设立了一批中小企业团体，旨在为中小企业的对外直接投资提供服务。其主要职责包括提供海外发展基金、帮助企业海外办厂、进行对外投资的可行性调查、开展人员培训、接待安排国外考察、举办研讨会等。

（五）企业严格而灵活的科学管理制度增加了对外投资的适应能力

日本企业普遍实行严格而灵活的科学管理制度。20 世纪 50 年代开始，日本许多大企业推行"年功序列工资制"和"终身雇佣制"，使员工利益与企业发展紧密结合在一起，从而使员工感受到生活上有依靠，因此工作上更加积极和努力；其次，通过拉大职工报酬上的差距引入竞争机制，鼓励员工不断竞争和不断创新。日本企业重视培养员工"以厂为家"的敬业精神，努力培养员工对企业的忠诚度。这种模式通过充分发挥人力资源的作用帮助日本企业极大地提高了生产能力。

同时，日本将现代企业精神与传统的家族主义和家庭观念有机地联系起来。相对于中国以血缘关系为纽带的宗族制度和家庭观念，日本的家族主义和家庭观念认为家庭是一个经营单位。这种观念既排除了中国传统的大家族关系和至今盛行的"裙带风"，又比西方国家的社会结构更密切、更团结和更和谐，可以有效地凝聚社会力量，强有力地支持日本经济发展。

综上所述，对比中国现在与美日两国对外直接投资扩张时期的国情，发现中国已经具有美日当时成熟的对外直接投资条件。中国可以借鉴美日两国的经验，通过对外直接投资化解国内过剩产能，而"一带一路"战略能够从国家层面对中国对外直接投资提供政策支持。

第三节　其他国家的对外投资经验⊙

一、欧洲主要国家对外投资的借鉴经验

工业发达的欧洲国家同样出现过产能过剩的问题，例如从 1960 年开始，

⊙　敦忆岚（中国社科院研究员）.新时期中国企业对外投资问题及对策研究.2014 年 5 月

德国的传统制造业及其相关产业开始出现产能过剩问题。德国在对国内产业进行优化升级的同时，十分注重国内产业"走出去"的发展态势，大力支持存在过剩产能行业的海外转移战略，鼓励国内企业进行海外投资，以化解国内产能过剩问题。

欧洲各国传统的对外直接投资主要集中在美国，对发展中国家的投资也多集中在资本与技术密集型尤其是高技术领域的产业。随着欧共体统一大市场的建立，各成员国之间消除关税，实现了各生产要素的自由流动，促进了内部的相互投资，资源得到合理的配置，提升了欧共体经济的整体效率和对外竞争的能力[一]。

（一）自由化的对外直接投资政策为企业提供便利

根据欧盟放松管制协议和经济合作与发展组织自由化法典，欧洲许多国家政府积极实行自由化的对外直接投资政策，取消了对外直接投资管理的限制。其中英国、德国、荷兰、比利时和瑞典较早实施了对外直接投资政策自由化，如英国政府于 1979 年取消了外汇管制方面的一些限制。20 世纪 90 年代初期，其他欧洲国家政府都先后取消了企业对外直接投资的限制，给予企业宽松自由的政策支持，促进了本国企业对外直接投资的快速发展。

（二）健全的对外直接投资政策体系为企业提供助力

欧洲国家政府在财政、税收、金融、外交等方面制定了一系列大力支持企业对外直接投资的政策，还为企业在信息和技术服务方面提供资助。在信息支持方面，通过政府媒体和研讨会的形式帮助企业获得对外直接投资的项目信息，政府牵头组成企业家考察团赴国外进行考察，由政府部门或例如意大利的 Mondimpresa、丹麦的 IFU、德国的投资金融公司和荷兰的发展金融公司等机构来提供东道国的宏观经济状况、合作企业的背景信息、投资相关的法律法规等资料，大比例资助企业对外投资可行性分析和最终投资决策前的论证、帮助培训管理人员等。在技术支持方面，欧洲国家为企业提供政策

[一] 周洁卿. 美欧日对外直接投资格局调整与我国跨国投资战略研究. 国际技术经济研究学报. 1995 年第 2 期：18-24

和资金上的支持，并提倡在政府、科研院校和企业之间进行联合，发挥各方面的积极性，共同研究和开发新技术，保证本国公司的技术领先优势。此外，政府还通过提供筹措资金、准备法律文件和人员培训等方式支持中小企业的境外项目开发和启动。

（三）组建专门机构为企业提供便利的融资服务

除了自有资金、商业银行和金融机构以外，政府提供的扶持性廉价信贷资金成为了欧洲企业对外直接投资的资金主要来源中的最主要部分。欧洲各国都设有专门机构为本国的公司提供融资便利，如各国的金融开发公司可为企业提供贷款甚至股权融资，帮助企业提高在国际金融市场和东道国金融市场的融资能力。例如德国经济合作部提供特殊专项贷款支持中小企业，德国开发公司提供金融与咨询服务，德国投资金融公司提供对外初始投资、扩张和收购贷款。瑞典有发展中国家工业合作基金，法国有中央经济合作局、外贸保险公司等。

欧盟为其成员国在发展中国家直接投资提供援助。欧洲投资银行根据《罗马条约》组建成立于1958年。根据条约规定，该银行将支持欧洲企业在加勒比、地中海地区、太平洋、非洲的广大发展中国家进行直接投资。"欧共体投资伙伴计划"于1988年开始实施，其宗旨是为成员国在拉美、地中海地区、亚洲的直接投资给予融资支持。

（四）优惠的税收政策减轻企业对外投资的负担

欧洲国家政府在所得税和关税两方面实行优惠政策以鼓励企业对外投资，主要有已在东道国交纳所得税的可在本国应纳税额中抵扣的税收抵免、在国外已经纳税者视同在本国履行了纳税义务的税收饶让或税收豁免、对外投资企业的收入汇回本国前不予征税的税收延付、结转亏损来抵消未来几年收入的税收损失结转和退税来补偿企业经营亏损的税收损失退算等政策，也有对本国企业国外子公司的产品反销本国给予减免关税的优待。以上税收政策给予企业巨大的优惠更激发了企业对外投资的积极性，也促进了本国公司以追求廉价劳动力为动机的对外直接投资的发展。

（五）积极参与国际协调为企业对外直接投资提供有力保护

跨国公司对外直接投资，由于涉及的各方中单个国家国内的对外直接投资政策局限性，难免相互有分歧和冲突使各方利害关系错综复杂，必然要通过签订关于国际投资保护的双边协定、多边协定和区域协定来进行国际间协调。

双边协定仅为两国间的投资保护协议，主要包括投资的项目与内容，外国投资者所享受待遇的标准，关于资金转移、税收、国有化征收、争议解决等内容。其中，避免双重征税是双边协定中的重要内容之一。目前，欧洲国家之间已广泛签署了避免双重征税的双边协定，来积极保障跨国公司利益和促进对外直接投资。《罗马条约》是欧洲国家间的主要区域协定，其主要内容是取消歧视性经营条件和进行投资保护，放松对外国直接投资的进入和经营的限制等。

（六）建立完善的保险制度为企业对外直接投资解除后顾之忧

为了解决企业在对外直接投资过程中可能遭受的诸如战争、内乱、投资收益汇出管制、国有化征收等风险，欧洲国家都制定了对外投资保险制度，例如德国 1949 年制定的海外投资保险制度就是由于经济恢复后出现大规模的资本输出而设立的。此后，加拿大、丹麦、法国、荷兰、澳大利亚、英国及瑞士等国家先后建立起了各自的海外投资保险制度。例如，法国政府通过其对外贸易保险公司向本国企业提供包括市场开拓保险、对外投资险、欧盟以外国家和地区短期出口信用政治险、大项目的汇率变动险、中长期出口信贷保险等出口信用保险，以支持企业出口和对外投资。

二、"亚洲四小龙"对外投资的借鉴经验

亚洲的韩国、新加坡、中国台湾和中国香港于 20 世纪六七十年代相继推行出口导向型战略，重点发展劳动密集型的加工产业，获得了资本、技术、经验，在短时间内实现了经济的腾飞之后适时调整对外经济战略，迅速走上了对外直接投资的发展道路。这个所谓的"东亚模式"被国际社会称为"亚洲四小龙"

得到了广泛关注。

（一）政府放松或取消对外直接投资的管制

随着 20 世纪 80 年代后"亚洲四小龙"的国际收支状况的改善和外汇资金的聚集，都逐步改变以往担心资本外逃而限制对外投资的做法，转为促进对外投资的发展。如韩国政府在 80 年代中期开始放松对对外直接投资的管制，包括简化审批程序、减少投资额和投资行业的限制。韩国政府在 1993 年公布了限制对外直接投资的行业目录，对目录以外的实行备案制，又在 1996 年完全取消了对企业对外直接投资的行业限制。中国台湾是在 70 年代后放松对外直接投资管制的，1987 年取消了外汇管制，大幅放开了对外直接投资的审核。

（二）设立专门促进机构为中小企业对外投资提供资金和服务

"亚洲四小龙"对中小型企业的对外直接投资给予了大力支持并取得了成功，如在提供优惠贷款方面，韩国进出口银行专门设立了"海外投资基金"和"海外资源开发基金"向投资于劳动密集型产业的境外中小型企业提供优惠利率贷款的援助，为中小企业对外直接投资和对外自然资源开发提供专门短期贸易融资等金融服务。在提供服务方面，"亚洲四小龙"对外投资促进机构都能够为对外直接投资企业提供信息咨询、劳工培训和技术援助等服务。如中国台湾"经济部投资业务处"提供世界各国的投资环境资料供企业参考、协助民间团体到海外考察投资环境，韩国进出口银行内设立海外投资信息中心负责搜集各东道国的信息、提供对外投资咨询服务，新加坡经济发展局建立投资机会数据库并成立国际企业发展战略事务局、帮助企业分析国外投资市场潜力、进行国外经营管理人员和雇员的培训，香港工业局为对外直接投资企业提供培训和技术服务。

（三）建立保险制度帮助企业规避对外投资的风险

为了使对外直接投资企业免受政治风险损失，"亚洲四小龙"除充分利用对外直接投资国际法律的保护外，大都设立了对外直接投资保险制度。例如，新加坡通过世界银行的"多边投资担保机构"（MIGA）为本国企业在发展中国家会员国领土内所进行的直接投资若发生因货币汇兑、征收或类似措施、违约、战争和内乱而遭受损失提供非商业性风险的保险并获得补偿。

中国台湾的"中国输出入银行"就没收风险、战争风险和汇款风险提供对外投资保险。韩国国家特设机构实施的境外投资保险制度主要涉及外汇险、征用险和战争险等政治风险仅限于境外直接投资，是区别于一般的商业保险而带有"国家保险"或"政府保险"的性质，而且与政府间的双边投资保护协议紧密联系。

（四）完善税收优惠和对外直接投资损失准备金制度

"亚洲四小龙"专门提供税收优惠促进了企业对外直接投资，如中国台湾《投资管理条例》规定，对投资天然资源勘探、开发或加工并将其产品运回岛内者和将政府认定技术转移岛内者等几种类型的对外直接投资可以享受 1 ～ 4 年的免税。新加坡为企业提供诸如海外投资亏损注销，或可享受 10 年免交所得税的优惠政策。

中国台湾 1987 年设立了 30 亿美元支持对外直接投资或购买国外高科技公司的海外经济合作基金，并在 1990 年的《促进产业升级条例》中，企业可按 20% 的投资总额提取投资损失准备金以降低投资风险。

韩国设立对外直接投资损失准备金制度。具体规定是，对外直接投资者将投资的 15%（资源开发投资的 20%）作为损失金额积存享受免税优惠。若未损失，则从第 3 年起分 4 年作为利润加以计算。

（五）产业高度集中增强了大型企业的规模和技术优势

韩国对外直接投资一个突出特点是因产业集中拥有多个最具规模优势和技术经济实力的大型企业集团作为重要参与者，它们通常是集贸易、实业、金融和信息于一体的多元化企业集团，对外投资几乎囊括了韩国所有海外制造业和矿产业等方面的大型项目。集中了汽车、钢铁、电子等优势产业的制造业是韩国第一大对外直接投资产业，占到 1987 ～ 1994 年韩国对外直接投资总额的 55.7%，其中仅对发达国家的投资就占到 29.3%。韩国企业在资源寻求型投资中倾向独资方式确保资源供应的稳定性并发挥其所有权优势，获取先进技术及其他优势资源类型的投资中利用跨国并购与合作等形式。

例如 1995 年，韩国三星电子公司投资 3.78 亿美元控股美国最大的个人计算机制造商之一的虹志（AST）研究中心，此项投资使得三星公司可以使用 AST 公司的 190 多项专利。韩国政府还通过补贴和奖励措施，积极扶持并促进大型企业集团与发达国家跨国公司开展合作以获取先进技术。

应该看到，对于我国这样的发展中的大国而言，如果简单地照搬"亚洲四小龙"的发展模式，仅仅依靠生产和出口劳动密集型产品参与国际竞争，将无法带动整个经济的全面发展。因此，为了实现经济的持续快速发展，我国需要提升对外直接投资的产业水平，大力地投资高新技术产业，努力改善自己在国际分工体系中的地位。

第四节　美国、日本、欧洲等对外直接投资成功经验的比较○

美国、日本、欧洲和"亚洲四小龙"等在发展企业对外直接投资的过程中，从具体情况出发，积极探索符合自身要求的对外直接投资发展道路，积累了不同特点的成功经验。表 1.4-1 对它们的对外直接投资经验进行了简单的比较。

表1.4-1　美国、日本、欧洲、"亚洲四小龙"对外直接投资经验对比

序号	对外直接投资经验	美国	日本	欧洲	"亚洲四小龙"
1	实施国家对外直接投资战略	√	√		
2	建立海外利益保护机制	√	√		
3	经济外交促进对外直接投资	√	√		
4	自由化的对外直接投资政策			√	√
5	建立专门机构管理对外直接投资	√	√	√	√
6	健全对外直接投资法律体系	√	√		
7	完善对外直接投资金融和保险体系	√	√	√	√

○ 敦忆岚（中国社科院研究员）. 新时期中国企业对外投资问题及对策研究. 中国社会科学院研究生院，2014 年 5 月

序号	对外直接投资经验	美国	日本	欧洲	"亚洲四小龙"
8	为对外直接投资制定优惠的税收政策	√	√	√	√
9	为对外直接投资提供财政资助		√		√
10	实施对外直接投资损失准备金制度		√		√
11	促进机构为中小企业对外投资提供资金和服务	√	√	√	√
12	积极参与国际协调	√	√	√	
13	企业广泛实施跨国并购	√	√		√
14	企业制定严格的科学管理制度		√		√
15	产业高度集中增强大型企业规模和技术优势	√	√		√

从上述比较可以看出，它们在建立专门机构管理对外直接投资和完善对外直接投资金融和保险体系方面均非常重视。美国和日本积极实施国家对外直接投资战略和注重健全对外直接投资法律体系。为此，美国以"垄断优势论"作为美国企业对外直接投资的理论基础，体现出美国跨国公司在进行对外直接投资过程中的强势思维，即通过自身优势在一定程度上形成垄断性的产业或产品，达到控制当地市场从而谋取高额利润的目的。

日本学者提出的"边际产业理论"，指导企业从处于比较劣势的劳动密集型产业入手投资邻国，以利用其较低人均收入的比较优势，并为此构建东亚生产网络既实现了经济结构调整升级，也成功与欧美抗衡。日本和"亚洲四小龙"实施对外直接投资损失准备金制度，由政府来分担企业进行对外直接投资所面临的部分风险。这个制度不仅减轻了企业的负担，也激发了企业进行对外直接投资的热情。欧洲国家注重在欧盟范围内积极参与国际协调，鼓励成员国之间互相进行投资。

从企业角度来看，美国的跨国公司发展起步较早，跨国并购的经验十分丰富；日本企业管理制度严格，崇尚奉献的精神，成为日本企业在对外投资过程中拥有强大的生产能力和竞争力的因素之一；韩国在注重发展中小企业对外投资的同时，积极提高产业集中度和培育大型企业以获得规模和技术优势。

第五章
中国企业对外投资现状

第一节　企业参与国际产能合作的基本状况

企业"走出去"的发展战略是随着中国经济对外开放不断深入而逐步提出的。改革开放以来，中国企业"走出去"经历了三个阶段：第一阶段是1980～2000年，处于"引进来"阶段，对外直接投资规模较低，累计对外投资不足 300 亿美元；第二阶段是 2000～2008 年，首次提出"走出去"战略，同时在加入 WTO 的背景下，对外直接投资快速增长；第三阶段是 2008 年至今，在全球金融危机影响下，海外拓展机会显现，"走出去"进入加速期，对外直接投资在单一投资规模和投资数量上都取得了超常规发展。

一、中国企业"走出去"的主要特点

一是增长速度快，但存量低。2015 年，中国对外直接投资净额（流量）为 1180.2 亿美元，较上年增长 14.7%，超过日本、英国等传统对外投资大国。2014 年，中国企业"走出去"连续增长，对外直接投资净额达到 1028.9 亿美元。但同时，由于起步较晚，存量方面与发达国家仍然存在较大差距，存量增速放缓。

二是投资国分布广，但行业比较集中。2015 年年末，我国对外直接投资分布在全球 178 个国家和地区。行业分布多元，同时聚集程度高。其中，存量在 100 亿美元以上的行业有商务服务业、金融业、采矿业、批发零售业、交通运输业、制造业，这六个行业累计投资存量 8806.1 亿美元，占中国对外直接投资存量的 88.3%。

三是存量集中在亚洲和拉丁美洲等发展中国家，但增量集中在发达国家。亚洲和拉美是中国对外直接投资存量最集中的地区，投资额分别达到 7197.9 亿美元和 1381.5 亿美元，占比分别达到 71.9%、13.8%，集中了对外投资存量的 85.7%。对外投资流量的情况，从地区分布来看，对欧洲、北美洲、拉丁美洲、非洲继续保持较快的增长态势；行业分布仍以商务服务业、金融业、采矿业、批发零售业、交通运输业、制造业为主。

四是对外投资处于起步阶段，但潜力巨大。根据 20 世纪 80 年代英国经济学家邓宁提出的投资发展周期理论，中国的对外投资潜力巨大。目前中国人均 GDP 为 5414 美元，剔除通胀等因素影响，当前正处于邓宁提出的对外直接投资大幅增长时期（第三阶段），未来发展空间巨大。

相对而言，发达国家的跨国公司"走出去"往往有明显的技术优势、品牌优势或管理优势，跨国经营的经验也很丰富。中国企业"走出去"才刚刚起步，对跨国投资目的地的文化、法律和宗教等不是很熟悉；技术优势、品牌优势或者管理优势也不明显；有些企业即使有一定技术优势或管理优势，又常常遇到发达国家以所谓国家安全的名义进行阻挠；投资的地区往往是主权风险较大的发展中国家。这些情况对中国企业"走出去"都提出了很大的挑战。

二、我国企业对外投资基本状况分析

根据《2015 年度中国对外直接投资统计公报》显示，我国企业对外投资的基本情况主要包括：

（一）投资流量跃居全球第二，超过同期吸引外资规模，实现资本净输出

2015 年，中国对外直接投资迈向新的台阶，实现连续 13 年快速增长，

创下了 1456.7 亿美元的历史新高，占到全球流量份额的 9.9%，同比增长 18.3%，金额仅次于美国（2999.6 亿美元），首次位列世界第二（第三位是日本 1286.5 亿美元），并超过同期中国实际使用外资（1356 亿美元），实现资本项下净输出。2002 ～ 2015 年中国对外直接投资年均增幅高达 35.9%，"十二五"期间中国对外直接投资 5390.8 亿美元，是"十一五"的 2.4 倍。

（二）存量全球排位居第八，境外企业资产总额超过4万亿美元

截至 2015 年年底，中国 2.02 万家境内投资者在国（境）外设立 3.08 万家对外直接投资企业，分布在全球 188 个国家（地区）；中国对外直接投资存量达 10978.6 亿美元，占全球外国直接投资流出存量的份额由 2002 年的 0.4% 提升至 4.4%，排名由第 25 位上升至第 8 位。2015 年年末中国境外企业资产总额达 4.37 万亿美元。

（三）对外直接投资并购活跃，领域不断拓展

2015 年，中国企业共实施对外投资并购 579 起，涉及 62 个国家和地区，实际交易金额 544.4 亿美元，其中直接投资 372.8 亿美元，占 68.5%；境外融资 171.6 亿美元，占 31.5%，并购领域涉及制造业、信息传输 / 软件和信息技术服务业、采矿业、文化 / 体育和娱乐业等 18 个行业大类。中国化工橡胶有限公司以 52.9 亿美元收购意大利倍耐力集团公司（近 60% 股份），是 2015 年中国企业实施的最大海外并购项目。

（四）"一带一路"战略扎实推进，对相关国家投资快速增长

2015 年，中国对"一带一路"相关国家投资占当年流量总额的 13%，达 189.3 亿美元，同比增长 38.6%，是全球投资增幅的 2 倍。2015 年年末中国对外直接投资存量的八成以上（83.9%）分布在发展中经济体，在发达经济体的存量占比为 14%，另有 2.1% 存量在转型经济体。

（五）投资涉及领域广泛，国际产能和装备制造合作步伐加快

截至 2015 年年底，中国对外直接投资覆盖了国民经济所有行业类别，

制造业、金融业、信息传输 / 软件和信息服务业同比分别增长了 108.5%、52.3%、115.2%。流向装备制造业的投资 100.5 亿美元，同比增长 158.4%，占制造业投资的 50.3%，带动了装备、技术、标准和服务"走出去"。

（六）境外企业对东道国税收和就业的贡献增大，对外投资双赢效果显著

2015 年中国境外企业向投资所在国家（地区）缴纳的各种税金达 311.9 亿美元，较上年增长 62.9%，雇佣外方员工 122.5 万人，较上年末增加 39.2 万人。此外，从《统计公报》中还可以看出，2015 年中国企业对外投资的国家和地区比较集中，流向中国香港、荷兰、开曼群岛、英属维尔京群岛、百慕大群岛的投资共计 1164.4 亿美元，占当年流量总额的 79.7%。

从对外投资的企业结构和区域分布看，2015 年，近八成的非金融类对外投资来自地方企业。地方企业成为中国对外投资的主要力量，对外非金融类直接投资流量达 936 亿美元，同比增长 71%，占全国非金融类对外直接投资流量的 77%。东部、中部、西部地区分别实现 78.2%、84.7%、14.2% 的较高增长；上海、北京、广东 2015 年流量均突破百亿美元，位列地方投资前三。从 2015 年中国企业对外投资的方式看，新增股权投资首次超过六成，债务工具占比创历史新低。2015 年对外直接投资流量中，新增股权投资 967.1 亿美元，占比达 66.4%；收益再投资 379.1 亿美元，占 26%；债务工具投资 110.5 亿美元，较 2014 年占比减少一成，仅为 7.6%。

三、我国企业参与"一带一路"产能合作基本情况

结合以上两个方面，我国企业"一带一路"产能合作取得积极进展，主要表现在以下几方面：

（一）产能合作规模迅速扩大，合作方式多种多样

自 2013 年习近平主席提出"一带一路"倡议以来，我国对外投资合作增长较快。据商务部统计，2015 年我国境内投资者共对全球 155 个国家和地区

的 6532 家境外企业进行了非金融类直接投资，累计实现对外投资 7350.8 亿元人民币（折合 1180.2 亿美元），同比增长 14.7%。

截至 2015 年年底，我国累计对外非金融类直接投资 5.4 万元人民币（折合 8630.4 亿美元）。其中，我国企业共对"一带一路"相关的 49 个国家进行了直接投资，投资额合计 148.8 亿美元，同比增长 18.2%，占总额的 12.6%，投资主要流向新加坡、哈萨克斯坦、老挝、印尼、俄罗斯和泰国等。据统计，2015 年我国对外承包工程业务新签合同额 13084 亿元人民币（折合 2100.7 亿美元），同比增长 9.5%，完成营业额 9596 亿元人民币（折合 1540.7 亿美元），同比增长 8.2%。其中，在"一带一路"相关的 60 个国家新签对外承包工程项目合同 3987 份，新签合同额 926.4 亿美元，占同期我国对外承包工程新签合同额的 44.1%，同比增长 7.4%；完成营业额 692.6 亿美元，占同期总额的 45%，同比增长 7.6%。

我国企业与"一带一路"沿线国家产能合作的方式日益多样化，比如，在基础设施领域电力产业参与方式日益多样，从最初的设备供货到目前的 EP（设计-采购）、EPC（设计-采购-建设）、IPP（独立电站）、BOT（建设-运营-移交）、BOO（建设-拥有-运营）、PPP（公私合营）、并购、融资租赁等多种形式，中国电力企业"走出去"的水平不断提高。在对外承包工程方面，中国承包企业充分发挥资金、技术优势，积极探索开展"工程承包＋融资＋运营""工程承包＋融资"等方式的合作，有条件的项目更多采用了 BOT、PPP 等方式。

境外经贸合作区是推进"一带一路"倡议和国际产能与装备制造合作的有效平台，已成为促进中国和东道国经贸合作的载体，在推动中国企业"抱团出海"、形成海外产业集聚、维护企业合法权益等方面发挥了积极作用。据统计，截至 2015 年 11 月底，中国企业建设境外经贸合作区 75 个，累计投资 179.5 亿元，入区企业 1151 家（中资控股企业 723 家），建区企业和入区企业总产值 419.3 亿美元。75 个合作区中 53 个分布在"一带一路"沿线国家。通过考核的 13 个合作区中，10 个位于"一带一路"沿线国家，涉及服装、轻工、食品、家电、机械、电子、建材、化工等行业。特色产能合作方式包括：中国广西钦州与马来西亚彭亨州的关丹于 2015 年建设的"两国双园"——中马钦州产业园和马中关丹产业园顺利开园，这开辟了新时期国际经济和贸易合作的新模式，为中国与"一带一路"沿线国家尤其是东盟国家推进产能合作、促进双向投资提供了有效载体。

今后，"两国双园"模式还有可能扩展为"两国多园""多国多园"模式。

（二）"走出去"产业既有传统优势产业，又有新兴装备制造优势产业

当前中国在"一带一路"沿线开展跨国产能合作的产业，既有以轻工、家电、纺织服装为主的传统优势产业，以钢铁、电解铝、水泥、平板玻璃为主的富余产能优势产业，又有以电力设备、工程机械、通信设备、高铁和轨道交通为主的装备制造优势产业。"一带一路"产能合作带动了中国铁路、电力、通信等优势行业的相关技术和标准"走出去"，有利于提升中国在全球产业链和价值链中的地位。比如，印度尼西亚雅加达至万隆高速铁路项目是中国从技术标准和装备制造，到勘察设计、工程实施和运营管理等全方位整体"走出去"的第一单项目，具有标杆意义；已开工的中老铁路（自中国昆明经老挝著名旅游胜地琅勃拉邦至首都万象，全长417公里）、匈塞铁路（自匈牙利首都布达佩斯至塞尔维亚首都贝尔格莱德，全长350公里）也有利地带动了中国铁路标准和设备"走出去"；再如，南方电网在老挝北部230千伏电网建设中也直接应用自主技术与管理标准。

（三）国有企业占主导地位，民营企业异军突起

企业是产能合作的主体。截至2014年年末，中国对外非金融类投资存量为50.2亿美元，其中，国有企业占53.6%，虽然依然处于主导地位，但同前些年相比持续下降；非国有企业占46.4%，同前些年相比稳步提升，投资主体结构持续优化。比如，青山钢铁公司在印尼建设青山工业园，华夏幸福基金有限公司在印尼合资建设产业新城，等等。

第二节　企业参与国际产能合作的主要问题

一、中国企业的海外融资问题

（一）企业的海外融资能力低

与国内经营相比较，企业开展海外经营需要付出额外的成本，与此需要较强的实力。与西方跨国公司相比，我国企业实力比较薄弱，中小企业尤为突出。我国现有的海外投资企业的规模都较小，大大低于发达国家平均水平。多年来我国的融资能力水平尤其是海外融资能力水平低下，一方面使我国企业在海外扩大生产受到限制，另一方面也削弱了企业的国际竞争力。

（二）企业缺少与我国跨国银行的联系

经过长期的经营，我国的银行在海外开设了不少分支机构。从常规上讲，跨国银行的超前发展应该有利于跨国公司的发展，但由于体制方面的原因，我国海外银行的发展实际上并没有对跨国公司的发展起到应有的促进作用。具体表现在：

1）企业与银行在跨国业务的发展战略上不协调。企业的跨国经营战略是以产品销售为导向，因此哪里有市场就在哪里设置分支机构；而银行跨国业务的发展是以金融中心为导向的。但是，我国中小企业的产品大多以发展中国家为目标市场，而金融中心基本集结于发达国家，两者的投资区位是背离的。

2）我国银行提供的跨国服务基本上局限于传统的、常规的银行业务，自身投资参股于工商企业活动的少。当代跨国银行发展的一个重要特点是银行广泛参与金融与非金融领域的投资。发达国家的跨国银行在总行之下设有分行、代表处、投资公司、控股公司、参股银行等许多派生机构，而我国银行还停留在分行和代表处的层次上，在机构和功能上都无法为跨国公司的业务发展提供卓有成效的服务。

3）由于受传统体制的束缚，我国的银行还不可能对我国跨国公司海外融资起到足够的支持作用。跨国银行的海外分支机构一般不愿支持我国海外企业的融资，担心我国的海外企业规模小、收益低、风险大，会给银行带来损失。同时，在我国现行体制下，怕造成互相扯皮的死账现象。因此它们宁愿贷款给那些信誉低的外国企业，也不愿贷款给我国的海外企业。这种完全由体制造成的金融资本与产业资本之间的不融合使得我国的海外企业在利用海外融资进行海外跨国经营时举步维艰，大大降低了我国跨国公司的国际竞争力。

（三）境外企业管理与运用体制转轨滞后

境外投资企业的管理体制和经营体制，仍基本上沿袭国内模式，尚未有效接轨国际投资和国际竞争规则，这也是目前企业海外投资中存在的一个普遍问题。在生产经营方面，境内母公司普遍管得过多过死，境外子公司在生产决策、融资、市场开拓等方面缺乏自主权，市场应变能力普遍较弱。而境外企业资产、财务管理中，又普遍缺乏规范有效的制度约束，较多地采取以包代管、以境内资产抵押等方法，造成夫妻公司、单人公司很普遍，一些企业财务混乱，造成流失严重。

二、中国企业海外投资主要问题

（一）海外认可度低，国际声誉仍有差距

据美国《福布斯》杂志报道，在《巴伦周刊》公布的"2015世界最受尊敬公司"排行榜，榜单前几名再次由美国公司主导，中国共4家公司挤进榜单（阿里巴巴集团、中国移动、腾讯和中国建设银行），虽然榜上有名但排名十分靠后。在《财富》发布的《世界500强排行榜》中，入围的中国企业虽逐年增多，但总体上看，名次依旧靠后。在一系列衡量企业国际声誉的排行榜上，中国企业连年来成绩尴尬，这暴露了中国企业国际化进程中明显的短板——海外认可程度低，国际声誉仍有差距。

中国企业或许在海外资产规模上令人瞩目，在海外经营的数量和体量上已不容小觑，但质量却依旧相对落后。如多米诺骨牌一般，由于国际的认可度有限，中国企业吸引高端人才的能力也有限。根据优兴咨询发布的《2014

年全球最具吸引力雇主榜单》，2014 年仅联想一家中国企业上榜前 50 名，中国企业的国际人才吸引力堪忧，而国际化人才的匮乏，又势必会反过来影响企业的绩效，进而影响企业的国际声誉。

为了避免步入这样的恶性循化，中国企业应当及时弥补自身短板，以世界级公司为标杆严格要求自身，用过硬的产品质量、突出的营销能力来赢得海外消费者的认同。海外经营规模的扩大或许可以通过几年的运作来实现，但是国际声誉的积累非一日之功，还需要中国企业长期坚持不懈的努力。

（二）投资回报率偏低，海外收入仍存隐忧

在海外经营企业财务绩效的部分我们已经发现，中国跨国企业营业收入中的海外部分占比仍然偏低，只有较少企业达到了国际上对跨国企业定义的要求。2014 年的数据显示，中国 100 大跨国公司的海外资产和海外员工无论是规模还是占比都比 2013 年有所上升，然而，海外营业收入的平均占比却由 22.25% 降至 20.86%。一方面是资产、员工比例的相对上升，另一方面是收入的相对下降，这说明了中国企业在海外布局中资金、人员的运用效率低下，揭示了海外投资回报率还不乐观的事实。

造成这种现象的原因是多重的。首先，中国企业收购一些海外企业时，常常出现"斥巨资溢价收购"等行为，这样的高价收购，可能会给企业本身的财务状况造成一定的负担，甚至引发现金流紧张等问题，而这些问题往往会损伤企业元气，并进而影响企业的盈利能力。其次，中国企业在并购后的企业整合过程中，由于不熟悉东道国的环境，对东道国的政治、经济、法律文化等了解有限，因而存在整合不利的情况，造成 1+1<2 的海外投资状况。最后，一些企业的海外风险规避能力有限，且对海外风险认识不足，可能导致发生巨亏事件。2014 年，美国传统基金会对中国 1000 万美元以上的海外投资项目进行了统计分析，结果显示，相比西方跨国公司，中国企业向高风险投资地区投资的趋向非常明显。在高风险偏好下，中国企业海外投资亏损难以避免。

在海外投资回报率偏低的困境面前，中国企业需要反思如何更好地调整状态，提升海外盈利能力，让"走出去"更好地为企业的战略目标服务，为

企业的整体盈利做出贡献，只有这样，中国企业才能在海外市场上真正站稳脚跟。

（三）海外政治风险大，如何规避成为难题

近年来，中国企业的海外经营屡次遇到政治风险：2014 年 11 月，墨西哥交通和运输部宣布由中国铁建牵头的中墨企业联合体作为唯一按时递交竞标文件的财团成功中标，但 3 天后又出人预料地宣布取消中标结果，随后又于宣布重启竞标后，再次变卦。2015 年 1 月，墨西哥联邦环境保护署以"触犯环保法规及长期欠缴罚款"为由，下令位于该国加勒比坎昆市郊的种子商城项目坎昆龙城全面停工。2015 年 1 月 27 日，希腊政府宣布叫停比雷埃夫斯港的私有化计划，称重新评估与中远集团的合作。虽然此后该国航运部副部长又改口称希腊新政府尊重与中远集团于 2008 年就已达成的协议，但此次波折还是反映了海外经营背后极大的不确定性。

在这之前，早已有大量中国企业海外投资因受到政治因素影响而受挫的案例。缅甸国内政治局势的变化曾导致中缅密松大坝工程和中缅合资的莱比塘铜矿项目被叫停、中缅皎漂—昆明铁路工程计划被取消；泰国政局动荡导致中泰"高铁换大米"计划流产；斯里兰卡新政府上台可能导致中国交建承建的、总投资为 15 亿美元的科伦坡港口城项目面临政治风险；前些年中海油收购优尼科和中铝并购力拓失败的直接原因均是商业问题政治化。这些事件无一不为中国海外投资的高歌猛进敲响了警钟，提醒中国投资者注意海外经营的政治风险。

中国企业海外投资高风险的现状，在一定程度上与外部客观环境有关。例如，部分国家政治、经济局势动荡，这就造成在这些国家从事海外投资注定会承担比较大的风险。但是如果从中国企业自身角度来剖析，那么会发现国内企业对政治风险的预估不足，甚至麻痹大意，对国际市场不熟悉、经营不规范、社会公关能力不足等，才是造成这一问题的核心原因。在"走出去"的道路上，我们不仅要追求步伐大、走得快，而且应当把"走得稳"作为一个重要目标。只有积极提高自身规避风险的能力，中国企业才能够在出海过程中避免触礁，防止政治风险带来不必要的损失，而这也要求企业的管理者

提高识别、评估风险的能力，合理地管控海外投资的政治风险。

三、产生问题的主要原因

目前，中国与"一带一路"沿线国家开展产能合作还处于起步阶段，存在规模小、难点多、风险大等问题，因此需要在今后的"走出去"实践中逐步解决。

（一）国外制度环境和技术标准差异大，中国企业应对准备不足

企业"走出去"要面对与国内迥异的制度环境，但我国企业在这方面应对准备不足，由于不熟悉国外商业习惯、法律环境，以及缺乏国际项目经验等，往往发生"合同泡汤"、项目落地困难、企业被罚等事件。

目前的"一带一路"建设具有明显的 G2G 的特点，即"政府对政府"。G2G 的合作方案重点关注了政府（或者说执政党），但对各国的市场、对各国老百姓的好处有时并没有体现在明处，容易遭遇各国反对党的阻击以及社会层面的抵制。我国过去在缅甸、越南、斯里兰卡、泰国等都遭遇到类似的事件，一些重大投资项目因受到抵制而被迫停止。有些国家尽管土建市场增长迅速，但合同条件不规范，不使用国际上通行的 FIDIC 条款（《土木工程施工合同条件》），东道国发包企业制度合同随意性大，增加了中资企业执行合同的风险。产能合作技术标准不对接，例如部分中东国家，虽然自身技术能力较弱，但是推崇欧美的工业技术和标准，中资企业进入面临巨大压力。一些国家长期执行欧洲标准，特别是电力、石油炼化、交通运输及其他基础设施建设领域，已经形成固定渠道来源的欧洲技术标准体系和庞大的既得利益集团。一些国家电力项目甚至明确规定不能使用中国标准，而是采用日韩或欧美标准。

由于国外的制度环境和技术标准与中国相去甚远，使中国企业在国际产能合作各环节均面临困难，包括海外项目投建阶段的土地、矿产、交通设施等主体及配套设备的建设问题，运营阶段的税收缴纳、员工身份、劳工纠纷等属地化的管理问题，以及退出阶段的项目清算和投资退出的机制安排问题，等等。

（二）"走出去"企业尚未形成合力，国际化能力亟待提高

中国企业"走出去"尚未形成有效的对外投资网络和相互需求网络，未形成合力。金融业国际化进展缓慢、覆盖范围有限，难以有效支持中国企业"走出去"；境外施工的中国企业对国外品牌的偏好和依赖，不利于本国工程机械技术装备企业开拓国际市场。另外，中国企业在部分领域存在盲目竞争的情况，损害了整体利益。例如，曾出现一个电力项目有六七家中国企业投标，或者母公司与子公司、众多子公司之间相互竞争的情况。

中国企业"走出去"还存在国际化能力不足的问题，这在部分行业表现得较为突出。我国汽车企业对各国市场的特征和规则尚待深入了解，在品牌形象维护、知识产权保护、外方违约责任追究、反倾销诉讼等方面自我保护能力不足。我国工程机械在海外市场竞争，不但关键技术和关键部位依赖发达国家企业，售后服务亦成为明显的制约因素。而钢铁企业由于技术水平不高、国际商务谈判能力差，在国际钢铁市场饱和的情况下被迫挤在狭窄的市场内，主要集中在上游矿产资源开发环节，中游冶炼环节对外投资很少，只在东南亚、非洲零星建立了钢厂。

我国企业在跨国产能合作中遇到的问题，很大程度上与具有国际化视野的人才队伍，尤其是中高级经营管理人才和技术人才匮乏有关。跨国产能合作涉及各国法律、汇率、财会制度及各种复杂因素，而企业只有拥有完备的熟悉国际市场分析、商务规则、法律法规、投融资管理、项目管理等人才队伍，才能在错综复杂的国际市场中做出正确的投资决策。

（三）沿线国家主权信用低，境外各类风险将长期存在

"一带一路"沿线国家多数属于发展中国家，大部分国家主权信用处于CCC-B级，且近年来部分国家存在主权级别下调的风险（采用"四等十级制"评级登记，CCC-B级属于投机级）。与此相联系，境外各类风险将长期存在，这主要包括政治风险、经济风险、社会风险、环境风险和医疗卫生风险。

第三节　企业参与国际产能合作的重点领域

在世界经济持续低迷的前提下，我国提出了"一带一路"倡议，立足命运共同体建设的理念，开展国际产能合作。为有效推进国际产能合作，我国要首先确定当前国际产能合作的方向，明确国际产能合作的重点领域。

产能具有二重性，既是社会发展的基础，又会因过剩而产生负面效应。微观上讲，产能是企业在一定技术条件下的生产能力，是市场需求得以满足的基础，是社会繁荣的基础支撑。社会经济发展需要一定规模的产能，产能不足就会限制社会的繁荣发展。但是，与产能不足一样，产能过剩同样给社会发展带来负面影响。产能过剩是指在一定时期内，企业在既定组织技术条件下参与生产的全部固定资产所能生产的产品数量或者能够处理的原材料数量超出市场消费能力，产品因无法卖出而使再生产过程无法进行。一国产能过剩的积累，在企业层面就会降低净利率，增加负债，增加应收账款，导致银行不良资产增加，进而将风险传递到银行业，影响到整个国民经济的再生产，甚至引发经济危机，给社会发展带来巨大的负面影响。

从经济学原理来讲，产能过剩有一定的空间限制。在一定区域内或一定市场范围内来看似过剩的产能，由于市场的扩大而需求扩大，产能可能变得不足，因为不同区域内的产业结构不同。而且，各国经济都是在不断消除本国经济发展短板的基础上而不断发展的，这种短板可以通过本国的发展来解决，也可以借助他国的优势来弥补，从而实现本国经济全方位发展，造福本国民众。比如，制造业落后可以通过本国科技发展来开创出制造业发展的道路，也可以通过逐步引进他国优势制造业实现本国制造业的跨越式发展。一个经济体在某一领域的产能不足不代表其他国家在同样领域也产能不足，一个经济体在某一领域的产能过剩不代表另一个经济体在这个领域也产能过剩，这意味着两个经济体在这个领域可以互补，意味着两个经济体可以在这个领域开展互利共赢的跨境产能合作，而不足的经济体则可以在这个领域获得跨越式发展，获得更多好处。

在产能过剩的条件下，各国产业结构的差异性为国际产能合作互利共赢、打破空间限制提供了条件。一国某个产业发达表现为产能过剩，而另一国可能正好该产业发展相对滞后，产品供给难以满足市场需求。因此，各国产业结构的差异性为国际产能合作提供了空间，既能消除因某产品供给不足而带来的负面影响，也可消除因某种产品供给过度而带来的负面影响，实现互利共赢。这是国际贸易的基础。在当前国际金融危机后矛盾深化的大背景下，国际产能合作给世界各国化危为机、实现互利共赢带来了福音。国际产能合作赖以生存的理论基础表明，我国国际产能合作的对象理论上是全方位的，可以和任何经济体开展产能合作。

受传统生产发展惯性影响，当前我国无论是高耗能的电解铝、钢铁，还是造船业，都存在产能过剩问题。通过分析我国产能过剩行业以及国际产能需求，我们可以发现，与国际产业链下游经济体的国际产能合作是主要方向。

"一带一路"倡议产能合作的重点国家和重点产业选择是研究的重点。部分学者利用工业化综合评价体系，测度"一带一路"沿线国家的工业化进程，以不同国家和产业为划分标准，研究其与中国产能合作的潜力；这样，尽管各国可能处于不同的工业化阶段，但仍可通过差异化的角色定位，与中国共同培育以"互补合作"为主导的产能合作"雁阵"模式[一]。另有部分学者从国别的角度研究"一带一路"沿线国家与中国产业的互补性和开展产能合作的潜力，探讨了中国西部地区、东北地区各省份对接"一带一路"战略的优劣势和战略选择，以及与相关国家开展产能合作的潜力[二]。还有一些学者具体研究个别国家或产业的跨国产能合作问题，如通过分析波兰地理位置和经济发展水平，认为波兰可以成为中国企业开拓欧洲市场的中转站[三]。尽管如此，既有研究仍相对粗糙和单薄，需要进一步深化。因此本章尝试计算和分析中国与"一带一路"沿线国家产业互补指数，进而识别"十三五"期间"一带一路"国际产能合作的重点国家和重点产业，以推动这一研究的深化。

产业互补指数计算公式是：A 国和 B 国在单个产业互补指数 ＝ A 国该产

　⊖　黄群慧，韵江，李芳芳．"一带一路"沿线国家工业化进程报告．社会科学文献出版社．2015年版

　⊜　张其仔，郭朝先，白玫，等．中国产业竞争力报告（2015）："一带一路"战略与国际产能合作．社会科学文献出版社．2015年版

　⊜　余锦．"一带一路"倡议下的中国与波兰经贸关系．中外企业家．2016

业显示性比较优势指数 × B 国该产业显示性比较劣势指数；A、B 两国产业互补指数 = Σ（分产业权重 × 分产业互补指数）。

其中，某国某产业显示性比较优势指数 =（该国该产业或产品出口额 / 世界市场该产业或产品总出口额）/（该国总出口额 / 世界市场总出口额）。如果出口数据用进口数据代替，则某国某产业显示性比较优势指数就成为某国某产业显示性比较劣势指数。

如果产业互补指数大于 1，说明两国之间存在产能合作的潜力，如果该指数大于 2，则存在显著的产能合作空间。反之，如果该指数小于 1，则说明目前产能合作的空间不足。

产业互补指数有两种计算方式，即采用 A 国出口、B 国进口方式，和采用 A 国进口、B 国出口方式计算，两种计算方式得出的结果从不同侧面反映两国产能合作的潜力和趋势。

根据国际贸易标准分类（SITC，Rev.4），国际贸易产品分为 10 类。在 SITC 分类系统中，SITC 0 ～ 9 分别是：食品及活动物、饮料及烟类、非食用原料（燃料除外）、矿物燃料，润滑油及有关原料、动植物油脂及蜡、化学成品及有关产品、按原料分类的制成品、机械及运输设备、杂项制品以及未分类的商品。基于数据的可用性，本章测算了中国与 46 个"一带一路"沿线国家的产业互补指数，分别以中国出口、外国进口（CXFI）侧和中国进口、外国出口（CIFX）侧加以计算。

基于中国出口、外国进口（CXFI）侧的产业互补指数显示，中国产能合作的重点产业主要集中在按原料分类的制成品（SITC6）、杂项制品（SITC8）、机械及运输设备（SITC7），以上产业互补指数大于等于 1 的国家数分别为 44、37、26 个，详见表 1.5-1。

表1.5-1　中国与"一带一路"沿线国家产业互补指数（基于CXFI侧计算）

产业	有合作潜力的国家数量	产业互补指数处于前10位的国家
SITC0+1 食品及活动物、饮料及烟类	5	也门（1.51）、黑山（1.46）、马尔代夫（1.16）、亚美尼亚（1.01）、埃及（1.00）、约旦（0.94）、阿塞拜疆（0.90）、波黑（0.88）、文莱（0.85）、黎巴嫩（0.83）

产业	有合作潜力的国家数量	产业互补指数处于前10位的国家
SITC2+4 非食用原料（燃料除外）、动植物油脂及蜡	0	巴基斯坦（0.45）、尼泊尔（0.41）、埃及（0.34）、保加利亚（0.32）、土耳其（0.29）、印度（0.29）、阿曼（0.22）、斯洛文尼亚（0.22）、印度尼西亚（0.19）、格鲁吉亚（0.17）
SITC3 矿物燃料、润滑油及有关原料	0	印度（0.19）、新加坡（0.15）、巴基斯坦（0.15）、白俄罗斯（0.14）、马尔代夫（0.14）、乌克兰（0.13）、约旦（0.13）、蒙古（0.13）、印度尼西亚（0.12）、立陶宛（0.12）
SITC5 化学成品及有关产品	0	乌克兰（0.85）、巴基斯坦（0.78）、斯洛文尼亚（0.75）、塞尔维亚（0.73）、波兰（0.73）、土耳其（0.69）、克罗地亚（0.67）、立陶宛（0.67）、罗马尼亚（0.67）、埃及（0.65）
SITC6 按原料分类的制成品	44	柬埔寨（4.41）、斯里兰卡（2.90）、以色列（2.59）、尼泊尔（2.48）、波黑（2.44）、罗马尼亚（2.31）、亚美尼亚（2.26）、阿塞拜疆（2.23）、蒙古（2.21）、埃及（2.11）
SITC7 机械及运输设备	26	斯洛伐克（1.96）、俄罗斯（1.90）、匈牙利（1.85）、捷克（1.85）、沙特阿拉伯（1.84）、马来西亚（1.81）、新加坡（1.76）、哈萨克斯坦（1.74）、菲律宾（1.73）、科威特（1.67）
SITC8 杂项制品	37	柬埔寨（3.36）、科威特（2.90）、黑山（2.68）、克罗地亚（2.63）、斯洛伐克（2.57）、俄罗斯（2.44）、哈萨克斯坦（2.36）、文莱（2.20）、捷克（2.08）、波兰（2.06）
SITC9 未分类的商品	0	阿富汗（0.35）、阿尔巴尼亚（0.24）、也门（0.18）、土耳其（0.10）、塞尔维亚（0.06）、拉脱维亚（0.06）、印度（0.05）、爱沙尼亚（0.05）、匈牙利（0.03）、尼泊尔（0.03）

资料来源：根据联合国商品贸易数据库（http：//comtrade.un.org）计算得出，数据库中将SITC0和SITC1两项初级产品合并计算，并将SITC2和SITC4两项初级产品合并计算。

按原料分类的制成品和杂项制品是劳动力密集型产品，中国与"一带一路"沿线国家在此类产品上的产业互补显著，排名前10位的国家的指数全部大于2。机械及运输设备是资本、技术密集型产品，排名前10位的国家的指数在1.5～2区间内，中国与沿线国家在此类产品上的产业互补较为明显。此外，食品及活动物、饮料及烟类（SITC0+1）是初级产品，仅有5个国家的产业互补指数大于1，这类产业的产能合作潜力亟待进一步开发。

基于中国进口、外国出口（CIFX）侧的产业互补指数显示，产能合作的重点产业集中在初级产品，包括非食用原料（燃料除外）、动植物油脂及蜡（SITC2、SITC4）和矿物燃料、润滑油及有关原料（SITC3）以及食品及活动物、饮料及烟类（SITC0、SITC1），产业互补指数大于等于1的国家数分别为40、13、10个。在这些产业领域加强与"一带一路"沿线国家特别是科威特、沙特阿拉伯、俄罗斯等国家的产能合作，可有效缓解中国能源供应紧张，保障能源安全。另外，基于CIFX侧计算，劳动密集型产品也是开展产能合作的重点产业，包括按原料分类的制成品（SITC6）和杂项制品（SITC8），产业互补指数大于等于1的国家数分别为16、7个，详见表1.5-2。"一带一路"沿线国家劳动力资源丰富，尤其是印度、土耳其，与之开展按原料分类的制成品和杂项制品方面的产能合作，可有效缓解中国当前劳动力成本上升带来的经济压力，实现合作双赢。

表1.5-2　中国与"一带一路"沿线国家产业互补指数（基于CIFX侧计算）

产业	有合作潜力的国家数量	产业互补指数处于前10位的国家
SITC0+1 食品及活动物、饮料及烟类	10	马尔代夫（5.52）、格鲁吉亚（1.60）、亚美尼亚（1.55）、黑山（1.46）、斯里兰卡（1.42）、乌克兰（1.16）、尼泊尔（1.14）、约旦（1.09）、塞尔维亚（1.05）、巴基斯坦（1.02）
SITC2+4 非食用原料（燃料除外）、动植物油脂及蜡	40	蒙古（68.68）、印度尼西亚（16.08）、乌克兰（15.58）、黑山（14.45）、亚美尼亚（15.32）、拉脱维亚（10.13）、波黑（9.47）、黎巴嫩（8.23）、马来西亚（7.55）
SITC3 矿物燃料、润滑油及有关原料	13	科威特（5.03）、阿塞拜疆（4.95）、文莱（4.94）、沙特阿拉伯（4.58）、也门（4.47）、哈萨克斯坦（4.14）、阿曼（3.99）、俄罗斯（3.77）、白俄罗斯（1.81）、印度尼西亚（1.68）
SITC5 化学成品及有关产品	8	约旦（2.76）、以色列（2.28）、斯洛文尼亚（1.57）、埃及（1.43）、白俄罗斯（1.19）、立陶宛（1.14）、新加坡（1.06）、印度（1.01）、泰国（0.94）、克罗地亚（0.92）
SITC6 按原料分类的制成品	16	尼泊尔（2.95）、巴基斯坦（2.55）、以色列（2.04）、乌克兰（1.87）、亚美尼亚（1.75）、土耳其（1.57）、黑山（1.43）、印度（1.41）、波黑（1.37）、保加利亚（1.29）
SITC7 机械及运输设备	12	斯洛伐克（1.99）、菲律宾（1.97）、捷克（1.89）、匈牙利（1.80）、新加坡（1.59）、泰国（1.48）、罗马尼亚（1.43）、波兰（1.31）、马来西亚（1.31）、斯洛文尼亚（1.24）

产业	有合作潜力的国家数量	产业互补指数处于前10位的国家
SITC8 杂项制品	7	柬埔寨（4.47）、斯里兰卡（2.54）、阿尔巴尼亚（1.42）、波黑（1.36）、巴基斯坦（1.34）、约旦（1.15）、土耳其（1.01）、克罗地亚（0.87）、立陶宛（0.81）、罗马尼亚（0.79）
SITC9 未分类的商品	11	阿富汗（17.42）、阿尔巴尼亚（14.34）、吉尔吉斯斯坦（10.87）、黎巴嫩（3.52）、新加坡（2.09）、拉脱维亚（2.08）、阿曼（2.02）、也门（1.7）、爱沙尼亚（1.52）、亚美尼亚（1.41）

资料来源：根据联合国商品贸易数据库（http://comtrade.un.org）计算得出。

综合上述分析，结合进出口规模，可以看出中国产能合作的重点国家。不难看出，中国与"一带一路"沿线国家具有广阔的产能合作空间，"十三五"时期国际产能合作的重点方向集中在以下几方面：与自然资源丰富的国家开展原料型产品的合作，并衍生出与按原料分类的制成品的合作；与劳动力资源丰富的国家开展劳动密集型产业产能合作；与油气资源丰富的国家开展油气产品生产合作；与多数工业化水平比中国低的国家开展初级产品生产、机械及运输设备、杂项制品制造产能合作，详见表1.5-3。

表1.5-3 "一带一路"产能合作的重点国家

产 业	国 家
SITC0+1 食品及活动物、饮料及烟类	越南、乌克兰
SITC2+4 非食用原料（燃料除外）、动植物油脂及蜡	蒙古、印度尼西亚、乌克兰、马来西亚、泰国、印度、俄罗斯
SITC3 矿物燃料、润滑油及有关原料	科威特、沙特阿拉伯、俄罗斯、阿联酋、卡塔尔
SITC6 按原料分类的制成品	印度、土耳其、印度尼西亚、越南、巴基斯坦、罗马尼亚、埃及、沙特阿拉伯、捷克、波兰、泰国、斯洛伐克、阿联酋、匈牙利、马来西亚、以色列、乌克兰
SITC7 机械及运输设备	新加坡、俄罗斯、马来西亚、泰国、印度、波兰、沙特阿拉伯、捷克、土耳其、印度尼西亚、越南、阿联酋、菲律宾、哈萨克斯坦、罗马尼亚、以色列
SITC8 杂项制品	俄罗斯、沙特阿拉伯、泰国、土耳其、马来西亚、越南、巴基斯坦、阿联酋、柬埔寨、新加坡

需要说明的是，在上述纳入计算的"一带一路"沿线国家之外，还有部分国家也具备与中国开展产能合作的重大潜力，它们或者是劳动力资源丰富

的国家（如孟加拉国），或者是油气初级产品丰富、油气资源丰富的国家（如缅甸、土库曼斯坦、伊拉克、伊朗等），或者已经与中国开展了相关产能合作的国家（如塔吉克斯坦、乌兹别克斯坦等）。

（一）国际产能合作领域

根据以上分析，我国企业参与国际产能合作的主要领域集中于以下四方面：

1. 基础设施产业合作

主要包括建筑及基础设施工程产业合作，设备及配套类装备制造产业合作，建材、钢材、矿物石、有色金属等基建材料产业合作。从需求和未来区域经济合作的角度看，"海上丝绸之路"沿线国家对于基础设施建设的需求极其旺盛。沿线国家由于财政紧张，基建投资支出不足，基础设施普遍落后，特别是人均GDP、人均公路里程、人均铁路里程等指标均远低于中国。亚洲和非洲的沿线国家较中国有较大的城镇化提升空间，而中国在自身新型城镇化过程中积累了一定经验、基础设施产能、服务可以对外输出。从供给端看，伴随着固定资产投资增速放缓，中国建筑业及制造业产能过剩的问题日趋严重，基建输出能够大幅缓解中国建筑业、制造业的产品需求压力，特别是利用金砖国家开发银行与亚投行，对外工程承包施工企业"走出去"能形成较大的出口拉动，有效缓解国内需求端的下滑，从而拉动整个基础设施产业链发展。

2. 交通运输产业合作

主要包括公路铁路运输、港口运输、航空运输和物流业的合作与服务，以及与通路通航相关的设备、整机生产等产业合作。交通运输业应是优先考虑合作的产业，以加快提升中国与沿线国家交通基础设施的互联互通水平，并形成沿线区域交通运输一体化。同时，积极吸引沿线各国实力雄厚的国内外企业参与交通运输业的合作建设。通过加快推进公路、铁路、航空、海运等多种运输方式的互联互通，全面提升运输吞吐量，为带动区域产业发展创造更为有利的条件。在建设"21世纪海上丝绸之路"进程中，港口起着至关重要的作用，重点把中国沿海地区的港口与海上沿岸各国特别是东南亚、南亚、西亚各国的临海港口连接起来，形成临港大产业合作新格局；公路、铁路方面以南宁、昆明等主要城市为起点，全面建设泛东南亚、南亚公路、铁路纵横交错的陆海大通道，形成交通运输大产业；在航空方面，通过与太平洋、印度洋沿岸各国合作，全面开通民航直通航线，形成更大的贸易合作伙伴。交通基础设施合作建设与运营将有效带动中国铁路建设与相关设备、航空服务、设备及整机生产等产业增长。

3. 资源能源产业合作

主要包括资源能源贸易、能源投资、保障海上能源通道安全、电力产业合作四个方面。在资源能源贸易方面，利用海洋为载体，推动中国与沿线国家的石油天然气、金属矿产等能源资源贸易，重点加强与中东、西亚等油气富集区的贸易；在能源资源投资方面，按照油气资源开发的产业链，采取产量分成、联合经营、技术服务等合作模式，加大在资源勘探、开发、加工、运输等环节对资源能源富集区的投资，积极拓展与西亚等地区的矿业与能源产业合作，加强与东南亚等地区在矿产资源开发及深加工领域的合作；在海上能源通道方面，应强化与通道沿线国家的合作，重构海上能源资源的运输通道，确保四条航线能够安全地实现资源能源的供给；在电力产业合作方面，利用中国电气设备技术、光伏产业等在诸多领域处于世界先进水平的优势，加大与沿线各国水电项目及设备的合作，让各国企业从中受益，支持企业开展与沿线国家和地区在新能源领域的合作。

4. 电子信息产业合作

包括通信基础设施产业合作，信息技术及网络安全领域合作，电子信息产品制造业、软件和信息服务业的合作等。在通信基础设施方面，随着"一带一路"沿线各国之间的深度互通，对通信基础设施建设提出了更高的要求，为通信基础设施企业的合作共赢提供了更为广阔的市场。抓好互联网、通信网、物联网等通信基础设施产业方面的合作，同时组织有实力企业"走出去"寻找更大的合作商机。在信息技术及网络安全领域合作方面，通过每年共同举办信息技术产业发展方面的磋商会、对话会及论坛，以促进芯片、软件、信息系统和应用程序的开发和生产，包括集成电路、电子元器件、新型电子材料等电子信息类产品。在信息产品和信息服务合作创新方面，全方位探索中国与沿线各国信息产品和服务合作新模式，通过"海上丝绸之路"建设，扩大自己在区域经济发展中的市场份额和影响力。随着沿线各国在信息产业方面的深入合作，信息产品创新和服务提升方面合作空间广阔，特别是在各国建立的服务器、存储系统以及信息服务企业等层面。要围绕物联网、云计算、移动互联网等新一代信息技术和软件产业链各环节，加强相关技术研发、转移和标准研究、制定的交流与合作。

（二）从具体行业来看

第一，钢铁行业是典型的优势和富余产能。据工业和信息化部的统计数据，2015 年，全国粗钢产量 8.2 亿吨，同比增长 0.9%，增幅同比下降 6.6%。国内粗钢表观消费 7.4 亿吨，同比下降 4%；钢材（含重复材）产量 11.3 亿吨，同比增长 4.5%，增幅同比下降 6.9%。中国粗钢产量占全球比重为 49.4%，同比提高 0.9%。截至 2015 年年底，我国粗钢产能已达 11.6 亿吨，仍处于较高水平。从企业效益看，重点大中型企业中实现利润前 20 名的企业总体盈利 280 亿元，占行业利润总额的 92%；亏损企业 19 家，累计亏损 116 亿元，企业盈利水平两极分化严重。可见，我国钢铁行业仍处于产能过剩状态，供过于求的现状难以扭转，钢材价格仍在低位徘徊，钢厂盈利状况难言乐观。

第二，我国煤炭行业仍处于过剩状态。据中国煤炭业协会发布的通报由于供大于求，截至 2015 年年底，煤炭企业库存创历史新高，达到 9900 万吨。目前煤炭企业库存已超过亿吨；煤炭价格大幅下降，2015 年以来，秦皇岛港 5500 大卡动力煤价已从 2015 年年初的 506 元／吨跌至 2015 年年底的 359 元／吨，跌幅达 29.1%；企业亏损面进一步扩大，目前全国整个煤炭行业亏损面超过 80%。在矿产资源开发及深加工业方面，我国矿产资源勘探开发企业也已在中亚投资布局，但吉尔吉斯斯坦、塔吉克斯坦和土库曼斯坦矿产资源勘探、开采技术水平相对落后，资源开发率较低。因此，未来产能合作可进一步支持国内矿产资源开发企业通过合资、独资或提供技术支持等多种形式，与中亚国家开展矿产资源开发合作；支持我国具备研发实力的矿山机械设备制造企业，针对中亚国家矿产资源勘探开发的地质特点和实际需求，为中亚国家设计并提供可定制的矿山机械设备，积极开展融资租赁业务；支持我国企业在中亚国家开展矿产资源深加工，在当地建立深加工基地，做大做强产业链。

第三，我国建材行业产能问题较为严重。据工业和信息化部公布的数据，2015年，我国建材行业市场需求不旺、下行压力大。其中，高耗能的水泥、平板玻璃产量分别为24.8亿吨、7.9亿重量箱，同比分别增长1.8%、1.1%，增速分别同比下降了7.8%、10.1%。水泥制造业主营业务收入9792亿元，同比增长0.9%，增速同比下降了7.7%，平板玻璃主营业务收入同比略有下降；产能过剩矛盾依然突出。以水泥为例，尽管产能增长势头得到明显遏制，但2015年建成投产水泥熟料生产线仍有54条，总产能7000多万吨，加上2016年在建项目建成投产，这些产能集中释放对市场产生了冲击。由于目前投资水泥行业效益较好、见效快，对部分落后地区很有吸引力，其新上扩能项目的欲望依然较强。可见，我国建材行业产能问题仍较突出。

以中亚国家为例：伴随中亚国家工业化和城市化进程进入加速阶段，其对水泥、玻璃、钢材等建筑材料以及地板、陶瓷、洁具等家具装饰材料的市场需求将趋于扩大。广泛需求与本地生产能力不足的巨大供需缺口为我国与中亚国家进行建材产业的国际产能合作提供了基础。应发挥我国建材产业门类齐全、产品优质、综合配套能力强的竞争优势，一方面不断加大对中亚国家的产品出口力度，另一方面应支持国内相关建材企业加快"走出去"，与中亚国家合资建厂，利用当地资源，转移我国相关产品的生产设备和技术，实现就地生产、就地销售。

第四，有色金属行业产能优势明显。据工业和信息化部的统计数据，2015年10种有色金属产量5089.9万吨，同比增长9.6%。

现以中国有色集团为例。近年来，中国有色集团高度重视国际产能合作，准确把握形势，主动抓住机遇，沉着应对挑战，切实发挥了中央企业的骨干中坚作用。作为最早"走出去"的有色企业，中国有色集团已经逐步成长为有色行业开展境外投资合作最成功的企业之一，位列 2015 年"世界 500 强"第 390 位、"中国 100 大跨国公司"第 30 位，在推进国际产能合作中培育了独特优势。

赞比亚谦比希铜矿为中国在境外建成的第一座有色金属矿山，开启了中国有色集团"走出去"开发资源的大门

目前，中国有色集团的"走出去"业务遍布全球 80 多个国家和地区，在 30 个国家和地区设立机构或有投资项目，拥有境外重有色金属资源量 2000 万吨，形成了采选、冶炼、设计、施工、监理、技术服务、国际贸易、物流为一体的完整产业链条，产品涉及 40 余个有色金属品种，在"一带一路"沿线的 20 多个国家和地区形成了先发优势。

第五，船舶业产能相对过剩，但呈好转趋势。据工业和信息化部的统计数据，全国造船完工量 4184 万载重吨，同比增长 7.1%，其中海船为 1477 万修正总吨；新承接船舶订单量 3126 万载重吨，同比下降 47.9%，其中海船为 1209 万修正总吨。截至 2015 年 12 月底，手持船舶订单量 12304 万载重吨，比 2014 年年底手持订单量下降 12.3%，其中海船为 4640 万修正总吨，出口船舶占总量的 95.7%。可见，我国船舶制造业新接订单仍然下行，行业产能闲置率较高，产能形势依然严峻。

第六，石化业产能富余现象比较突出。在国际原油价格大幅下跌的情况下，2015 年石化行业运行基本平稳，生产稳步增长，安全环保压力不断加大，效益大幅下降，投资和新开工项目增速减缓。行业效益大幅下滑。2015 年 1～12 月，炼油行业主营业务收入 3.5 万亿元，同比增长 0.7%，利润 118.7 亿元，同比下降 69.6%，利润率 0.34%；合成树脂主营业务收入 8523.4 亿元，同比增长 6.7%，利润 266.2 亿元，同比下降 16.5%，利润率 3.1%；合成橡胶主营业务收入 1395.4 亿元，同比增长 7.9%，利润 66.7 亿元，同比增长 4.5%，利润率 4.8%；合成纤维主营业务收入 3244.8 亿元，同比下降 0.4%，亏损 37.4 亿元。炼油行业具有产能结构性问题。2014 年，我国炼油一次性加工能力的产能利用率为 67.5%，其中部分地方炼油企业受原料供应和装置匹配能力限制平均产能利用率只有 33%，而发达国家的产能利用率通常为 85% 左右。可见，在原油价格下行、环保压力加大的大背景下，我国石化行业产能仍然严峻，效益下降，特别是炼油行业。

综上，由于处于我国国际产业链下游经济体大都尚在工业化的初级阶段，工业化、城镇化任务较重，对我国相关产能优势领域产品需求量大。我国国际产业链下游的经济体绝大多数是工业化还未起步或刚刚起步的经济体，第二产业比较落后，一方面对工业品的需求比较大，另一方面对工业能力建设方面的技术和设备需求比较大，与第二产业发达的我国有天然的互补性。比如，印度当前致力于跨越式发展第二产业，不仅需要规模巨大的工业品，而且要通过引进工业化所需的技术和装备来发展自己的工业能力；更为重要的是，工业化的推进必然要求城镇化的快速发展，需要相关基础设施的快速跟进，这进一步增加了对我国过剩产能的需求。再如，越南等处于工业化建设起步阶段的国家，农产品供应相对过剩，而工业品供应相对不足，其也是我国产能合作的天然伙伴。

与此相反，处于我国国际产业链上游的经济体对我国过剩产能的需求就要小得多。处于我国国际产业链上游的经济体多是步入工业化后期阶段的经济体。这些经济体已经完成工业化进程，进入了后工业化的时代，基础设施和城镇化的高峰期已经过去，而其过剩产能一般更适合我国这样的经济市场。所以处于我国国际产业链上游的经济体对我国过剩产能的需求不大。比如，韩国工业品供应易于过剩，而农产品则供应相对不足。所以，一般情况下，我国当前产能合作的对象不是处于我国国际产业链上游的发达经济体。当然，也不排除与这些经济体进行国际产能合作的可能性，比如在基础设施的维护和更新领域，但这不是主流。

总之，由经济体发展阶段和面临的任务决定，我国和国际产业链下游的经济体在优势和富余产能方面互补性较大，具备互利共赢的产能合作的基本条件，是天然的产能合作伙伴。

第四节　企业参与国际产能合作的推进过程

近年来，中国对外产能合作从中亚、东南亚、非洲，再到拉美、欧洲，在双、多边舞台同步展开。中国已与哈萨克斯坦、巴西、马来西亚、埃塞俄比亚等几大洲的 15 个国家签订了开展产能合作的框架协议或谅解备忘录，并与 33 个国家正在进行磋商。在多边层面，中国与旨在通过基础设施建设等领域投资重振欧盟经济的"容克计划"相对接，中欧共同投资基金正加紧设立；与非盟开展"三网一化"合作，制定了中非铁路合作规划；在中断 3 年后重启的第六次中日韩领导人会议上，三方达成共识，在国际市场加强制造业和服务业产能合作。

一、与发展中国家的产能合作发展迅速

发展中国家大多处在工业化初期，工业基础较为薄弱，大量产品依赖进口，建设用装备需求很大，寻求与中国全方位合作的愿望非常迫切。而中国产业体系较为完备，装备水平处在全球产业链的中端，性价比高，适合发展中国家的需求与承接能力。中国从不同发展中国家的国情特点和实际需要出发，有针对性地开展产能合作，总体进展顺利。

（一）哈萨克斯坦

哈萨克斯坦是中国在中亚地区开展产能和装备合作的支点国家。中哈产能合作第一批确定的早期收获项目25项，约230亿美元，近期又选定了第二批42个项目，总额约300多亿美元。2015年8月，中国与哈萨克斯坦签署产能合作协议，双方合作对我国优势产能开拓国际市场形成了良好示范效应，树立了可复制、可推广的样板。时任哈萨克斯坦总理的马西莫夫表示："两国产能合作开局良好，表明这一双边互利合作全新模式具有广阔的前景，同时也可为地区产业产能合作提供借鉴。"

（二）东南亚

中国与东南亚国家的产能合作已多处开花。2015年10月，恒顺众昇印尼工业园第一期燃煤电厂举行奠基仪式。作为中国与印尼在产能合作领域的重要项目，工业园区将不仅创造就业岗位，提高当地的经济发展水平，还能促进印尼经济结构加快转型。同月，中国企业赢得印尼雅万高铁项目，合作建设印尼雅加达至万隆高速铁路，这是中国和印尼迄今为止最大的单笔合作项目，标志着中国高铁"走出去"取得历史性突破。2014年年底，中国和泰国签署《中泰铁路合作谅解备忘录》，合作建设泰国首条标准轨铁路。经过近一年的多轮谈判，奠基仪式于2015年12月举行，拟建设的中泰铁路将使用中国的技术、标准和装备建设，未来将成为中泰人员往来、物资运输的重要通道。2015年11月，中国水电建设集团在老挝获准开发的唯一全流域梯级电站项目——老挝南欧江梯级电站提前四个月实现首台机组发电，该项目是老挝国家能源战略关键项目，将促成3.1亿元人民币的电力设备出口，并带动了电力设计、监理、施工、设备制造等方面的中国企业"抱团出海"，进一步促进国际电力产能合作。2015年12月，中老铁路举行开工奠基仪式。该项目全长418公里，其中60%以上为桥梁和隧道，设计时速为160公里/小时，预计于2020年建成通车。

（三）非洲

中国一直积极参与非洲国家、跨国跨区域基础设施建设合作。2014年11

月，中国与尼日利亚签署价值达 119.7 亿美元的沿海铁路项目合同，施工期间可为尼日利亚提供近 5 万个直接就业机会、15 万个间接就业机会，运营期间还可提供 2 万～3 万个固定就业岗位，这对于失业率较高的尼日利亚十分重要。2015 年 1 月，中国和非洲在高速铁路、高速公路和区域航空三大网络及基础设施工业化（三网一化）领域展开合作签署了备忘录。在埃塞俄比亚首都亚的斯亚贝巴，中国公司承建的城市轻轨于 2015 年 9 月正式通车，作为非洲大陆首条正式投入运营的现代化城市轻轨，将大大提高亚的斯亚贝巴居民的出行效率，带动整个城市经济的发展。此外，全长 760 多公里的埃塞俄比亚至吉布提铁路，于 2016 年上半年通车，全长 480 多公里的肯尼亚内罗毕至蒙巴萨铁路，和津巴布韦卡里巴南岸水电站扩展工程等项目，建成后都将有力地帮助非洲提升经济发展内生动力。

（四）拉丁美洲

中拉产能合作大幕也已徐徐拉开，"两洋铁路""两洋隧道"、美丽山水电站特高压直流输电等一批大项目正在打通物流、电力、信息三大通道。2015 年 5 月，中国、巴西和秘鲁宣布，就建设连接巴西和秘鲁的两洋铁路进行可行性基础研究，该项目横跨南美洲大陆，对拉美国家经济发展有重要意义。同月，中国与智利就尽早启动"两洋隧道"等合作项目可行性研究达成共识。"两洋隧道"又名"阿空加瓜两洋通道"，计划建筑 205 公里长的铁道以及一条 52 公里长的隧道，打通安第斯山脉，连接智利与阿根廷，极大地降低来往两地的时间和经济成本。美丽山水电站特高压直流输电项目线路全长超过 2000 公里，穿越巴西大部分国土。2014 年 2 月，中国特高压技术首次走出国门，国家电网公司与巴西电力公司组成的联营体成功中标，成为中巴产能合作的"最新样板"；2015 年 7 月，国家电网公司再次中标美丽山水电站二期项目，预计将带动国产电力装备出口超过 30 亿元。此外，中方还在 2015 年 5 月宣布将设立中拉产能合作专项基金，提供 300 亿美元融资，支持中拉在产能和装备制造领域的项目合作，切实保障合作顺利推进。

在与发展中国家产能合作过程中，中国不追求单方面受益，而是在自愿、平等、互利的基础上，充分考虑东道国的资源禀赋、配套能力、市场条件等因素，让合作项目符合当地实际需要。对于欠发达的国家，中国还愿意根据其具体特点和发展潜力，积极帮助对方把自然资源和劳动力等方面的优势切实转化为自主发展的能力，得到了发展中国家的理解和肯定。

二、 与发达国家的产能合作取得积极进展

"十二五"期间，中国在高铁、核电、特高压等核心技术领域取得飞速发展，加之在大规模经济建设中积累的经验和成本优势，与发达国家升级改造基础设施体系的需求不谋而合，为开展产能合作提供了重要契机。与此同时，中国与发达国家积极推动开展第三方合作，逐渐成为产能合作的新模式。

（一）与发达国家在高铁、核电等重要领域的产能合作开局良好

2014 年 11 月，欧盟公布了投资总量为 3150 亿欧元的"容克计划"，主要用于基础设施建设等领域的高风险长期投资项目。2015 年 6 月，李克强总理访欧期间全程重点推介"对外产能合作"，得到欧盟和比利时、法国等政府的积极响应。中欧决定对接中国"一带一路"倡议和欧洲投资计划，并建立中欧共同投资基金。欧盟推出了支持交通和能源网络等建设项目，中欧已就中方企业参与泛欧交通网络、中欧陆海快线、新亚欧大陆桥等基础设施建设项目达成共识。

英国是工业革命发源地，基础设施面临老化的问题。英国前首相卡梅伦称，英方欢迎中方扩大在高铁、民用核能、航空、电信等领域对英投资。2015 年 9 月，时任英国财政大臣的奥斯本在访华期间宣布，开放 120 亿英镑的"HS2"高铁建设合约竞标，并为两国企业共同竞标牵线搭桥。奥斯本还宣布了 240 亿英镑的英国北部投资计划，即"北方经济增长区"计划。2015 年 10 月，中英产能合作在习近平主席访英期间实现突破，双方确认，中英法将合作建设英国欣克利角 C 核电站，这是中国首次与发达国家在重大战略行业开展合作，将为中国与发达国家开展产能合作发挥巨大的示范作用。

2015 年 9 月，由中国铁路总公司牵头的中方联合体与美国西部快线公司在美国签署协议，合资建设美国西部快线高铁，全长 370 公里。作为中国在美国首个系统性合作的高铁项目，是中美经贸合作的重大基建项目之一，对中国铁路"走出去"具有特殊意义。同月，中国中车有限公司马萨诸塞州生产组装厂在春田市举行了奠基仪式，这是中国的轨道交通制造商首次在发达国家建厂，意味着中国高端装备在世界上最发达的国家实现了从产品输出向资本输出、技术输出，从产品合作向产品、技术、服务、管理全方位合作的巨大转变。

（二）与发达国家开启第三方合作探索

中国与发达国家的第三方合作，即通过采用中国的中端装备、发达国家的先进技术和核心装备，共同开拓第三方市场。第三方市场并不仅仅限于发展中国家，也包括正在推行"再工业化"、亟须改善基础设施的部分发达国家。

中法进行第三方合作已有例可循，早在 2007 年，中广核便与法国电力集团（EDF）签署了全球伙伴协议，在联合投资国内外电站及支持、扩大技术合作和联合发展新技术等方面进行合作，并明确了合作原则。2015 年 6 月，李克强总理访欧期间，中法就推进第三方合作达成深度共识——共同发表了关于第三方市场合作的联合声明，一致同意深化双方在航空、航天、高铁等领域的产能合作以及核电、油气、水电等能源领域合作，提高产业和产品附加值，将双方合作向产业链高端推进，加强全产业链合作，积极开拓第三方市场，并建立中法共同基金，为双方在第三方市场开展产业投资和对外产能合作提供融资支持。中法在国际产能和第三方市场合作领域达成共识，将会调动更多发达国家参与中方对外产能合作的积极性。

中美之间也开始了第三方合作的探索。2015 年 9 月，中国机械设备工程股份有限公司与美国通用电气公司在北京签署战略合作备忘录，共同开发非洲地区的清洁能源项目。双方约定，把肯尼亚凯佩托风电项目作为合作示范项目，拟在肯尼亚大裂谷省的凯佩托地区建设 60 座 1.7 兆瓦的风力发电站，总装机容量达 102 兆瓦，项目计划投资 3.27 亿美元。

三、 中国企业对外开展产能合作的机遇与挑战

中国资本、装备、技术日益受到世界各国特别是发展中国家的欢迎。未来一段时期，随着全球产业结构加速调整，发展中国家大力推进工业化、城镇化进程，以及发达国家推行的"再工业化"，全球将迎来基础设施建设投资热潮，为中国开展对外产能合作提供前所未有的机遇。

（一）企业开展产能合作的机遇

发展中国家有近 60 亿人口，在加速工业化和城市化进程中，对基础设施建设和装备需求很大。发达国家出于更新升级老化基础设施和刺激经济复苏的双重目的，也陆续推出规模庞大的基础设施建设计划。

区域经济一体化的加深，进一步刺激了基础设施互联互通的巨大需求。预计到 2030 年，全球基础设施投资需求将达 57 万亿美元。在交通运输领域，以高铁建设为例，到 2020 年前，海外高铁投资将超过 8000 亿美元，带动其他产业创造的市场规模达 7 万亿美元。作为后起之秀，中国具有成熟的技术、经验和强大的装备制造能力，性价比高，可适应不同市场的需求，目前有近30 个国家在与中国洽谈高铁合作。

例如，印度尼西亚未来 10 年对各类船舶的需求量将达 4000 艘，但囿于国内造船能力有限，因而对外国企业持欢迎态度。中国目前已成为全球造船大国，具有技术、资金、成本等整体优势。东南亚国家的此类需求为中国开展对外产能合作提供难得的机遇。在能源发电领域，不少发展中国家电力短缺或电网不完整，电力发展需求巨大。2011～2035 年，全球电力投资预计达17 万亿美元，其中 3/5 的投资将出现在非经合组织国家，如撒哈拉以南非洲需要超过 3000 亿美元的投资，才能实现 2030 年普及电力的目标。

新能源、核电能源在发展中国家、发达国家均存在很大发展空间。澳大利亚光照资源丰富，但没有光伏生产企业，风能和太阳能所占比重只有 1%，政府计划在 2020 年将清洁能源发电比重提升至 20%。2030 年前，全球有明确核电建造计划的反应堆达 158 台（不包括中国的 59 台），带来 1.5 万亿美元左右的投资。中国在电力行业的技术、装备、产能和服务日臻成熟，火电、

水电、输变电装备及风电、光伏发电设备制造水平、技术标准，都处于国际先进水平，具备了规模化产能及较强的国际竞争优势。中国又是世界核电在建规模最大的国家，核电企业的技术安全性与国际水平相当，经济性却优于其他国家，受到许多国家的青睐。

（二）产能合作面临的主要挑战

随着合作的不断深入，与其他形式的跨国经营活动一样，对外产能合作面临的挑战与风险也将不断增多。

1. 国际竞争日趋激烈

高铁、核电等技术、资金密集型产业，既是中国对外产能合作的重点发展领域，也是发达国家的传统"阵地"。以高铁市场为例，目前，全球俨然形成"中日欧"三雄逐鹿局面。在印度高铁公司的全球招标中，中国公司牵头与印度本地企业组成的联合体，经过与德、法等国企业的激烈竞争，于2015年9月获得授标函，承担新德里至孟买高速铁路的可行性研究工作。为将新干线技术推向海外市场，日本专门成立了国际高铁协会，以减少日企间各自为政的弊端。从印尼的雅万高铁到新马高铁，日本在东南亚展开了强大的高铁推销攻势。

核电是敏感技术，更是出口国和接受国长期合作的项目，各国在抉择时都非常慎重。法国、俄罗斯等核电强国海外经验丰富，都在不遗余力地开拓国际市场，中国核电"走出去"仍需一个渐进的过程。南非目前电力供应紧张，政府计划建设更多核电站，招标金额高达800亿美元，已吸引中国、法国、俄罗斯、美国等多国公司参与。南非能源部长明确表示，竞标成功与否关键还看实力。

2. 政治、经济风险因素导致项目停顿或出现波折

有的国家区位优势明显、资源丰富、要素成本低、市场潜力大，但国内政治因素复杂，存在诸如分裂势力猖獗、部族矛盾与民族矛盾交织、党派斗争激烈等问题，往往导致政局不稳、安全堪忧。有的国家市场则存在规制薄弱、

法律形同虚设、经济政策高度不确定等问题。而基础设施建设是我国对外产能合作的重要内容，相关建设一般投资较大、周期较长，一旦受到上述政治、经济风险因素干扰，往往导致项目停滞或出现其他波折，损害企业的经济利益。2014年，中国公司曾遭遇中标墨西哥高铁项目又被取消的意外事件，原因是反对党质疑招标时间太短、对参与企业不公平，政府迫于压力不得不临时变卦。中国参与的东南亚国家基建项目大多经历一番曲折，泰国宪法法院2014年3月判决已获国会通过的基础设施建设项目违宪，中泰两国达成的"大米换高铁"计划随之暂停。

3. 国内法律、环保、劳工等政策差异造成企业的属地化经营障碍

拉美、中亚、东南亚不同地区国家，在产能合作方面的法律、环保理念、劳工保护措施各不相同。比如在工程项目采购方面，一些国家规定关键零部件要遵从本地采购原则，项目技术标准方面要求更多地采用欧美标准。在环境保护方面，实施项目不但要进行环境影响和社会影响评估，向当地社区提交并征求意见，获得各级主管部门的批准，还要受到国际组织的严密监督。而在劳工权益保障方面，有些国家的宪法赋予工人罢工的权利，禁止降薪，对加班设定更为苛刻的条件，解雇员工要付出更高的补偿。这些规定对发挥中国产能优势是一种很大的制约和考验。一些中国企业在调研不充分的情况下仓促出海，忽视相关规定，则会在产能合作过程中出现种种问题延误项目开展，造成企业利益损失，甚至对国家形象造成负面影响。

4. 不实的负面舆论可能对合作的顺利推进造成干扰

一些国家或集团担心中国影响力随着合作项目的实施而增长，会对合作项目设置一些障碍或从舆论上进行"引导"，夸大、渲染甚至扭曲合作过程中出现的正常问题。例如，泰国媒体对中泰铁路合作进行了密集追踪报道，夹杂着一些诸如中国提供的贷款利率太高等抱怨，称日本对泰利率（2%以下）低于中方（2.5%～3%）。而真实情况是日元贷款利率表面上低一些，但背后的代价是必须从日本进口设备，昂贵的设备费用加上项目建设和后期维护费，整个项目开支将更加巨大。中国进出口银行提供的是美元贷款，基础利率本

身就高于日元贷款利率。少数西方媒体刻意渲染中国投资拉美基础设施，可能带来环境和社会风险。英国《观察家》称，横跨南美大陆的"两洋铁路"，将大面积穿越亚马孙原始热带雨林，势必威胁到雨林和雨林中生存的原著部落。上述不实报道加深了当地民众对合作项目的误解，使项目承接国政府在决策时不得不有所顾忌。

未来，中国将充分发挥在产业、技术、管理上的综合优势，着重从项目优选、资金保障、机制建设、本土化经营等方面入手，在努力丰富和充实合作内容的同时，妥善处理产能合作过程中出现的种种问题，重视项目落地后的经济和社会效益，推动对外产能合作不断取得新的进展。中国经济正处于由产品输出到产业输出的转变期，拓展对外产能合作不仅顺应了全球产业发展变化趋势，也将促使中国经济与世界经济在更大范围、更高层次上深度融合。美日等国走过的产业转移道路，也将为中国产业转移和对外产能合作提供有益的借鉴。截至目前，中国对外产能合作总体开局良好，以高铁为代表的重大产能合作项目开始在全球落地扎根。在一些意愿较强烈、基础条件较好的支点国家，合作已初具规模。

第二篇

明道篇

第一章
企业参与产能合作的战略构想和布局

第一节 企业海外战略理念及目标

企业国际化必须依托某种战略理念，这种理念应作为企业的灵魂贯穿上下，对国际化行为产生长远的影响。企业海外战略理念与目标的选择，必须着眼于一些大的时代背景与发展趋向，就中国企业而言，所有背景及发展趋向中，对外直接投资的时代背景、全球化进程、国内经济发展阶段、中国经济制度转型进程等方面值得予以关注。中国企业国际化，必须以和谐共赢理念为其战略理念，而和谐共赢国际化的关键，则在于企业的国际化。

一、企业对外直接投资的主要动机

根据邓宁的国际生产折衷理论，可将对外直接投资的战略动机分为资源寻求型、市场寻求型和效率寻求型三种，其中资源寻求型既包括对自然资源的追求，也包括对技术、品牌等战略资源的追求。我国幅员辽阔，人口众多，有着广阔的国内市场，加之中国企业的国际竞争力不强，因此现阶段我国的对外投资以资源寻求型为主，而随着我国经济水平的提升，对于资源中的技术资源诉求也日渐增多。

二、典型代表案例

（一）资源寻求型

中国石油天然气集团公司（以下简称中国石油）是中国油气行业占主导地位的最大的油气生产和销售商。中国石油以科学发展观为指导，加快实施资源、市场、国际化三大战略，致力于发展成为具有较强竞争力的国际能源公司，成为全球石油石化产品重要的生产和销售商之一。21世纪初，中国石油确立了建设"综合性国际能源公司"的战略目标，做出加快实施国际化战略、扩大国际能源资源开发合作的战略部署。截至2015年年底，中国石油在全球38个国家运作管理着94个油气投资合作项目（包括日本、法国、苏格兰三个商业性炼厂项目在内），形成了涵盖上中下游的完整油气产业链和兼顾陆海、油气、常规非常规的平衡性资产组合，基本建成了中亚俄罗斯、中东、非洲、美洲和亚太五大油气合作区。建成原油年生产能力1.35亿吨、天然气生产能力290亿立方米、海外输油（气）管线突破1.5万公里、年输油能力8550万吨、年输气能力604亿方，原油年加工能力1300万吨；初步构筑起横跨我国西北、东北、西南和东部海上的四大油气战略通道，以及以国际贸易为主的亚太、欧洲、北美三大油气运营中心。

同时，中国石油贯彻落实中央部署，积极参与"一带一路"建设，充分发挥"一带一路"战略能源主力军的作用，于20世纪90年代中期开始在中亚、俄罗斯、中东和亚太等带内重点资源国开拓业务。目前，中国石油在"一带一路"沿线的俄罗斯、哈萨克斯坦、土库曼斯坦、伊拉克、伊朗、印尼、新加坡等19个国家执行49个油气合作项目，2015年油气权益产量近5600万吨，占中国石油海外权益总产量的77.1%；海外8个千万吨级大型油气生产项目中有6个位于"一带一路"区域。

经过"十二五"的发展，中国石油综合实力和国际竞争力显著增强，在世界500强和50家大石油公司中的排名，分别从2010年第10和第5位上升至第4和第3位，整体国际化经营规模实力、品牌形象和影响力得到显著提升。2015年，中国石油跨国经营指数已达22%左右⊖。

⊖ 引自中国石油开展国际产能合作调查报告

（二）市场寻求型

沈阳鼓风机集团股份有限公司（以下简称沈鼓集团）在其"走出去"过程中形成了完整的战略理念与目标。沈鼓集团是我国重大技术装备行业的自主性、战略型企业，主要从事大型离心压缩机、大型往复式压缩机和大型泵类产品的研发、设计、制造和服务。在2003年成立专业的进出口公司以来，通过"自主出口"和"借船出海"成功地将压缩机和泵产品推向全球，实现了由技术含量低、竞争剧烈靠低廉价格取胜的电力和冶金等红海市场向技术附加值高靠自主创新和快捷优质服务赢得客户的石油化工和环保等高利润的蓝海市场的突破。同时分别在印度和伊朗建立了两个海外代表处，并主动采购当地的配套设备和聘用服务人员，更通过"请进来"为两地众多工程技术人员进行了产品应用技术的培训，成为了印度和伊朗及其周边地区知名的最活跃的转动设备服务商。2014年，沈鼓集团进一步强化国际化战略，在专业进出口公司的基础上，全面整合集团资源，成立了集团级的国际事业部，提出了国际业务占集团总收入20%以上和服务当地化的全新国际化战略和目标。

沈鼓集团通过与国内知名央企的战略合作，拿到了他们在伊朗、印度等海外开发项目的设备供应订单，并尝试探讨与其海外平台进行深入融合，利用其已有的海外公司协助沈鼓集团管理海外供应商降低成本提高供货效率，以及沈鼓集团在其海外公司派驻优秀的专业化营销人才，借助其影响力和当地资源加快沈鼓集团取得客户信任，进而实现订货。同时，持续打造自身参与国际竞争的能力，建立"核心出口区域"，如南亚、中东、俄罗斯等[1]。

（三）效率寻求型

中国大唐集团公司（以下简称中国大唐）在其发布的"一五八"发展战略中确立了"国际化战略"为集团公司八大子战略之一，是集团公司发展战略的重要组成部分。未来集团公司国际业务将以"一个平台、四轮驱动、多点支撑"为发展思路，以"风险可控、效益优先"为基本原则，健全国际业务管理体系，积极参与"一带一路"建设，推进国际产能合作。中国大唐国

---

[1] 引自沈阳鼓风集团开展国际产能合作调查报告

际化战略的总体目标是，积极响应国家"一带一路"倡议，积极参与国际产能合作，充分利用国际国内两个市场、两种资源，进一步提高国际业务经营管理水平，重点加强境外电力能源投资业务，带动对外工程承包、海外技术服务、技术和装备进出口等业务协同"走出去"，努力提升集团公司国际业务效益，提升国际化形象，为集团公司建设国际一流能源集团的发展愿景提供有力支撑。

（四）技术合作型

软控股份有限公司（以下简称软控）在加大国际合作的同时，加强了引进消化再创新的力度。在国际合作的基础上，进行了产品的二次开发，创造出了更加符合中国国情的技术装备，拥有完全自主知识产权，并迅速投入到国内外市场。自 2012 年开始，先后兼并收购美国行业内优秀的工装和检测设备企业，成立海外研发中心和公司。同时，公司继续加强与来自斯洛伐克、美国、德国等国家的合作伙伴的科技合作力度，在重大技术装备研制和重大产业关键共性技术的研究开发领域深入与这些合作伙伴的合作深度。

在技术合作方面，软控紧密联合青岛科技大学、北京大学、浙江大学、国防科技大学、天津大学等国内各大高校与科研机构，充分发挥高等院校、科研机构的技术实力，走联合开发之路，大大加快了新技术、新产品的研发速度。与此同时，软控着眼于国际化的发展战略，与多家全球橡机行业优秀企业及著名工业自动化企业建立了战略合作伙伴关系，时刻把握国际工业自动化、信息化的前沿技术和最新动态。

软控沿着"一带一路"的方向，与东亚、东南亚、南亚、中亚、欧洲等地区客户展开广泛合作，贸易往来密切。2013 年，软控以"交钥匙"形式建成缅甸首个轮胎厂。建设一条年产 30 万条子午线轮胎的工厂，在推出"交钥匙"工程之前由于需要大量采用进口技术装备，投资高达 8 亿元人民币，而全部采用软控国产化的技术装备投资仅需 3 亿元，节约资金超过 60%。迄今为止，软控实施"交钥匙"工程已经成功孵化出子午线轮胎工厂 24 个，累计节约资金超过 460 亿元，为橡胶轮胎行业的发展做出了重要贡献⊖。

⊖ 引自软控股份有限公司开展国际产能合作调查报告

（五）综合型战略

综合型战略的主要特征是企业根据自身的行业特点和企业发展规划，制定出适时且针对性强的综合型战略目标，或是以母公司的综合战略为基础，执行全球性的战略方案。

1. 综合性战略

海洋石油工程股份有限公司（简称海油工程）是中国海洋石油总公司（简称中国海油）控股的上市公司，中国唯一集海洋石油、天然气开发工程设计、陆地制造和海上安装、调试、维修以及液化天然气、炼化工程为一体的大型工程总承包公司。海油工程的海外战略理念主要集中体现在它的差异化发展战略上。

海油工程依托"一带一路"国家战略，以建设国际一流能源工程公司为目标，坚持差异化、成本领先、合作竞争三大发展战略，建立国际化能力建设与管理独立机构，加强国际化人才储备和队伍建设，构建国内国际"大市场"格局，以科学规划投资增强国际市场硬件竞争优势，全面提升国际项目执行能力。其发展目标是建成国际一流能源工程公司，海外收入占公司总收入30%以上；境外机构达到10家以上，建成全球项目运营中心，境外资产规模达30亿元人民币；奠定在国际上传统总包市场地位，深水及水下业务取得重大突破，实现大型陆上模块建造业务由中低端产品向中高端产品升级转型；成为东南亚市场、澳大利亚市场、中东市场知名总包商，在拉美、非洲、欧美市场占据一定市场份额。

海油工程坚持围绕母公司中国海油海外发展战略，坚持合作、稳健、差异化发展，跟随中国海油海外发展创造的发展契机，依托公司总承包和低成本比较优势，通过有机增长、国际合作、境外投资相结合，创新管理模式，完善管理机制，确保公司海外业务持续、有效发展⊖。

2. 全球性战略

安徽江淮汽车股份有限公司（以下简称江淮汽车）国际化战略以"整合

⊖ 引自海油工程开展国际产能合作调查报告

全球资源，扩展全球市场"为指导思想，同时提出了"根据地战略"，即"主动出击、重点突破、跟进创新、低成本和差异化相平衡"。

江淮汽车全球市场开发有两条地理路线：一条路线是由北非、中东进入东欧、南欧，再向西欧迂回，另一条路线从南美、中美向北美推进。在运营模式的路线方面：从整车出口、KD 组装到合资建厂；从产品输出、技术管理输出，到资本、人力资源和文化输出。近年来，在国际化战略的指引下，江淮汽车已成长为自主品牌汽车走向国际市场的中坚力量，目前已经建立了覆盖南美洲、非洲、中东、东南亚、西南亚和东欧 130 余个国家和地区的营销网络，并初步进入了土耳其、意大利及北美的墨西哥等高端市场。在国际市场，江淮汽车已逐步形成了商用车、乘用车比翼齐飞的格局，有力提升了江淮汽车和中国汽车产品的品牌形象。目前江淮汽车已在越南和肯尼亚设立合资公司，在俄罗斯成立全资子公司；在伊朗、埃及、哈萨克斯坦、委内瑞拉、墨西哥等 19 个国家设立了海外 KD 组装厂，组装产品覆盖轻卡、中重卡及乘用车业务。2015 年，江淮汽车实现整车出口 5.9 万辆，同比增长 9.14%，超过行业增速近 30 个百分点，其中 KD 组装占比超过 50%[一]。

第二节　企业海外投资与产业布局

一、布局方向的多元化

（一）多元化布局概述

"一带一路"建设主要沿着古丝绸之路共开辟了三条路线；其一是以俄罗斯为媒介，向德国和北欧延伸的北线；其二是由陕西省经新疆维吾尔自治区、阿富汗、哈萨克斯坦和匈牙利到达巴黎的中线；其三是由我国东南沿海向吉隆坡、内罗毕、雅典和威尼斯延伸的南线。

这种战略理念实现了经济拓展的多元化，使得我国企业不再受制于国内

〇 引自江淮汽车开展国际产能合作调查报告

整体经济市场发展放缓、产能过剩和竞争等因素的困扰，加速布局海外市场，实现研发、生产、渠道的全球布局和运作，是中国企业"走出去"的重要路径。同时，随着"一带一路"战略的实施，我国企业在海外市场拓展也将迎来快速发展的时期，这直接推动了国际化竞争态势的形成。

（二）典型代表案例

1. 北线投资布局

中国石油站在全球和战略的高度，按照"突出中亚—俄罗斯，做大中东，加强非洲，拓展美洲，推进亚太"的思路持续优化五大合作区油气业务布局，加大规模、优质油气项目开发力度，果断退出没有潜力的勘探项目或运营效益不理想的开发项目，不断提高海外资产组合质量，增加海外资产的整体盈利力。

"突出中亚—俄罗斯"，其主要发展驱动就是要借助中亚地区与我国毗邻，有利于发挥与我国市场结合的地缘优势，同时该地区的合同模式主要为矿税制和产品分成合同，在这一地区的合作能够很好地获得资源的支配权，并取得良好的经济效益，有利于公司的快速扩张，重点培育土库曼斯坦、俄罗斯油气利润中心，保持哈萨克斯坦的油气生产和盈利能力稳定。

"做大中东"，中东是世界油气资源最丰富的地区，也是国际大石油公司竞合最集中的地区，充分利用中东地区的资源优势，并借此与国际大石油公司合作，进入高端油气市场是"做大中东"的主要发展驱动，重点发展伊拉克、伊朗、阿联酋油气业务，巩固阿曼、叙利亚的生产和效益水平。

"加强非洲"，非洲是与我国保持传统友好关系的地区，也是中国石油"走出去"最早取得成功的地区，非洲地区勘探程度低，资源潜力大，石油工业基础薄弱，对我技术、资金、管理均有较大需求，加之我国在苏丹取得的示范效应，使得我们能够在现有基础上进一步"加强非洲"，重点培育乍得、尼日尔、莫桑比克项目，巩固苏丹、南苏丹的生产和盈利水平，关注阿尔及利亚、尼日利亚和利比亚的油气市场。

"拓展美洲"，美洲地区非常规油气资源丰富，近年来，委内瑞拉重油、加拿大油砂、美国页岩气开发已经引起全球的关注，同时美洲地区也是全球最成熟的油气勘探开发市场，是国际大石油公司今后角逐的主战场，"拓展美洲"，其主要发展驱动着眼于新一轮的发展机遇，跻身于高端市场，重点培育加拿大、墨西哥、美国油气市场，保持委内瑞拉、厄瓜多尔、秘鲁的投资回报。

"推进亚太"，亚太是我们所处的地区，重点是与周边国家加快发展天然气合作，为进口来源和通道多元化，保障国家能源安全提供可靠保证，重点培育澳大利亚、印度、巴基斯坦等东南亚油气市场，巩固印尼、缅甸油气合作，加大印尼、缅甸、柬埔寨的下游合作。

2. 中线投资布局

河钢集团推进塞尔维亚钢铁项目，打造集团国际产能合作新亮点。项目在操作层面取得满意效果，契合了中国政府"一带一路"倡议、国际产能合作、优势产能"走出去"、中国与中东欧合作等诸多政治热点，得到了中国政府层面的高度关注和全力支持。项目的成功，拓宽了中塞两国经济合作领域，为中塞两国传统友谊增添了新亮点和新内容。项目的成功，成就了塞尔维亚政府对塞尔维亚人民的承诺，为新一届政府奠定了良好的执政基础和发展经济的条件。

欧洲是河钢集团全球化布局的重要区域，在中国压缩过剩产能、全球贸易保护主义盛行的当下，以塞尔维亚为突破口打入欧洲和欧盟市场，是现实和必要之选。接下来，河钢还将以塞钢项目为根据地，进一步扩大欧洲钢铁制造基地规模，争取在该地区形成1000万吨制造能力，同时强化上游的资源配套和下游的综合服务配套，打造具备区域市场竞争力的协同创效的产业链，成为欧洲市场重要的金牌供应商和服务商。极低的投资成本和两国政府的支持政策使塞钢项目具备了良好的经济价值。

在此项目上，河钢集团以零价格、无负债的方式，拿到了欧洲腹地200万吨配套钢铁产能，以及生产经营所需的全部业务资源，包括土地、建筑物、备品备件以及资质、品牌、商誉等无形资产，这在钢铁行业并购史，乃至整个国际并购史中都是鲜见的，充分体现了塞尔维亚政府关注国家核心利益的决心，也突显了河钢集团在高风险、高收益型海外投资项目上的卓越胆识和辨识能力，以及在海外投资操作上高超的风险把控能力和谈判能力[⊖]。

3. 南线投资布局

中国华电集团公司（简称中国华电）深入贯彻国家"走出去"战略，在国际业务发展中形成了能源投资、工程承包、技术服务、国际贸易"四轮驱动"的产业格局，培养了一批具有国际视野的专业化人才，国际业务管理水平和经营水平不断提升，"中国华电"品牌在部分国家获得高度认同。截至2015 年年底，中国华电境外控股在运装机规模 92.2 万千瓦、在建 48.3 万千瓦、核准待开工 264 万千瓦，运维装机容量超过 1000 万千瓦，业务涉及 30 多个国家。中国华电高度重视发挥战略的引领作用，科学编制国际业务"十三五"发展规划，促进国际业务又好又快发展。规划明确:认真贯彻国家"一带一路"战略，把"走出去"的重点区域放在东南亚和中东欧，以风险可控、效益可观、能力可及为国际业务的基本原则，严格防范投资风险[⊜]。

4. 全球投资布局

海油工程为稳健实施国际化能力建设，扎实推进国际化能力建设与管理各项具体工作，海油工程依托"一带一路"战略，进行治理结构优化，成立独立的国际化管理公司，统一管理公司国际市场开拓、国际项目管理执行等国际化业务。

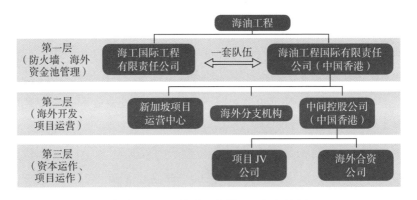

海油工程国际化建设与管理组织机构图

⊖ 引自河钢集团开展国际产能合作调查报告
⊜ 引自中国华电集团开展国际产能合作调查报告

2012 年，海油工程对国际化能力建设与管理进行了战略调整，在原有中化建国际工程公司的基础上，成立了海工国际工程有限责任公司（以下简称国际工程公司）。国际工程公司立足于开拓国外市场，承揽海外业务，坚持积极进取、管理创新、低成本高效发展，以海油工程为后盾和依托，依靠海油工程 EPCI 总承包能力和低成本优势，不断提升国际工程公司海外市场开发能力和海外项目管理水平。

国际工程公司成立后，通过综合分析国际市场惯例和公司实际状况，海油工程发现海外架构中无防火墙设置保护母公司，外籍员工不愿在中国工作，工作签证办理繁琐，支撑体系与国际化脱节，机制、体制不到位，国内税务优势不明显，因国内外汇管制带来的资金流动性差等一系列问题。2014 年，为进一步优化海外资金管理、税务筹划，有效防控海外风险，针对海外机构逐渐增多的状况，海油工程对海外机构的管理架构进行调整，将原海油工程香港公司进行重新定位，成立了海油工程国际有限责任公司（简称国际有限公司），作为资金池统筹海外投资，成为海油工程资本运作的第一层防火墙，提供安全保障。在公司管理上，国际有限公司与国际工程公司实行"一套队伍、两块牌子"的管理模式，有效提高管理效率，节约管理成本。

为形成"集中管理、全面辐射"的管理效能，公司依托"一带一路"经济区，开展广泛国际市场调研，积极推进境外机构合理布局，已建立所属境外机构 12 家，初步形成了"一道防火墙"（海油工程国际有限责任公司）、"一个中心"（新加坡项目运营中心）、"四大区域管理平台"（东南亚、非洲、欧美、中东）的海外布局，海外业务遍及 20 多个国家和地区。

二、市场份额布局的多元化

随着"一带一路"战略态势的形成，海外工程承包企业迎来历史发展新机遇。其中，海外工程经验丰富、在"一带一路"相关区域已经布局、海外业务占比高的公司有望更大程度受益。

国家电网公司的产业布局就是其典型代表。

1）在电网投资运营业务方面，欧洲、北美等发达国家在存量资产并购方面，电网资产收益相对稳定，但因经济复苏和资金紧张压力缓解，电网存量资产并购机遇减少；随着财务投资者的涌入，优质电力资产投资并购竞争激烈，电网存量资产并购的难度日益加大。"一带一路"沿线国家、非洲、拉美等国家即将进入工业化阶段，电网绿地建设投资规模大，但普遍缺少资金；周边国家向我国送电意愿强烈；全球能源互联网引起国际社会热议，为电网互联互通绿地项目投资带来新的机遇。

2）在电力工程承包业务方面，"一带一路"沿线国家电力基础设施薄弱，电力工程建设需求量大，但资金匮乏，多倾向于带资工程承包方式。非洲、南美大型水电开发和跨国电网互联带来新的电网项目建设机遇，但面临技术和资金的双重瓶颈。发达国家大力发展新能源与可再生能源，电网设施需要更新换代和升级改造，电力工程承包项目面临新的机遇。一是从 EPC（设计 - 采购 - 施工）向投资、运营等上卜游环节延伸，灵活采用 BOT、BOOT、PPP（公私合营）等方式。二是采用带资 EPC 等方式进入不发达国家市场。探索买方／卖方信贷、融资租赁等方式拓展"一带一路"沿线国家和非洲等不发达国家市场。三是探索并购国内外电力工程与设计企业，积极承揽特高压工程建设项目，获取工程业绩和资质。

3）在电工装备出口业务方面，非洲、拉美等地区电网绿地投资建设带动电工装备市场需求增长迅速。欧美发达国家对电工装备技术标准和售后服务要求高，市场成熟，主要市场份额被 ABB、西门子等企业占据，我国电工装备企业进入难度较大。"一带一路"沿线国家电力投资建设需要大量电工装备，但当地电工装备制造业基础薄弱，公司电工装备走出去面临机遇。一是从设备供货向 EPC 等全寿命周期服务延伸，提供一体化服务。从市场需求来看，采购方越来越倾向于购买 EPC、售后服务、技术咨询等全生命周期服务。从国际装备企业发展趋势来看，西门子、ABB、阿海珐、施耐德等企业逐渐从装备制造商转型升级为一体化服务提供商。二是统筹设立境外生产基地、售后服务中心。从目标国家政策来看，巴西、南非等很多国家为保护本地制造业和促进当地就业，对进口装备征收较高关税或要求本土化采购，为降低成本与合理避税，有必要在当地投资设厂⊖。

⊖ 引自国家电网开展国际产能合作调查报告

第三节　参与全球价值链过程中的企业发展

全球价值链分工的出现和发展引发了新一轮的世界产业结构调整，使传统的国际分工模式和分工主体的利益分配发生了巨大的变化。企业成为了当代全球价值链分工的主体，企业价值创造能力代表其在国际分工中的竞争优势，决定了其在国际分工中的地位和获利情况。参与全球价值链的企业通常是多样的，即异质的，正如新新贸易理论的研究成果所述，成为企业异质性在全球价值链分工中的体现。同时，全球价值链分工的竞争优势是动态变化的，有些企业成功提升了其在国际分工中的层次和地位便是很好的证明，也为其他企业改变当前国际分工中不利局面提供了很好的途径。

一、全球价值链是市场经济全球化基本规律的新体现

（一）价值链的资源分配

全球价值链本质上是经济现象，遵从市场经济制度。生产活动在全球市场范围内展开，生产要素的来源、最终产出的去向、生产活动过程，都通过市场进行交易。另外，经济价值的分配，按参与者、要素投入的多寡、增值贡献的大小来进行。凡参与者皆有分享，投入多且贡献多者，在总价值中分享的份额自然多。领先企业的综合能力最强，知识资本积累最丰厚，擅长高增值环节，分享自然多，当然，还会凭借垄断优势获取额外的收益（"租"）。跟随企业擅长劳动密集型行动，知识资本积累薄弱，投入相对较少，在总价值中的所得自然较少。还有，市场主导经济运行，重效率，轻公平，存在"失灵"现象（如逃税、价格转移、资源与环境破坏、社会责任感偏弱），有待加强国际经济治理。

（二）价值链的动态融通

全球价值链的理念是统筹融通。它从最终产品视角，将其所有制造性和服务性生产活动，通过价值这个经济公约标准，统筹在同一链条中，而且将

该链条上的价值创造过程在目前人类经济活动最大的地理范围内进行配置，以寻求最高效率和最大利润。全球价值链的融通是多维且动态的，这主要表现在以下几个方面：

1）边境融通。全球价值链将所有价值创造活动布局在全球多国多地，充分体现了国家之间和地区之间的相互开放。通过开放并提高边境通关效率，全球价值链扩大了生产资源配置的空间，提高了资源配置的效率，为相关主体带来了利益增长点，领先企业获益尤其多。当然，价值链在地理空间的延伸，也增加了风险源头，面对链上链下的意外冲击，相关主体的反应被放大。

2）产业融合。价值是各种异质生产活动之间最大的公约。全球价值链从最终商品视角，将该商品所有的价值创造活动统一在一个链条中，跨越多个产业，反映了制造与服务融合的理念，更完整地反映了经济活动事实。对发展中经济体而言，全球价值链凸显了生产性服务活动在产品价值中的重要性，揭示了产业和经济未来发展的战略方向。

3）过程联通。全球价值链包含多个生产阶段，从事多种经济活动，特别注重过程之间的关联（"链"之本义），主要表现如下：联通"中间品—中间品—中间品……最终品"。最终产品的生产基于多个中间品的生产，十分注重中间品的联通。联通"进口—出口—进口—出口……出口"。比如，一件最终品在最终出口之前，需要经历中间品多次出入关境的过程，十分注重中间品进口的作用。融通"国际投资—国际贸易"。在全球价值链的运行中，国际投资是布局价值节点的直接手段，更是绝对控制那些高增值环节的最有效方式；很大部分的国际贸易（含方向与流量）往往是国际直接投资的衍生现象。从这个含义来看，国际贸易是可以规划的。

4）重创新。一个全球价值链同其他价值链的竞合，不同市场主体在同一全球价值链内部的竞合，主要的决定因素是知识资本。知识资本是市场中的核心竞争要素，是企业、链条、国家与地区在经济竞争中占据主导位置的关键。它不仅是全球价值链各环节生产活动的直接生产要素，而且对其他生产要素具有重要影响。然而，知识资本难以复制，主要来自创新，需要长期大量投资来培育。

二、利用价值链促进产业升级

全球价值链上也存在"雁阵"格局。通过参与全球价值链活动，向领先企业学习国际前沿的理念、研发、设计、技术、品牌、营销等，有助于追赶国家和跟随企业积累知识资本。此外，追赶国家和跟随企业融入全球价值链，可以便捷高效地跟随领先企业确定的战略方向，沿袭其路径，"借鉴"其技术，学习其经验，建立自己的生产能力和产业基础，促进产业升级。

（一）融入全球价值链

对外开放，融入全球产业大循环，成为全球价值链的一部分。这是追赶国家和跟随企业产业活动升级的必要步骤。

1. 海油工程的国际化营业

海油工程在国际化板块经营业绩实现了连续突破，围绕"一带一路"战略，创新发展思路，稳健实施发展战略，成立了独立的国际化建设管理公司，境外机构扩展到 12 家，形成了"一道防火墙""一个中心""四大区域管理平台"的海外布局，海外业务遍及 20 多个国家和地区。公司国际化人才的战略视野、技术水平、综合素质达到了国际一流工程公司水平，为国际化能力建设创造了坚实的人才保障。2015 年海外收入达到 54.6 亿元，海外收入占比从 2011 年的 7% 上升到 35%。在 2016 年国内海洋工程项目严重萎缩的情况下，海外收入占比将达到公司总收入的 60% 以上。

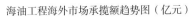

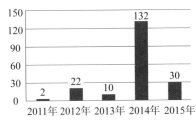
海油工程海外市场承揽额趋势图（亿元）

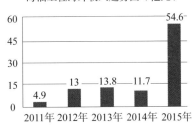
海油工程海外收入趋势图（亿元）

海油工程海外市场承揽额及收入情况

2. 中国电建利用集团产业链

巴基斯坦项目正是中国电建集团利用集团全产业链优势、实现项目参与方合作共赢的旗帜工程。根据股东双方友好协定，中国电建项目投资开发建设中统筹安排项目各项工作，牵头负责项目前期推进及主体协议谈判、融资、建设、运维、监理等各流程。在各流程环节中，中国电建集团精选优质成员单位执行项目任务，以内部竞标推优的方式选择项目实施团队，从而有效实现强化管理、降低成本、有效经营的目的。中国电建集团的产业链布局与合作方在降低项目成本、提高投资收益、降低风险和加强管控等多方面的目标是完全一致的，因此也获得合作方的认同和肯定[一]。

（二）产业创新

利用全球价值链上的国际直接投资促进产业创新。一方面，利用链上领先企业垂直分解的机会，接盘其让渡出来的非核心环节，实现功能升级。另一方面，利用先前积累的大量贸易盈余，直接投资自己擅长的国外行业，组建追赶国家自己的全球价值链，培育自己的领先企业，占据其中的高端增值环节，整合下游的国外环节，最大限度地收获全球价值链的好处。

1. 中水电的产业链扩张

"十二五"期间，中水电在大力发展工程承包业务的同时，也为海外投资业务取得更大发展奠定了基础、搭建了平台，下一步将进一步落实中期转型战略，实现海外投资和工程承包并举。当前，中水电在30多个国家和地区设立驻外机构，拥有近80项在建项目，主要以EPC项目和投资项目为主。2015年，公司在老挝投资的南椰2水电站投产运行，目前正处于首个运营年度。2016年年底，尼泊尔上马蒂水电站投产发电。

在国家"一带一路"、推动"走出去"优化升级、全面促进国际产能合作的战略背景下，中水电坚定不移地做好国家战略服务，通过项目投资和建设，全面推动中国产能、劳务、技术、标准、文化走出去。2015年投产发电的几

⊖ 引自中国电建集团开展国际产能合作调查报告

内亚凯乐塔水电站，是中几乃至中非合作的典范工程，在埃博拉疫情背景下提前投产发电，在世界范围内备受赞誉。诸如此类的工程项目，中水电牢记使命担当，全力促进对外经贸合作，在全面推进公司战略转型升级的基础上，有力推动水电行业全产业链走出去升级版，促升国家水电行业的整体核心竞争力。中水电以投资、承包和第三方合作，多种模式并行开展对外合作。在水电开发上，中水电秉承"四个一"发展理念，即建好一座电站、改善一片环境、带动一方经济、造福一批移民，其落脚点为融入当地、合作共赢。第三方合作是公司下一步重点探讨的合作方向之一，主要为两个方面，一是技术合作，更好地带动中国技术和标准的国际化，另一是装备合作，将优势产能密切结合，全力打造精品工程[⊖]。

2. 国家电投的产业链合作升级

国家电投积极贯彻国家"走出去"战略，重点沿"一带一路"开展了以电力投资为主的境外市场拓展工作，通过投资、工程承包、技术服务等多种方式，不断推动核电、常规电、新能源等项目取得新突破，境外发展布局初步形成。截至 2016 年 6 月底，国家电投涉及境外业务的单位共 17 个，业务范围涵盖 35 个国家（和地区），设立境外企业（机构）42 个，境外资产总额 354 亿元。境外投资可控装机容量 120.4 万千瓦，其中，绿地开发项目 10.62 万千瓦，并购项目 109.78 万千瓦，项目分布在智利、澳大利亚、马耳他、缅甸、日本等国家；控股投资在建项目总容量 1005 万千瓦，开展施工准备项目总容量 294 万千瓦；正在执行的电站 EPC 项目 10 个，总装机容量 1172 万千瓦；咨询设计、电站运维服务等项目 34 个。2015 年至 2016 年上半年，实现境外营业收入 11.3 亿元、利润 2.5 亿元。2015 年 7 月，国家电投重组成立后，进一步加快了国际业务发展步伐，成立了集团公司国际化工作领导小组，组建了国家电投海外投资公司，国际化发展体系进一步完善，相关重点项目推进顺利。

1）自主三代核电技术 CAP1400"走出去"取得积极进展。按照国务院会

⊖ 引自中水电开展国际产能合作调查报告

议纪要精神，国家电投积极推进南非、土耳其、保加利亚等重点核电项目开发、谈判，相关项目前期工作取得积极进展。2015 年 12 月，习近平主席与南非总统祖马共同见证签署《CAP1400 项目管理合作协议》，目前已开展两个阶段民用核能培训，取得积极效果；2016 年 6 月，在北京 G20 能源部长会议期间签署了中土政府间核电合作谅解备忘录；2015 年 11 月，集团公司与保加利亚政府就参与保 K7 核电项目开发达成合作意向。

2）进入发达国家电力市场。经近年来持续不断的市场开拓，国家电投已成功进入相关发达国家市场。2014 年，所属企业上海电力成功参股马耳他能源公司并控股德利马拉三期电厂，为辐射欧洲市场奠定了基础，2015 年获得投资收益约 3100 万欧元；2014 年 5 月及 2016 年 2 月，控股开发的日本大阪南港和兵库三田光伏发电项目投产，总量 100 万千瓦的其他新能源项目正在稳步开展前期工作；2016 年 1 月，集团公司完成澳大利亚太平洋水电公司 100% 股权收购，2016 年 5 月，完成澳大利亚特拉格风电公司 100% 股权收购，交割完成后，国家电投在澳大利亚的在运风电装机容量达 41.4 万千瓦，成为澳大利亚第二大风力发电公司。

3）一批大型火电项目开发取得进展。近年来，国家电投持续推进境外大型火电项目开发，相关项目取得重要进展。控股开发的巴基斯坦胡布 2×66 万千瓦燃煤发电项目 2016 年 4 月取得巴政府"核准"（LOS），5 月及 6 月分别签署项目电厂部分和码头部分 EPC 协议，并于 2016 年开工；控股开发的土耳其胡努特鲁 2×66 万千瓦燃煤发电项目已获得建设许可和正式发电许可，正开展融资谈判，加快落实开工条件；大比例参股的越南永新一期 2×62 万千瓦燃煤电站项目已于 2015 年 7 月开工，工程进展顺利⊖。

三、国内外价值链整合

整合国内价值链，支持国内企业"抱团"加入特定的全球价值链，增强在其中的话语权。在此基础上，支持本国价值链同关系密切的其他国家价值链（一个或多个企业）组建区域价值链，继续增强在全球价值链中的地位。

⊖ 引自国家电投开展国际产能合作调查报告

1. 伊利集团的全球价值链构建

伊利集团认为在经济全球化、区域一体化、产业链快速整合的大趋势下，全球乳业一体化趋势逐渐加强。布局新西兰，是伊利集团实现国际化发展的必由之路。伊利大洋洲乳业有限公司（ODL）于 2014 年 8 月投产，公司员工达数百人，在新西兰属大型企业，是当地的就业大户。伊利 ODL 公司已与数十家当地牧场签订了长期供奶合同。随着二期项目的投产，收奶量及奶款将进一步增加，为当地奶业的发展起到积极的拉动作用。伊利大洋洲乳业生产基地自 2014 投产以来，年销售量、主营业务收入均实现逐年增加，进一步提升企业的盈利能力和品牌影响力。伊利大洋洲乳业生产基地瞄准世界超一流水准的一体化生产基地，遵循了最严苛的设计建造标准。如今，来自欧洲的 Tetra Pak 和大洋洲的 Bright Water 两家一流供应商，加上全世界顶级的奶源培育资源，撑起了这家世界级生产基地的一期"骨架"。投产仅一年，其产能即已超越了新西兰大部分的同类工厂，收奶量年提升近 30%[⊖]。

2. 软控的国内外价值链对接

在亚洲，软控在青岛建有中国规模最大的高品质轮胎装备生产基地，作为全球制造的中心，产业园占地 550 亩。在装配环节，软控聘请了美国、日本、德国、斯洛伐克等国的制造专家、质量专家亲临产业园进行工作指导，不断通过国际协作提升自身装配质量。在加工环节，软控从全球引进各类专用、通用及精密加工设备 70 余台，设备精度可达 u 级，转速可达 12000 转 / 分。值得一提的是，基地建设有亚洲一流的物料输送及称量实验中心和专业的计量理化检测中心。计量检测中心拥有 160 多台（套）检测设备，可以开展各类设备检定及材料、力学、硬度测量检测工作；物料实验中心在粉体物性测试、先进工程试验领域发挥重要作用。

在欧洲，软控于 2009 年在斯洛伐克设立欧洲研发中心，同时承接欧洲本土研发、制造、服务职能。在制造方面，软控欧洲研发中心主要从事轮胎装备和工艺技术的研究以及高质量轮胎成型、硫化装备的制造，这是中国橡胶

⊖ 引自伊利集团开展国际产能合作调查报告

轮胎装备业在海外设立的首个研发制造基地，也是软控国际化进程中具有里程碑意义的重要一步。2014 年，正值软控欧洲研发中心成立五周年之际，软控启动欧洲研发中心扩建项目。新建的装备车间同样位于斯洛伐克的特伦钦地区，占地 3000 平方米。扩建后的欧洲研发中心将作为软控欧洲生产基地进行高端成型机、硫化机以及其他设备的生产和组装，是软控全球生产布局中的重要一环。

在美洲，软控在美国田纳西州 Greenback 市拥有全球领先的精密工装生产基地，主要从事成型机核心部件——成型鼓的研发与制造，拥有多款以成型鼓、传递环等为代表的精密工装设备制造技术以及多项尖端技术，在国际高端市场享有盛誉。此外，软控在俄亥俄州阿克隆市还拥有高端轮胎检测设备研发、生产基地，致力于研发、生产用于科研及工程的测试系统，该系统包括数据采集、控制系统、测试定位装置、负荷加载装置以及操控装置，在汽车、轮胎领域最负盛名，深受通用、福特、韩国现代、普利司通、米其林、固特异等国际高端客户青睐。

全球生产协同是软控全球化战略中的重要组成部分，软控在加工制造、供应链以及产品质量的整合方面已经做出一些有益尝试。以硫化机生产为例，为了向国际用户推出兼具质优、价优的产品，软控欧洲团队充分发挥自身优势，负责技术、设计把关，坚持以欧洲标准进行工艺、质量监控，中国团队发挥青岛本土成本优势，承接相应部套的加工和生产。全球生产协同一方面实现技术吸收与团队融合，另一方面更重要的是为客户带来真真切切的实惠，同时享有技术和价格方面的优势。对于一家国际化的企业来说，开展全球制造的核心思想在于打造全球范围的生产和经营网络。软控将通过各种网络组织的协调与运作，将分布在世界各地的工厂园区联结成一个整体，利用全球资源，把握全球市场。

四、促进区域市场融合

区域特色（区域价值链或者以区域价值链为主要成分的全球价值链）仍然是主流的全球价值链。要充分发挥区域价值链在产业发展中的作用，就要基于这些价值链之间的密切经济关系，可促进本区域市场的融合，促进产业融合与发展。

中国联通的区域网络发展是其典型代表。自 2014 年以来，中国联通通信网络以国家"一带一路"战略为指导，结合自身发展需要，制定了国际通信网络及境内骨干网络的长远发展规划，启动并计划建设一批重大项目。

1）欧亚大陆的网络发展（中国—俄罗斯—欧洲方向）。中国联通与俄罗斯的三大主要电信运营商分别在抚远、满洲里、黑河三个口岸城市建设了中俄跨境光缆系统，与俄罗斯三大运营商的骨干网络实现互联互通，并通达欧洲各地。中国联通和蒙古的三大主要电信运营商在二连浩特建设了中蒙跨境光缆系统，与蒙古运营商的骨干网络实现了互联互通，并进一步通过俄罗斯通达欧洲各地。因此，中国联通在欧亚大陆的国际通信网络已实现多路由、多系统互为备份，达到了一定的网络规模。

2）中亚方向的网络发展（中国—中亚—中东—欧洲）。中国联通与哈萨克斯坦两大运营商分别在霍尔果斯和阿拉山口建设了中哈跨境光缆系统，与哈萨克斯坦的骨干网络实现了互联互通，并通过哈萨克斯坦进一步连接了俄罗斯，通达欧洲各地。此外，中国联通正在与伊朗等中东合作伙伴洽谈，争取使得联通的网络通过哈萨克斯坦，连接中东地区，通达欧洲各地。中国联通正在与吉尔吉斯斯坦、塔吉克斯坦的合作伙伴洽谈，规划建设连接这两个国家的跨境光缆系统，并接入中东地区。

3）南亚次大陆方向的网络发展（中国—印巴—中东—非洲）。中国联通已经与印度三大运营商在亚东口岸分别建设了跨境光缆系统，计划经过印度，直下印度洋，接入中东和非洲地区。中国联通正在与巴基斯坦的主要合作伙伴商议，规划建设连接中巴的跨境光缆系统，并通过巴基斯坦进入印度洋，接入非洲和中东地区。

4）中南半岛方向（中国—东盟—中东—非洲—欧洲）。中国联通已经在广西、云南等地与越南、老挝、缅甸三个接壤国家之间，建设了多个跨境光缆系统，并通过这些光缆，接入了柬埔寨、泰国等地。中国联通独自投资在缅甸境内建设了一条近 1500 公里的陆地光缆，连接云南瑞丽和印度洋沿岸城市威双，为中国建设了第一个印度洋海缆登陆站，并通过 AAE1、SMW5 等海缆，接入了欧洲、非洲、中东、南亚、东南亚等 19 个国家和地区[⊖]。

第四节　如何塑造跨境产业链的内外产业联动发展

从产业链或价值链的角度分析，当前我国产业发展面临着双重任务：既要升级在全球价值链中的地位，又要加快构建由中国企业自己主导和引领的跨境产业链与全球价值链。加快构建跨境产业链既是我国正在推进的"全球价值链提升工程"的一项重要内容，也是我国对外开放新常态的重要特征之一。从企业实力与国际竞争力、企业国际化经验积累与人才储备、人均 GDP 数额与对外直接投资总额、国家实施鼓励政策等方面来看，中国企业已经具备加快构建跨境产业链的条件。

一、构建跨境产业链内外产业联动发展的意义

1）有利于增强我国企业对全球产业转移和布局的掌控能力，掌控全球价值链的高端，摆脱"低端锁定"。构建属于企业自己的跨境产业链，发展自己说了算的国际分工体系或生产经营网络，可以整合与利用全球资源，提高国内外资源的配置效率，规避经营风险，还可以克服长期处于全球价值链低端的不足和尴尬，改变产品附加值低的状况。

2）借助这个产业链可以实现国内外产业互联互动互促，推动国内产业转型升级，使"走出去"战略进入到提质、增效和升级的新阶段。"走出去"的实质之一就是中国优势产业的对外转移，就是构建中国企业的国际分工体系，用跨境产业链连接中外产业，释放中国的产能，提升产业国际影响力。

3）有利于推动"一带一路"战略的实施。"一带一路"建设的内容包括：基础设施互联互通、跨境产业园、富余和优势产能的输出及国际合作、并购与新建投资、工程承包、重大装备"走出去"等。而建设跨境产业链可以把

⊖ 引自中国联通开展国际产能合作调查报告

其中的一些内容连接起来和包括进去，促进和服务于"一带一路"建设。

4）可以防止国内产业空心化和就业岗位的流失。把价值链中的部分高端环节（设计、研发、广告、销售、服务等）保留在国内，把部分原材料、关键零部件的生产保留在国内，可以防止对外投资导致的国内产业空心化与就业岗位的流失，也可以一定程度克服税收与 GDP 的减少。

5）有利于实现境外投资与对外贸易的相互促进，推动我国对外开放由简单买卖型向相互投资复合型转变。企业依据价值链或产业链进行的对外投资，主要特点是贸易创造型而非完全的替代型，投资与贸易是相互补充与促进的。贸易背后有投资，贸易分工的背后是产业分工与价值链分工，贸易与投资依靠生产经营网络连接起来。

二、构建跨境产业链的主要途径

（一）通过股权对外直接投资方式构建

这是国际上公认的、主要的和通行的方式，包括并购投资与新建投资两类。借助并购或新建途径，通过合资、合作或独资等企业形式，设立境外分公司、子公司或代表处等分支机构。构建跨境产业链，境外网点的布局是关键的一步。中国跨国公司开展的对外投资是构建跨境产业链的主要方式和基础，有了境外分支机构，企业就有了自己控制的生产经营网络，就可以形成自己掌控的国际或区域分工体系。

1. 中国石油的跨境产业链布局效益

中国石油以全球化思维谋划布局，深刻把握世界政治经济变革形势，整合资源，实现快速扩张。

一是在亚洲金融危机的考验中，成功购买了举步维艰的哈萨克斯坦阿克纠宾公司股份，成为作业者，为中国石油在中亚地区的油气合作奠定了坚实基础；把握苏丹的历史发展机遇，中标苏丹 1/2/4 区项目，拉开了中国石油进军非洲的帷幕；积极参与全球老牌油气资源国委内瑞拉的对外招标，成功获取陆湖项目，在同一年实现了进入中亚、非洲和美洲的战略性突破，进入国际油气市场。

二是充分把握 2008 年以来中东局势变化和全球金融危机带来的机遇，实现多个战略性突破。成功抓住伊拉克战后油气合作对外开放的历史性机遇，与国际大石油公司同场竞技，在一年内连续签订了鲁迈拉、哈法亚大型油田开发项目，成为伊拉克两轮招标中唯一一家连续中标的石油公司；成功获得伊朗北阿扎德甘、南帕斯 11 区等大型油气项目；成功收购了哈萨克斯坦曼格什套项目；获取了委内瑞拉胡宁 -4 项目。

三是充分把握国际油气领域内金融与资本市场带来的机遇，通过兼并收购实现外延式扩张。2005 年以 41.8 亿美元成功收购哈萨克斯坦 PK 公司，创造了当时中国企业海外并购规模的纪录，实现了"重剑无锋、大巧不工"的"中石油式收购"。

四是充分把握世界石油工业发展带来的机遇，积极进入非常规油气领域。中国石油紧跟世界石油工业发展趋势，积极布局煤层气、超重油、油砂等非常规油气资源，谋求战略性资产的不断组合优化，先后成功收购加拿大阿萨巴斯卡油砂项目和澳大利亚 Arrow 煤层气项目。

2. 中水电的产业链跨境扩展

中水电公司最早以国际工程承包商的角色活跃于国际市场，随着战略转型的不断深化，海外投资业务的不断发展，现已基本建立起"规划—投资—建设—管理—运营"全产业链企业模式。老挝南立 1-2 水电站装机 10 万千瓦，是中资企业在老挝执行的第一个 BOOT 项目，中水电公司占股 90%，老挝国家电力公司（EDL）占股 10%，于 2010 年并网投产。老挝南椰 2 水电站装机 18 万千瓦，是中水电公司在老挝投资的第二个水电站，股权比例与南立 1-2 电站相同，于 2015 年 10 月建成投产，进入投资回报期。老挝南立 1-2 水电站的成功建成，并经过 6 年来收益回报的检验，为后续项目的开展和公司战略转型的深化，积累了宝贵的经验，形成了可贵的"南立模式"。对于投资而言，

○ 引自中石油开展国际产能合作调查报告

要确保投资的安全性和回报率，风险防控的重要性不言而喻[一]。

（二） 通过非股权对外投资方式构建

非股权投资指的是虽然没有在境外企业直接投资入股，但可通过一些手段控制或管理该境外企业。控制这些企业后，将它们纳入跨国公司的生产经营网络，使它们成为产业链上的一个环节或价值链上的一个节点。

国家电投黄河上游水电开发有限责任公司（以下简称黄河公司）与埃塞俄比亚政府的合作机制是其典型代表。黄河公司是国家电力投资集团公司（以下简称国家电投）控股的大型综合性能源企业。根据集团公司"走出去"战略发展要求，以国家打造"一带一路"区域经济合作平台为契机，黄河公司自2013年年底开始，分别在欧洲、中亚、非洲等区域开展了境外清洁能源直接投资项目的寻找、筛选工作。黄河公司重点推进的哈雷雷－维尔巴萨水电项目，拟以成立境外项目公司来实施模式进行项目开发，由项目公司取得和拥有发电项目的所有权及负责运营发电项目。

2016年5月，黄河公司、国开行埃塞俄比亚工作组、中地海外、西北勘测设计研究院组成的联合体谈判组与埃塞俄比亚财经合作部、国家电力公司就哈雷雷－维尔巴萨水电项目购电协议大纲进行了首轮谈判。在中埃双方混委会会议期间，哈雷雷－维尔巴萨水电项目再次明确列入中埃两国产能合作首批重点推动项目清单，为未来三年两国政府重点关注推进项目。由于埃塞俄比亚基础设施建设模式基本采用EPC+F模式，PPP/IPP模式的相关法规不健全，项目投资的风险防范工作尤为重要。目前黄河公司及合作方与埃塞俄比亚政府精诚合作，旨在通过此项目的实施形成示范作用，带动埃塞俄比亚基础设施从EPC+F模式向PPP公私合营模式过渡，并通过该项目完善其PPP模式的相关法规，因此给予了我方较大优惠政策争取空间[二]。

（三） 通过货物与服务外包方式构建

通过外包方式吸收部分境外企业加入本企业的产业链或价值链中。在外

[一] 引自中水电开展国际产能合作调查报告
[二] 引自国家电投开展国际产能合作调查报告

包业务中，接包企业基本上受发包企业的左右，会按照发包企业的安排组织生产经营活动，实际上已经成为发包企业跨境产业链中的一部分。前一种方式是在企业内部打造跨境产业链，后两种方式有属于内部也有属于外部打造的。按照中国的习惯说法负责或挑头构建产业链的企业就是龙头企业，一般都是跨国公司或大中型企业，俗称领导厂商或产业领袖。这些企业有品牌和主打产品，有技术和专利，是价值链的设计与组织者，是全球生产经营网络的主要发起者、构建者、引领者和主导者。苹果、三星、IBM、波音、空客、丰田、耐克、麦当劳、沃尔玛、华为、海尔等企业就是这类企业。

以大唐集团的海外业务扩展为例。2015 年，中国大唐系统企业执行的对外承包工程项目共计 3 个，执行中的海外技术服务项目共计 10 个，国际贸易实现煤炭进口近 500 万吨。2016 年上半年，执行中的对外承包工程项目共计 3 个，执行中的海外技术服务项目共计 14 个，国际贸易实现煤炭进口约 300 万吨。

国际交流不断加强：随着中国大唐"走出去"战略和落实"一带一路"倡议步伐加快，国际交流在中国大唐国际化发展中的重要作用越来越明显。2015 年以来，在日常对外交流基础上，加强与重点合作伙伴的战略合作，多渠道拓展交流平台，构建立体全向的外联网络，提升了中国大唐国际交流水平和国际形象，助力中国大唐"走出去"[⊖]。

三、构建跨境产业链内外联动的建议

构建以我国为主的跨境产业链有必要、有实力，但毕竟我国企业目前还处于国际产业链的较低端，企业实力有待进一步增强，同时还会受到当前主导全球价值链"链主"的排挤，跨境产业链的构建可能会遇到各种困难，任重而道远。

（一）以"一带一路"倡议为导向，分地区、按行业，优先构建跨境区域产业链

中国跨境产业链的构建要以"一带一路"战略为导向，服务于"一带一

⊖ 引自大唐集团开展国际产能合作调查报告

路"，优先在"一带一路"沿线区域，选择与中国经贸联系密切的地区（如东盟），选择优势行业，构建区域跨境产业链，然后逐渐扩展跨境产业链，直到形成全球产业链。

1）构建跨境产业链的重点行业。中国跨国公司应当在那些自身具有优势（比较优势、垄断优势、竞争优势、潜在优势）、产业链比较长、价值链环节比较多的行业构建跨境产业链。未来 5～10 年，这样的行业主要包括：①富余产能型行业。这些行业在国内已经处于产能富余和过剩状态，是长线产业，急需向境外转移。其中一些行业属于"边际产业转移型"行业，向外转移的主要目的是寻求新的市场和新的发展空间。②优势发挥型行业。这类行业以装备制造业为代表，相对于东道国而言具有技术、设备、管理和标准等方面的比较优势，或者在全球范围也具有了垄断优势，我国具有自主知识产权，在国内不一定产能过剩。这类行业属于"比较或垄断优势型"行业，境外投资的主要目的是扩张企业规模，掌控市场，提升效率，构建全球网络。③国内短缺型行业。以资源与能源产业为主，国内属于短线产业，产品供不应求，需要到国外投资布局以确保稳定供应和安全。这些行业"走出去"的主要目的是寻求自然资源，属于"自然资源寻求型"的对外投资。④战略资产寻求型行业。这类投资属于"稀缺要素寻求型""先导型"或"学习型"投资。涉及的行业包括：3D 打印、大数据、智能工厂、数控机床、新能源等。⑤商业存在型行业。主要指的是服务业，由于服务是无形商品，不易运输和存储，生产与消费往往都是同时间同地点进行，所以服务的出口主要依靠设立境外机构，也就是依靠商业存在的形式提供。

2）构建跨境产业链的优先地区。根据不同产业链对资源与要素的不同要求，我国企业可以选择适合建设产业链的国别或地区。现阶段应优先在以下国别或地区打造我国企业主导的跨境产业链即区域国际分工体系：①东南亚地区。属于"一带一路"战略覆盖的地区，同我国已经签署自由贸易协定和投资协定，经济贸易联系密切，自然资源丰富，经济发展潜力巨大，与我国产业互补性强，中国产品和技术在当地受欢迎，我国企业在当地已有相当规模的投资与产业合作，已经建设了一批境外经贸合作园区。②中亚地区。属于"一带一路"战略覆盖的地区，同我国已经建立了良好的外交关系和密切的经济贸易联系，当地自然资源丰富，经济处在发展和振兴之中，与我国产业互补性强。③非洲地区。同我国已经建立了良好的外交关系和密切的经济贸易联系，当地自然资源丰富，经济发展水平和基础设施落后，具有巨大的经济发展潜力。近年来我国企业对非投资逐步扩大，已在一些国家开始建设境外经贸合作园区。④中东欧地区。属于"一带一路"战略覆盖的地区，同我国已经建立了良好的外交关系和比较密切的经济贸易联系，经济处在发展和振兴之中，产业升级愿望强烈，是欧洲新兴市场国家集中的地区，与我国具有较强的经济和产业互补性，双方合作发展潜力巨大。

（二）将相关战略规划、投资便利化措施和支持企业"走出去"的金融政策落到实处

近年来，中国先后制定了与跨境产业链建设相关的一些战略规划，如《推动共建丝绸之路经济带和21世纪海上丝绸之路的愿景与行动》《中非工业化伙伴计划》《关于非洲跨国跨区域基础设施合作行动计划》和《建营一体化计划》等。卢进勇建议，应加强与相关国家的沟通和国内各单位之间的协调，使这些战略规划落地生根，开花结果⊖。

2015年我国在对外投资领域推广实施"备案为主、核准为辅"的管理方式除敏感国家（地区）和敏感行业外，一律改为备案制。该措施减少了环节，缩短了时间，大大提高了企业境外投资的便利化水平，但要确保落实到位。2013年和2014年国务院先后出台支持企业"走出去"的金融政策，如《关于金融支持经济结构调整和转型升级的指导意见》和《金融支持企业走出去一揽子政策》，涉及简化审批手续、拓宽融资渠道和健全政策体系等三大方面内容，也应保证见到实效。

（三）制定跨境产业链建设扶持政策

建议政府相关部门制定《中国境外投资产业指引》《产能富余行业"走出去"项目目录》和《外汇储备转化为境外实业投资具体政策》等政策法规。

⊖ 卢进勇，加快构建中国企业主导的跨境产业链，经济参考报，2016.

借助投资促进机构对"走出去"的企业进行产业链与价值链培训，提高企业对产业链和价值链的认识和把握程度，提升企业设计、治理和管控产业链与价值链的水平。

（四）协调好各方力量，避免境外恶性竞争

恶性竞争的状况需要改变，应由政府部门或行业协会出面进行有效协调，维护正常经营秩序和正常竞争。

（五）加快各类境外园区建设

境外经贸合作区、科技园区、工业园区和产能合作园区等是中国境外企业的聚集地，是企业集群式"走出去"的有效方式，也是跨境产业链建设的重要载体和有机组成部分。应结合"一带一路"建设，在相关国家进一步布局各类园区的建设。截至 2016 年 5 月，中国已经在 15 个国家先后设立了境外经贸合作区，有的已初具规模，需要认真总结建设经验，并加以推广。

（六）加快培育世界一流跨国公司和国际知名品牌

"建设跨境产业链，没有世界一流的跨国公司和国际知名品牌不行。"中国已经有了一大批跨国公司和品牌，但是缺少世界一流的和国际知名企业，要认真分析世界一流跨国公司的管理经验和国际知名品牌的成长历程，结合中国的实际加以学习借鉴，加快培育世界一流的国有或私营的中国跨国公司，培育中国自主的国际知名品牌。

（七）推动中国标准、技术与服务"走出去"

"建设跨境产业链，仅仅有中国资本'走出去'还远远不够，还必须要有中国标准、中国技术和中国服务'走出去'。通过标准、技术和服务'走出去'，可以更好地带动中国资本、中国企业和中国装备走向世界。"⊖为此，要实施"走出去"标准化战略和国际专利商标战略，特别是工业生产、高铁和核电等标

⊖ 卢进勇，加快构建中国企业主导的跨境产业链，经济参考报，2016

准领域，抢占标准制高点，打好"走出去"的技术基础。

（八）了解东道国投资环境

企业要认真研究东道国的投资环境，关注东道国制定的产业发展战略或工业化规划等规定。中国企业在决定"走出去"开展对外投资、建设产业链或价值链的时候，一方面要了解母国有关产业转移、产业调整、产业关停、产业升级和产业促进等方面的政策法规、战略规划与扶持鼓励措施；另一方面也要熟悉东道国的投资环境，特别是有关产业发展战略或工业化规划等方面的规定。这方面的规定包括：东道国国民经济和社会发展战略，新的经济政策或计划，农业、工业、高科技等行业的发展或升级规划，各类园区或开发区建设计划、基础设施更新规划等。

第二章
企业的海外经营及海外事业发展

第一节 企业如何开展海外产业基地建设、全球营销、海外研发等

一、企业的海外产业基地建设

跨国公司通过在海外建立生产基地的方式将生产转移到要素成本更低的国家,转出国内需要升级淘汰或者过剩的产能的同时,降低了企业的生产成本,提高了企业在国际竞争中的整体优势。我国企业在进行产业基地建设的过程中,首先要确定经营目标,并制定这个目标要达到的预期值,只有这样才能使企业在国际化竞争的大潮中站稳脚跟,求得生机和发展。

(一)企业海外产业基地建设的作用

1. 转变经营方式,大力推进本土化战略

为了促进我国企业开展海外产业基地建设必须要转变经营方式,推进本土化战略。首先,转变经营观念和经营方式,大力推进本土化战略;其次,吸引一些有才能的当地人才加入到企业的国际化经营战略中来;再次,树立当地服务意识,我国企业在进行国际化战略经营的过程中,要注重为当地人服务,切实做出一些有益于当地人的事;最后,要尊重当地的风土人情,融

入到当地的文化中去，最终实现共赢。

2. 加强品牌建设，树立中国企业的良好形象

加强品牌建设是国有企业进行国际化经营战略的根本。品牌是一个企业进入世界市场的通行证。国有企业要想在激烈的国际市场中站稳脚跟，必须要建立自己的品牌，拥有自己的品牌形象。我国国有企业在世界市场上的竞争优势来自于产品优势和成本优势，所以，国有企业要在国际市场竞争中重新建立中国品牌的形象，改变过去人们对"中国制造"低质、低价的印象，树立中国企业的良好形象。

3. 完善政策，实现国际化战略经营

完善政策，是实现国有企业国际化战略经营的有效途径之一。基于此，我们要借鉴国外的成功经验，完善我国的相关政策。可以从以下几个方面进行：一是，要改进对国有企业的宏观调控，尽快建立促进国有企业国际化的综合协调机构，并制定出一些指导方针和政策，实现企业各部门之间的相互协调；二是，按照社会主义市场经济体制的要求深化体制改革，结合投融资体制改革和行政审批制度改革，大力改革境外投资管理体制，减少审批，降低门槛，简化环节，规范程序，大力推进便利化；三是，加大财政税收金融外汇等政策支持力度，要根据实际情况进行及时调整，促使企业经济效益目标同国家政策目标相一致，进而实现国有企业国际化经营战略目标的实现。

4. 完善服务，实现国有企业国际化经营目标

政府应当为开展海外基地建设提供一定的发展环境，包括法律服务和市场调控保障，并根据我国企业的发展状况制定战略目标，创造适合企业发展的国际环境。政府部门可以利用外交上的信息资源，为企业开展海外基地建设提供投资区位决策的商务参考。此外，还要发挥政府行业组织的作用，建立国际化经营社会服务体系，完善对外合作中介机构，强化服务和自律功能，承担起政府和企业之间桥梁和纽带作用。

（二）典型代表案例

1. 中国石油－苏丹石油合作项目的经济和社会效益

苏丹石油合作项目是中国石油在海外投资最早、规模最大、效益最好，也是最成功的项目之一。

1）在油气投资业务方面，中国石油在苏丹共有 3 个上游油气投资项目，包括苏丹 1/2/4 区、苏丹 3/7 区和苏丹 6 区，2010 年项目高峰产量达 2633 万吨，2011 年 7 月 9 日南苏丹独立后，苏丹石油资源重新分配，约 58% 的剩余可采储量和 70% 以上的产量分布在南苏丹。目前中国石油在苏丹和南苏丹共有 8 个投资项目，其中上游 5 个，下游 3 个。

截至 2015 年年底，南北苏丹石油合作项目累计生产原油 2.7 亿吨，加工原油 5761 万吨，生产成品油 5140 万吨；累计生产聚丙烯 24.8 万吨，编织袋 1.58 亿条；累计销售成品油 133.4 万方，满足了苏丹 100% 汽油和 60% 柴油的国内需求，并实现了石油石化产品的出口。

中国石油－苏丹石油合作项目现场

2）在工程服务业务方面，苏丹项目成功地实施了油气投资带动工程服务相关业务海外发展的战略。在项目建设中，充分发挥中国石油的一体化优势，搭建了国内工程技术服务企业"借船出海"的平台，将中石油成熟的工业技术输出到苏丹，并带动物资、装备和劳务出口。中国石油工程服务企业凭借先进的技术和优质的服务，在苏丹赢得了声誉，得到了发展，已经成为苏丹石油工程技术服务市场最有实力、不可或缺的重要力量，并在苏丹形成了集物探、钻井、测井、管道建设、地面施工、物资供应为一体的服务体系。

3）在履行社会责任方面，在石油合作取得了丰硕成果的同时，中国石油也始终致力于为当地社会发展和公益事业做贡献，注重环境保护，赢得当地人民的广泛支持。在苏丹文化、教育、农业、医疗卫生等公益领域的捐助超过 1.2 亿美元，援建学校 103 所，援建维修医院、诊所 76 所，打水井 400 多口，修建多处道路、桥梁、水利设施。高度重视培养苏丹石油工业人才和苏丹石油工业的能力建设，中国石油投资合作项目员工本地化率已经达到 92%，为当地创造了 8 万多个就业岗位；工程技术服务企业也积极与苏丹企业进行技术合作，为苏丹提供了大量就业岗位；在推进人员本土化方面，技术开发公司现场电泵维护服务、长城钻探的录井作业均全部实现了苏丹化，物探地震数据采集项目现场苏丹化比例超过 95%[⊖]。

2. 中非泰达苏伊士经贸合作区

经贸合作区的建立，体现了中埃合作中强大的互补性，不仅使中国企业"走出去"，也带动了埃及当地产业的发展，实现了产能转移与合作，为互相之间经贸关系的增强奠定了坚实的基础。

苏伊士经贸合作区本着"打造极致产业链"的目标，从开始的"捡到篮子里都是菜"的粗放型招商发展到如今的"招商选资"，不断超越自己，形成了一套集规范化、流程化、模块化、专业化"四化一体"的多渠道全方位立体式营销招商体系。随着合作区的不断成长和国家"一带一路"形势的不断发展，在招商引资方面，合作区站在实现"中埃产能合作"的战略高度，重

⊖ 引自中石油开展国际产能合作调查报告

点完善了产业研究和产业规划。招商引资注重以项目初期的招商实际成果作为依据，从埃及自身优势和产业结构出发，结合中国淘汰落后产能、国内劳动力紧缺与劳动力成本上涨、能源的关联度、规避反倾销、辐射欧美市场、辐射西亚和非洲腹地市场、中国政府扶持"走出去"的导向、中国近年来跨国投资重点企业的行业特征、近年来投资埃及的外资企业的行业特征等 11 个维度对招商产业进行研究，确定明确具体的产业规划。苏伊士经贸合作区高标准现代工业新城区初见端倪，完整产业链基本成型，带动中国企业"走出去"的平台作用日益显现，已成为两国企业投资合作的良好平台，促进埃及经济与社会民生发展效应显著，无论对于埃及当地，还是中国"走出去"企业，其社会效益和经济效益成果均非常显著[⊖]。

苏伊士经贸合作区

二、企业全球营销业务的开展

全球营销指企业通过在全球范围内的规划、布局，使其在世界各地的营销活动一体化，以便获取全球性竞争优势。作为具有世界眼光的大企业，在

⊖ 引自中非泰达开展国际产能合作调查报告

制定自己的营销战略上，往往不会受地域的限制，而是将自己的营销战略着眼于全球。

（一）企业全球营销战略组合

1. 标准化市场营销组合

标准化市场营销组合是在世界范围内，销售大致相同的产品并使用相同的营销方法。企业在全球性的营销活动中通过标准化产品创造、引导消费需求，可以进一步取得竞争优势。通过产品标准化，企业可以在全球营销活动中降低成本，使企业统一协调其营销活动。

2. 适应性市场营销组合

企业根据不同目标市场调整其市场营销组合要素。产品标准化是全球营销的重要手段，但是全球营销并不等于标准化。企业只对核心产品及其生产技术实行标准化，而不是对产品全部标准化。

1）至于企业的全球营销战略，主要包括四个主要方面：确定全球营销任务；全球市场细分战略；竞争战略及营销组合战略。全球营销任务的内容是确定主要目标市场、市场细分原则及各个市场的竞争定位。全球营销对于企业获取其全球性战略目标有着重要的作用，所以，企业的全球营销战略应与其总体战略相适应。

2）在全球市场细分战略方面，有三种战略可供选择：

第一，全球性市场细分战略。此战略重在找出不同国家的消费者在需求上的共性，如人口统计指标、购买习惯和偏好等，而不重视国界、文化差异性。

第二，国别性市场细分战略。此战略强调不同国家之间文化、品位上的差异性，市场细分主要以地理位置和国籍为基准。

第三，混合型市场细分战略。它大体上是前两种战略的结合型战略。除了确定出市场细分战略外，企业还要确定其在每一个市场上的竞争地位。竞争定位战略包括市场领导者、市场挑战者、市场追随者和市场补缺者。如果企业在所有的外国市场采取同样的竞争定位战略，则称之为全球性竞争定位战略；反之，如果企业在不同市场采取不同的竞争定位，则称为混合型竞争定位战略。如我国的联想集团就是通过制定全球营销战略而最终取得成功的典范。20世纪90年代初，联想集团在柳传志的带领下，不断壮大，进入新世纪，联想集团并不满足在中国的发展，而是积极建立自己的全球营销战略，并取得了巨大的成功。

（二）典型代表案例

中国建筑材料集团有限公司（以下简称中国建材集团）在参与国际产能合作的过程中，以跨境电商+国际营销中心+海外销售终端的模式，建立了全球营销网络。

1. 项目情况介绍

（1）项目建设背景

随着信息化时代的到来，新常态供给发生了结构性改革，传统企业的发展已经由要素驱动、投资驱动转变为创新驱动。全球经济正在从产品经济向服务经济过渡，"制造业服务化"也成为全球制造业发展的基本趋势。

中国建材集团所属中建材国际贸易有限公司抓住历史发展机遇，坚持创新驱动发展，促进外贸转型升级，首创"跨境电商+海外仓"商业新模式，将传统大型外贸公司的优势与产业互联网的发展契机有机结合，为国内生产企业提供全球营销推广、出口代理、物流运输、海外仓储及配送、在线供应链金融、外贸及电商培训等一站式外贸综合服务，打造网上丝绸之路，服务中国外贸发展。

（2）项目概述

1）传统外贸活动流程冗杂。传统国际贸易的特点是交易周期长（1～3个月不等）、关联方多、外汇结算周期长、风险控制难、物流专业化程度高。对供应商来说，需要应对国际贸易流程中的各个繁复环节；对国际买家来说，需要对多种产品一一下订单，一一跟踪。

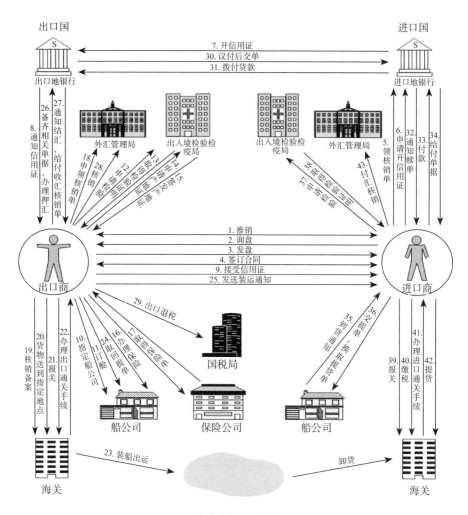

传统外贸流程图

2）创新简便高效外贸模式。易单网是中国建材集团由传统外贸模式向电子商务模式转型，基于现代服务业理念和供应链整合的外贸综合服务平台，通过对传统外贸模式中各个环节的整合与优化，致力于使外贸活动变得更加简单、高效。易单网首创"跨境电商＋国际营销中心＋海外销售终端"的商业模式，即在"跨境电商＋海外仓"模式的基础上，升级海外仓为国际营销中心，基于海外客户的需求，重点服务海外终端客户，在分析工厂客户、经销商客户、工程承包商客户、机构采购（如政府采购）客户不同需求的基础上设计产品。

易单网创新商业模式

3）模式核心要素。①引流能力。快速并有针对性地获取下游客户（跨境电商＋国际营销中心）。②上游资源控制能力。获取有外贸出口意向、生产竞争力强的上游企业，掌控上游优秀产品出口业务。③导流能力。将用户吸引到平台上之后，平台需要具备强导流能力——确保增强客户黏性与高成单转换率，以便有效减少客户引流成本，包括但不限于平台是否易用、能否为客户简化交易及出口环节、能否通过技术审计服务能力为客户创造便利等。④信誉及担保能力。一是企业要有能够提供第三方资金交易和支付服务的能力，也就是能够提供贸易进出口金融类的服务；二是企业要具有足够的品牌效应，企业的品牌以及可信度为交易提供了信用度保证，给予客户信心。

（3）项目经营成果

截至 2015 年年底，易单网线上进出口额连续三年破百亿人民币。凭借易单网优势，2014 年中建材国际贸易有限公司一般贸易出口在央企系统中排名第一，全国排名第 33 位；铝板、塔吊等七类产品出口排名位列全国贸易商第一。2015 年销售额 111 亿元，其中出口金额逾 8 亿美元（含转口贸易）。

此外，易单网"跨境电商＋海外仓"商业模式获得了政府和相关部门的一致认可，连续多年获得海关 AEO 高级资质认证、退税一类、纳税 A 级、援外等资质。易单网连续四年被评为：国家级电子商务示范企业、北京市外贸升级转型示范基地。

2. 主要做法

按照"跨境电商＋国际营销中心＋海外销售终端"的运营模式，易单网的运营具体分为如下几个方面。

1）发展跨境电子商务平台 OKorder.com，以挖掘海外需求为导向，重点打造出口业务核心产品线，培育中国出口品牌。①依托易单网，建设跨境 B2B 贸易业务。建设 OKorder.com，电商化运营易单网平台，运用互联网方式面向全球做线上引流。②依托互联网大数据，分析海外需求，以互联网方式进行海外营销，拓展商机，宣传品牌。③以挖掘海外需求为导向，基于数据分析，重点打造出口业务核心产品线，培育中国出口品牌。

2）升级海外仓为国际营销中心。①以挖掘海外需求为导向，加强建设国际营销中心，布局全球营销网络，发展海外线下业务拓展和客户服务能力，重点建设海外运营体。国际营销中心的建设可以分为自建、合作、并购三种类型。②跨境电商是平台，国际营销中心是运营实体。③海外实体交易，拓展销售渠道，及时拜访、回复、跟踪热联客户，向客户提供随叫随到、随问随答的面对面即时服务，增进与客户的感情和信任，发挥海外仓的优势。配套海外售后服务，解决外贸活动售后服务瓶颈。④国际营销中心以海外仓为载体，能够给国内合作工厂提供海外货物仓储、货权控制、零配件库存、保税监管、暂存与寄售、退换货、清关配送、本地货币收款、风险控制等一系列本土化增值服务。

3）平台三角模式助力"跨境电商＋国际营销中心＋海外销售终端"运营模式落地。易单网作为交易型的 B2B 电商，由于决策过程长、成本较大、交易频次低，且属于撮合型业务，无法仅依赖线上完成交易，必须实现从线上到线下的位移。而这一切都要基于在线上建立一套完整的线下副本，因此信息的数量、深度和准确度十分重要，真实合格的工厂及产品的推广能让海外客户的决策成本降低，效率提高。为此，易单网创新发展了平台三角模式，打造了三支具有互联网 DNA 的易单网力量——线上易单网运营团队、线下面向国内工厂的供应链地推团队和面向海外客户的海外仓地推团队。

4）打造国家级的外贸综合服务平台。易单网的使命是帮助中国中小生产企业出口，带动中国优质产品"走出去"，让外贸活动更简单。易单网的"跨境电商＋国际营销中心＋海外销售终端"运营模式最为突出的特点是将银行、信保、物流、海关等外贸的 12 个环节全流程整合，实现资金流、信息流、物

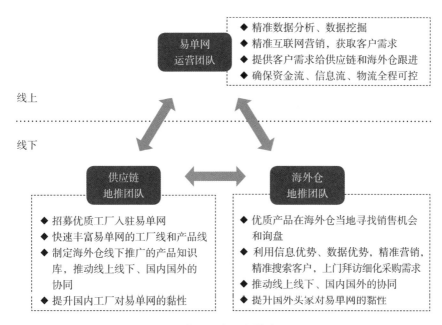

易单网平台三角模式

流线上全程可控，为国内优质供应商提供外贸出口代理、全球营销推广、供应链金融、外贸培训、信保、物流等外贸增值服务[一]。

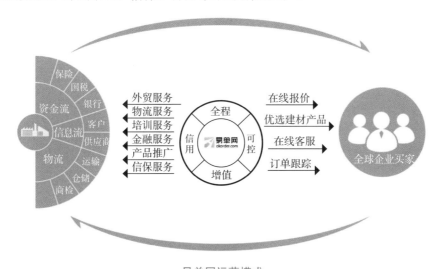

易单网运营模式

　⊖　引自中国建筑材料集团有限公司开展国际产能合作调查报告

三、企业如何开展海外研发

随着科技全球化进程的不断加剧，研究与开发（R&D）资源作为科技竞争的核心要素，被全球各国和地区作为增强科技创新竞争力的主要手段，在全球范围内进行优化配置。20世纪90年代以来越来越多的跨国企业在中国、印度等发展中国家不断增加研发投资，发展中国家如中国、印度在发达国家的R&D呈现快速增长的态势，跨国公司对研发国际化有持续的兴趣。研发国际化的两大基本动力是：通过技术改良以适应国外环境，开发海外技术，以及通过获得海外的技术和诀窍，实现技术创新。

鉴于研发全球化加剧特别是全球金融危机之后面临着获得海外技术的重要时机，以及全球竞争压力，中国企业作为海外跨国投资的"后来者"，摆在其面前的问题是：如何有效地选择海外进入模式和经营战略，以获取研发国际化的成功。

1. 研发全球化与跨国研发管理

弗农的产品周期理论认为研发作为一种支持性活动，公司愿意在国际化的后期将其转移到国外，海外研发的动力是为了适应产品和生产过程本地化和资源条件，是伴随着海外市场营销和制造活动的扩张而进行的。对外直接投资的交易成本理论表明在某些条件下，在海外开发过程中，公司的专有技术会通过对外直接投资在内部传导，或者通过与当地企业签订许可合同在外部传导，如果技术转移需要特定的研发投资以采用和适应海外条件，套牢风险增加了公平交易的成本；技术转移者和接收方由于信息不对称使得跨国企业更倾向于在企业内部转移；跨国公司内部将技术转移到外国子公司，也需要一些成本，但是随着时间的推移、技术的解码和标准化以及知识默会性的降低使得内部交易成本降低。跨国公司演化视角强调互相学习能力的重要性以及积累跨国管理经验的重要性。同时，随着现代科技的发展以及人们对研发活动规律的掌握，研发活动的"模块化"趋势也越来越明显。在很多研究领域中（如信息和生命科学研究领域），研发活动本身也可以像制造过程那样被分解成为不同的相对独立的环节，而这些环节可以根据相对比较优势被"发包"到全球各地的研发基地完成，最后各地不同的研发结果被整合起来，完成总体任务。

关于跨国研发管理的研究则显示，协调和控制过程适应有效管理一个地理上分散的研发网络时需要不断地试错，并在新组织的惯例中进行投资。海外研发机构由于受到环境变化的驱动、母公司指派任务和海外子公司自主选择等影响将会动态调整。Gassmann 和 Zedwitz 归纳了跨国公司管理研发全球化组织的 5 种模式，即母国集中型、全球集中型、多中心分散型、轴心型和一体化网络型。实证研究显示，日本企业总体上要比欧美企业更加采取集中化的研发管理体系。近年来，跨国公司在中国、印度等新兴国家则通过构建全球研发网络的节点来综合管理海外研发中心。

2. 海外研发与进入模式的关系

早期关于跨国企业海外进入模式的研究主要考虑企业研发能力对于选择进入模式的影响，其起源于 Johanson 和 Vahlne 归结的企业国际化经营阶段性理论：从不规则的出口活动，到代理商出口、海外销售子公司，并购海外生产和制造，最终建立海外研发中心，是一个连续、渐进的过程。

并购通常被认为是给收购方企业提供了获取其不熟悉的技术的机会；如果企业是建立在开发利用母公司技术和能力而拓展起来的，通过绿地投资进入海外市场模式的内部增长则是企业常见的选择战略。实证研究表明，企业如果与海外竞争对手相比研发能力较弱或技术竞争优势不如对方，往往并购是获取竞争资源的重要手段；在欧洲和北美企业海外投资 1988 ～ 1992 年的案例中，通常是采用并购的模式居多。中国早期的企业海外进入也很多采用并购的模式，原因是为了应对环境变化和不断增加的全球竞争，企业重新调整资源分布，如果模仿目标企业的独特组织资源非常困难，或者需要很长的时间，并购的方式将比绿地投资更为容易采取。并购的另外一个重要优势是进入新技术领域的速度非常快，因为快速变化的竞争环境不允许企业用充足的时间通过内部的资源来开发。另外，并购有助于帮助企业超越组织学习边界，重新再造企业，打破现有组织学习和研发管理实践。

企业海外投资进入模式的相关研究主要集中在合资企业和完全独资机构

的选择方面。有关研究主要采取交易成本理论来分析跨国企业在不同的环境下如何选择与国外当地合作伙伴建立合资企业，而非完全独资机构。这些研究总体上证明了，当母公司具有高级可获利的技术并计划将技术转移到外国子公司时，往往选择建立完全独资机构，而非合资企业。如果同当地合作伙伴或者能够提供互补性资源的机构合作，例如特定的技术或当地市场知识等，那么企业倾向于采取合资企业方式。中国等新兴国家到发达国家进行国际化往往采用合资企业的方式，因为其国内技术能力不足、服务与外国市场的知识有限。

3. 典型代表案例

（1）江淮汽车的研发效益

江淮汽车始终以"为消费者提供最满意的产品"为发展目的，坚持"节能、安全、环保、智能"关键技术研发路线不动摇，大力发展新技术、新材料、新工艺的运用，全力打造江淮汽车的核心竞争力。

公司依据五层次研发体系，完善组织结构，强化核心技术能力建设，提升公司技术研发水平，促进自主研发能力提升，大力推进五层次研发能力建设。目前，在合肥本部建有国家级技术中心级别的江淮汽车技术中心，并在意大利、日本投资设立了海外研发中心，利用其丰富的研发资源，进行车身及内饰设计，提升企业自主创新能力。（这里的五层次研发体系指的是：第一层以"我"为主，强化核心技术能力建设；第二层与"世"俱进，充分发挥海外研发中心的功能和作用；第三层优势互补，产学研联合体充分互动；第四层放眼全球，与全球优秀供应商开展交流活动；第五层贴近市场，快速响应终端用户需求。

江淮汽车目前销售服务网点遍布中国大地；在国际市场，出口国家遍布美洲、非洲、中东、欧洲和东南亚等地区，销售和售后维修服务网点近几年也迅速增长，目前已有数百家销售服务网点，并在海外建设服务中心、备件中心库，缩短备件供应时间，持续提升终端顾客满意度。另外，在售后服务环节，江淮汽车提出"信息准确、快速响应、处理有效、顾客满意"的服务指导方针，建立快速响应的体系，为终端客户提供有力的售后支持。

工作实景

（2）建立海外生产基地

伊朗位于亚洲西南部，大部分为高原，人口 8000 万，面积 164.5 万平方公里，人均 GDP 约 5124 美元，汽车年销量约 165 万辆。当地产业政策鼓励 KD 组装，对整车进口征收高额关税，江淮汽车统筹调度公司资源，全力突破市场销售瓶颈。自 2011 年与伊朗合作伙伴签署合作协议以来，江淮乘用车的年销量从当初的 2000 余辆，逐步攀升至 2015 年的近 2.8 万辆，出口排名位居行业第二，终端市场占有率 2.6%。J3、J5、S5、S3 等出口车型在投放市场前，均进行了两万多公里的高强度路试，路线几乎环绕伊朗全境，历经三高区域。在生产环节，强化组装工厂的质量管控，确保下线产品质量。目前，根据伊朗政府对于地产化的要求及欧洲、日韩车企的强势回归，江淮汽车开始启动伊朗地产化工作，逐步提高地产化率。

（3）开发海外研发中心

"江淮汽车意大利设计中心"是江淮汽车 2005 年在意大利都灵独资设立的一家汽车设计公司，是贯彻"整合全球资源造世界车"理念的具体措施，该设计公司也是中国汽车企业在欧洲的第一家具有独立法人资格的设计公司，目前拥有来自 12 个国家的超过百人的设计团队，是具备国际一流水平的独立设计与研发基地。成立 10 年来，该设计中心在承接公司项目的同时，积极参与欧盟区政府支持的科研项目开发，与当地学术及科研机构紧密合作，积极引进国际先进设计理念、流程和系统，影响力不断提升。目前江淮汽车意大利设计中心承担着江淮汽车超过 80% 的新产品研发任务，全系列的新一代江淮汽车乘用车产品均是由意大利设计中心操刀设计，创立了独具特色的家族化造型风格。近年来意大利设计中心已有累累硕果，如和悦、和悦 A30、瑞风 M5、瑞风 S5、瑞风 S3、瑞风 S2，以及概念车江淮 SC-9 等。值得一提的是，概念车 SC-9 自从 2014 年北京车展发布后，在全球范围内获得多项荣誉，被全球著名汽车杂志 Car Design News 评为有史以来最好的十五台概念车之一，并击败众多国际竞争对手，被意大利国家汽车博物馆收藏展出，代表中国汽车在世界汽车博物馆占重要一席之地的意大利博物馆进行展示，向全世界展示中国汽车制造水准与中国汽车工业实力[⊖]。

江淮汽车意大利设计中心

⊖ 引自江淮汽车开展国际产能合作调查报告

第二节　企业如何开展海外投资、合作和并购等

一、企业如何发展海外投资

（一）充分熟悉海外投资环境

由于世界各国具体国情、政治体制、宗教信仰、经济发展状况等不尽相同，我国企业在实施"走出去"战略时应根据不同类型的国家分别采取不同的境外投资策略和模式。"一带一路"战略为我国企业"走出去"带来了巨大的机遇，同时也带来了不小的挑战。我国企业对国际投资环境相对陌生，对国际政治风险、金融风险、经营风险、创新风险等把握不够。与国内投资相比，国际投资影响因素更加复杂且相互叠加，往往会导致投资项目实际收益与预期收益间存在巨大差距。我国企业只有针对不同国家的特点，采取与之相适应的投资模式，才能使投资产生共赢的效果。

我国企业在非洲地区的投资比较多。这是因为我国企业在这些国家能够高效获取行政资源的支持与保护，抓住机遇与其政府展开深入合作，从而取得了巨大的成功。但是，有些国家政局动荡，且受国际政治影响较大，我国企业面临的风险较大，投资损失也不少。在多党派国家中，受各方势力影响，议会对投资透明度和生态环境保护等方面的理解以及政府预算支出往往多变，可能导致投资方向与决策力度的不甚统一。发达国家更重视对国家安全与高端技术的保护，并具有完善的法律制度对我国企业的投资进行限制。

鉴于此，我国企业在"一带一路"战略下开展海外投资时，既要考虑与东道国文化传统及风俗信仰的对接，也要考虑与东道国政治及法律制度的对接，正视不同社会文化的差异性，全面了解所在国家的历史传统、制度安排、媒体舆论、消费倾向乃至风俗习惯，从而制定灵活的战略。

（二）增强海外投资企业的环境责任感

《国际法》中的环境保护义务属于软法性质，并没有具体规定跨国公司的环境保护义务与环境损害责任，不具备严格的法律约束力。此外，各国环境

保护法律制度的发展程度也不甚一致。但我国企业在进行海外投资活动时不可借此逃避环境义务的约束，而应主动承担环境保护的责任。

第一，在双边投资协定中加入环境条款。国际投资法发展的趋势表明，随着环境保护意识的增强，越来越多的双边投资协定开始注意平衡东道国与投资者的利益，在重视投资者利益保护的同时，也注意保障东道国生态环境等社会福祉。在"一带一路"战略下，我国企业作为资本输出者，一方面要切实履行环境保护责任，另一方面也要意识到环境保护义务有可能成为某些国家设置环境壁垒和实行投资保护主义的手段。为减少其中的利益冲突，可考虑在双边投资协定中加入环境条款，这样既能明确我国企业进行海外投资时履行东道国环境义务的意愿，也能促使东道国环境规制措施符合非歧视、善意等要求。总之，我国企业在对投资国的环境保护义务上升为具有强制约束力的条约义务时一定要审慎，目前阶段仍然应以软法义务为主。

第二，利用我国国内法规对境外投资企业的环境损害行为进行规制。在不损害东道国国家主权的前提下，根据《国际法》中的属人原则，母国负有对海外投资者进行监管的权利和义务。我国亟须一部具有可操作性的专门针对海外投资环境保护的法规或法律。

（三）构建投资安全保障体系

构建投资安全保障体系是一个国家保障本国企业和公民海外投资利益的重要手段。司法救济是投资纠纷发生之后的一种救济方法，属于事后救济，而构建投资安全保障体系则处在纠纷发生之前，要通过军事或其他武装手段来预防东道国境内可能发生的动乱、恐怖袭击甚至武装冲突。我国企业海外投资过程中面临越来越多的人身和财产安全挑战，为应对这些挑战，迫切需要建立一支适应海外投资保障需求的安全保障力量。

（四）营造积极舆论，为海外投资保驾护航

我国经济实力与综合国力的大幅提升，世界经济格局正在逐步重新规划，由西方国家主导的传统强权利益分配体制客观上受到了挑战。西方媒体经常把我国企业的海外投资与我国的政治与军事战略意图联系起来，鼓吹"中国

经济威胁论""中国经济渗透说"等言论，想方设法遏制我国践行"走出去"战略。"中国高铁威胁论"几乎成了反对派攻击政府与我国投资项目的政论基础。

基于此，在实施"一带一路"战略时，我国应当在国际上营造积极的舆论，为我国企业海外投资保驾护航。其一，我国企业进行海外投资应落实互利共赢的理念，将投资与东道国的经济和社会发展结合起来，给东道国国家和民众带来看得见的利益；其二，我国应积极耐心地阐释和平发展的意图，我国企业海外投资应将经济效益与政治、军事意图区别开来，树立中国和平崛起、不称霸的大国形象；其三，推动中国"搭便车"理论，欢迎一切愿意参与"一带一路"建设的国家形成整体布局、协调合作、发展互利、团结共赢、睦邻友好、强邻富邻的战略合作伙伴关系，打造命运共同体。

（五）典型代表案例

1. 华能集团公司的海外并购与投资

华能集团公司是以发电为主业的综合能源集团，经营范围涵盖电力、煤炭、金融、科技及交通运输等产业。截至 2015 年年底，华能集团公司拥有境外装机容量超过 1000 万千瓦，分布在澳大利亚、新加坡、缅甸、英国、荷兰、墨西哥、巴基斯坦、柬埔寨 8 个国家；境外技术服务和技术出口分布在 20 个国家和地区。2016 年世界 500 强企业排名列在第 217 位，目前，华能集团公司拥有境内外全资及控股电力装机容量超过 1.61 亿千瓦。

华能集团公司认真贯彻落实国家关于实施"走出去"战略的决策部署，积极利用"两个市场、两种资源、两类规则"，积极融入国家"一带一路"重大战略，为公司加快"走出去"工作、推动创建世界一流企业做出了积极贡献。

1）收购海外电力项目，在中国发电企业中率先"走出去"。2003 年，华能集团公司收购澳大利亚电力公司 50% 的股权，这是中国发电企业首次在发达国家收购电力资产，开创了中国发电企业"走出去"的先河；2008 年，华能集团公司收购新加坡大士能源 100% 股权，成为新加坡发电市场和电力零售市场的重要参与者；2011 年，华能集团公司收购国际电力公司 50% 股权，进一步扩大了华能集团公司国际化经营的布局和范围，增强了国际化发展的实力。收购后，华能集团公司参与境外合资公司和所属电厂的经营和管理，加大对项目的经营、财务监督和技术支持力度，目前项目运行平稳。

华能集团海外电力资产外景

2）境外投资建设电力项目，实现境外项目从建设到生产运行的全方位管理。2009年，华能集团公司以BOT方式建成了缅甸瑞丽江一级水电站。2013年、2014年，华能集团公司在新加坡裕廊岛建成投产登布苏热电多联产项目一期工程和二期A项目。华能集团公司积极参与中巴经济走廊建设，于2015年开工建设巴基斯坦萨希瓦尔两台66万千瓦燃煤电厂项目，预计2017年年底投产。同时，华能集团公司在柬埔寨等国家的电力项目开发建设工作也正在有序推进。

3）推动能源技术服务、金融服务"走出去"，实现了能源、金融等多领域的海外合作。华能集团公司以西安热工院为主体，向国际市场提供机组性能试验、机组调试、设备监造、技术咨询等多项服务。"绿色煤电计划"天津IGCC示范工程的核心技术、华能集团公司自主开发的二氧化碳捕集技术，在国际能源市场得到认可。积极开拓海外金融市场，通过海外上市、发行债券、引入国际战略投资者等多种方式参与国际金融合作，华能集团公司永诚保险公司于 2015 年入驻中国－白俄罗斯工业园。金融产业正在为华能集团公司"走出去"发挥越来越重要的支撑作用。

华能集团海外电力项目外景

4）加强国际产能合作，推动中国装备"走出去"。华能集团公司高度重视与国内企业的合作，与国机集团、东方电气、中国电建、上海电气、中国建筑等企业建立战略合作伙伴关系，发挥各自在技术、资金、人才、市场、电源、设备、开发等方面优势，实现"联合出海"。积极落实国家国际产能合作政策，境外新建电力项目优先选用中国制造设备，有力地促进了中国装备"走出去"[⊖]。

2. 沈阳鼓风机集团股份有限公司（以下简称沈鼓集团）的海外投资

1）南亚市场。沈鼓机电设备进出口公司自 2005 年以后进入了高速发展的阶段，随着印度市场的进入，高炉用鼓风机屡接订单，从 2007 年更是通过印度合作伙伴实现了小型交钥匙工程的订单突破。

2）中东市场。2008 年，沈鼓机电设备进出口公司开始着手开发以伊朗为

⊖ 引自华能集团公司开展国际产能合作调查报告

代表的中东市场，通过连续 3 年参加德黑兰的石油展会，让更多的伊朗石油公司认识了沈鼓，并在 2009 年初获得了两台套炼油用离心压缩机订单，实现了伊朗市场的突破。凭借这两台机组随后的良好执行、顺利交货及完美的安装调试投产，取得了更多伊朗用户对沈鼓品牌的认可。2011 年，经过不懈的努力与工作，沈鼓机电设备获得了 SOUTH PARS 项目中 3 期项目的共 18 台离心压缩机机组订单，该订单实现了沈鼓在海外油气市场上游市场的供货突破，实现订货近 6 亿元人民币。2013 年 9 月，沈鼓在伊朗国家会议中心举行了一场大型的伊朗油气行业沈鼓专场推介会。此次推介会主要目的为推介"中国制造"，结合着沈鼓及配套的各家优秀供应商的优秀产品展开了一次对所有业主的推介活动，为其他优秀的"中国制造"制造商们打开了伊朗市场的大门，同时让更多的伊朗客户真正了解了"中国制造"，会上及会后达成了多项合作意向，也让中国制造商们找到了合适的销售途径。随着伊朗成为中国"一带一路"沿线国家，中伊双边贸易和合作将不断深入，沈鼓也将继续利用已有的市场业绩继续开发其周边市场，以期在中东市场取得更好业绩。

3）借船出海、借力而行。沈鼓集团凭借国内重大装备产品首台首套的技术优势，以及国内众多知名央企战略合作伙伴关系的优势，借助国内"一带一路""走出去"战略的东风，与多家总包成套公司进行战略合作，先后在哈萨克斯坦、吉尔吉斯斯坦等中亚区域实现了"借船出海"，增强了沈鼓集团在中亚区域的品牌影响力，提供绿色、节能、高质量的产品以及满意周到的服务，获得了国内工程公司以及海外业主的高度赞扬和一致好评。沈鼓集团通过与国内 EPC 公司合作，参与海外项目可研、投标、设计以及加工制造工作。通过互通有无，经验共享，大幅提高企业技术能力。通过参与国内工程公司海外 LNG 项目可研设计工作，大幅提高沈鼓集团压缩机在 LNG 领域的设计能力，掌握了 LNG 压缩机在连续低温工作状态下的运行能力，进而提升企业的核心竞争力，向压缩机国际化和世界级迈出坚实的一步。"十三五"期间，沈鼓集团将乘中国公司海外投资之大船，借国家"一带一路"战略之东风，勠力同心，锐意进取，打造海外品牌优势，将"Made in China"推向世界，走向全球[⊖]。

　　⊖ 引自沈鼓集团开展国际产能合作调查报告

沈鼓集团销售展位图

二、企业如何开展海外并购

（一）企业的海外并购业务

"一带一路"建设不仅可以带来全球基础设施建设高潮，而且能够开拓全球产业转移的新途径。近年来，全球范围内正掀起基础设施建设热潮，二十国领导人和全球主要经济体领导人都把基础设施建设看作拉动全球经济增长的重要手段和措施，发达国家和地区急需更新落后老化的基础设施，发展中国家和地区更需要完善基础设施，实现互联互通。然而，当前全球现有的投融资体系无法满足和适应大规模基础设施建设需求，而中国提出的"一带一路"战略、倡导的亚洲基础设施投资银行（以下简称亚投行）在一定程度上能够缓解这一问题，能够在这方面走出一条新路，将在相当程度上解决基础设施建设问题，为亚欧地区的互联互通建设注入新活力，形成新的国际基础设施建设模式，这也将掀起全球国际投资新浪潮。

"一带一路"战略的实施将对中国企业海外并购活动产生重大影响：海外

投资重心区域发生转移，即从欧美发达国家和地区转向中亚、东欧、非洲等发展中国家和地区；投资重点行业转移，高铁、电力、通信、工程机械等将成为投资重点；资金融通方式发生变化，亚投行、金砖银行、丝路基金等都能为开展海外并购活动的中国企业提供多元化和全方位的融资服务，而人民币国际化的不断推进也为中国企业开展海外并购项目拓宽了融资渠道；中国企业海外并购主体转换，即在国有企业海外并购的基础上，民营企业海外并购迅速跟进，形成了国企和民企并举的局面，有助于提升中国企业的国际竞争力。

（二）典型代表案例——中国石油并购哈萨克斯坦MMG公司的成功经验

曼格什套油气股份公司（英文名称：JSC Mangistau Munai Gas，简称MMG公司）是2009年中国石油在海外收购的最大规模在产油田，也是当年世界油气行业第三大并购交易，总交易金额33亿美元，于2009年11月25日完成交割，由中国石油和哈油派出的管理层实行50∶50等权管理、等权决策、文件双签。

1. 并购过程

中国石油针对跨国并购后交接过渡期常常出现的生产经营业绩下滑、骨干员工流失、因民族情绪导致的劳资双方对立、管理混乱失灵、资金流失和商务法律风险增大等问题，在交割前拟定的接管计划中，新管理层即提出了保持"三个稳定"（保持原油生产稳定、保持经营管理稳定、保持员工队伍稳定）和实现"三个确保"［确保生产安全、确保资金安全、确保商（务）法（律）安全］的工作目标，通过持续优化投资、严控成本，强力促进运营管理整合，积极实施优化注水、水平井应用、提高采收率三大工程等措施，成功克服重重困难和风险，实现了平稳交接，顺利过渡。接管三年多来，与收购前评价预期相比，MMG公司多生产原油300多万吨，累计回收资金29.9亿美元，实现了远超预期的经济回报。

中石油海外施工作业图

2. 并购经验

几年来，通过有效的运营整合管理和文化融合，中国石油收购 MMG 公司取得了巨大成功，主要经验与做法包括：

1）制订战略，提升管理，明晰发展思路。MMG 公司聘请专业管理咨询公司，对公司管理进行诊断分析，明确公司价值观、愿景和使命，并结合中国石油"十二五"规划制定公司发展战略，确定各阶段重点工作，并成立专门的战略发展委员会负责战略实施和回顾。

2）整合技术资源，增储上产，夯实基础。充分发挥中国石油整体优势，积极推进区块开发工作；针对区块主力油田含水高、递减快，措施增油和经济效果变差的形势，组织技术力量对油田资源、地质油藏、开发动态、剩余油分布、油水井状况、措施效果等进行研究，借助集团公司技术优势提高油田开发水平和效果，降低生产运行成本，树立了中国石油的技术品牌。

3）协调配合，加强控制，探索等权管理机制。结合等权管理机制对公司主要业务流程梳理再造，重新建立新的高效管理流程，大幅提升管理素质；超前工作，接管前预先主导并完成了 MMG 公司 55 个新工作流程和制度的编写，保障了中方对实际工作的控制；整合相关资源，实现管理前移和靠前决策；加强与哈方的协同配合，强调共同利益，实现和谐双赢。

中石油海外施工作业图

4）积极应对，妥善处理，确保接管阶段队伍稳定。针对接管之初周边地区的罢工浪潮和工会的强势施压，坚持以人为本，强化沟通交流，妥善处理员工诉求，逐步适度提高员工福利待遇和改善现场办公食宿条件；强化员工培训，改进技能，最大限度地发挥员工的积极性、主动性与创造性；对于工会不合理的要求，结合哈萨克斯坦相关法律逐一驳斥，通过反复谈判于 2010 年 7 月与工会签署新集体劳动合同，最大限度保护了投资者利益，保持了生产平稳运行。

5）严控成本，优化投资，实现经济效益最大化。建立全面预算管理制度，增加节点控制，严格预算调整变更审查；实现财务集中统一管理，提高资金使用效率；深入研究哈萨克斯坦税法，精心筹划税收，合理避税；建立完善了招投标制度，降低采收价格，降本增效。

6）做好文化融合，支持社会公益，营造良好的外部环境。倡导相互尊重、相互理解、相互信任、相互支持的工作氛围，着力在中哈方员工中培育团结一致、和谐共赢、拼搏创新的企业精神和共同价值观；整合利益相关者关系，主动与国家相关部门、州区政府沟通交流，与工会保持良好关系，适度有效地参与支持当地社会公益活动和社会项目，赢得当地民众的高度赞誉，树立负责任的国际大公司的良好形象[⊖]。

中石油海外工厂外景

第三节　企业海外典型重大项目进展和完成情况

本节旨在介绍我国目前几个具有典型性代表的重大项目的进展和完成情况，以期为我国企业开展产能合作项目提供有价值的参考经验和案例支持。

一、中亚天然气管道

中亚－中国天然气管道（简称中亚天然气管道）是我国修建的第一条跨

⊖ 引自中国石油开展国际产能合作调查报告

国长输天然气管道，是我国与中亚各国构建能源供求合作关系的成果。中亚天然气管道横跨土库曼斯坦、乌兹别克斯坦、哈萨克斯坦和中国 4 个国家，由中国新疆霍尔果斯进入中国境内，与西气东输二线相连，境外管道总长为1833 公里。2008 年 6 月 30 日管道正式开工建设，2009 年 12 月 A 线投产，2010 年 6 月 B 线建成通气，2014 年 6 月 C 线投产。目前，A/B/C 三线已建成 530 亿方 / 年输气能力，中亚天然气进口量已占我国同期天然气进口总量的半壁江山，为快速增长的国内天然气市场需求提供了有力保障。中亚天然气管道涉及四国多家利益相关方，各国之间技术、商务及法律规范各不相同，在此背景下，中亚天然气管道公司从整体运营设计需要，精心打造建立了"四国七方跨国协调机制"，对确保项目有效实施起到了至关重要的作用。

中亚 – 中国天然气管道项目现场

二、苏丹石油合作项目

苏丹石油合作项目是中国石油在海外投资最早、规模最大、效益最好，也是最成功的项目之一。1995 年 9 月，巴希尔总统访华时提出，希望中国公司到苏丹勘探开发石油，中国石油与苏丹政府签订了苏丹 6 区勘探开发产品分成协议，拉开了中苏石油合作的序幕。秉承"互利共赢、合作发展"的理念，中国石油帮助苏丹政府建立了一套集勘探开发、管道运维、炼油化工、成品油销售和工程作业服务为一体的完整的现代化石油工业体系。石油工业成为苏丹经济发展的支柱产业，21年来，苏丹项目累计为当地政府贡献财政收入约600亿美元，创汇约400亿美元，极大地促进了苏丹经济发展和社会稳定，为深化中苏两国传统友谊做出了突出贡献，堪称"南南合作的典范"。

苏丹石油合作项目外景

三、 中国联通国际通信基础设施

在国际通信基础设施基本情况方面，截至2015年年底，中国联通国际通信基础设施主要分为四部分:国际海缆、境外 PoP、境外陆缆、跨境陆缆系统。

1）国际海缆：中国联通在23条国际海缆中拥有容量，容量总数约4708G，可直接通达太平洋、大西洋、印度洋沿岸的主要国家和地区。

2）境外 PoP：中国联通在境外设有25个自有 PoP，分布在亚太、北美和欧洲。

3）境外陆缆：目前，中国联通境外陆缆主要分布在缅甸，即"中国－缅甸国际陆缆"（简称"CMI"项目），该项目是第一个由中国运营商独自在一个主权国家领土内建设的一条国际陆地穿境光缆，全长近1500公里。

4）跨境陆缆系统：即跨境陆地光缆传输系统，目前，与我国接壤的共有14个国家和地区，除阿富汗和不丹外，均有跨境陆缆系统（含在建系统）连接。

中国联通国际通信基础设施

中国联通正在参与建设的"一带一路"相关的国际海缆项目有如下进展：

（1）亚洲 - 非洲 - 欧洲1号国际海底光缆项目（简称AAE-1海缆）。该项目东起中国香港地区，向南经越南、柬埔寨，至泰国，经陆地光缆至印度洋，向西连接新加坡、马来西亚、缅甸、巴基斯坦、印度、阿曼、卡塔尔、阿联酋、也门、沙特阿拉伯等国家，至埃及，经陆地光缆至地中海，再向西连接希腊和意大利，终端至法国。

（2）亚太直达国际海底光缆项目（简称APG海缆）。该项目北起韩国和日本，途经中国大陆、中国香港、中国台湾和越南、泰国，向南直到新加坡和马来西亚。

（3）亚非欧5号国际海底光缆项目（简称SMW5海缆）。该项目东起新加坡，经泰国、马来西亚、缅甸、斯里兰卡、印度、沙特、埃及、意大利，终端到法国。

上述项目建成后，将为中国提供直达西亚、南亚、非洲和欧洲的超大容量传输网络，将极大满足中国国际通信自身发展和业务需求，并进一步奠定中国作为区域性国际信息转接服务商的地位。

2015年中国联通规划建设的国际通信项目有：通过红其拉甫边境与巴基斯坦建设1×10G光传输系统；通过伊尔克什坦边境与吉尔吉斯斯坦建设1×10G和100GDWDM光传输系统；通过卡拉苏边境口岸与塔吉克斯坦建设100GDWDM光传输系统；通过樟木边境口岸与尼泊尔建设光传输系统。未来，中国联通还计划在东盟主要国家内新建PoP点，扩容现有的中越、中老、中缅等国际陆地光缆的传输能力，建设中缅第二条陆地光缆等。同时，在境内网络方面，中国联通不断完善"一路一带"省份网络结构，提升网络能力。

综上，中国联通紧密围绕国家"一带一路"战略，通过上述已建、在建和拟建项目，不仅提升了"一带一路"相关省份的信息化水平，还逐步实现了中国联通通信网络"走出去"的战略，与"一带一路"沿途的合作伙伴们在通信基础设施上实现了互联互通，更为沿途电信运营商提供了极大的商机，为国家"一带一路"战略的实施和推进打下了坚实的通信基础，为保障战略的实现提供全方位和优质的通信服务。

四、中国华能项目建设

（一）缅甸瑞丽江一级水电站项目

缅甸瑞丽江一级水电站项目位于缅甸瑞丽江上，装机60万千瓦，电站采取BOT方式建设运营，运营40年后移交缅方。该电站6台机组于2009年5月全部投产。在电站的运行管理过程中，针对缅方人员专业技能较差的实际情况，通过"中方为主，缅方为辅"的管理方式，保证了电站运行管理的稳定性，同时培养了缅方人员的专业知识技能，为将来电站运营实施"中方为辅，缅方为主"的本土化战略奠定了基础。该项目的建设有利于改善缅甸电力紧缺的局面，带动当地经济发展，对促进中缅电力合作，推动国家"一带一路"战略稳步实施起到了积极的推动作用。

缅甸瑞丽江一级水电站项目外景

（二）新加坡大士能源改（新）建项目

2008 年，华能收购了新加坡大士能源 100% 股权，总装机容量为 267 万千瓦，占新加坡市场份额的 26%，随后，开展了大士电厂联合循环燃气发电机组改建（CCP5）项目和裕廊岛登布苏水电气一体化新建项目。CCP5 项目是以 40 万千瓦联合循环燃气机组替代原有技术落后的 60 万千瓦燃油机组，项目的实施显著提高了大士电厂的技术装备水平，巩固了大士能源的竞争优势。项目 2011 年初开工，2013 年正式投产。登布苏水电气一体化综合项目规划总投资 20 亿新元（约合人民币 100 亿元），是新加坡第一座也是目前唯一一座以煤为主要燃料的电厂，通过燃用低硫煤、掺烧生物质（20%）、煤炭运输和存储封闭化、污水无害处理及循环使用、灰渣无害处理等各种技术手段，实现了煤炭的清洁利用，各类排放物指标均达到新加坡的环保标准。

在项目的管理中，通过沿用原有的董事会管理方式，以"控制风险、增加效益、促进发展"为主旨，通过控制董事会、抓住高管层、把握大事件、强化资金管理、完善预算激励等方式，从人的角度充分调动和发挥当地人才的管理优势，从财的角度加强对大士资金政策的控制，充分发挥华能和大士的各自优势，实现董事会治理模式下对大士有效率、有效果的管理。大士能源改（新）建项目的实施进一步巩固了大士能源在新加坡的市场竞争力和社会影响力，展现了良好的华能形象，为中资企业走出去响应国家"一带一路"战略起到了良好的示范效应。

新加坡大士能源改（新）建项目外景

（三）巴基斯坦萨希瓦尔燃煤项目

巴基斯坦萨希瓦尔燃煤电站位于巴基斯坦旁遮普省，装机 2×66 万千瓦。项目已于 2015 年 6 月正式开工，目前项目进展有序推进，预计 2017 年年底建成投产。项目实施过程中，通过充分与国家相关政府部门沟通，得到了中巴两国高层领导的高度关注，项目实施相关的审批、许可、融资、土地、电费回收等核心问题得到有效解决，施工建设快速推进，赢得了巴方的高度赞赏，树立了良好华能形象，培养了国际化人才，为后续实施产业链培育与布局打下了坚实基础。项目建成后将为巴基斯坦电网提供有力支撑，有效缓解巴基斯坦当地的电力短缺现状，促进当地经济发展，有效推动中巴经济走廊建设和国家"一带一路"战略的实施。

巴基斯坦萨希瓦尔燃煤项目预期成果

（四）柬埔寨桑河二级水电站项目

柬埔寨桑河二级水电站项目位于柬埔寨上丁省，装机容量 40 万千瓦，以 BOT 方式进行开发，特许经营期 45 年（含建设期 5 年）。项目已于 2014 年初开工，目前项目进展有序推进，预计 2018 年投产发电。项目开发过程中，华能集团结合当地经济发展水平和劳动力就业现状，合理雇佣当地人员参与电

柬埔寨桑河二级水电站项目实地外景

站建设，解决当地劳动力就业问题，提高周边群众生活水平。同时，中国华能结合周边群众的实际情况，定期慰问周边的贫困、孤寡老人，改善周边学校的教学设施，开展有效的帮扶活动，切实履行了企业的社会责任，赢得了周边群众和当地政府的一致好评。该项目的建设有利于改善柬埔寨电源结构和生态环境保护，有利于加快湄公河流域水电资源开发和带动当地经济发展，对促进中柬经济、电力合作，落实"一带一路"战略的实施起到积极的推动作用。

（五）科技合作项目

华能集团以技术服务和技术咨询为主，科技产业"走出去"取得积极进展。在巴基斯坦、印度、土耳其、白俄罗斯、印度尼西亚等"一带一路"沿线各国在内的近20个国家和地区，提供机组性能试验、机组调试、设备监造、技术咨询等多项服务。自主研发的IGCC核心技术、二氧化碳捕集技术，在国际能源市场得到认可。此外，在清洁能源开发、碳资产管理领域，华能与10多个国际知名能源企业、科研院所等广泛开展国际合作，国际影响力不断提高。

五、中广核电力项目

（一）罗马尼亚切尔纳沃德核电站3、4号机组项目

2013年11月25日，在李克强总理和时任罗马尼亚总理的维克多·蓬塔的见证下，中国国家能源局与罗马尼亚经济部能源署签署了《关于核电项目合作谅解备忘录》；中广核与罗马尼亚国家核电公司签署了《关于合作开发罗核项目的意向书》。2015年11月9日，中广核与罗马尼亚国家核电公司正式签订《切尔纳沃德核电3、4号机组项目开发、建设、运营及退役谅解备忘录》，该备忘录为包含罗核项目投资、融资、建设、运营及退役等内容的全寿期框架协议。罗核项目作为罗马尼亚近二十年来最大的投资项目，将对作为欧盟和北约东大门的罗马尼亚就业增加、产业带动、GDP提升及欧洲地缘政治产生深远的影响，同时也为我国的"1+16"和"一带一路"战略的实施注入强劲动力。从2015年12月开始至今，中罗双方就项目合资公司股东协议、公

司章程以及关键条款文本进行了数轮谈判。目前，罗核项目落地并成功实施的基本面十分看好。

罗马尼亚切尔纳沃德核电站实地外景

（二）英国欣克利角C核电项目

2015 年 10 月 21 日，在国家主席习近平和时任英国首相卡梅伦的见证下，中广核贺禹董事长与 EDF（法国电力集团）首席执行官 Jean·BernardLevy 在伦敦正式签订英国新建核电项目投资协议，集团牵头的中方联合体将与 EDF 共同投资建设英国欣克利角 C 核电项目，并共同推进塞兹韦尔 C 和布拉德韦尔 B 两大后续核电项目，其中布拉德韦尔 B 项目拟采用"华龙一号"技术。中广核集团与 EDF 原定于 2016 年 7 月 28 日至 29 日在伦敦正式签署欣克利角 C（HPC）项目最终投资决策（FID）相关股权转让与项目合作、与该项目捆绑同步生效的布拉德韦尔 B（BRB）项目控股权向中方转让合作、塞兹韦尔 C（SZC）项目开发阶段合作、华龙技术通用设计审查合资合作等一揽子合作协议。与此同时，双方已启动各项股权转让与资金交割等交易安排的准备工作，并拟通过在 HPC 现场联合开展活动，正式对外宣布启动面向英国新建核电市场的实质性合作。此前，英国政府也同意同步签署为 HPC 项目所提供的收入保障等政府性协议，并参与 HPC 现场的 FID 仪式。7 月 28 日，英国政府临时决定推迟 FID，声称"英国需要可靠和安全的能源供应，政府相信核能是能源组合中的重要一环，政府会仔细考虑此项目中所有的因素，在今年秋天早些时候将做出最终决定"。英国政府的这一临时调整充分体现了该项目的复杂性和重要性[⊖]。

六、浙能集团电厂投资项目

自 2015 年以来，浙能集团对以东南亚地区为主的多个燃煤电厂投资项目开展了合作洽谈、实地调研，但尚未实质性启动项目申请、IPP 投标等工作。主要跟踪的项目有：

1）印尼占碑 2×660 兆瓦煤电 BOT 项目。本项目位于印尼苏门答腊岛的占碑省，该地区拥有丰富的煤矿资源。根据印尼国家电力公司（简称 PLN）的最新规划，项目装机容量 2×60 万千瓦，性质为 IPP（Independent Power Producer）的坑口电厂项目。公司已组织实地考察，目前正与印尼合作方积极洽谈中。

2）孟加拉国 Mirsharai 2×660 兆瓦燃煤电厂工程 BOO 项目。本项目位于孟加拉国吉大港市 Mirsharai 经济区，是基于建设、拥有和运营（BOO 模式）的独立发电厂（IPP）项目。目前正与合作方积极准备项目主动申报所需的各类资料。

3）印尼巴淡岛垃圾焚烧发电项目。项目位于印度尼西亚 RIAU ISLANDS 省的巴淡岛，项目计划以 BOT 模式，建设一座日均处理量约为 800～1200 吨/天的垃圾焚烧发电站，给予 25 年的运营期（含建设期），之后移交或再签署延期运营协议。目前正和合作方进一步洽谈项目信息。

4）土耳其 Selena 项目。该项目位于土耳其哈塔伊省（地中海东北部），计划建设 900MW 超临界燃煤机组。项目发起方已经拿到项目开工建设前所需的全部许可。电站许可经营期限 49 年。目前正与合作方开展密切交流。

5）蒙古国 Erdenetsogt 燃煤电厂项目。本项目位于蒙古国 Dornogovi 省，距离中蒙国际铁路 85 公里，距离中蒙边境线 200 公里。项目总装机 600 兆瓦，可以分期建设。该地区拥有丰富的煤炭资源，煤炭品质以褐煤为主。项目的

⊖ 引自中广核开展国际产能合作调查报告

PPA 协议已于 2015 年签订。目前正和合作方积极洽谈[⊖]。

浙能集团电厂海外投资项目外景

七、国家电网项目

（一）土耳其凡城600兆瓦换流站工程

该项目是土耳其与伊朗背靠背直流联网项目的Ⅰ期工程，通过土耳其东部凡城 600 兆瓦背靠背换流站，与当地变电站相连并入土耳其电网。项目建成后将显著提升土国内电网网架结构及运行的可靠性和安全性，对于改善该地区能源布局、实现土伊两国电网互联和电力互送将起到积极促进作用。该工程是国家电网公司直流输电自主知识产权在欧洲国家的首次运用，工程设备国产化率可达 90% 以上，是中国直流输电技术、装备和 EPC 业务"走出去"的新突破，对促进"一带一路"、国际产能合作以及基础设施互联互通，加快构建全球能源互联网具有重要意义。

⊖ 引自浙能集团开展国际产能合作调查报告

（二）埃塞俄比亚GDHA500千伏输变电工程

该项目新建 2 座 500 千伏变电站、扩建 3 座 400 千伏变电站，新建总长 1380 公里的 500 千伏输电线路，500 千伏变电站串补和 SVC 设计容量均居世界首位，是目前东部非洲地区线路最长、电压等级最高、输送容量最大的输变电工程。工程投资 14.58 亿美元，2015 年 12 月 22 日建成竣工，用时 22 个月。工程建设秉承"安全可靠、自主创新、经济合理、环境友好、国际一流"原则，大量使用中国电力技术和标准，带动服务类出口约 15 亿元人民币、设备出口 30 亿元人民币，工程电工电气设备国产化率达 95%，工程一次带电成功，国内外 130 余家合作单位、约 1.47 万名中埃工人参与建设，是国家电网公司落实"一带一路"、国际产能合作的典范工程。工程顺利竣工交付，标志着埃塞俄比亚电网进入 500 千伏电压等级时代，显著改善埃塞俄比亚电网结构和首都地区电力供应紧张等问题，对促进埃塞俄比亚清洁能源转化外送、全球能源互联网建设以及我国电力技术和标准输出都具有积极作用，在埃塞俄比亚电力工业发展史上具有里程碑意义。

埃塞俄比亚 GDHA500 千伏输变电工程外景

（三）埃及EETC500千伏国家主干网升级工程

该项目新建 15 条总长 1210 公里 500 千伏同塔双回交流输电线路，总工期 18 个月，项目投资约 7.6 亿美元。2016 年 1 月 21 日，在中国国家主席习近平、埃及总统塞西的见证下，国家电网公司与埃及电力及新能源部签署项目合同，是中国－埃及产能合作框架下首个正式签约项目，中电装备公司以 EPC 模式建设该工程。项目建设可带动埃及乃至中东地区电源、电工装备、原材料等上下游产业全面升级，为埃及当地创造约 7000 个就业岗位，实现中埃双方互利互惠、合作共赢。工程建成后，将显著提升埃及尼罗河三角洲地区燃气电站电力送出能力，增强埃及国家电网整体网架结构安全性，对促进埃及经济发展、电力能源合理利用产能意义重大。

埃及 EETC500 千伏输电项目是国家电网公司"走出去"发展的又一重大成果，实现了工程总承包业务在中东地区的突破，将促进全球能源互联网、国际产能合作与互利共赢，有力带动中国超高压输电技术、装备和工程总承包一体化"走出去"，务实推动中埃电力领域产能合作。2016 年 6 月 30 日，埃及 EETC500 千伏国家主干网升级工程尼罗河大跨越完成施工，跨越塔高 174.8 米，跨距 910 米。

埃及 EETC500 千伏国家主干网升级工程外景

（四）美丽山二期项目

2015 年 7 月 17 日，国网巴西公司独立中标美丽山水电送出二期项目。项目建设期 50 个月，计划投入商业运行日期为 2019 年 12 月 2 日。项目静态总投资约为 70 亿雷亚尔，动态投资为 94.1 亿雷亚尔，初始年度监管收入（RAP）为 9.88 亿雷亚尔。项目特许经营权为 30 年。项目工程范围包括新建一回 2518 公里 ±800 千伏特高压直流输电线路及两端欣古换流站（Xingu）和里约换流站（Rio）。线路跨越帕拉州、托坎廷斯州、戈亚斯州、米纳斯州和里约州；以及在受端换流站新建两台同步调相机，在受端侧新建两条 30 公里 500 千伏单回线路等交流配套工程。此外，二期项目还需牵头负责与一期项目、水电站及交流系统的控制保护和系统安全稳定协调。通过中标并实施美丽山一期、二期项目，可以推动中国特高压技术走向世界，促进中巴两国扩大经贸合作，提升我国民族装备业的全球竞争力。

国网美丽山二期项目中标现场

（五）波兰工程总承包项目

2013 年 6 月，平高集团有限公司在国家电网公司以及中国驻波兰使馆经参处等部门的支持下，开始参投波兰国家电网公司 EPC 项目，先后中标并签署了 400 千伏日多沃、220 千伏波莫扎内、400 千伏科杰尼采、220 千伏格林卡、

400 千伏格但斯克五个项目，累计合同金额达 15.7 亿元人民币，实现了国家电网公司在欧洲 EPC 项目的零的突破。波兰工程总承包项目的签订，标志着中国国产高压开关设备成功进入欧盟市场，是国产电工成套装备发展的重大里程碑，加快了平高集团有限公司"走出去"的步伐，为进一步拓展欧洲市场奠定了良好的基础。项目建成后，将极大地提高波兰电网的稳定性和电力供应能力，并为波兰与德国电网联结建设增添助力，促进波兰经济的发展[一]。

波兰工程总承包项目外景

八、陕西有色集团项目

陕西有色集团铝产业主要布局在铜川市和榆林市，重点企业是陕西美鑫产业投资有限公司（以下简称美鑫公司）和陕西有色榆林新材料集团有限责任公司，合计具备年产 80 万吨电解铝生产能力，同时正在美鑫公司新建年产 30 万吨电解铝生产线。

印尼是中国最大的铝土矿来源国，但随着印尼铝土矿出口禁令的实施，大大增加了国际铝土矿市场供应的不确定性，也使众多中国企业面临另辟矿

○ 引自国家电网开展国际产能合作调查报告

源的问题。面对铝土矿进口难度增加的严峻形势，陕西有色集团积极寻求解决方案，既要保证国内铝土资源的储备，又要稳固公司在国际铝土资源市场的占有率。经长期跟踪，审慎研究，为了有效控制和降低成品矿进口成本，保证电解铝生产基地的原料供应，陕西有色集团拟利用印尼丰富且品位高的铝土矿资源在当地建设氧化铝项目。

2013年，陕西有色集团开始对印尼铝土矿资源进行宏观考察，组成了商务考察团和技术考察团到印尼开展了综合考察，重点考察了印尼政治经济、商务和法律及开发配套条件等情况，并对拟合作方印尼公司所属矿产资源进行了核查。根据考察情况，为加快推进合作进程，陕西有色集团成立了印尼氧化铝合资项目工作领导小组。

2014年，陕西有色集团到印尼与当地公司和国内合作企业就合作内容和方式等有关事项进行了深入洽谈，形成了依托当地丰富优质铝土矿资源，以工业园区为承载，开发和建设氧化铝及配套设施的总体投资意向。

2015年，陕西有色集团组团赴印尼对项目选址进行了可行性调研，并与当地公司商谈了合资公司组建及运行相关的法律法规等问题。2015年9月，陕西有色集团联合渝能国际（香港）有限公司、PT DANPAC RESOURCES KALBAR、北京君道科技发展有限公司在西安召开创立大会，共同出资在印尼设立了陕西有色印尼有限责任公司，全面负责印尼铝土矿资源开发项目的筹备、建设及运营工作[⊖]。

⊖ 引自陕西有色集团开展国际产能合作调查报告

第三章
企业参与国际产能合作的挑战与应对

第一节　人才培养与储备

一、国际人才常规化

人力资源是企业跨国经营过程中的核心资源。目前，在竞争激烈的国际人才市场，中国企业处于较劣势地位，加强企业管理，培养跨国管理人才是企业永恒的主题，亟须一批既精通外语，熟悉国际惯例、电子商务、国际市场，又具备较高管理技能、较强的公共关系技能和适应能力、强烈的开拓精神和献身精神的高级管理人才投入到激烈的国际化竞争中。

（一）国际人才培养

企业文化是企业人才培养的摇篮。额勒赛项目公司在中国华电《华电宪章》和香港公司"行动家文化"的指引下，结合境外实际，通过反复分析、提炼、提升，提出"主动进取、忠诚敬业、团结协作、攻坚克难、创新优化、追求卓越"企业精神，形成具有额勒赛特色企业文化体系。

额勒赛项目公司坚持在磨炼中培养人才、在实战中选拔人才。工程建设之初，项目公司人员不到10人，随着项目的深入发展，人才队伍也在不断扩大。员工中有从事水电行业多年、经验丰富的干将，也有初出茅庐、略显稚嫩的大学毕业生，人员构成以中青年为主，这些员工中五分之四的人员通过外聘、借调等方式进入项目。经过 6 年多的磨炼，额勒赛项目公司基本形成了具有丰富水电基建管理经验人员为骨干，从事过海外工程管理和有较好外语沟通水平的人员为支持的国际化人力资源队伍。

（二） 人才梯队布局

江淮汽车根据国际业务整体的战略发展目标，高度重视国际化人才规划与培养，创新培养模式，聚焦国际营销、服务、技术、管理等方面人才的培养，加快实施国际化人才战略储备，积极输出员工派驻海外市场，同时实现外派员工的有效管理，打造江淮汽车"十二五"国际化人才工程。

1）"引进来、走出去"，系统培养国际化人才。近年来，江淮汽车通过国际化人才规划与培养，以外部引进与自主培养的方式相结合，形成各类人才队伍：对内依托营销服务大师工作室，系统开展营销服务人才梯队建设及能力提升工作；对外充分利用海外营销服务中心这一平台，实现了国际化人才（包括国际化营销人才、技术人才、客户服务人才、经营管理人才等）的培养成才，并积极响应海外市场的需求，将江淮的国际化人才输出到各个海外市场，利用市场去锻炼人，提升人才的综合能力。

2）构筑"横向分层次、纵向分专业"的各类人才培养模式。系统策划开展管理类专项培训，加强管理类员工能力提升培训、组织文化建设，拓宽国际化视野，为公司海外业务拓展培养高水平管理人才。

3）持续推进营销关键人才建设，借助海外营销中心平台，积累国际化工作经验；以营销技能大赛的平台帮助关键人才更好地实现能力提升；根据市场需求，开展英语、西班牙语的培训，组建语言翻译小组，多种形式提升关键人才的语言水平及应用能力。

4）持续推进服务关键人才培养。一方面借助大师工作室平台，整合人才培养资源，拓宽人才成才之路，提升人才培养能力和成效；另一方面，通过与大中专院校合作，招聘、定向培养了一批国际市场维修技师后备人员，极大加强了海外市场服务力量，赢得了客户满意。

二、基层人员的国际化

这里的"基层人员"主要是指国内企业一般人员。在各层次教育及上岗前教育课程中强化包括国家安全意识、国际竞争意识的内容，知晓本国企业在世界上的地位，以促进国际化基础知识的普及。在业务上掌握世界一流水平的标准化教育，使其了解自己的差距，看到今后的努力方向。应用尖端科技媒体提高教育速度与效果。尤其适用于了解研究包括世界经济和经营环境变化、世界文化潮流、先进企业动向等方面内容的教育，以期放眼世界，拓宽视野。

（一）人才"引进来"

国家电网公司拓展国际化人才来源渠道。根据公司"人才强企"战略，针对公司国际化业务发展需求，科学性、合理性、专业性地制定国际业务各级各类岗位任职条件和人才需求计划，完善国际化人才后备梯队建设规划。在公司系统内部定期选拔高素质、复合型、国际化业务骨干，充实公司国际化后备员工队伍，积极引进全球国际化人才，构建内外并重、互为补充的国际化人才选拔模式，为公司国际业务可持续发展做好人才储备。国家电网立足公司国际业务实际，紧扣国际人才培训规律，有计划、分步骤地开发、配置、搭建、实施国际化人才培训体系，进一步加强国际合作培训，加大与知名跨国公司的合作力度并跟踪培训效果、考核培训实效。同时，国家电网加大外语培训资源投入及小语种人才培训储备，有针对性地安排境内优秀人才到驻外机构任职锻炼，组织驻外机构优秀人才到总部和相关单位任职锻炼，全力打造一支具有国际化视野，熟悉国际规则、懂管理、善经营的国际化专业人才队伍。完善国际化人才职业发展通道和激励机制，并且注重国际化人才职业生涯管理，在公司国际业务中构建领导干部、管理人员、技术人员等多元化人才职业发展通道。按照专业领域、自身特点将各类人才安排到最适合的岗位，不断提升员工的工作胜任能力和职业发展能力。国家电网坚持以人为本，加强驻外员工薪酬管理，完善驻外人员医疗保险、探亲休假、家属随同等福利待遇，在薪酬分配、培训机会、轮岗交流、回国任职等方面对国际化人才适当予以政策倾斜。与此同时，加强境外机构党建工作，创新境外基层党组织活动的内容和方式，加强驻外人员思想文化建设，建设驻外人员精神家园。

（二）人才"走出去"

为了缓解人才海外工作的担忧，中非泰达对于外派人员采取了一系列措施，释解其忧虑，让其在海外安心工作，主要包括：

1）企业要保证外派人员对整个外派归国过程有透彻的了解，并为此制定一些成文的制度。这些制度应该包括外派人员归国后，企业对他们业绩认可、职务任用、工资福利等方面的政策。企业这种针对外派人员所做的归国后的措施，既有助于增强外派人员前往海外执行任务以及成功归国的信心，又能够对那些将要被外派、正在执行外派任务和完成外派任务已经归国的员工形成一个良好的预期。

2）利用导师制的推行，通过国内导师与外派人员的联系，构建国外人员和国内人员的交流通道，让国外人员对国内公司的情况、信息也能及时掌握，很大程度上避免外派人员在外派后切断了与国内的联系而产生的忧虑。

3）协调解决外派人员的后顾之忧，公司对外派人员的国内家属定期给予探视和关照，对于员工在国内产生的问题或归国后可能产生的问题，及时协助解决，让员工可以安心在海外工作。

三、全面大力采用当地人才

未来的企业国际竞争将在相当的程度上取决于当地人才的质量，甚至未来企业的核心人员也要靠当地人才作为补充，企业应大力采用海外人力并视其为本企业家庭的一员，培养其自豪感和业务能力，这对国际化无疑是相当重要的。

（一）典型案例

人才是海外发展的关键，是海外业务实现快速高效和安全发展的根本。

1）中国石油在"走出去"过程中，高度重视国际化人才队伍建设，选拔任用了一批国际化、专业化的中方员工，一批认同中国石油文化、具有较高忠诚度的资源国当地员工，留住并有效利用了一批具有专业素养的国际化雇员。一是在实践中不断构建完善一套针对中方员工，涵盖"选拔、培育、使用、留用、轮换"五个环节的人力资源管理体系。通过20多年的发展，海外拥有了一批富有激情、能力突出、踏实专心的员工个体，中方员工中，具备两个及以上不同合同模式项目工作经验的人员比例超过50%，拥有10年以上海外项目工作年限的员工的人员比例超过20%。二是以"培养人才、培育感情、促进发展"为宗旨，不遗余力地培养资源国当地员工。在对当地员工的培养和使用上，树立"让每个人成为有用之人"的理念，持续不断地为当地员工提供本土培训、第三国培训和来华培训的机会，并增进了他们对中国和中国石油文化的了解和认同。三是坚持"不求所有，但求所用"，留住一批高素质的国际雇员，在关键岗位发挥应有作用。通过营造"相互欣赏，快乐工作"的氛围，在印尼项目及哈萨克PK公司收购后的整合过程中，绝大部分国际雇员选择留下来继续工作，在为中国石油效力的同时，个人价值也得到了充分体现⊖。

2）中国联通在海外业务拓展过程中，非常重视人才的培养和本地化工作，绝大多数为本地招聘员工，为其提供业务培训，让其了解中国联通的企业文化，并帮助其设计在公司的职业发展规划，直接或间接为当地创造了大量的就业机会，当地人才为公司在海外业务的发展做出了非常大的贡献。在企业内部环境上，致力于不断变革和优化，不但在语言环境上让本地人才能够得到融入，而且在管理机制和文化上不断向本地优秀企业学习，致力于打造一个优秀人才聚集和发展的优秀平台，并成为联通集团国际化发展的一个人才培养基地⊜。

3）中广核在埃德拉电力项目中注重国际人才的应用与培养。原埃德拉公司拥有富有经验和良好业绩的国际化管理团队，为集团后续拓展国际市场奠定良好的人才基础，将进一步提升集团国际项目开发能力。目前，负责管理埃德拉项目的中广核新能源公司是一支以香港为总部，具有国内、国际多元

⊖ 引自中国石油开展国际产能合作调查报告
⊜ 引自中国联通开展国际产能合作调查报告

化背景的专业团队，团队内部优势互补、充分协同、高效运作。同时积极寻求和建立包括设计、工程建设、设备制造、运维管理、投行/中介以及产业基金等具有战略合作伙伴关系的"国际、国内产业联盟"[一]。

4）中电投电力有限公司（工程公司）针对实现不同阶段业务目标所需要的人力资源，工程公司通过外部引进和内部学习培训等方式，逐步储备、培育海外人才体系，完善"三支队伍"的建设规划，使海外业务的人才队伍结构向适应咨询、设计、建造、调试、运营、检修等全过程建设管理需要的方向进行调整，向加大商务比重的结构进行调整。同时做好员工职业生涯规划和培训规划，设计客观的薪酬体系和绩效考核体系，健全激励机制，用专业化、标准化、规范化、现代化、国际化的内涵统一员工的思想认识，建立复合型人才队伍，用人才发展推动公司海外业务的发展[二]。

5）中国大唐集团高度重视国际化人才培养，从顶层设计的高度规划和构建海外事业的发展政策，尤其是海外事业人才政策的构建，鼓励优秀人才投身海外事业。培育和锻炼具备开展国际业务能力的人才队伍，制定科学的境外管理人员选拔、派出和调回机制。培养国际化人才要科学，不能只派出不回调或者不派出只在国内培养，要做到理论与实践相结合，国内与国外相结合，避免出现培养一批流失一批的现象[三]。

（二）当地人才培养的重要性

对于在海外运营境外园区而言，面临的市场是不断动态变化的，经营环境也是空前地复杂和不稳定，在这种情况下，企业要想生存下来并持续发展，就必须不断地提高自身的竞争力，由人来推动企业竞争力的提升。

随着中国"走出去"和"一带一路"战略的实施，企业对于国际化人才的需求量逐渐增多，对于企业跨国人力资源管理能力的挑战逐渐加大。吸引与培养全面的跨国经营复合型人才，制定一整套理念清晰、制度完善、操作性强的跨国人力资源管理体系显得更加重要。

[一] 引自中广核开展国际产能合作调查报告
[二] 引自中电投开展国际产能合作调查报告
[三] 引自中国大唐集团开展国际产能合作调查报告

人才是企业参与国际竞争的重要资源，在境外经营，对人员的素质和能力要求极高，需要员工有较高的政治觉悟、有大局观和战略意识，具备先进管理经验、工作经验，了解东道国国内情况，熟悉国际市场变化、海外法律法规，又通晓语言、计算机等技术技能。另外，合作区大都位于不发达的地区和国家，这对于高端人才的吸引力更加微弱。所以，一方面需要吸引优秀的人才，另一方面，公司也需要采取一系列科学有效的措施，培养复合型人才，全面提升员工的综合素养。

第二节　本土化经营策略

一、技术研发本土化

技术研发本土化是指跨国公司在东道国设立研发机构，并利用当地的优秀人才，开发出适合当地市场的产品，更好地适应市场需求的过程。其中研发中心类型主要有三种：一是在当地成立独资研发中心，二是在具体业务部门内部设立研发部门，三是与当地大学、科研机构合作成立研发中心，充分利用本土的研究人员和科研基地，为企业遇到的难题攻关。外籍研究院的功能已不仅限于研究适合当地市场的产品，还包括研究当地社会和变化，以更好地适应本土化的要求。研发中心应该说是一个企业的核心部分，将企业核心本土化，其实也是争夺本地人力资源的一个升级，同时也为跨国公司占领市场巩固了根据地。设立研发分支机构，争抢国内优秀人才和技术，这比单一的资本投入更具战略眼光。

为提高中国企业的国际竞争力，中电国际携手国内有实力的设计单位——中南电力设计院、主机制造商——哈电集团、电力施工队伍——中国电建集团湖北工程有限公司和中国国内100多家设备制造商及服务商，共同参与项目建设，通过整合社会化专业力量，联合发展、战略合作、风险分摊、收益共享，努力实现资源最优配置，共同提高国内企业"走出去"的总体竞争力。

积极参与当地公会和其他社会组织活动。项目高峰时期有2000余名中国员工参加项目建设，大量劳务派遣引起了当地工会组织的干扰和抗议，为此工程公司积极联系当地相关组织，加强宣传工作，并尽量直接雇佣部分项目所在地人员提供力所能及的服务。另外也积极从事公益慈善活动，努力获得当地人的理解和尊重。通过这些措施的实施，消除了当地对项目的抵触情绪。

培育当地合作伙伴。有选择地将部分土建工程分包给当地有实力的公司，利用其影响力获得企业的正面宣传，也能得到当地社会的理解，通过这些合作建立长期稳定的关系，为后续项目的发展开辟渠道。

中电国际非常重视本土化在国际化项目中的重要作用，与巴基斯坦HUBCO公司在当地注册设立了本地化运营的合资公司——中电胡布发电有限公司。该公司将按照巴基斯坦电力项目开发管理要求，建设运营该项目。同时，重视本地员工的招聘培养与使用，中电胡布发电有限公司的主要部门负责人和一些重要岗位均使用巴方员工，以发挥他们在本地协调推进中的优势。

二、人力资源本土化

本土化管理是当前全球跨国公司的趋势，而人力资源的本土化是最根本、最深刻的本土化。管理以人为本，人力资源本土化，既可以增强对当地的亲和力以及加强对当地文化、市场的了解，又可以节约劳动力成本，还可以利用本地人为本地的消费者服务。这些说当地的语言、了解当地传统和行为规则的优秀人才，能够与消费者、政府的管理官员，以及其他的利益相关者互动交流。只有这样，才能真正了解本土文化特征、消费心理、消费习惯和情感需求。

本地化是企业走向国际化经营的必然选择，公司要在当地站稳脚跟，不仅要实现人力资源本土化，而企业还应适应本土的法律、法规，市场及技术规范，融入当地文化。多年来，中国石油恪守"互利双赢，合作发展"的理念，严格遵守资源国政府的用工政策及劳动保障方面的法律法规，充分信任当地雇员，尊重当地宗教信仰和风俗习惯，通过培养和任用本土人才、带动当地发展等举措，不断提升"本地化立足"能力。一是信任、使用和培养当地员工，通过建立当地员工晋升机制等多种举措，优先提拔肯干、肯学、有能力的优秀人才。当地人才更熟知当地市场的运作规则、法律法规和协调方式，也更善于与当地员工进行有效的沟通，任用当地优秀员工作为项目中高层管理者，既能为公司在本土化生产中发挥管理作用，又能与当地社会文化更好地融合，大大提升了当地雇员的工作积极性，增强了他们的价值认同感。海外各项目还会定期评选年度杰出雇员，并对这些优秀雇员进行奖励和表彰，选派其到中国参观访问并由集团公司领导接见，成为外籍员工了解中国文化、增进双方友谊的窗口。二是尊重本地员工的宗教信仰和生活习惯，营造包容、平等、互信、协作的工作氛围。在生活上坚持中外雇员同一标准，在一些伊斯兰国家的项目作业现场，为当地雇员配备了专门的祈祷室、餐厅和卫生设施。员工家庭发生变故等，项目领导亲自走访慰问。三是依托当地资源，积极扶持和带动当地中小企业的发展，帮助提升当地企业的竞争力和管理水平，为资源国提供可持续发展的动力。目前，海外项目外籍员工总数近 10 万人，84%以上为当地员工，其中油气投资项目本土化率超过 92%。他们和中方员工携手努力，共同成长，已成为中石油海外油气合作最宝贵的资源。

伊利集团（以下简称伊利）在新西兰的投资，注重多方共赢，树立了中国企业的良好形象，受到了当地的欢迎。新西兰怀马特市市长表示，伊利为当地带来了重要的就业和税收，不同于某些外来投资的企业，伊利工厂的雇员几乎全是当地人，仅一期工程就直接解决了上百人就业，是当地的大雇主之一；伊利按合同收奶，解决了近百家牧场主的生计；伊利还积极投身当地的社区活动，在当地中学设立了奖学金，鼓励当地青年积极参与乳业和中新文化交流的学习。2015 年，伊利大洋洲乳业生产基地获得"南坎特伯雷商业大奖"提名。这个新西兰商业的知名奖项此前从未提名过外国企业。其对伊利大洋洲乳业生产基地的提名，不仅体现了对伊利的认可，更体现出对中国企业在新西兰投资的肯定与欢迎。伊利在新西兰的投资坚持共赢原则，通过多种方式方法，保证产业链可持续发展，使得多方实现共赢。项目从启动至投产历经 19 个月，建设过程中有新西兰境内项目管理公司 Babbage、利乐新西兰公司 Tetra Pak（New Zealand）、土建建造 Ebert 公司、道路 Rooney 公司、锅炉 Brightwater 公司等 20 家企业参加了项目建设，在施工建造旺季最多现场有 500 名工人工作。项目生产线采用当前世界上先进的设备，整个系统全部实现自动化控制，用工少效率高，环保节能，而且 80% 的设备由新西兰制造商制造，增加了新西兰乳品设备制造的就业岗位。

三、销售渠道本土化

销售渠道是厂家产品的通路，是任何厂家都要考虑的重点。而不同的社会、经济状况，不同的市场化程度，不同的消费者群体，就可能对分销模式也有不同的要求。跨国公司在将成熟市场的分销模式完全移植入当地时，就可能遇到"水土不服"的问题。

河钢集团所有海外运营实体均实行本地化运营管理，包括生产组织、营销、管理、人事等方面。本地化运营不是一成不变，河钢集团的并购要为被并购企业带来新的价值，这些价值不仅体现为资本支持，更多地体现在与集团的战略协同上。在与德高公司合作四年之后，河钢集团做出了入股德高公司的决定，一方面是德高公司覆盖全球的营销网络可以将河钢集团的产品销往全球，这是河钢集团急需且短期内难以自主完成的；同时德高高度国际化的运营管理模式和风险控制技术等是河钢集团全球发展进程当中的宝贵财富，利用好这些优势，会大大加快河钢集团的全球化进程。另一方面河钢集团对于德高公司来说是一家独家、稳定的供货渠道，将河钢集团产品销往全球的过程中，德高公司会获得稳定的收益来源，同时，河钢集团大力支持德高公司积极拓展中国业务，分享中国的成长动力。本土化运营的关键是融合，只有在充分的业务、理念、文化融合之后，才能形成一致的价值取向，才能将被并购企业的价值升华为集团内生竞争力，才能最大化并购价值。

江淮汽车坚持营销模式本土化。企业在开拓海外市场时往往缺乏自己的营销服务渠道，江淮汽车进入海外市场初期，一般均选择当地经销商作为代理，帮助开发市场，但在部分战略市场，随着对市场了解的深入，江淮汽车通过建立当地子公司，自主建设营销服务网络，开始更进一步地掌握市场开发的主动权，在此过程中，了解把握当地文化，采取符合当地习惯的营销方式，也是市场自主开发成功的必要条件。

四、营运管理本土化

在跨国公司发展初期，跨国公司一般采用以母公司为中心的管理体制。可是，随着全球市场的形成，跨国公司规模的日益扩大，这种高度集权的管理体制很难合理组织全球市场。于是，许多跨国公司都采取或倾向于集中与分散有机结合的多元中心管理体制，将管理权很大程度地下放给子公司，从而使管理本土化。

中国华电在额勒赛项目中坚持运营本地化和用工本地化。一是注册地选在柬埔寨境内，依照当地法律规定进行纳税和开展生产经营。二是用工本地化。根据当地劳工生产能力和技术水平，尽量采用本地用工。工程建设高峰期，雇用当地劳务工近3000多人。电站投产后，帮助当地培养电力技术性人才，目前聘用柬方员工近60余人。未来随着柬埔寨当地工人专业技能的提升和熟练度的提高，将进一步提高用工本地化比例。在项目开发过程中，坚持以服务社会、创造价值为本，将履行社会责任作为自身发展的重要组成部分，积极融入社区，充分理解和尊重当地风俗习惯、宗教信仰及价值观。帮助修建改造连接国公省与菩萨省的部分交通道路，铺设混凝土路面，改善当地交通条件，为当地人交通出行提供极大便利。积极参与当地慈善公益事业。积极推动水电生态文明建设，坚持绿色开发，以每年70万吨核证减排量，成为中国企业在海外注册的最大CDM项目；以每年20余万吨发电重油替代量，为柬埔寨可持续发展做出卓越贡献。项目分别获得柬埔寨矿产能源部、环保部颁发的"良好社会贡献奖"和"环保工作优秀奖"。

在企业的国际化进程中，本土化战略是跨国经营中常用的手段。它的实质是跨国公司着实承担东道国的公民责任，并将企业文化融入和植根于当地文化模式的过程。它可以使企业熟悉东道国的人文环境，适应其经济运行模式，解决语言障碍问题，了解其市场需求、消费心理和消费水平等。有利于避开或化解东道国许多针对外国资本和经营者的限制性或歧视性法规、市场壁垒，在一定程度上消除东道国政府或同行业的戒备心理或敌意。

第三节　品牌建设与维护

品牌作为企业竞争力的核心要素，其背后蕴藏着丰富的资源和能力，包括企业组织文化、客户关系、销售渠道和技术资源等。优势品牌往往意味着较高的质量和市场占有率，优秀的企业文化以及成熟的销售渠道，对目标企业优势品牌开展有效的品牌整合，可以充分利用目标企业原有的品牌资源，从而发挥品牌效应，节约企业自身成本。

作为企业海外并购的重要一环，品牌整合的成功已经成为企业取得预期战略目标的关键因素。成功的品牌整合有助于丰富企业的品牌阵营，促进并购双方品牌产生协同效应，提高企业品牌的市场竞争力。

一、加强新闻宣传工作，营造良好舆论环境

积极开展正面宣传，着力营造良好舆论环境。结合驻在国国情和企业的实际，加强新闻宣传策划，放大正面的"声音"，塑造尊重所在国家的宗教信仰、民族习俗、遵守当地法律、遵循商业道德、管理规范的现代企业形象，始终是企业海外品牌推介工作的重要内容。应当重点宣传企业依法纳税、诚信经营、繁荣当地经济、实现互惠共赢的举措和成效；重点宣传海外重大项目实施进展及建成后的重大意义；重点宣传企业保护自然环境、热心公益事业、关心民生福祉的善举和担当；重点宣传企业提供海外就业机会、促进海外员工成长的举措和成效；重点宣传企业维护海外合作伙伴利益，与他们携手并进、合作共赢的相关情况。在宣传中要突出共同认同的价值观，传播企业品牌形象，把握好时、度、效，提高新闻宣传作品的质量，在形式上求新、内容上求深、表现上求活，贴近海外受众阅读习惯，增强吸引力和感染力。

构建海外传播体系，着力扩大宣传覆盖。构建"上下联动、内外结合、多渠道、全方位"的立体化传播体系，是扩大海外新闻宣传覆盖面、增强宣传效果的基础。应当畅通海外业务在国内传播及国内业务在海外传播的两个信息通道，在国内主流媒体和企业媒体要传播海外业务信息，在海外有关媒

体和企业外语媒体也要传播国内业务信息；与中央外宣媒体、驻地主流媒体保持良好沟通，主动提出报道需求，提供采访线索和便利，共同策划宣传主题；重视发挥网站等新媒体的作用，与中国大型外宣网站及驻地主流新闻网站加强沟通和联系，根据市场布局开通驻在国母语网站，提高外语信息网络传播能力；精心策划制作适合海外传播的企业宣传片、画册和形象广告等，注重专业化视觉设计，积极传播企业价值观；定期编制、发布社会责任报告，努力扩大正面影响。

中国电建集团在项目推进过程中高度重视在海外履行社会责任，始终将环境评估作为重点推动，从而确保项目的合法性与合规性。中国电建集团海外投资有限公司（以下简称电建海投）在卡西姆电站项目环评工作方面主要采取以下措施：第一，环评工作拟定分步走的策略，一期进行电站本身的环境评估，二期进行码头航道和灰场等附属设施的环境评估，分阶段开展环评工作并获得批复；第二，高度重视公众参与，广泛充分地听取各方意见，提高决策科学化和民主化。与巴基斯坦政府在卡西姆电站项目的环评工作中，电建海投与当地环保局和环评机构通力合作，走访工程所在地和邻近社区及企业，鼓励公众参与环境评估工作，充分征求附近居民的意见，积极听取各阶层的建议，尽量满足各利益相关方的诉求；第三，严格遵守巴基斯坦相关法律法规，坚持信息公开、认真执行环评工作公开听证会制度和专家评议制度。通过上述举措，卡西姆电站项目历经一年时间获得项目的环评批复，从而进一步确保了项目开发合法性，为后续工作的推进奠定了坚实的基础。

江淮汽车自2011年以来，连续六年发布年度社会责任报告，全面、客观地披露了江淮汽车在"为员工谋幸福、为社会做贡献"社会责任观的指引下，积极落实社会责任管理，努力追求经济、环境及社会的最大价值过程中所做的工作及取得的社会责任绩效。江淮汽车积极响应国家号召，参与多个对外援助项目：2015年，古巴25台自卸车项目、格鲁吉亚24台车辆项目、马里10台垃圾车项目顺利完成，同时技术服务工作及时跟进，有力提升了江淮汽车的国际形象和品牌美誉度。另外，在智利、巴基斯坦等海外市场遭遇地震、洪水等突发自然灾害时，江淮汽车与当地经销商携手，及时捐赠瑞风、轻卡等车辆用于灾后救援，捐赠帐篷等物资用于难民安置，这些善举充分体现了江淮汽车致力于社会责任的良好企业形象。江淮汽车海外机构（合资公司 /子公司、意大利和日本设计中心）近年来直接或间接创造了近千个就业岗位，也为当地的经济发展贡献了一份力量。

二、加强全球文化建设，搭建沟通融合桥梁

积极传播企业文化，着力推进跨文化管理。文化是不同国家和民族之间沟通的纽带和桥梁，文化传播也是海外品牌推介工作的重要内容。将海外企业文化建设纳入企业发展战略，把民族精神和国外先进文化精髓熔铸于企业文化，培育具有企业特色、融合时代文明、顺应国际潮流的企业文化，高度重视并科学实施跨文化管理，为海外业务可持续发展提供文化支撑。应当坚持文化引领，把企业文化渗透到建筑服务和经营管理的各个坏节，树立尊重差异、包容多样的观念，正视中外文化差异和价值观的不同，尊重当地道德观念和风俗习惯，避免认识上的差异导致误解甚至文化冲突；加强企业价值观宣贯，注重人文关怀和心理疏导，提高外籍员工对企业文化的认同度，营造和谐相处的氛围；加强面向海外项目基层员工的企业文化阵地和载体建设，积极开展外籍员工便于、乐于参与的文艺体育活动，丰富海外员工精神文化生活，增强企业凝聚力；积极参与我国在外举办的各类文化活动和当地组织的文化活动，加强文化交流，传播企业文化，扩大企业的影响力。

积极履行社会责任，着力提高国际声誉。社会责任是世界一流企业的核心要素，是企业品牌价值的重要内容，积极履行社会责任、培育企业责任文化是塑造良好企业形象的重要途径。应当自觉服从服务国家大局，在保障国家对外援建、帮扶等重大项目中发挥关键作用；坚持依法经营、诚信履约，努力为当地提供精益设计、建设精品工程、提供精良装备，赢得当地人民尊重；大力普及科技知识，开展技术创新，推动当地科技进步；遵守当地环境保护法律法规，推进节能减排与环境保护工作;坚持资源配置国际化和属地化，拉动当地需求，促进当地就业，服务当地经济发展；遵守当地劳工组织法律法规，坚持以人为本，维护外籍员工合法权益，努力构建和谐劳动关系；主动参与当地社会公益活动，全力参与抢险救灾，积极投身社会公益事业，与

当地人民建立深厚友谊。

三、加强形象公关工作，维护良好企业形象

积极开展形象公关，着力扩大国际影响。公共关系活动是市场营销活动的重要组成部分，海外品牌推介工作必须与公共关系活动紧密结合，大力塑造面向全球、引领行业、实力雄厚、形象卓越的企业形象。应当紧紧依靠驻外使领馆、涉外部门和行业组织，主动提供信息和汇报工作，积极配合开展经贸、展览和品牌推介等活动；围绕企业重大业务和工程、党和国家领导人出访、当地重要节庆、重要国际经贸科技文化活动，精心策划公关活动，有针对性地推介企业；通过媒体联谊会、新闻发布会、海外企业（机构、项目）开放日等形式，主动推介企业业绩、实力和责任担当；定期邀请所在国政府要员、媒体记者、友好人士、优秀外籍员工等人员考察本公司在国内外建设的丰碑工程和精品项目，增进了解，加深友谊。

妥善处置突发事件，着力防范舆情危机。及时防范和有效处置企业海外舆情危机，尤其是要妥善处置涉及公众利益、舆论广泛关注的海外重大设计、建设、供货、合作项目相关舆情，是维护建筑企业品牌形象的重要工作。切实做好驻在国国情、社情和舆情综合分析研判，对舆情早发现、早报告、早处置，把问题解决在萌芽状态；与政府、媒体、同行加强重大舆情的通报和会商，准确把握舆情动向和发展态势；深入研究海外媒体，与境内外主流媒体和网络意见领袖建立良好合作关系，应急处置过程中有针对性地开展工作，形成应急处置稳定、有效、快捷的传播渠道。

第四节　知识产权保护与利用

知识经济时代，国与国之间在国际市场上的激烈竞争不仅仅集中于贸易、投资总量，而是越来越聚焦于知识产权的争夺和科学技术的竞争，构建海外

知识产权风险防范机制刻不容缓。

一、企业——机制的主体与核心

"走出去"的中国企业是真正的海外知识产权维权和风险防范的当事人，是海外知识产权纠纷的直接参与者和解决结果的最终承担者，是知识产权海外风险防范机制的主体，企业的利益应当成为评价海外知识产权维权和风险对策成功与否的直接标准。

从具体策略上讲，除了提高知识产权意识、重视技术创新和品牌经营、完善知识产权布局、理性分析和积极应对知识产权纠纷以及善于寻求外部帮助外，"走出去"的中国企业还应当根据自身情况和所处的知识产权环境制定企业的知识产权战略，明确企业发展方向，建立知识产权风险预警机制，识别海外所存在的知识产权机遇和风险，并据此对可能出现的突发情况做出预案；增强企业知识产权管理能力，设置机构或指定人员专门负责知识产权的申请、维护和保护，研究制定和监督实施企业知识产权战略，同时搜集事关行业和企业的知识产权信息；注意对国内外专利的检索和利用，专利的授予是以一定程度的公开为代价的，"走出去"的中国企业应学会利用这些已公开的资料，在此基础上进行技术创新或绕过已有专利研发新技术，学会主动出击，对侵犯己方知识产权的行为进行严厉打击，化被动为主动，改变在海外"被动挨打"的地位；积极推进有利于企业海外知识产权保护的法律法规、机构制度、人才培养计划的建立和改革，为政府和中介机构建言献策。

江淮汽车近年来在国内外开展了各种形式的知识产权合作，如意大利设计中心在承接公司项目的同时，积极参与欧盟区政府支持的科研项目开发，与当地学术及科研机构紧密合作；产学研层面，与上海交大成立"江淮汽车－上海交大汽车技术联合研究中心"；适时与合肥工业大学、巨一自动化装备有限公司开展第三批新能源产学研项目；与天津内燃机研究所的产学研合作模式，在能力建设、技术培训、技术咨询等方面收效明显；另外，结合具体项目与国际一流专业公司 AVL、博格华纳、LG 等签订专项合作开发协议，拓展了合作领域与专业深度。一度畅销的和悦即为江淮汽车意大利设计中心和江淮汽车技术中心联合意大利宾尼法瑞纳设计公司共同开发的成果。

江淮汽车意大利设计中心成立以来，在意大利展开广泛而又深入的科技合作，与都灵理工大学、英国 Surrey 大学、Magna（全球最大的零部件供应商）、德国 Fraunhofer（全欧洲最大的应用科学研究机构）、Infineon Technologies（全球前三的半导体公司）、奥地利 AVL 公司（全球最大的动力总成设计公司）等一大批全球知名大学、研究机构、具有国际影响力的优秀企业展开广泛的科技合作，在新能源、汽车造型开发、前沿技术研究等多领域取得了一定的成果。2015 年，通过与欧洲其他品牌汽车企业的激烈竞争，江淮汽车意大利设计中心与项目伙伴一道中标成功 GV5-2014 欧盟项目，为中国汽车企业首次参与欧盟"地平线 2020"科研创新框架计划。江淮汽车逐步开展海外专利布局工作，助力海外市场的开拓与稳固。经过多层级的筛选，将以名称为"一种高压燃油泵驱动结构"等 37 项技术创新度评价较高的技术方案，通过 PCT 途径提交国际专利申请，截至目前有 34 项已获得授权。这标志着公司在由中国制造向中国创造迈进，在知识产权的运用和保护方面取得了显著进步。

中国石油是集油公司、炼油化工、管道运输、市场营销、工程服务、装备制造和后勤保障业务于一体的综合型能源公司，具有人才、技术、资金等方面的综合优势，在开展国际化经营中，通过整合力量，最大化发挥整体协同效应，实施上下游、甲乙方一体化运作，快速高效地建成大型油气田。在非洲苏丹、乍得、尼日尔等国家，建立起上下游一体化、下游撬动上游的模式，利用油气下游业务获取上游资源；在中亚土库曼斯坦、哈萨克斯坦等国家，建立起以油气管道连接上游资源与下游市场的模式。在拉美委内瑞拉，建立起以贸易为纽带的国外上游与国内炼厂一体化模式，撬动与资源国上游的油气合作。在担任海外大型合作项目作业者时，通过招标优选中国石油的乙方队伍推动项目的建设，即"油气投资＋工程技术服务"的一体化运作模式，这是中国石油开展国际化经营的独特优势，是任何国际大石油公司都难以比拟的。

二、政府——机制构建的主导者

政府在"走出去"战略中海外知识产权风险防范机制的构建中应发挥主导作用。一方面，在当代中国，政府对社会、经济、科技的发展发挥着重要作用；另一方面，知识产权风险防范机制的构建是宏观性和系统性的，自上而下的制度设计和宏观指导无疑是最有效的机制构建途径。

（一）制定和落实海外知识产权促进战略

政府海外知识产权促进战略规划的制定将会对我国企业"走出去"战略中海外知识产权的发展、维权发挥巨大的导向和推动作用。在官方宏观战略框架引导下，更易于明确发展目标，整合各方资源，为防范海外知识产权风险的发生奠定坚实基础。为鼓励科学技术创新，政府对海外知识产权申请进行奖励和其他支持；为解决涉诉案件资金不足，减轻企业负担，政府应推动建立海外知识产权保险和专门以帮助中小企业为目的的海外知识产权应诉基金。另外，海外知识产权研究支持和人才培养等也有重大意义。

（二）建设海外知识产权信息库，为中国企业提供信息服务

完善的海外知识产权信息是我国企业践行"走出去"战略的重要信息资源，是企业进行有效专利检索和资料查询的必要条件，便于企业了解国外的知识产权法律法规和风险状况，有利于其进行风险分析和采取有针对性的措施，在产生纠纷后也能够使其更快地确定应诉策略。而提供他国知识产权制度、法律法规、保护状况、信息预警以及最新案例等应当是政府向"走出去"的企业提供基础服务的一部分，为政府实现其公共职能、履行公共职责的必要一环，而政府遍布世界各地的使领馆、驻外经商机构、高素质的法律和技术人员也为政府履行该职责提供了条件。

（三）完善国内知识产权法制，以国内法促进"走出去"战略的实施

国内法可以为海外知识产权促进战略的构建、实施以及信息库的建设提供法律依据。同时，与国际知识产权规则接轨的国内法可以加深我国企业对

海外知识产权规范的理解，防止因法律不统一而产生的海外知识产权风险。另外，我们还可以通过国内法建立起自己的如同"调查"一样的针对国外企业的知识产权保护制度，这样既可以切实维护我国企业的知识产权权益，又可以增加己方谈判筹码，给予国外各方以知识产权威慑。

（四）积极参与国际知识产权法律的制定，加大对外交流与合作力度

知识产权的海外保护很多是通过政府间的协议、条约来实现的，现行国际知识产权制度主要是在发达国家的影响和主导下制定的，专利、商标、著作权等各项制度都对这些在技术、品牌上占有优势的国家有利。我国作为发展中国家应不断推动国际知识产权法律规则朝着有利于己方的方向发展与完善，加大我方占有比较优势的知识产权类型的保护，为"走出去"的中国企业争取最大化的利益。与外方的政府间交流也会增进相互了解，消除偏见，统一认识，通过协商和合作简化跨国知识产权申请流程，共同建设知识产权信息库和分享知识产权信息。

需要注意的是，政府在海外知识产权风险防范机制的构建中起主导作用，是连接企业、行业协会和中介结构在机制作用发挥方面的重要桥梁，是"走出去"战略中我国企业进行海外维权的后盾。然而，在海外知识产权风险防范机制中，企业是主体，政府提供的应是制度建设、基础信息服务、对外交流合作等全局性、基础性和帮助性的事务，至于知识产权纠纷的应对等具体事务仍应当交由"走出去"的中国企业自行予以处理，而不应当越俎代庖，侵犯企业自主经营权。

三、行业协会和中介机构——机制的重要组成部分

行业协会较之于政府更具有灵活性，其作用是不容忽视的，在海外知识产权纠纷中，经常涉及同行业的多个企业，甚至整个行业都牵涉其中，这时候就迫切需要由行业协会来沟通、引导或组织涉案企业应诉。行业协会对本行业海外知识产权信息的搜集较之于政府发布的笼统信息也更具有针对性，知识产权信息库的建设也离不开行业协会的支持。具体操作上可以从建设以

行业协会为依托的专业信息库为起点，最终集合成信息全面、涉及范围广的全行业信息库。行业协会还可以在协同技术创新、形成知识产权保护联盟、提升企业知识产权国际竞争力等方面发挥作用。

海外知识产权风险防范涉及的事务千头万绪，企业在处理相关事务的过程中必然需要求助于各类法律服务、信息咨询、研究开发、知识产权代理等相关中介机构，很大一部分海外知识产权风险防范和维权工作都需要各类中介机构的参与和实施。因此，强大完善的中介机构能给予"走出去"的中国企业以大力支持。所以，要注重对社会中介机构的培育和规范，如采取行业与高校人才共建、对海外知识产权服务机构采取税收减免等方式促进中介机构的发展。总之，参与海外知识产权风险防范机制的构建，对于行业协会和社会中介机构既是重大的挑战，更是不可多得的机遇。

第五节　法律环境差异化识别

一、企业利用当地法律的意义

国内企业要成功走向海外，就必须针对不同的目标区域和国家，利用当地法律，结合当地政策和法规，建立科学规范的管理体系和架构。既做符合当地法律要求的项目，依法完成合同内容，又能够充分利用当地法律，提高企业"走出去"的经济效益和社会效益，实现双赢。

这就要求企业强调顶层设计，提高经营和管理效率的同时，适时适势地制定出企业的发展战略和行动规划。与国际公约、惯例相结合，充分发挥地方法律特色，降低风险，提高收益。

二、典型代表案例

依法、依规经营是境外公司一项最基本的运营原则。伊利集团在新西兰的海外投资过程中，由于新西兰的法律、法规与国内存在差异，在工作中过程中需耗费大量时间进行澄清。例如，新西兰检验标准大部分使用 ISO 标准，国内使用的国标与其有差异，造成检验结果略有差异。

中色股份在哈萨克斯坦电解铝项目员工日常生活中，教育海外员工必须遵守哈萨克斯坦法律，尊重当地的宗教信仰，维护中哈友谊关系，实行员工外出请销假制度。几年来，与当地人没有发生任何纠纷。中色股份还经常邀请哈方人员参加节日聚会、野餐会、参观艺术展览等活动。另外还安排哈方相关人员到中国同类工厂考察培训、休假观光，通过长期多方面的交流，消除了过去哈萨克斯坦人民对我国的各种负面印象，加深了双方的了解和友谊。中色股份在蒙古国鑫都矿业项目中与蒙古国加强沟通和联系，了解蒙古国矿业投资相关法律法规，收集蒙古国区域地质、物化探资料，寻找 1～2 处可供勘查的成矿靶区[⊖]。

第六节　差异性文化融合

宗教文化是产能合作过程当中相当重要的软环境，它甚至会对合作项目的成败起到决定性的作用。因此，任何项目的开展都必须是在基于对他国宗教文化尊重的基础上展开的，同时在技术研发、人才管理、宣传销售等渠道，必须与当地的宗教文化习惯相协调，从而降低风险，融入当地消费者市场。

一、伊利集团为原住民做贡献

伊利集团在新西兰的投资，坚持"融入"原则，尊重当地文化习俗，为当地社区发展做出贡献，获得了当地人的接受和尊重。毛利人是新西兰的原住民，对外国投资比较抵触，怕破坏了自己的家园。为了取得毛利人的支持，

⊖ 引自中色股份开展国际产能合作调查报告

伊利集团在新西兰项目开工仪式上专门请了四个毛利部落的长老来祈福。在祈福仪式上，长老们唱了一首民族歌曲，歌中唱道"这是我们祖祖辈辈的土地呀，我们的家园……"这是向伊利集团表明态度，土地是我们的，不许破坏。这时一位毛利老太太说："我们唱了祈福歌，你们也得唱一个。"参会的伊利集团领导当众唱起了蒙古族歌曲《陪你一起看草原》，"因为我们今生有缘，让我有个心愿，等到草原最美的季节，陪你一起看草原。"毛利人性格直爽，在心里接受了伊利集团。

中国和新西兰国别文化存在差异：新西兰为发达国家，历史沿革、人均GDP水平和完善的社会福利制度造成新西兰居民处理事情的方式方法与中国有差异，比如坚持"生活优于工作"的理念，很少加班；层级意识弱，普通员工与管理层沟通方式无拘无束等。为此，伊利集团加强与新西兰管理层、新西兰员工的沟通，尊重当地文化，对于企业内部问题采取灵活的处理方式[一]。

二、中色股份直面文化差异

中色股份在蒙古国鑫都矿业项目中，构建了企业与员工间、中蒙员工间的和谐。鑫都公司通过生活上关心、风俗上尊重、文化上引导，不断提高中蒙方人员的理解与认同，促进了公司与当地人文环境的融合。公司建设4个蔬菜温室，基本解决了员工食堂的蔬菜供应；修建文体活动中心，丰富了员工工作之余的娱乐生活。公司坚持以人为本、促进相互融合，提升了战斗力和凝聚力。此外，中资企业在蒙古国推进"一带一路"建设过程中，还要善于处理好与政府、议会、工会的关系，懂得与媒体、执法等团体、机构和人员打交道。同时宜将中国传统文化和"入乡随俗"有机结合起来，在投资合作、融入社区的过程中主动介绍中蒙文化差异，增进彼此了解和感情，营造有利于企业发展的外部环境。

[一] 引自伊利集团开展国际产能合作调查报告

三、泰达强调文化融合

泰达在跨国的投资和经营中，首先遇到的可能就是不同国家文化理念、习惯风俗的差异。由于不同的文化背景、不同的宗教信仰、不同的发展阶段、不同的思维方式，在工作中涉及具体的经营方针，双方都不能互相理解和认同，由此产生了大量的波折和矛盾，一件事情反复未决时有发生。在具体的工作中，由于理念的不同，中埃双方员工也很容易发生冲突，如果处理不好，就会引起矛盾和纠纷，甚至会上升到两国之间的外交冲突。在与埃及文化融合的过程中，中非泰达经历了文化理念的萌芽到文化培育以及文化聚焦深化的过程。从最初的"兄弟文化"到以"助人"为核心价值观的企业文化，再到如今的"团队、助人和奉献"，中非泰达本着求同存异的态度，怀着真心实意帮助驻在国企业员工发展的心情，在不断汲取前几年工作的经验及教训的基础上，梳理、提炼了公司的文化理念，并结合驻在国当地文化，进行企业文化的宣贯。对于海外运营的企业而言，走出国门面临的首要问题是不同国家、不同民族的文化融合，而文化理念的落地生根远远重于其表述形式，只有与当地传统文化、风俗习惯相融合，充分考虑当地民族特性，才能较好地实现文化融合⊖。

第七节　劳工权益保护

一、劳工权益的重要性

劳工权益是现如今众多国际跨国公司共同关注的主题，特别是对于东道国来讲，关系到东道国居民的切身利益和该国民众的社会福利，是跨国公司应当履行并承担的社会责任。在产能合作过程中，中方应当充分重视对劳工权益的保护，坚持"互利共赢、合作发展"的经营理念，促进当地社会发展、环境保护、社区和谐稳定，支持社会公益。

⊖　引自中非泰达开展国际产能合作调查报告

二、典型代表案例

海外油气合作离不开资源国政府、合作伙伴等利益相关者的配合与支持。中国石油在谋求投资回报的同时，始终坚持"互利共赢、合作发展"的跨国经营理念，秉承"奉献能源，创造和谐"的企业宗旨，重视资源国和利益相关者的诉求，积极履行企业的社会责任，在促进当地社会发展、环境保护、社区和谐稳定，支持社会公益等方面做了大量卓有成效的工作，赢得了当地人民群众的尊重，构建了和谐友好的发展氛围，全面树立了中国石油及中国企业的良好形象，为海外油气业务的可持续发展奠定了良好基础。

截至 2015 年年底，中国石油海外公益事业总投入超过 3 亿美元，直接受益人数达 200 万人。一是结合资源国当地社会经济发展规划和社区居民需求，合理规划社区优先发展事项，积极参与赈灾救灾等慈善捐赠，以多种形式帮助改善基础设施建设，提高医疗卫生和教育条件，提高社区生活品质。在土库曼斯坦阿哈尔州援建两座居民饮用水处理厂，提高了当地居民用水质量和健康。在乍得，启动社区资源评估项目，2015 年在油区周边共修建水井 24 口，附近 21 个村落 22113 名当地居民喝上了饮用水。

二是依托当地社会资源，积极扶持当地企业，注重采购所在地的产品和服务，带动和促进相关中小企业的发展。在哈萨克斯坦，当地一家公司在为中油阿克纠宾油气股份公司服务的 10 年间，不仅员工人数增长了 7 倍，而且发展成为了拥有 9 个装备齐全地质队伍的现代公司。

三是支持资源国的人才培养计划，为资源国石油工业可持续发展积蓄人才力量。授人以鱼，不如授人以渔。多年来中国石油通过各种方式，在各个层次为资源国培养了一大批石油勘探开发、炼油化工等领域的专业人才。自2006 年以来，中国石油已累计为苏丹油气部及下属公司开展了 236 人次的短期技术培训和 12 人次的硕士学位培训，已成为增进中苏友谊，加强相互沟通和了解的纽带。伊拉克项目 2010 年启动以来，在短短 3 年多的时间内，已有5 家中国石油所属工程服务企业在当地设立专业技术培训中心，累计培训当地学员 3800 人，许多学员培训合格后被项目录用为正式员工[一]。

一 引自中石油开展国际产能合作调查报告

第八节　重大突发事件处理

"走出去"从事国际业务，参与国际产能合作是一项充满风险的事业。随着经济的全球化和科学技术的快速发展，国际项目数量增多、规模增大，综合性、复杂性和技术含量不断提高，加之项目与所在地的政治经济形势、政策法规、地理气候条件、技术规范要求，以及与当地政府部门的关系等诸多问题相关，在项目执行中的各个阶段都会存在多种多样的主客观风险，包括政治和社会治安风险、政策和法律风险、经济和市场风险、自然环境和社会人文环境风险以及融资风险、分包风险、安全风险等。

一、社会风险

在一些工会组织较为强势的国家和地区，罢工运动出现较为频繁，严重干扰企业正常的生产经营活动。中国与一些东道国之间存在社会、文化、习俗和观念等方面的明显差异，中国企业对当地习俗尊重的缺位可能导致摩擦甚至冲突，进而给中资企业境外项目带来阻力和损失。

1）中国石油海外项目所在国家大部分位于安全形势比较严峻的非洲、中东、南美等地区，政局动荡，民族宗教冲突时有发生，苏丹、伊拉克、伊朗、叙利亚、尼日利亚、委内瑞拉等国家都存在战争、恐怖活动和社会治安混乱等不安全因素，严重影响了海外项目的正常生产生活秩序。

面对严峻复杂的安全形势，中国石油提出了"以人为本，预防为主，员工生命安全高于一切""不安全不投标、不安全不建设、不安全不生产"的安全理念，通过健全机构，落实责任，完善制度，加大投入，加强培训，组织开展国际业务社会安全管理体系建设，不断提高海外防恐安全管理综合能力，有效应对各种恐怖威胁，为海外项目人员生命安全提供了有力保障。一是持续构建实施一套国际化的 HSE 管理和全面风险管理体系，为海外发展保驾护航。二是建立高效的常态化安保防恐和应急响应机制，构建起涵盖中国石油职能部门、专业公司、地区公司和项目公司"四位一体"的防恐应急组织体系，实施"24 小时、365 天"持续跟踪监控。三是深入开展全员防恐安全培训,把"不培训、不派出"作为硬性要求,采用"集中办班、送教上门、送教海外"等多种形式开展培训,提高海外项目防恐安全管理综合能力和员工自卫防范技能和生存能力。四是强化海外心理健康和职业健康管理,组织专家赴海外项目现场咨询,开展健康风险评估、远程医疗测试与员工体检,提升海外员工身心健康保障能力。五是抓好重点国家安全形势应对,研究制订专项应急预案,部署落实应急资源,并组织现场进行应急演练,确保预案有效可行。在投资经营风险管控方面,中国石油海外五大油气合作区国际地缘政治复杂,一些国家政策法规多变、税收和货币汇率风险突出;部分资源国劳资纠纷有所加剧、社区管理趋于复杂、工作许可难度加大⊖。

2)中水电公司建立健全的风险防控和内部控制评价体系,是境外项目有序高效推进的总指南,构建了一张层次清晰、覆盖全面、应对有效的风险防控网。对于国别市场、特定项目,根据风险防控总要求和总目标,项目都会有针对性地制定风险应急预案,并配套制定有效防范应对措施。境外风险形势复杂严峻,不仅涉及工程进度、安全、质量、环境、成本,还有环境内的税务、法律、市场变化、经济形势等,同时还涉及社会治安、恐怖主义、医疗卫生等内容。南立1-2水电站、南椰2水电站的实施是典型的全程风险把控。例如,在项目签署MOU前,项目建设人员充分了解所在国的政策、经济及社会发展方向;在项目前期,做深入细致的现场考察分析并根据考察结果制定合理可行的勘探方案,同时,与设计风险共担,共同完成前期的各项工作;在选择施工单位时,尽可能与施工单位签署固定总价合同,控制工程成本,发挥施工单位的主观能动性;在机电设备选择上,尽可能选择性价比最高的设备,以保证项目设备长久可靠运行;在对外签署合同协议上,尽可能要求政府财政担保,减少财务风险;在项目后期,加强与当地政府的沟通,使项目尽快投入商业运行,确保项目产生最大效益。所有以上风险把控措施均是项目顺利执行并取得成功的重要因素⊜。

⊖ 引自中国石油开展国际产能合作调查报告
⊜ 引自中水电开展国际产能合作调查报告

二、项目风险

中国电子（CEIEC）在充分认识到海外项目风险管理的必要性和重要性的同时，重视提高全体人员的风险管理意识，建立了有效的风险管理机制，健全了项目组织管理体系、风险预警机制和风险控制机制，针对风险分别制定相应的风险应对措施并严格执行。

对于政治、经济风险，通过紧密跟踪东道国局势发展情况，制定应急预案，将项目纳入政府间合作协议，严格按照收款情况控制工程进度等进行防范；对于法律风险，通过整合本地优势资源，聘请当地有实力的法律团队处理相关事务等进行应对；对于经营风险，通过理顺企业管理体制机制，提高项目执行能力，加强供应商管理，严格把关，确保产品质量等进行防范；对于资金风险，通过加强与中信保、国开行、中国进出口银行等金融机构的密切合作，把项目纳入政府间合作基金如中委基金等进行应对。

随着国家"走出去"和"一带一路"战略的深入推进，CEIEC未来将以重点国家、重大项目为引领，在"一带一路"加两翼（拉美＋非洲）的广阔市场中按照"市场需求挖掘与项目综合策划相结合"和"国家政策支持和自身能力建设相结合"的原则，大力拓展拉美、亚太、非洲和中东市场。进一步发挥军贸市场优势，加大国际安防业务开拓力度，把拉美安防市场的成功经验和技术优势，向"一带一路"沿线国家大力推广和复制，整合国内产业优势资源，合力打造继高铁、核电之后中国企业走出去的"第三张名片"，为"一带一路"建设保驾护航，彰显"中国质造"的实力和话语权[一]。

三、财务风险

（一）经营过程中的财务风险

2015年以来国际油价较长时间低位振荡，国际油气合作不可控因素增多，全球油气行业进入不景气周期，国际业务降本增效、安全高效发展挑战空前。

⊖ 引自中国电子开展国际产能合作调查报告

此外，海外资源保障存在不确定性，中亚、东南亚等地区的油气项目大多处于开发的中后期，油田稳产形势严峻，开发成本控制难度加大，获取新的优质油气区块难度较大。面对上述风险，中国石油着力构建完善的风险防控体系，确保依法合规经营。一是动态跟踪全球政治经济和地缘格局走向，系统总结了非洲、拉美、中亚以及亚太等重点资源国的投资政策及法律税收变化情况，并客观评价了这些国家的投资风险；组织完成对哈萨克斯坦和委内瑞拉投资风险指南的撰写，并对这两个国家政治经济、文化外交、劳动人事、外汇管制、对外投资、税收法律等诸多法律风险因素进行了深入剖析，比较全面地总结了主要法律风险点，为公司在这些国家生产经营和开展业务提供了重要保障。二是在政局不稳定、资源国政府信誉较低的高风险国家，实施滚动发展策略，提高对资源国政府的议价能力。三是牢固树立依法合规经营理念，注重掌握运用国际规则，遵守资源国法律法规以及我国关于对外投资、境外国有资产管理的法律法规和规章制度，做好信息披露、关联交易、公司治理、产权管理等合规工作。四是加强国际化经营法律风险防范制度建设，实现从项目可研到决策，从谈判签约到运营、终止、退出等国际化经营活动法律风险防范的全覆盖。

中国国电认为项目开发风险、市场风险和财务风险是海外风电项目的主要风险。就项目开发风险而言，要防范技术风险、政府审批风险和土地使用权取得风险；就市场风险而言，要防范电力需求风险、电力销售风险和电价风险；就财务风险而言，要防范定价风险、融资风险、利率和外汇风险等。实践中，国电高度重视海外项目投资风险识别、评估和管控，确保了投资项目的质量和效益。海外项目远离祖国，国电高度重视海外基层党组织建设。加拿大、南非两党支部不断发挥战斗堡垒作用，专题部署党风廉政建设工作，将监督制度执行作为推进风险管控的重要手段，进一步明确各项防控措施，因地制宜地将党风廉政建设战线延伸到海外。同时重点针对"三公"经费等八项费用开展专项督查，规范了各项费用的支出，有效防范了海外管理人员的廉洁风险。

（二）汇率和利率风险

国家电网在面对汇率风险时，指出汇率风险涉及币种逐步增多，汇率风险形势严峻。工程承包和装备出口分布在数十个国家，涉及数十种货币，相关国家币值的变化对公司国际业务产生重要影响。根据公司国际业务面临的汇率风险形势，从合同条款、金融工具和项目进度三个主要方面提出汇率风险应对措施：①合同条款。选择有利的结算币种，选择相对稳定的货币作为计价货币；争取约定汇率风险保值条款，当汇率变动使结算货币贬值时调高应收款，双方共同承担汇率风险。②金融工具。通过远期结售汇、远期外汇买卖、掉期交易、汇率损失准备等金融工具，降低交易费用，防范汇率风险。通过应收账款进行转让，实现即期收款，有效控制汇率损失。③项目进度。制定有效的项目推进计划和财务计划，合理安排收付款，降低潜在汇率风险。

受制于关税、汇率、政治等方面的影响，国际贸易风云突变，全球生产协同可以帮助软控更加有效地规避国际贸易中的风险，在国际竞争中占据有利地位。以印度市场为例，2016年1月印度商工部发布公告称，对轮胎硫化机反倾销日落复审调查做出终裁，建议对进口自中国的轮胎硫化机征收15%的反倾销税，这无疑会对中国橡机企业海外市场的突破产生冲击。得益于软控前期在全球生产的布局，借力位于斯洛伐克的欧洲的生产基地，软控在应对这场贸易壁垒的战役中拥有了更多的选择。

在国际化的经营活动中，江淮汽车通过建立完善的风控管理制度、开展经销商信用评价工作、强化"三个流"[⊖]风险过程控制、重点应对汇率波动风险等手段，积极构建有效的风险管控系统，确保国际市场开发稳定前行。对于海外公司的运营风险，尤其要重视经营风险和政策风险。经营风险：海外公司需加强公司制度建设，确保公司资产在安全可控的情况下开展生产经营活动。要确保固定资产按流程管理；确保存货按流程流转，有效控制；加强应收账款管理，制定切实有效的措施保证应收账款的回收；做好充分的调研和市场预测，做好年度预算和现金流预测，防止现金流中断的风险。政策风险：充分识别海外市场当地财税政策相关条款，及时关注政策变动带来的纳税风

⊖ "三个流"是指资金流、货物流、单证流

险、经营风险，以便及时做出相关预应措施。

工程公司在应对重大突发事件方面提出：在汇率风险方面，土耳其阿特拉斯（1+1）×600兆瓦超临界燃煤发电项目自2008年1月23日合同签订以来至2014年12月31日，美元兑人民币汇率从7.31跌至6.119，美元贬值幅度达16%。为了降低和分散风险，公司与银行办理远期结售汇产品，2011年6月以来，通过签署远期交易合约，锁定了占设备合同金额92%的结汇成本。截至2014年年底，整体结汇的平均汇率水平为6.3705，通过捕捉市场交易机会已实现对冲收益7000多万元。

四、政治风险

国家电网公司在应对重大事件方面，做出如卜部署：

1）政治风险。近年来政治风险已经成为我国企业开展国际业务面临的首要风险。在发展中国家，公司面临的政治风险主要体现在政权更替、政党冲突、教派矛盾、双边关系恶化等方面。在发达国家，主要体现在因意识形态差异导致的进入壁垒，以及对中国国有企业的额外限制条件。基于公司与利益相关方共同防范国际业务政治风险的思路，提出政治风险防范措施。公司自身层面：加强政治风险评估，选择低风险的目标市场。基于权威机构定期发布的风险评级报告，形成公司政治风险评估方法和综合评估报告，及时掌握目标市场政治风险情况，尽量避免进入政治风险高发地区。我国政府层面：利用政府外交影响力化解政治风险。充分利用中国政府外交资源，依托外交部、商务部驻外机构处理境外政治风险，公司在境外经营过程中积极寻求我国政府支持。外国企业层面：与当地企业合资经营降低政治风险。充分发挥当地合作伙伴信息、公共关系等优势资源，与当地合作企业构建战略联盟和利益共同体。当地社区层面：积极履行社会责任，营造良好的社会氛围。践行社会责任，加强与社区沟通协调，保持良好的公司形象，让当地民众感受到外国投资带来的好处。

2）监管风险。近期各国普遍加强了市场准入、反垄断、国家安全等方面的监管措施，同时还在研究和推行竞争中立、低碳等方面的监管新举措。结合公司国际业务特点和国外监管政策新形势，提出监管风险三阶段应对策略。事前评估：加强各国监管政策研究和应对预案制定。深入研究各国电力行业监管制度以及不同电力行业监管制度下的投资回收方式，明确国内外监管制度差异。制定不同电力监管制度下资产运营操作手册，加强对海外员工尤其是国内派驻海外的员工监管风险防范培训。事中沟通：加强与相关国家监管机构沟通交流，避免交易审批陷入被动。并购交易前主动咨询监管机构，积极澄清监管机构对中国企业存在的误解。制定交易计划时充分考虑审批时间和审批障碍，根据监管要求制定合理交易策略。事后应对：借助我国外交力量以及当地利益相关方的影响力化解风险。推动政府出台反制措施，保护公司在海外的合法利益。与当地媒体和公关公司加强合作，充分宣传公司合理诉求，及时消除风险影响。

3）安全风险。安全风险主要包括生产安全、资产安全和人员安全。整体来看，非洲、中东等地近期恐怖主义、极端主义势力上升，安全形势恶化，安全风险形势严峻。欧洲、美洲、大洋洲、亚太国家安全形势相对稳定，但随着中国企业海外人员增加，发生安全事件的概率增大。将公司的安全管理理念引入海外公司，增加员工的安全意识，完善安全生产管理体系。组织海外公司管理和技术人员学习和参观公司国内业务安全操作实践，借鉴公司国内业务安全管理经验完善海外公司安全管理体系和制度，培育安全生产意识和文化⊖。

除此以外，中广核在埃德拉项目收购及交易过程中安排周密，有效控制了风险。面对马来西亚国内反对派及国际一些媒体对马来西亚现政府贪腐案的指责与炒作，中广核一方面与中国驻马来西亚大使馆保持密切沟通、紧跟中国外交政策的指引，坚定地推进收购工作，同时通过投资架构与交易模式的认真策划，规避了可能的政治风险，切实维护了中方投资的合法利益。为配合项目收购的进度要求，又要符合国有企业规范的投资决策流程，中广核先后多次临时召集集团公司总经理部、集团公司董事会等高层决策会议，履行"三重一大"的投资决策审批流程，并及时向国资委汇报，确保了项目收

⊖ 引自国家电网开展国际产能合作调查报告

购流程的合法合规⊖。

　　哈电集团指出以下几方面风险。①国别风险，主要体现在政府违约、战争、征收或国有化、汇兑限制等方面。哈翔（Hassyan）2400兆瓦清洁燃煤电站项目位于迪拜，一直以来迪拜政治、经济和社会稳定，政府信誉良好，迪拜作为中东地区最著名的免税港，金融业极为发达，汇率一直保持着稳定，从未发生过政府违约及汇兑限制、征收及国有化以及战争等事件。正是因为这些原因，包括中资银行在内的银团在提供融资时均未要求ECA机构提供信用保险，由此可见政治风险是极小的。②立项风险，本项目最主要的合同为EPC合同及购电合同PPA。PPA协议的购电方为DEWA，是迪拜唯一的一家负责水利和电力供应和管理的国有公共机构，实力雄厚，有迪拜政府作为后盾，同时迪拜政府为DEWA的付款责任出具主权担保，因此DEWA违约的风险是极小的。③购电违约风险，本项目已经正式在政府立项并有权签订项目文件。根据投标情况来看，世界主要的电力投资商包括大韩电力、日本丸红等跨国公司都参与了本项目的正式投标，并且DEWA具有迪拜政府属性，因此本项目不存在未立项、DEWA无权签署项目文件的风险。④付款风险，本项目的PPA由迪拜政府提供政府担保，并且根据融资方要求，已要求迪拜政府出具主权豁免弃权文件。如果DEWA迟付或拒付电费，迪拜政府将承担付款责任⊜。

五、经济风险

　　"一带一路"沿线国家存在较多的经济风险，中国电信集团建议制订支持国有资本"走出去"的配套政策，优化国家对外投资的考核体系，主要包括：①适当放松资本占用和短期盈利指标要求；②对海外尤其是"一带一路"沿线国家投资风险的规避和管理支持；③国家在"一带一路"的战略实施配套资金中，设立海外运营投资专项基金，支持和鼓励运营商等在"投建营"等项目上的海外长期运营投资。

⊖ 引自中广核开展国际产能合作调查报告
⊜ 引自哈电集团开展国际产能合作调查报告

第九节　摆脱融资瓶颈

当前，我国已初步建立了以政策性金融、开发性金融以及商业性金融为主的金融支撑体系。但是与参与国际产能合作企业的多元化融资需求相比，金融机构在拓展海外布局、优化产品结构、提升综合服务能力等方面还有一定差距，亟须在传统融资支持的基础上，深化金融资源配置，形成融资支撑合力，调整融资产品结构，提升融资服务质量，建立长效合作机制，完善融资保障体系，在风险可控的基础上为企业提供长期、稳定、可持续的融资支持。

一、融资支撑的现状

（一）政策性金融的主导作用依然显著，但海外布局和风险防控等因素掣肘明显

中国进出口银行、国家开发银行、中国出口信用保险公司（以下简称中信保）等政策性金融机构在支撑企业"走出去"融资中发挥了主导作用。截至 2016 年 6 月末，中国进出口银行"一带一路"贷款余额 5676.29 亿元人民币，同比增长 40.07%。有贷款余额的项目 1241 个，分布于 50 个沿线国家。2014 年至 2016 年 7 月，在"一带一路"沿线国家共签约 939 个项目，累计签约金额为 5935.74 亿元人民币，累计放款金额为 4398.32 亿元人民币。中信保在 2015 年至 2016 年 7 月累计承保"一带一路"沿线国家出口和投资 1748.4 亿美元。其中，支持设备出口和工程承包项目 141 个，承保金额 294.3 亿美元；支持大型境外直接投资项目 188 个，承保金额 373.7 亿美元。政策性金融机构具有坚实的官方支持背景，在项目早期介入项目论证、建设过程，可以帮助我国企业获得外国政府、企业和业主的信任，帮助企业成功开拓海外市场、赢得项目，在支持我国企业实施"走出去"战略中起到了重要作用。虽然政策性金融机构的支持力度不断加强，但国别风险大、"两优"贷款作用得不到充分发挥、海外分支机构严重不足和风险补偿机制缺位等问题也日益显著。

（二）商业性金融的支撑作用持续增强，但综合服务能力和项目把控水平仍待提高

商业性金融利用其网点多、机制灵活、资金充沛、产品丰富等比较优势不断支持企业参与开展国际产能合作。截至 2016 年 6 月底，中国农业银行累计为 314 家客户办理在"一带一路"国家的"走出去"业务 86 亿美元，占农行办理所有"走出去"业务的 13.4%，共涉及 42 个"一带一路"国家。涉及行业包括农业、基础设施互联互通、制造业、能源资源合作等。2016 年上半年，中国银行全辖境内外机构在"一带一路"沿线国家实现授信新投放超过 174 亿美元。其中，境内外机构向沿线国家公司贷款新投放约 94 亿美元，沿线机构累计新开立信用证及保函超过 41 亿美元，境内机构对沿线国家累计新开立保函约 39 亿美元。截至 2016 年 7 月，中国银行"一带一路"重大项目库共跟进"一带一路"区域重点项目约 392 个，总投资额约 3729 亿美元，其中中行意向性支持金额超过 826 亿美元，签约金额约 164 亿美元，累计投放约 88 亿美元，贷款余额约 69 亿美元。截至 2016 年 6 月底，中国工商银行已支持境外"一带一路"项目 239 个，承贷总金额约 621 亿美元，业务遍及亚、非、欧三大洲 33 个国家，涉及电力、交通、油气、矿产、电信、机械、园区建设、农业等重点行业。然而，目前商业银行也面临着产业政策不熟悉、项目跟踪不到位、跨境服务能力跟不上、综合服务水平亟待提升等现象。在参与或服务高度商业化和市场化的国际融资项目时，企业和银行不只是关心融资成本，更多的是关注交易风险和项目运营风险。对于商业银行而言，如何鉴别、规避和应对项目周期内的综合性风险，是未来商业银行体现专业性的核心点。

（三）内保外贷等业务为企业提供了有力的融资支撑，但在企业授信和保函认可度上还有待提升

"内保外贷"只需银行出具融资性保函，无需事先获得外汇局审批，极大地提升了企业境外分支机构的融资便利性。除此之外，境外筹资转贷、ODI、QDII、QDLP 等品种多样的跨境资金融通工具为"走出去"企业和中资金融机构提供了更多选择。比较而言，目前的业务模式不仅操作简便，而且贷款

币种多样，如当前国内银行提供的"内保外贷"币种涵盖了美元、日元、欧元、港币、英镑和人民币等多种货币。国内银行通过境外人民币贸易融资满足境内重点优质客户的融资需求，从而腾出国内人民币信贷和外债规模，加大对议价能力较弱的客户的支持，实现"腾笼换鸟"，扩大了信贷规模。但是"内保外贷"等业务的推广也存在几点问题。一是"内保外贷"占用国内企业的授信，限制了国内企业采用的积极性；二是国内银行海外网点数量不足限制了"内保外贷"在全球的开展；三是国内银行开具的保函在境外的认可度有待提高，这限制了国内银行和国外银行之间的深入合作。

（四）出口信贷仍是装备制造企业融资规模最大、适用范围最广的渠道

国内企业参与国际产能合作可利用的出口信贷支持主要有资本性货物出口信贷、援外优惠贷款、机电产品出口企业境外建厂贷款、境外承包工程贷款，以及为企业境外加工贸易出口信贷等。国内银行开始建立出口信贷传统业务与创新业务相结合的综合服务体系，以便与企业更好地参与国际产能合作，如利用政府援外优惠贷款和优惠出口买方信贷支持企业参与国际合作，为企业在受援国承包工程、开发资源、投资建厂提供支持。开展国际结算、对外担保、保函、保理、咨询等中间业务，为企业"走出去"提供全方位服务。国内银行还与国际金融机构合作，帮助"走出去"企业充分利用全球资金，与大量外国金融机构签署贸易融资、信用证代付、风险参与或信用担保等业务合作协议，增强对企业"走出去"的融资支撑。中国建设银行与中信保联合推出中信保卖贷保单/再融资保单项下出口延付合同节点融资产品，并将争取成为该项创新的试点行，进一步提升建行出口卖方信贷与出口信贷再融资产品的竞争力。

（五）发行股票或债券仍面临诸多限制，难以成为融资主要方式

通过发行债券或者股票融资的门槛已经开始降低，手续也逐步简化，但对于国内企业通过国内资本市场为境外投资项目融资还存在一定障碍。国内

企业对境外分支机构的融资支持主要通过贸易信贷预收货款、延期付款进行，而且还会经常选择境外股权融资、境外债务融资和境外上市等形式进行外汇融资。企业在国内证券市场融资获得的资金并不能直接用于境外分支机构的经营，而且境外分支机构也不能直接在国内市场发行债券和股票，需要进一步联通国内外资本市场，提高企业"走出去"过程中的融资便利性。

二、融资支撑的重要性

（一）企业参与国际产能合作亟须高效率、便利化的金融服务

金融机构和政策的支持可以帮助企业破除海外市场壁垒和融资瓶颈，降低企业跨国经营的制度性交易成本，通过持续推动优秀企业走出去，发挥示范效应。高效的融资支持体现在三个方面，一是较低的利率和费率，从而降低企业的融资成本；二是广泛的融资业务种类，满足企业"走出去"过程中的多样化融资需求；三是密集的全球化经营网络，为"走出去"企业提供随时随地的融资服务。国内金融机构在这方面尚存在不足。首先是银行贷款、信保费率普遍偏高，企业风险准备金负担较重以及费率调整不够灵活及时等。国内政策性金融保险机构受资金来源、管理机制以及营收业绩等因素影响，近年来虽加大了费率调整的力度和频度，但无论贷款利率还是信保费率，在费率的调整上仍不够及时灵活。在一些重点国别市场风险降低、政治相对稳定、经济持续走强的情况下，国内政策性金融保险机构提供给企业的融资方案综合费率偏高，政策性导向作用未得到充分发挥。其次是业务种类相对不足。融资类保函、非融资类保函、福费廷、结构性贸易融资、融资租赁等业务开展严重不足。最后是境外经营网络不完善，特别是在发展中国家中的经营网点更为缺乏，与当地金融机构的合作关系也不够深入。

（二）企业参与国际产能合作亟须稳定性、持续性的金融服务

企业"走出去"是企业发展的长期战略，金融机构提供从项目初期论证开始的"跟踪式"长期服务是增强企业国际化经营能力的必要条件。但当前

国内金融机构尚缺乏"早期介入"的意识，这虽然有助于金融机构规避项目的早期风险，但对于企业的"走出去"活动和我国国际产能合作的整体利益具有负面的影响。在很多海外项目开发过程中，项目业主往往会要求中方先落实资金，才能进入合同签约、审批阶段，但按照目前国内政策性保险机构的工作流程，通常只有在EPC合同签字并通过审核后才会出具承保意向函并明确最终的保费费率、承保期限等具体承保条件。这使得企业在项目跟进阶段难以确定信保费用和承保期限，有的企业因缺乏对融资成本的统筹考虑，出现合同签约后由于融资审批程序尚未完成而无法履约或成本发生较大变化而难以实现预期利润，甚至出现个别企业在竞标时以低成本融资为条件恶意压价，在合同签约后倒逼政府、银行和信保审批的情况。

（三）企业参与国际产能合作亟须多元化、全方位的金融服务。

企业开展国际产能合作的方式越来越多样化，除了传统的贸易和对外直接投资以外，技术转移、工程承包和劳务输出、专业服务提供等规模也日益扩大，对外直接投资中，跨国并购的规模也呈逐年增长的趋势，这就提高了对融资方式的多样化需求。以项目融资为例。当前，我国企业在项目融资上仍以传统的出口买方信贷融资模式为主。出口买方信贷一般要求借款国提供主权担保或由类似性质的当地重要国有企业担保，同时对预付款比例有强制要求。但近年来，项目业主国，特别是在部分新兴市场和一些中高端市场，政府能够提供主权担保的项目很有限，各政府对提供主权担保的态度也愈发谨慎，企业获取主权担保的难度增大。此外，随着PPP/BOT等新项目融资方式的逐步应用，项目融资借贷主体更加多元，在融资方式上业主更多希望以项目自身资产或未来营收作为担保方式，但目前国内主要金融机构能够提供的主权担保以外的境外项目融资方式不多，也缺乏与新的项目融资方式配套的评审机制和管理体系，导致我国企业在参与境外优质私人业主项目时，推进融资面临较多实际困难。全方位的金融服务不仅能够降低境外投资项目的融资成本，而且能够有效降低境外项目的风险，例如通过海外投资保险降低政治和社会风险，通过远期外汇业务降低汇率风险，通过保理、福费廷和结构性贸易融资等降低信用风险等。全方位的金融服务不仅要求国内金融机构推出更多有针对性的融资业务与工具，而且要求在融资业务提供的地点上，尽量扩大境外经营网点的建设，对国内企业的境外投资项目提供"跟随式"的服务。

三、融资支撑的问题

（一）国内融资综合成本高，手段和方式滞后于企业"走出去"的多元化融资需求

一般性商业项目的美元贷款门槛和融资成本"绝对双高"。"一带一路"范围内的一般商业项目贷款货币多以美元为主，目前境内市场美元融资条件（融资利率）高于境外市场。由于我国自身外汇管理体制，中资银行以美元放贷需通过外管局调拨，除了原始成本，还有额外手续费用，所以相对于境外直接以美元吸储放贷的融资模式，境内美元融资成本高。同时，保险费用高导致企业综合融资成本升高。一般商业项目取得贷款，融资方需要投保中信保的中长期险，承包商需投保特别险，这两项保险的保费与境外的同类保险相比保费高，导致企业在还本付息的成本之外，需额外支付较高的保险费用。在承保金额上，我国出口信用保险机构最多只能承保贷款金额的95%，一些金融机构在安排融资方案时，要求中国企业对保险无法覆盖的5%承担担保责任，变相增加了企业的融资负担。高融资成本导致融资方负债水平升高、财务预算紧张，最终导致项目无法落地。

政府间合作项目的"两优"贷款和有主权担保的出口信贷"相对双高"。我国企业取得"两优"贷款的成本较高。由于外汇管制政策，进出口银行的美元由外汇储备机构注入，或通过银行间同业拆借获得，导致美元资金成本高。当前，受全球经济增速放缓影响，许多国家经济下滑，自有资金不足，项目融资规模越来越大，现有的"两优"贷款规模对于"一带一路"中的大型项目来说已是杯水车薪。另外，主权借款和担保问题一直未明确相关政策，没有主权担保的项目，中国的金融机构如中国出口信用保险公司、中国进出口银行的优惠贷款便无法为这些项目提供服务。即使项目拥有其他担保模式（如

股东担保、设备担保、现金质押等），融资成本也会相应高于韩国、日本和西方的金融机构。如对于高铁、核电等我国主推的重大战略性项目，我国进出口银行的主要竞争对手，欧洲和日本金融机构由于有政府低成本资金支持，可以提供信贷利率1%的优惠融资方案。再如与一些新兴经济体的投资合作中，我们还达不到国际货币基金组织对满足其贷款优惠度的最低要求，存在"双优不优"的情况等。

（二）金融机构海外布局尚处起步阶段，与快速壮大的"走出去"企业规模难以匹配

企业在境外开展国际化经营要求国内商业银行和保险公司提供"跟随性"服务，海外机构应及时提供高效便利、持续稳定的商业信贷等服务，但是我国金融机构在很多新兴市场国家没有网点，尚未形成覆盖全球的经营网络，商业银行的海外网点明显不足，保险机构也处于布局初期。目前，我国企业海外投资涉及150多个国家和地区，而境内银行的海外机构分布仅相当于前者的三分之一；与此同时，保险业仅在中国香港地区和欧美等少数发达国家与地区的中心城市设立或并购了数量非常有限的机构，远远不能满足"走出去"的企业需求。在需求侧，开展国际产能合作的12个重点行业，尤其是装备制造业，除了对传统贸易融资业务有巨大需求外，对于福费廷、国际保理和结构性贸易融资等需求也越来越迫切，而我国票据市场不发达，交易工具种类有限，市场交易主体结构单一，应收账款可转让性的法律依据不足等因素的存在导致国内金融银行和保险公司对新型贸易融资产品的提供严重不足，不能很好地了解项目所在国的经济及行业等信息，对我国企业融资造成较大障碍，对参与国际产能合作产生较大影响。

相反，日本作为中国企业在"走出去"过程中的主要竞争对手，正在积极扩张他们的海外金融布局。根据IMF的报告，日本前三大银行的海外贷款占其贷款总数的比例由2009年的18%上升到2013年的31%，而中国同期的数据是6.1%和9.2%。无论从百分比上还是从增幅上，我国海外贷款比例远远低于日本海外贷款的比例。从2012年到2014年，日本银行用于设立和收购海外分支机构的投资达到83亿美元，大面积地增设海外网点降低了日本银

行的海外贷款成本，从而使得其海外贷款在短期内大幅提高。

（三）国际产能合作项目周期长，贷款利差小、风险大，金融机构放贷意愿不强

国际产能合作主要投资集中在基础设施建设、优势产能转移和装备制造等领域，通常项目投资周期较长、资金规模需求较大，融资成本要求还不能太高，然而，以"两优"贷款、执行三档优惠利率的人民币出口卖方信贷等支持国家战略性主要贷款品种为例，其利率水平普遍低于融资成本，造成的利差亏损需要依靠金融机构自营业务消化，导致银行放贷意愿降低。此外，部分国际产能合作的重点国别的投资环境仍存在一定风险，亟待海外投资保险为企业保驾护航，而我国的海外投资保险仅由中国出口信用保险公司（中信保）承保，国家政策层面缺乏"一带一路"、国际产能合作专项风险准备，也缺失与业务相关的呆、坏账认定标准和核销办法，所以中信保受到自身资本实力等因素的影响，其承保额与我国开展国际产能合作对外投资总额相比，规模小、覆盖面窄。

四、融资支撑的国际经验

（一）发达的跨国金融网络与完善的保障体系发挥了良好的融资支撑作用

以美、日、德为例，政府发挥了向对外直接投资企业提供直接融资支持和提供海外投资保险的重要作用。前者如美国进出口银行、德国的复兴信贷银行和日本进出口银行等，后者如美国海外私人投资公司、德国赫尔梅斯信贷保险公司和信托投资股份公司等。

政策性金融发挥了重要作用。美国主要通过美国进出口银行提供融资支持，主要有：①流动资金担保项目，帮助美出口商获得为参与投标、改进产品及支付外国合同定金等出口前所需的流动资金；②出口信贷保险项目，为美出口商因外国买方或债务人出于政治或商业原因不履行合同而造成的损失

提供担保；③中长期信贷保证项目，通过为贷款银行提供保证来帮助外国买方获得信贷；④中长期贷款项目，向购买美国产品的外国买方提供买方信贷；⑤信贷保证便利措施项目，按照规定的条件和要求，以外国银行为贷款对象，为美信贷方与其债务人之间建立以一年为期限的、最低便利额度为100万美元的一个信贷担保额度，使美国的出口方能多次销售其资本货物及服务；⑥项目融资项目，提供以有限追索权为基础的项目融资，以支持美国出口商参与国际竞争等。

日本成立于1950年的日本进出口银行在为本国企业海外投资提供直接资金支持方面最具有代表性，其职能包括：①为日本企业在国外企业中参股投资提供贷款；②为日本企业对外国政府或企业提供贷款而给予贷款支持，并为企业在日本境外进行风险经营提供长期资金；③为日本企业向欲参股日本持股企业的外国政府或企业提供贷款准备金；为日本企业参股设立在日本境内的对海外投资企业提供贷款；④为日本企业在海外经营项目所需资金提供贷款等。日本还有其他政策性银行对海外投资提供金融支持，如日本国际协力银行是日本政府支持海外投资的重要政策性融资渠道，日本的中小企业金融公库、国民生活金融公库、商工组合中央金库和海外贸易开发协会等机构主要为中小企业对外投资提供优惠贷款。

德国政府也设立了专门的金融机构，提供对海外投资的金融支持。其中，德国复兴信贷银行受财政部的直接领导，负责直接资助德国中小企业海外投资项目，为中小企业在境外投资提供各类优惠贷款；德国投资开发公司主要负责帮助德国企业在海外投资的合资项目，为其提供长期信贷担保，并对海外投资前的费用进行补贴，并以提高德国投资者参股比例、加强对技术转让的控制为目的。

海外投资保险提供了有力保障。海外投资保险制度是世界各资本输出国的通行制度。自美国1948年在实施"马歇尔计划"过程中创设这一制度以来，日本、法国、德国、挪威、丹麦、澳大利亚、荷兰、加拿大、瑞士、比利时、英国等国家也先后实行了海外投资保险制度，很多发展中国家与地区也于20世纪七八十年代开始为本国本地区的海外投资者提供政治保险。

美国海外私人投资公司从1971年开始运营，是美国同时也是世界上首家海外投资保险机构，是由国库拨款成立，且在美国国务院政策指导下运营的自负盈亏的联邦机构，最初仅承保货币禁兑险，后来逐渐扩大到战乱险、征收险等政治风险。海外私人投资公司还按规定条件对私人投资提供资助，主要有：①通过提供贷款和贷款担保为企业融资；②支持那些为美国公司投资海外项目而投入的私人投资基金；③为投资可能产生的一系列范围广泛的政治风险提供担保；④尽力为美国商界提供海外投资的机会等。

日本于1956年继美国之后在世界上第二个创设了海外投资保险制度，并于1957年追加了海外投资利润保险；1972年1月，创设了旨在开发进口海外矿物资源投资保险制度。此外，日本政府积极签订了投资保护协定，以改善对外投资环境。企业对外投资需要保险时，可申请使用"海外投资保险制度"，对海外投资的本金和利益进行保险。中小企业因对外投资而从金融机构贷款时，可向各都道府县的信用保证协会申请使用"海外投资关系信用保证制度"，享受担保服务等。

德国在海外投资保险方面，财政部直属的赫尔梅斯信贷保险公司和信托投资股份公司均负责办理德国企业海外投资保险业务，为德国企业海外投资提供政治风险与非商业风险担保。

（二）完善的国内金融体系与良好的金融制度提供了重要的融资支撑基础

海外投资保险和双边投资协定相结合的制度发挥重要作用。美国海外投资保险制度的最大特点就是私人企业只有在同美国签订有"双边投资保证协定"的国家投资，才能向美国海外私人投资公司申请投资保证。当投保项目所在国出现政治风险时，美国政府首先向投资者补偿其损失，然后可以根据同该资本输入国所签订的双边投资保证协定，取代投资者的地位，要求该资本输入国赔偿因政治风险而使投资者蒙受的损失，这种权利通常称为"代位求偿权"。它把私人的对外投资关系提高到两国政府间的高度，从而大大提高了获得经济赔偿的可能性。

完善的国内金融体系是"走出去"企业长远发展的根本保证。美国具备完善的国内金融体系和庞大的跨国银行经营网络，资本流入流出基本不存在管制，对外直接投资的金融支持主要通过市场自发实现。美国国内金融市场体系完备、国际化程度很高，能够为企业海外投资的融资需求提供多样化选择。一些跨国金融巨头如花旗、摩根大通等金融集团建立了庞大且完善的全球经营网络，将机构和服务渗透到了世界上大多数国家和地区，他们紧跟海外投资企业在东道国提供全方位的融资、结算、咨询、保险等金融服务。政策性金融机构在提供中长期资金方面具有一定的优势，而完善的国内金融体系和庞大的跨国银行经营网络则是支持"走出去"企业长远发展的根本。

五、融资支撑的思路

（一）加强与国内外金融机构的联系合作

政策性金融机构要联合国内商业银行、保险公司、证券公司、信托基金等金融机构为海外投资项目提供资金融通、投资银行业务、现金管理、担保、保险、资产证券化、信托等一揽子综合金融服务，并通过提供规划咨询、融资顾问、财务顾问等服务，主动帮助企业做好项目策划、融资方案设计、融资风险控制等工作，提高海外投资项目的运作效率，提升我国高铁、核电等重大装备和产能"走出去"的综合竞争力。以银团贷款、出口信贷和股权投资等方式为抓手，为我国企业海外直接投资、PPP项目等提供投资、贷款、租赁、证券等综合金融服务，发挥政策性金融机构的引领作用。积极与海外联动开拓海外直贷、内保外贷、额度切分、协议融资、协议付款、出口通汇达等业务，全面满足"走出去"企业海内外金融服务需求。

（二）鼓励金融机构推广新型贸易融资业务

从国际产能合作重点行业的特征看，有色、建材、钢铁、电力、化工等能够带动成套机器设备和大宗商品贸易的行业产能合作迫切需要诸如福费廷、国际保理和结构性贸易融资等新型贸易融资的支持；从国际产能合作重点国别看，与金融市场不发达、企业信用水平难以掌控的发展中伙伴国开展合作，要求银行提供更多的"风险分担型"贸易融资服务。从国际产能合作布局优化角度看，要着力于构建（或重构）全球产业价值链，提升我国在全球价值链分工中的地位，不仅提升和巩固我国企业在价值链中的引导地位，而且通过核心企业的引领作用，带领国内中小企业实现全球价值链攀升，这就要求国内银行提供针对性更强、更加高效的供应链金融，将现有的其他融资业务与供应链融资相融合，提升核心企业的信用水平，提高中小企业的融资能力，例如可以将国际保理和出口信用保险融入供应链金融。

（三）探索形成一揽子互惠合作贷款模式

中国进出口银行与安哥拉的互惠贷款合作模式取得了显著成效，为进一步推广该模式提供了有益的借鉴。政府援助贷款、优惠买方贷款及互惠贷款是加强中国与"一带一路"沿线发展中国家经济联系，促进当地经济发展，扩大企业"走出去"参与国际产能合作的重要方式。在互惠贷款模式下，国内银行在政府框架下为相关国家提供一揽子大额贷款计划，支持当地的经济建设。互惠合作贷款能够在为企业构建对外直接投资提供安全保障的条件下增强融资支撑能力。

（四）深化非政策性金融机构的参与合作

目前，非政策性金融机构参与力度和积极性不大，一定程度上限制了企业参与开展国际产能合作的规模和程度。究其原因，主要是因为海外投资项目风险相对较大，而且国内金融监管规则不利于非政策性金融机构参与对企业海外投资经营的融资和担保支持。在国内金融监管方面，要改变原有为政策性投资担保和保险机构"特事特批"的制度，通过法律手段，为金融机构支持企业参与国际产能合作的业务划定特定的监管方案，实行统一的政策，促进非政策性金融机构参与。同时以签订双边和多边投资协定等方式，为国内非政策性金融机构提供强有力保障。

（五）完善出口跨境融资租赁服务体系

着力发展出口跨境融资租赁是推动国内装备制造业参与国际产能合作，加速国内优势产能输出的可行途径之一。当前国内各部委和各地区推出的促进融资租赁政策多以进口融资租赁、利用境外资本为主，而在扶持国内优势产能输出上，可以尝试以推动出口跨境融资租赁为主要模式，探索从租赁机构、汇率、外汇交易、通关等各方面开展中长期规划，进一步完善出口跨境租赁体系，服务中国企业海外经营，扩大装备制造业国际产能合作。

六、融资支撑的建议

（一）优化金融资源配置，形成金融支撑合力

加强国内外金融政策资源的统筹安排和布局，解决金融机构各自为战的现状，尽快形成金融支撑合力。发挥各类金融机构和金融产品的互补作用，支持研究包含对外援助、政府补贴、政策性金融、商业资本等在内的最优的金融组合方案。

优化银行业网点的海外布局。推进中资银行海外布局向东盟、非洲南部、中东欧、拉丁美洲等国际产能合作重点地区转移，改变以发达国家城市为聚点的现状。国际产能合作的重点国别中金融业多数不发达，更需要国内金融机构"走出去"提供有效的融资服务。商业银行要积极弥补在欠发达地区金融布局的空白，对于因战乱或者其他原因不适合设立机构的国别，可以探索由政策性银行采取灵活方式介入。

深化开发性金融的促进作用。推进以股权投资、债务融资等方式支持国际产能和装备制造合作项目，发挥亚投行、丝路基金、中非基金、东盟基金等开发性金融的作用。联合各类投资主体出资设立中哈产能合作基金、中巴（西）产能合作基金、中欧投资基金、中法投资基金等一系列多双边产能合作基金，着重解决重大战略性项目、重点合作区域的资本金不足问题。鼓励境内私募股权基金管理机构"走出去"，支持企业"走出去"开展绿地投资、并购投资。以委托贷款、定向融资等方式向金融机构和企业提供外汇资金支持，增加外汇资金来源。

增强商业性金融的支撑作用。加强商业银行服务境外中企的意识，鼓励商业银行丰富和扩大海外业务，逐步在境外形成覆盖面较广的服务网络。开

展商业银行金融产品和金融服务的创新，鼓励商业银行拓展境外土地、房产、设备、矿权、股权抵质押创新业务，支持银行助力企业在境外投资形成的国外资产用于"外保内贷"。强化银企互动，加大商业银行诸如外汇风险对冲产品等境外投资金融产品的推广力度等。

（二）创新信用保险模式，优化保险全球布局

探索出口信用保险创新模式。鼓励有条件的地区开展符合区域优势产能"走出去"需求的"政、银、担"合作模式，探索建立政府（省级）、银行和融资担保机构三方共同参与的合作机制，鼓励有条件的地方设立政府性担保基金，实现"走出去"企业开展国际产能合作的融资担保风险在政府、银行业金融机构和融资担保机构之间的合理分担；推动以省级再担保机构为平台与银行业金融机构开展合作，对银行业金融机构担保贷款发生的风险进行合理补偿，推动建立可持续银担商业合作模式。

优化证券保险业全球布局。"走出去"企业对保险业务的需求小于银行业，应侧重于在金融市场发达的国家和地区布局，通过在这些国家和地区的网点，为"走出去"企业提供全球性的保险服务。鼓励我国证券保险机构与"走出去"的银行机构通过业务代理等合作模式，在我国未设证券保险机构的发展中国家和地区提供保险服务。扩大中国出口保险信用公司的业务范围，发展企业对外履约保险、财产保险、海外劳务人员的人身保险等。

（三）构建融资保障体系，完善合作长效机制

构建多层次融资保障体系。建立产业投资基金和境外投资专项贷款，为企业对外投资与经营和跨国的兼并收购活动提供本土化、个性化和多元化的融资服务。发展"走出去"股权投资基金，强化"走出去"金融服务跟进、民间资本参与、政府支持的方式，建立企业"走出去"分领域、分类型的股权投资基金，引导丰富的民间资本有序进入、对外投资，放开金融机构的市场准入，推动民营资本进入金融行业，并引入竞争机制提升金融机构服务。推进企业和金融机构境外发行股票、债券、资产证券化产品，有效利用海外资本市场募集资金。促进各类海外投资基金发展壮大，努力形成层次多样、

形式丰富的海外投资发展基金体系。积极探索境外资产和股权等抵押融资，鼓励发展多种形式的境外股权投资基金。针对民营企业"走出去"过程中对股权融资的需要，设立若干类似中非发展基金的股权投资基金，直接对国内民营企业境外投资的项目和公司进行股本投资。同时设立对外并购基金（VC或PE），专门通过股权并购，在国际上获取知识产权、品牌、市场渠道和相关资源。

完善融资合作长效机制。加强对金融市场发展的推进力度，增强政府、企业、金融机构三方面的沟通合作，构建"政府搭台，银企唱戏"的对接长效机制。加大金融市场培育力度，建设金融服务中心，打造证券、保险、基金等机构于一体的全方位、立体式金融服务，不断完善多元化的金融服务体系。规范金融市场管理，加速建立征信体系，确保企业享受市场经济体制建立起来的便捷融资渠道和平台。加强金融机构的产品创新，在保证资金安全的前提下努力降低门槛，放宽抵押物限制，提高抵押贷款比例，延长贷款时间，降低贷款利率。加大融资贷款业务特别是金融创新产品的宣传推介力度，加大对企业融资贷款的指导力度，帮助企业完善贷款的各项要件和前置手续，强化服务力度。

第四章
企业关于国际产能合作的相关建议

为了使本章内容对政府部门、行业协会、金融机构等更具有参考性价值，让更多有效的建议来源于开展国际产能合作的一线企业，使该建议更加具有实践性、可操作性和必要性，本书从需求侧的角度，设计调查问卷，对企业进行调研，从产能合作的最前线搜集企业对各部门的需要和相关建议的提出。所有建议都来自于该调查报告，编者在此基础上做了梳理以及归纳。

第一节　对政府部门的建议

一、缓解产能合作的系统性风险

1. 系统性风险报告

我国企业要走出国门开展国际产能合作，就必须面对系统性风险。这类风险产生的诱因多样，发生的机理复杂，是企业自身没有办法影响和控制的，依靠企业自身的力量也很难准确预测这类风险。国家要组织发展改革委、外交部的相关专家或者委托相关专业研究机构系统研究我国在各国开展国际产能合作的系统性风险，定期发布国际产能合作的系统性风险分析报告，为我国开展国际产能合作的企业提供决策依据和参考。系统性风险分析报告要涵盖政治、经济、社会、技术、自然环境、法律法规等各个方面的风险，对可能给企业造成损失的风险要进行详尽的描述和说明。政府在委托相关机构时不能仅局限于国内的研究机构，还要聘请国际产能合作国或者发达国家的权威研究机构，充分利用国内外资源。

2. 完善法律法规

中水电公司认为，在中国企业全面"走出去"的大背景下，在严格遵守中国和目标市场国法律法规的前提下，中资企业应本着"合作共赢"的方针，积极维护中资企业的整体利益。在维护国际市场中资企业有序竞争上：

首先，进一步明确国家主管行政部门的职责，加大对"走出去"企业的全面管理和监督，建立健全中资企业内部协调机制，并建立健全相应法律和规定，对恶意违反行业有序竞争的行为予以坚决打击和制裁。

其次，建立专门化的行政管理协调机构，服务于"一带一路"战略和企业"走出去"，负责执行中资企业内部协调机制，监督各企业执行相关法律法规和行业准则，并对违反规定的行为主体做出处理意见。

3. 支持中国标准

中国标准的"走出去"并非一帆风顺，仅靠企业的力量有限，需政府部门、研究机构和企业"多位一体"相结合，因此在国家层面，要进一步明确推动中国标准"走出去"的主责部门，加大对技术标准国际化方面的投入，包括技术研究、人才培养和制度建设等方面。

4. 防控国际风险

国际市场上的风险防控，是企业"走出去"能否成功的重要影响因素。尤其是在投资业务不断丰富和增加的当下，从国家层面建立全面风险防范体制机制和应急预案意义重大。应建立或指定专门机构研究国别或区域市场风险，及其应对措施，有效服务于企业风控工作；建立国家层面的全面风险提示机制，引导企业理性和有效投资。

在政府层面，中国华能集团建议政府部门加强指导，切实发挥政府的引领统筹作用，建立国有企业重大风险事件预警和应对机制，切实提升境外项目经营水平及盈利能力；同时建议政府部门及行业机构积极协调，研究制定政策对"走出去"企业进行适当鼓励（如在税收方面给予政策倾斜等），为企业创造良好的投资环境。

5. 加强指导作用

中国电建集团建议政府加强对海外重点项目和领域的指导，推动重点领域的合作，实现区域内互利共赢。建立与完善政策体制，制定实施对外直接投资战略的规划，包括总体规划、国别地区规划和产业规划。引导中国企业积极参与前期规划研究工作，推动洲际／区域间互联互通、城市化建设和工业园区等基础设施开发建设规划工作。应选取政局稳定、投资合作环境好、与我经济互补性强且双方有一定的经贸合作基础的国家和地区，作为对外直接投资的重点市场。

充分发挥政府的作用，积极推进技术进步。大型央企应在政府主导下，积极运作大型项目的规划设计、投资运营和工程承包，以商务运作促进规划合作，以规划合作带动项目落地，实现中国企业利益最大化，实现所在国社会效益和经济效益最大化，实现企业与政府互利共赢。同时也建议进一步发挥政府的主导作用，加强顶层设计和资源整合，建立各企业在目标市场和项目间的协调机制，避免出现区域功能定位趋同、同质化无序竞争和恶性竞争。

建议政府部门和行业协会在推进国际产能合作项目过程中发挥更大的协调和引领作用，构建包括管理监督、服务促进和风险保护在内的海外投资协调机制。如签署双边、多边以及国际投资保护协定，坚持将争议提交缔约国涉外仲裁机构仲裁，以保障海外投资安全和避免损失；鼓励建立海外投资保险制度，充分利用中国出口信用保险平台，解决海外投资融资难等问题，降低海外投资风险。加大对产业链一体化行业龙头企业和国际化程度较高企业的支持力度，在政府主导的境外投资以及重大项目上，选择行业龙头企业，这样既可以有效整合国内全产业链资源，带领专业企业、中小企业共同参与建设，又可避免无序竞争，有效防控境外项目风险，并逐步培育一批具有综合专业、技术优势和较强国际竞争力的大型跨国企业集团。

建议由国家统筹安排，推动我国投资开发商和建设承包商"绑定"走出去。目前，东道国政府更多地希望建设承包企业在投资层面全面解决项目的资金问题，要求实现投资、建设承包一体化运作。建议能出台相关政策促进和鼓励国内投资开发商和建设承包商紧密合作，形成"投建"一体化的国际项目承接方式，带动中国资金、设备、技术"走出去"共同参与国际产能合作项目建设。

二、帮助企业做好经营性风险的预测与控制工作

我国企业在国外开展各类业务活动的风险除了系统性风险之外还有经营性风险，这类风险主要包括市场风险、财务风险和团队风险等。虽然企业能够通过提高自身管理水平规避这类风险，但由于国内外的经营环境差异巨大，企业管理者需要获得足够的信息做出适当调整，才能够预测和控制这类风险。外交部等政府机构要给企业提供业务开展国与企业经营有关的信息或者为获得这些信息提供便利、帮助。一是要指导企业在走出国门之前做好合作项目前期的调研工作，对项目建设承包等短期建设类项目要详细分析项目施工过程中可能出现的风险，对投资设厂等需要长期经营管理的项目要做好风险的预测。二是在企业走出国门之后政府机构要根据以往的经验和案例为企业提供可能发生风险的警示。对经营性风险的分析与预测，企业除了依靠自身的力量之外，还要借助第三方权威机构。政府机构要向企业提供业务开展国进行风险分析与预测服务的第三方权威机构的名单，并为它们牵线搭桥。

一些代表性企业提出的建议有：

1）中国联通提出的对于中国企业独自在境外国家领土内建设的项目（如中国联通缅甸 CMI 项目），如何能借助中国政府的指导和帮助，通过双边或多边政府间的沟通协调，避免项目所在国的政治、社会和经济不稳定带来的风险相关方面的问题，建议外交部（包括驻外使领馆）、商务部等相关部门能及时向企业提供相关信息，包括项目所在地的政治、经济、社会情况以及行业准入政策等，并提供相关指导和建议。同时在需要时，希望政府出面与所在国政府进行沟通协调，以便企业能及时规避一些风险。

对于如何能借助政府的影响力，在国际政治和外交活动中，积极推广介绍中方企业方面的问题，中国联通建议邀请企业参加一些国家间的双边或多

边活动，利用现有的一些外交机制，如东盟、中亚五国、亚太经合组织等，积极主动地介绍、推广中方企业，给企业创造商业机会。

对于有些国际性项目在投资回报上存在一定不确定性，有些在建项目所在的国家和地区为战争或动乱地区，使得项目可能面临着竣工时间的推迟、建设成本的增加，甚至项目终止，有造成经济损失的可能性方面的问题，中国联通建议，对于符合国家战略、体现国家意志的投资项目，希望政府在对企业考核时能单独考虑，从而打消企业顾虑，鼓励央企积极地"走出去"，积极配合国家整体外交战略。

另外，希望政府有关部门能充分考虑企业的市场需求、国际形象，及时简化审批程序，提高审批效率。此外，骨干光缆网建设中，赔补费用居高不下，缺乏定数，给电信运营企业造成很大成本压力。建议政府协调铁路、高速公路、景区等相关管理部门，统一光缆管道建设的赔补标准，统一政府管线公司出售光缆管道的价格⊖。

2）国际市场广阔、差异巨大，国内同类企业众多、各具优势，在国家"一带一路"倡议下，大唐集团建议在国家层面对目标区域、参与主体、参与方式等进行顶层设计，指导中央企业之间加强境外投资合作，避免在同一国家、同一区域、同一行业内的恶性竞争。鼓励和扶持一个企业在一个国家或地区做强做优，增强企业话语权，提高经济效益⊜。

3）境外园区的建设离不开中国政府与东道国政府之间的协作与沟通。泰达建议对于国家级境外经贸合作区，应建立政府及企业间的三级磋商机制。政府出面沟通，企业跟进落实，从而提高园区开发建设效率。在现有政策下，加大对走出去建开发区的企业的支持力度，加大对于境外园区模式的研发力度；同时，建立有效的信息发布机制和渠道，为园区企业提供相关信息咨询和投资分析建议、入园手续办理等服务。在资金方面，很多境外企业由于缺乏国家资金的投入，在较短时间内难以达到国家核准标准，开发进程缓慢，应将部分对外援助资金转为定向投入开发区援助资金，作为企业前期投入资

⊖ 引自中国联通开展国际产能合作调查报告
⊜ 引自大唐集团开展国际产能合作调查报告

金，将外援变输血为造血[⊖]。

三、政府机构简政放权便利企业走出国门

我国企业要"走出去"开展国际产能合作，需要经过国家的一系列审批程序，虽说审批的目的是为了更好地控制风险，但客观上也增加了企业"走出去"的难度。所以，在未来我国将有大量非国有企业、中小企业"走出去"开展国际产能合作的大背景下，我国政府部门要简政放权，简化企业在境外开展投资项目的管理制度，改审批制度为备案制度，对部分风险大的投资改硬性限制为柔性提醒、建议。另外，政府要减少对境外投资企业经营管理的管控，对非国有企业不要干涉其在国外的融资、股权变更等活动。总之，政府在制定、修改关于境外投资规章制度时，要以便利企业走出国门开展国际产能合作为指导思想。

1）中国石油建议国家层面利用高层互访等契机，帮助央企在海外争取公平、良好的投资和经营环境，建立双边能源沟通机制，维护央企在资源国的权益，确保海外业务可持续发展。在重点油气资源国设立能源参赞，全权代表国家协调整个地区的能源外交活动和重大合作项目推进，为油气合作提供总体协调平台。加强对央企国际化经营的指导和支持。提出如何实现央企境外经营规范化、专业化、国际化的一系列方案和举措。同时，针对央企"走出去"和国际化程度、所处投资环境各异等情况，研究、实施差异化央企海外投资与经营管控措施。建立国家层面"一带一路"油气合作政府统一协调机制，避免相关企业无序、恶性竞争。推动我国政府、企业与"一带一路"国家在质量、计量和标准化方面的体系、规范的认可。推动"一带一路"区域投资贸易便利化，争取公务签证免签，简化通关流程，畅通人员往来。加快推进与"一带一路"沿线资源国签订双边投资贸易保护协定及避免双重征税协定，推动"一带一路"区内结算平台的建设，在有利的条件下争取油气合作项目实现人民币结算。继续对海外投资执行所得税定向返还政策，以支持企业"走

⊖ 引自中非泰达开展国际产能合作调查报告

出去"，增强可持续发展能力。国家强力部门加强海外利益保护的力度和手段。通过与资源国建立多边军事和反恐合作、情报互换等措施，为保护我核心利益提供强有力支持。

2）哈电集团指出中亚国家大多仍采用前苏联计划经济体制，基础设施和商业行为都未与国际接轨，通关手续繁琐，各项许可、清关以及人员签证办理周期很长。还有些国家存在工作签证停留时间短，需要定期出境的情况。上述问题极大地影响了商务人员的市场开发工作和项目的执行进度，因此，希望能够通过政府间互访和合作，将市场准入、关税互免、清关通关、项目人员流动、税收优惠等优惠政策以制度方式确立下来，为企业提供更为便捷的途径。

3）江淮汽车建议建立并完善产能合作机制。在新形势下，推动企业积极参与"一带一路"产能合作，需要政府加强机制和管理制度创新，简化对外投资及合资合作项目的审批流程。希望政府主动出面，尽快与有关国家达成投资保护双边和多边协定，推动与有关国家已签署的共同行动计划、自贸协定、重点领域合作谅解备忘录等双边共识的尽快落实，减少企业投资要求、资金流动等限制条件，并在产业政策变更上给予一定的缓冲期和预应期。制定相应促进与支持政策。建议政府部门，对投入巨大的汽车研发基础领域，如发动机及核心零部件的研发制造，鼓励企业间共享开发平台，并加大扶持力度；对企业开展海外投资与合作项目可以给予税费抵扣与减让等优惠鼓励；制定相应的金融、保险促进与支持政策措施；制定相应的外贸促进与支持政策措施；推动汽车认证的国际双边、多边互认，简化中国汽车在目的国市场的认证流程，降低认证费用和认证时间；协调双边部门，简化企业外事流程，缩短签证等办理的时间并给出风险预警；为了强化市场开发和本土化运营，对长期在国外驻点人员以及海外公司聘用当地人员的费用进行补贴；加强媒体对自主品牌的宣传力度，促进自主品牌形象提升；积极动员各方力量，搭建以政府为主体的跨国产能合作的情报平台与情报网络体系；研究建立跨国产能合作重大项目库，向相关企业提供境外项目信息。

第二节 对行业协会的建议

一、加强与国际品牌和技术标准合作，提高技术标准和品牌国际化水平

鼓励行业龙头企业加强与世界著名企业在产品质量标准和国际著名品牌的合作。支持行业龙头企业制定智能制造、互联网、新材料、医药、健康、汽车、食品、家具、餐具等重点行业的技术标准和产品质量标准，加快制定与国际接轨的消费品质量标准体系。鼓励和支持企业、科研院所、行业组织、高校等参与国际标准制定，加快提高技术标准国际化和品牌国际化水平。

1）在维护国际市场中资企业有序竞争上，中水电公司建议：健全行业协会联络机制，在各市场成立分会，配合我国驻外使馆经商处协调市场内企业主体行为，履行具体协调职责，并实时监督、报告，对违反规定的行为主体做出处理建议。在中国标准的"走出去"方面，建议：行业协会、研究机构和院校、企业技术部门建立有效合作机制，在标准编写、翻译、修订等各环节下功夫，加大对标准国际化的研究、总结，促进中国标准进一步更好地应用于国际市场；相关部门和协会组织加强宣传，利用国际工程协会、期刊、网站等宣传平台，有效宣传中国标准下的精品工程，并建立展示平台，全面加大中国技术标准"走出去"的推动力度[⊖]。

2）中国华电建议中电联作为电力行业协会，牵头组织专业机构和相关单位研究制定中国电力标准国际化实施方案，重点围绕"一带一路"沿线国家，推广中国标准，加快"走出去"。

目前在境外开展电力项目投资或并购过程中，经常遇到多家中资企业同时参与某个项目的竞标，尤其是央企之间项目激烈竞争。并且中国标准的国际化程度有待提高。东南亚国家因为历史原因或出于熟悉度考虑，普遍要求采用欧美标准建设和验收工程。俄罗斯等国家沿袭前苏联工业体系，大多要求采用俄罗斯标准组织工程建设。中国标准在以上区域的认可度仍待提高。

⊖ 引自中水电开展国际产能合作调查报告

因此，中国华电集团建议：国家有关部门加大协调力度，制定有效措施，促进中资企业（特别是中央企业）间境外业务合理竞争、良性发展。希望中电联作为电力行业协会，牵头组织专业机构和相关单位研究制定中国电力标准国际化实施方案，重点围绕"一带一路"沿线国家，推广中国标准，加快"走出去"[⊖]。

3）中广核就推进国际产能合作提出如下方面的政策建议：标准国际化。中广核一直以来积极推动核电标准领域的国际合作与交流。中广核与法国核电标准协会 AFCEN 长期以来保持良好的合作关系，自 2011 年以来中广核成为 AFCEN 协会会员单位，并于 2014 年双方签订了合作协议，成为 AFCEN 中国用户组秘书处依托单位，并经 AFCEN 授权翻译出版了一系列 RCC 规范中文版。中广核与美国机械工程师学会 ASME 保持了良好的合作关系，是 ASME BVP XI 卷和 O&M 卷中国国际工作组秘书处依托单位，多名中广核专家成为 ASME 协会专家会员。同时，中广核也在积极参与 ISO/IEC 等国际标准化组织对应的国内对口标委会工作。目前，中广核共有十余名专家作为全国核能标准化技术委员会（SAC/TC58，对口 ISO/TC85）、全国核仪器仪表标准化技术委员会（SAC/TC30，IEC/TC45）专家委员。为更好地推进国际标准化工作，建议后续在国家层面加强国内相关国际标准化工作主管部门或机构与企业单位的有效协调沟通与信息传递，加大参与国际标准化的宣传与基础培训力度，为企业提高参与国际标准化工作的意识、培养自身国际标准化人才，并最终实现体现企业自身技术优势的技术标准"走出去"创造有利条件[◌]。

二、建设国际产能合作大数据平台，建立行业信息共享机制

通过建设国际产能合作大数据系统，定期向企业发布国际产能合作数据，定期发布进出口贸易、国际投资、国际科技合作、财政、金融等与产能合作

⊖ 引自中国华电开展国际产能合作调查报告
◌ 引自中广核开展国际产能合作调查报告

有关的政策信息，并定期发布国外投资环境、产业发展和政策、市场需求、项目合作等信息，为产能合作提供综合信息支持和服务，为我国企业和高校的国际科技合作提供综合信息支持和服务。

1）中国石油建议通过行业协会搭建平台，共同提高。美、欧等西方国家的经验证明，行业协会和第三方机构在安保管理方面是有效的沟通交流平台。国家部委基于种种原因，无法明确政治、军事的潜在威胁，协会和第三方机构无此限制，交流内容的敏感性低。

2）中国华能集团建议充分利用中电联提供的"中国电力国际产能合作企业联盟"等平台，探索建立境外项目单位间常态化交流及信息共享机制，共同应对风险，避免恶意竞争，实现互利共赢。中国电力国际产能合作企业联盟，是国家统筹推进国际产能合作和项目对接的重要合作组织。联盟的成立，有利于落实国际产能合作政策，实现国内电力产能联合"走出去"；有利于成员单位形成海外发展的整体合力；有利于维护竞争秩序，树立中国企业的良好形象。作为副理事长单位，华能将切实履行各项责任和义务，在联盟的总体框架下，与各成员单位、合作单位积极配合，充分沟通，加强合作与信息共享，发挥联盟优势，实现"联合出海"[一]。

3）中国电建集团建议行业协会应加大对企业在属地化方面的引导力度，通过广泛宣传、组织专题讲座与交流活动、出台鼓励政策和措施等多种方式，进一步强化企业对属地化的正确认识，将属地化意识深深植入企业的经营理念中，并落实到具体的制度和措施中[二]。

4）随着印尼、孟加拉国项目前期工作的推进，浙能集团在与合作方洽谈过程中，出现了诸如佣金、"干股"等有别于国内燃煤电厂开发的新问题，是当前我们遇到影响项目推进的最主要问题。一般而言，自身资金实力雄厚、技术管理能力强、又有良好政商关系的企业，更多地选择自己独立投资管理的项目。但大部分合作伙伴资金实力和融资能力有限，往往把担保、佣金、资本金出资等作为合作条件，比如有的合作方会提出是其创造了项目投资的机会，要求收取一笔额度不小的佣金，以解决其出资问题。诸如此类要求，

〇 引自中国华能集团开展国际产能合作调查报告
〇 引自中国电建集团开展国际产能合作调查报告

虽然有一定合理性，但从国有资产监督管理的角度，目前并未得到相关国资、审计等部门的认可，存有较大风险，因此往往会导致商务谈判中出现不同程度的分歧，使得项目谈判难以继续。因此建议：充分发挥中国电力国际产能合作企业联盟等行业组织机构的作用，建立专门的企业海外投资指导和监督体系，对相关投资提供规划咨询和风险管控，呼吁国家有关管理部门制定符合海外投资项目惯例的政策法规，进一步解放国有企业海外投资体制机制的束缚，鼓励中国投资企业积极打造并提升跨国投资软实力。进一步明确各对外投资主管部门的职责分工，健全包括发展改革、商务、国资监管、金融监管及外交（安全）等部门的海外投资部际联席会议机制，建立海外投资"单一窗口"并联审批机制，简化审批和备案手续。为连续投资记录良好的企业开设投资绿色通道，实行投资审批备案免核制，优先为其提供政策优惠及金融服务[一]。

5）中国大唐集团建议由行业协会牵头组织深入调研"一带一路"沿线以及其他发展中国家的资源禀赋、开发现状、发展前景和市场需求等情况，建立发布平台，实现信息共享，确保"走出去"目标清晰、有的放矢。建议加强行业内企业合作沟通交流，发布优质项目信息，促进行业内优势互补企业协同"走出去"，提高中国企业在国际市场中的整体竞争力[二]。

6）国际产能合作是长期而又艰巨的任务，不仅需要国家层面的引导，更需要社会各界的共同努力。对于行业协会，中非泰达建议应发挥桥梁纽带作用，将国际产能合作的相关工作部署和政策消息及时准确地送达企业。此外，更要立足于行业实际，及时组织力量联合企业开展海外调研，掌握产能合作沿线国家的实际需求和资源禀赋，结合行业特点，为企业"走出去"出谋划策。发挥协调协商的作用，指导企业因地制宜发展，帮助企业与政府、金融机构、外国驻华使馆等方面紧密联系，建立多层次产能合作机制。另一方面，对于政府方，行业协会深入开展调查研究、数据统计和形势分析，为政府制定国别规划和产业政策提供信息和建议[三]。

○一 引自浙能集团开展国际产能合作调查报告
○二 引自大唐集团开展国际产能合作调查报告
○三 引自中非泰达开展国际产能合作调查报告

三、 加强与产能合作国家创新人才培养合作，加快国际化人才建设

鼓励企业和高校加强与产能合作国家的世界著名大学的创新人才培养合作，支持高校与发达国家，如美国、英国、法国、德国、澳大利亚等国的著名高校开展人才培养和科研合作基地建设。加强对高校国际化人才培养的重点专业和重点学科的支持力度，加快建设一批高水平的国际化专业和国际科技创新合作中心。加强全球视野的战略型企业家队伍建设，加强对企业高管的国际规则、国际战略、跨国公司管理培训。加大海外高层次人才引进力度，鼓励企业聘请发达国家，如美国、英国、法国、德国、澳大利亚等国的著名设计师、著名技术工程师、著名企业高管团队，建立多层次复合型的国际化创新团队，为开放发展、创新发展和跨国公司发展提供人才支撑。

软控集团建议行业协会进一步加强对外合作，提供全方位的支持和服务。希望行业协会进一步加强与相关发展中国家协会和商会等机构的工作联络，不断完善与国外相关产业企业的沟通机制，联合相关机构建立相关产业行业的公共信息平台，以及全面准确的国外投资环境、产业发展和政策、市场需求、项目合作等信息，为企业"走出去"提供全方位的综合信息支持和服务。

第三节　对金融机构的建议

一、 建立金融和信保支持体系

随着我国国际产能合作的深入，我国在国外开展国际产能合作的企业，将以大量中小企业为主。中小企业自身的规模决定了其在开展国际产能合作时将面临两大难题：一是资金不足的难题；二是因债务人不能履约而导致损失的难题。政府要出台措施建立健全我国企业开展国际产能合作的金融和信保支持体系，出台政策鼓励金融机构为开展国际产能合作的企业提供特殊融资服务，在同等条件下适当放宽融资条件；鼓励保险公司或者指定几家国有

保险公司针对所有开展国际产能合作的企业设立信用保险，以鼓励企业大力开展国际产能合作业务。

1）中国华电集团提出目前中国企业在海外投资项目的资金来源大都是中资银行贷款，而中资银行难以实现完全的项目融资模式，政治保险、法律咨询等费用普遍较高，项目融资成本高，与欧美和日韩企业比缺乏竞争力。中国华电集团建议：金融机构加大对国际产能合作重点项目扶持力度。结合之前各部委对中央企业国际产能和装备制造合作调查情况，选出一批重点项目，出台具体融资扶持政策，以点带面推动合作早落地、早成效[一]。

2）中国大唐集团建议：第一，金融机构要加大金融创新力度，为"走出去"企业量身定做金融产品，支持企业开展国际产能合作；第二，保险、证券、基金等金融机构要加强协作，为"走出去"企业提供综合性金融服务。

企业是参与"一带一路"建设的重要主体，离不开国家金融、财政政策的支持和引导。中国大唐集团建议进一步增强国家政策性银行的融资支持力度，扩大国家政策性保险机构的承保额度和范围。鼓励其他中资银行参与企业海外投资及融资活动，探索建立金融资本与产业资本相结合的对外投资模式，简化和放宽对外直接投资外汇管理政策，为企业参与"一带一路"建设提供便利[二]。

3）陕西有色建议金融机构加大融资扶持力度。境外投资项目投资金额较大，需要解决政策、法律、人力资源诸多问题，投资障碍远比国内多，资金使用效率要求极高。良好的融资政策将有助于国内企业实施"走出去"战略。希望国家加大对实施境外投资，特别是在"一带一路"国家投资的企业金融政策扶持力度，通过政策引导，使国内企业投资一批高质量境外战略项目，通过多种样式的金融扶持政策，助力国际产能合作项目的实施[三]。

4）中广核在金融服务方面提出：在外汇管理方面，在复杂而动荡的国际金融形势下，监管部门为了维护金融体系的稳定，提出了宏观审慎的外汇监管政策框架。对结售汇业务、跨境资金池业务等提出的新监管要求，给企业的日常外汇业务带来一定影响。建议监管部门针对国有大型企业统筹考虑，

　㊀ 引自中国华电集团开展国际产能合作调查报告
　㊁ 引自中国大唐集团开展国际产能合作调查报告
　㊂ 引自陕西有色开展国际产能合作调查报告

在结售汇、对外投资等方面给予一定政策支持,便于企业更好地规避外汇风险,有序安排对外投资计划,达到稳健经营的目标。具体来说,一是希望减少外汇出境限制,规避有外汇管制、小币种国家的流动性风险和汇率风险;二是加快推进人民币国际化,使海外业务收支直接以人民币计价结算[一]。

5)河钢集团建议:第一,加大对"走出去"的金融支持。目前来看"走出去"企业普遍存在融资成本高、融资难的问题。金融业、制造业是"一荣俱荣、一损俱损"的关系,金融业的收益长期高于平均利润率水平,而制造业利润水平却每况愈下,这也是系统性风险逐渐累积的过程,需要做出防范;第二,股权投资基金对"走出去"企业的支持作用不明显。当前的政策体系当中,以股权投资基金支持企业"走出去"是体现国家支持的主要方式,但在具体执行当中,政策框架内支持的项目可能无法得到基金的认同,尤其是"走出去"的制造业企业,全球普遍的低利润率运行状态难以满足基金动辄10%以上的投资回报要求。在运作当中,股权投资基金往往只能锦上添花,不能雪中送炭[二]。

6)国家电力集团投资公司建议:一是扩大政策性优惠贷款规模,降低融资成本,积极推行无追索或有限追索的项目融资模式;二是扩大境外投资保险覆盖面、承保机构和承保范围,降低投保成本;三是落实国资委促进中央企业"走出去"工作相关举措,研究提出新增境外项目员工工资总额单列的实施细则;四是加大各项补贴力度,制定境外电力直接投资扶植政策,设立专项资金;五是制定专项税收减免制度,扩大与我国签订双边税收协定国家范围[三]。

二、加快金融机构"走出去"步伐

进一步优化金融资源,抓紧设计包括对外援助、政府补贴、政策性金融、商业资本在内的、最优的且能够满足产能合作企业现实需求的金融支持组合方案,实实在在降低企业"走出去"的融资成本。同时,鼓励亚洲基础设施投资银行、丝路基金、金砖国家开发银行等开发性金融机构以及各个产能合作基金加大对地方合作项目和民营企业的融资支持,以解除其后顾之忧。

　○　引自中广核开展国际产能合作调查报告
　○　引自河钢集团开展国际产能合作调查报告
　○　引自国家电投开展国际产能合作调查报告

1）中国石油建议通过亚投行、丝路基金、金砖国家开发银行等平台获得资金支持，用于油气资源合作和跨国管道等领域的基础设施建设。推动与管道沿线国家探索建立跨国管道运行保护机制，确保输油（气）管道的安全运行。加强银企合作，拓展境外项目资本市场直接融资渠道；按照市场化原则，通过与重点资源国及国家石油公司发展全面战略合作、与外方成立产业合作基金、参股国外能源控股公司、与当地投资基金合作等多种方式，促进金融与能源产业融合发展、协同发展⊖。

2）中国电建集团建议进一步协调、引领和加强金融机构的创新力度，为企业海外投资建立较为宽松的金融政策支持。首先，建议协调金融机构应放宽贷款及担保条件，积极参与项目融资模式的推进，而不单纯依靠主权担保、公司担保等附加条件，比如双优项目借款人由外方政府扩大至外方国有企业，以适应新形势。其次，金融机构应加强创新力度，提供多元化融资模式，针对中高端的境外市场，尤其是针对无购电协议保障的竞价电力市场，开拓新的融资模式。同时在产业基金设立中降低对建设承包企业必须做出收益保底承诺（一般在 8% 以上）和担保承诺的要求。再次，投资者需要权衡利弊，采用多方式并举的策略和支付方式。支付手段应多样化，注重股权互换，设备、技术入股，融资的当地化，避免以现金收购成为主要支付手段，避免让国家金融部门、开发银行为企业直接融资。最后，为提升中资企业的海外竞争实力，金融机构应缩短审批链条，加快项目生效进程⊜。

3）中非泰达建议金融机构应简化审批程序，提高贷款效率，为"走出去"企业提供更好的融资平台和融资渠道。在政府政策的引导下，增加金融机构在境外合作园区设立支行或办事处，开辟绿色通道，积极解决园区或园区企业融资难的问题。促进投融资形式多样化，利用企业的境外资产、股权等多种形式抵押，由境外银行出具保函为境外企业在国内贷款提供担保，与此同时，减低担保要求。加强与企业的紧密联系，帮助企业设立防范措施，避免境外投资风险⊜。

⊖ 引自中石油开展国际产能合作调查报告
⊜ 引自中国电建开展国际产能合作调查报告
⊜ 引自中非泰达开展国际产能合作调查报告

4）软控集团建议金融机构通过多种方式积极支持企业开展对外产能合作。希望政策性银行和开发性金融机构探索相关金融类服务和产品，进一步放开对海外项目的银行担保和企业担保限制，不再仅仅严设主权担保限制，通过银团贷款、出口信贷、项目融资等多种方式，进一步加大对国际产能和装备制造合作的融资支持力度[⊖]。

5）黄河水电建议改善现有的投资、外汇出入境审批程序，政府在投资管理政策的方向上要向促进、保障、规范、服务转变。大力发展海外投资保险业务，一方面继续支持现有进出口保险业务公司发展壮大，扩大海外投资承保规模；另一方面制定引导政策，鼓励商业性保险公司开展海外投资保险业务。通过发展投资保险市场，有效帮助"走出去"企业应对风险、降低费率、保障收益。为企业"走出去"提供外交支持，通过驻外使领馆对企业的跨国经营活动给予更多支持、通报更多信息。加大税收、融资政策等的支持力度，对符合国家战略利益的项目，政府财政应给予积极的补贴政策，使海外企业形成一定的价格优势[⊜]。

第四节　其他建议

一、强调对科研技术研发的支持

中国石油建议扩大和完善对基础性、战略性、前沿性科研及共性技术研发以及重大自主化装备研发的支持机制，建立和完善境外油气投资带动工程建设、工程技术、物资装备"走出去"的相关鼓励政策。与管道沿线国家探索建立跨国管道运行保护机制，确保管道运行安全，目前仅土库曼斯坦建立了管道运行保护协定，其他国家如乌兹别克斯坦、哈萨克斯坦、塔吉克斯坦等国家尚未签署此类保护协定。

⊖ 引自软控集团开展国际产能合作调查报告
⊜ 引自黄河水电开展国际产能合作调查报告

二、 强调对知识产权标的的支持

（一）强调对中国标准的支持

中国电建集团建议将中国标准"走出去"提升至国家战略，进一步重视中国优势的设计咨询企业在"走出去"中的重要作用。标准"走出去"作为一项长期工作常抓不懈，使优势中国企业在国际技术经济合作中获得与其在规模、制造、产能、质量、服务等方面相匹配的国际地位。通过推动中国技术标准"走出去"、国外技术标准"引进来"，积极参与国际标准编制，增加国际技术领域的话语权。

（二）强调专利的保护

软控集团建议产品向国外销售时，需要提前检索销售地所公开的专利，以确保所销售产品在销售地不存在侵权行为。企业目前难以获得部分海外国家和地区的专利数据，导致产品向此地区销售前的专利检索难以开展，使产品存在侵权风险，影响公司产品的海外拓展及品牌形象。同时，由于企业缺乏对各国专利法规的信息及信息获取渠道，对其专利申请流程以及专利保护力度不尽了解，也对企业海外专利布局工作的开展产生不利影响。

三、 强调对引进人才的政策支持

江淮汽车建议促进企业完善国际化人才引进及培养机制。以给予特殊津贴等方式，鼓励汽车企业加大引进高层次国际化人才的力度；支持汽车企业创新科学、合理的绩效评价和国际化人才成长的用人、分配机制，依据员工业绩状况和贡献大小，实施即期与远期相结合的激励机制，充分调动国际化人才的工作积极性；支持国内汽车企业以自主培训为基础，独立创办或与高校联合创办人才培养机构，加强与国内外高校、科研院所及产业内先进企业的合作，通过在岗培训、带职送培、定向培养等多种渠道，强化国际人才队伍建设。

第三篇

优术篇

第一章
国际人才培养——企业参与国际产能合作的核心竞争力

第一节　人才的缺失——企业"走出去"的最大瓶颈

面对日益激烈的国际市场竞争，我国企业"走出去"参与国际产能合作急需国际化人才，国际化人才的缺失成为我国企业"走出去"的最大瓶颈。所谓国际化人才，是指具有主动的应变和挑战能力、敏锐的洞察力、高度的创新和务实能力、前瞻的引领能力的人才。而现阶段很多企业找不到国际化人才，即使找到了也引不进来，引进来了也留不住。国际化人才的缺失已成为企业进一步发展壮大的一大障碍。

在受访的国有企业中，66%的企业表示难以找到高级别的人才，40%企业寻找特殊技能人才困难，并且在吸引人才时薪酬福利竞争力不足，另外对于海外市场的双向陌生导致36%的企业缺乏找到合适候选人的渠道。

国际化发展已成为中国国有企业和大中型民营企业的主要业务战略之一，许多企业希望能走向世界，它们以人才先行带动业务出海，却又普遍面临人才本地化的挑战。

72%的受访国有企业表示，海外机构员工主要从中国外派，68%的受访企业招聘决策权归于中国总部。中国企业走向海外，在人才拓展方面仍然任重道远。

海外人才布局是中国企业能否成功"走出去"的关键，但当前中国企业的人才全球化进程还显不足，与本地人力市场的深度融合，将成为中国企业走向海外，适应人才多元化和本地化的必经之路。

一、海外人才比较——中国企业面临的重重挑战

"一带一路"通过丝绸之路经济带和 21 世纪海上丝绸之路引领中国企业走向世界。研究表明，84% 的国有企业已经在海外有业务布局，其中，58% 把"一带一路"和海外拓展作为首要重点战略，业务版图比例前三名分别是东南亚、非洲和中亚，分别占据 71%、53%、45%。

而当前中国企业在海外人才布局方面面临三大挑战，包括难以触及高级别海外人才、缺乏找到合适候选人的渠道和缺乏全球范围内的雇主品牌认知度。

整体人才挑战

海外市场人才挑战

68% 招聘决策权划归于中国总部

中国企业海外人才布局难点统计图

二、海外人才布局——不仅要"数量"更要"质量"

对于很多想"走出去"的企业来说，要想解决以上这些挑战，不仅要布局好足够数量的人才，更要布局好高质量的人才。

以信息通信行业为例，数据显示，在人才数量上，位于"丝绸之路经济带"核心地区的西欧约有480万信息通信人才，而位于"海上丝绸之路"重要地区的东南亚有160万信息通信人才。而在人才质量上，两个地区却有着不同维度的差异。在人才级别的分布上可以看到，西欧国家在中高层人才的比例领先于东南亚国家。

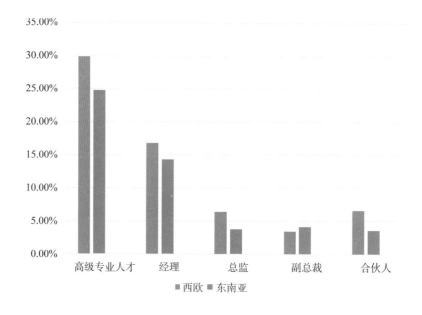

信息通信行业人才级别分布

而在人才学历分布上，西欧人才的人才学历水平也有很大优势。在西欧国家，信息通信行业人才平均从业年限一般较长，他们虽然很多都是"行业前辈"，但"职场新人"比例缺乏、人才活跃度不足等问题也应该引起注意。

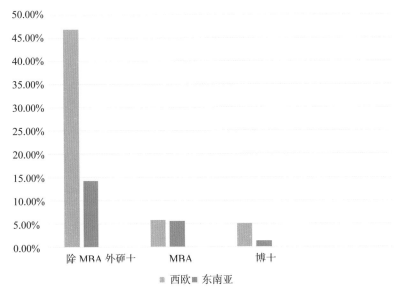

信息通信行业人才学历水平

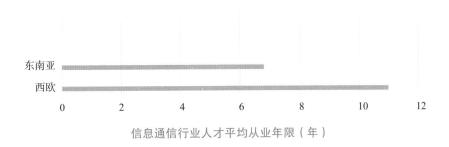

信息通信行业人才平均从业年限（年）

三、要招"好"的人，也要招"合得来"的人

优秀的人才固然抢手，但是有的时候企业往往会发现重金聘请一位行业顶尖人才为企业出力，但却达不到预期的效果。这其实就是没有找对人，企业在考虑人才质量的同时，更要考虑与企业的匹配度。依旧以信息通信行业为例，研究发现，在双语能力的掌握程度上，东南亚信息通信行业人才显然更胜一筹。

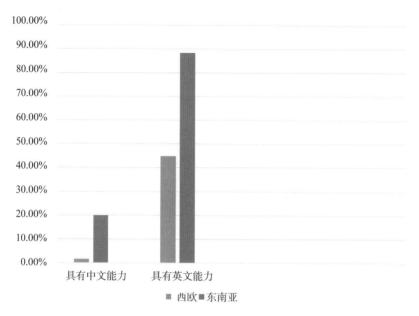

信息通信行业人才双语能力分布

而在留学背景的调研中，东南亚人才也有更大比例的海外留学背景。

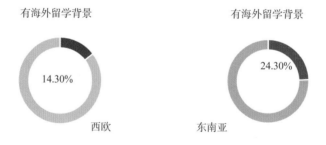

信息通信行业人才海外留学背景分布

根据吉尔特·霍夫斯泰德对全球各地区五个维度文化差异度的研究，中国与东南亚只有在"长期导向指数"这一个维度上有较大差别，而中国与西欧在"权力距离""个体主义""不确定性规避"和"长期导向"这四个维度上都有很大差异。

由此可以推测出，东南亚信息通信行业在与中国跨国企业合作上有更多的语言和文化优势。

造成我国企业国际人才缺失的原因，大致可归纳为以下几点：

1. 国际化人才的稀缺性导致供给小于需求

人才是稀缺资源，不是唾手可得的，特别是国际化人才。国际化人才具有很高的综合素质和能力，在市场上是凤毛麟角。正因为人才的稀缺性，导致国际化人才供给不足。我国的软件行业人员结构呈现出明显的"橄榄形"。随着计算机不断融入人们的生活，越来越多的学生都倾向于选择这个专业。本科生毕业后成为大多数软件业的从业人员，属于"橄榄"的腰围，而在国际上承接外包业务的高级人员，尤其是国际化人才则成了"橄榄"的顶端，极为匮乏，这在很大程度上限制了软件业外向型业务的开展，不利于软件业走向国际化。一项调查表明，上海中小制造企业从业人员中具有大学学历的经营者不到总数的三分之一，而国际化的高级管理人才不足 1%，这也正是令很多企业苦恼的地方。

企业的竞争实质上是人才的竞争。企业都希望把人才揽到自己的门下，为自己创造利润，尤其在国际化的市场角逐中。目前，民营企业非常缺乏熟悉国际标准、按国际惯例办事的国际化人才，这导致了一系列（如草率制定生产计划、产品从生产到交货毛躁等）问题。这不仅难让订货方满意，而且企业本身也得不到好处，尤其在国际业务中。国际化人才的稀缺性导致的供给小于需求是民营企业国际化人才缺失的根本原因，尤其国际化的职业经理人更缺乏，无法满足企业对高层次人才的需求。职业经理人已成为企业最稀缺的资源。国际化人才的总供给永远会小于总需求是正常现象，这虽然不会影响单个企业的人才配置，但会影响配置效率，产生寻才难甚至一时无处可寻的现象。

2. 国际化人才的高投入性大大减少了企业的现实需求

国际化人才可以通过各种渠道培养，但培养有一个过程，且需要很大的投入。即使引进了国际化人才也不是立即能发挥作用的，因为他们还需要一个本土化的适应过程。这段时间也是培养过程，需要支付相当于国际化人才的市场平均价格，尽管这段时间他们产生的效益是有限的。国际化人才是一种优质资源，如果从市场上聘用，其稀缺性就决定了高价格，所以使用国际化人才需要支付较高的工资，其工资要数倍甚至数十倍于国内的职业经理人。

3. 国际化人才价值滞后性与用人理念的冲突导致人才难留

人才是能够带来效益的，但其收益性却是滞后的。很多民营企业存在急功近利的短视行为，人才一进来就要求立即创造价值，这种用人理念与人才产出的滞后性发生了根本性的冲突，是导致留不住人才的一个重要原因。

第二节　人才站起来——企业如何培养适应国际化要求的复合型人才

为了突破国际化人才培养瓶颈需要引入系统思维。

面对"一带一路"战略对高校国际化人才培养带来的挑战，高校在国际化人才培养方面需要与时俱进，转变思路，实现国际化人才培养从量到质的飞跃。尤其是在"一带一路"战略下，亚投行、金砖银行、丝路基金的纷纷设立，更是将中国的国际化进程推向了新的高度，从而对高校国际化人才培养提出了更高要求，我国国际化人才培养的不足也就日益显现出来。在目前的大学治理体制下，仍存在着各高校之间、学校内部各部门之间"单打独斗"的"非系统"现象，合力不足的制约大大降低了国际化人才培养的实效。

我们认为，要突破国际化人才培养的瓶颈，需要用"系统思维"来进行"系统创新"。何谓系统创新？系统创新既不是单一创新，也不是单要素创新，是对组成系统的诸要素、要素之间的联动关系、系统结构、系统流程及系统与环境之间的关系进行实时动态、全面组织的过程，以促进系统整体功能不断升级优化。结合国际化人才培养的动态过程，系统创新从内涵上可涵盖以下四个层面。

一、系统创新的根本是人才观创新

观念创新是最难的。何谓国际化一流人才、如何立德树人、如何用社会主义核心价值观引领国际化人才的核心价值，这些看似朴素的命题在教育实践中往往是最深刻、最难啃的"硬骨头"。"一带一路"战略要求的国际化人才不仅仅是"专业＋外语"型的，也要通过学生到国外进行短期交流来培养。通常认为，国际化人才应具备宽广的国际化视野和强烈的创新意识；熟练掌握国际惯例；具有较强的跨文化沟通能力，独立的国际活动能力；具有较强的运用和处理信息的能力；且必须具备较高的政治思想素质和健康的心理素质，能经受多元文化的冲击，在做国际人的同时不丧失中国人的人格和国格。这就需要我们在国际化人才培养中，重视学生社会责任感、创新精神、实践能力的训练。在国际化人才的素质结构中，需要思考是全球领导力优先，还是国家自信力第一，抑或两者的整合博弈？没有人才观念创新，就难有真改革。

二、 系统创新的关键是人才培养模式创新

有了正确的人才观，关键是要落实到人才培养模式。与国际教育和人才培养模式相比，我国教育过分偏重知识记忆的考试，教育沿着"考试—分数—学历"这样的路径前行，忽视对学生能力和综合素质的培养，这已经成为中国教育的"顽症"。经合组织国际学生评估项目（PISA）总负责人安德烈亚斯·施莱克尔认为中国教育体系与世界一流教育体系的差距在于"关注学生能力培养不够、教育资源合理分布欠缺、优秀人才进入教育体系困难"。人才培养模式强调按照特定的培养目标和培养路径，以相对稳定的教学内容和课程体系、管理制度和评估方式，实施人才培养的全过程。因此，我们认为，这个创新必须从顶层设计，原点是对既有模式缺陷进行归因整理而非全盘否定，着力点在于革新涉及"一带一路"战略背景下国际化人才培养相关的内容、课程和评价体系，目标是培养立足中国情怀、放眼国际视野、勇担社会责任的人才。

三、 系统创新的载体是过程管理与品质创新

科学的人才培养一定是个系统过程，这个过程如春夏秋冬四季分明，大学一年级到四年级必然有培养差异，年级的差异性、学科的互补性、中外文化的相容性、思想的多元性等在每个阶段有分野也有交锋，在时间空间聚合、

中外学生聚集的大学（这个不真实的社会里），需要管理好这个过程，使国际化背景、国家目标、学校定位、院系责任、学生自我动机之间形成管理合力，在此过程中再进行品质创新，适时推出适合"一带一路"国家战略需求的新的教育示范基地和一流成果。

四、系统创新的保证是协同创新与联动结合

在既有的高校组织架构里，人才培养工作是有相对分工的，教学、课程、考试等环节直接决定人才的知识性维度，学生管理、思想教育等构成人才培养的实践性向度，这些工作和环节由教务、学工、社团等组织分工负责。这种传统的分工既有好处，也有弊端。在新形势下，国际化人才培养需要协同创新，需要联动打好"组合拳"，协力保证人才的历练培养。所以，协同创新与联动结合是保证。

围绕"一带一路"战略急需增强国际"软实力"的需要，我们认为，首先应确立适应"一带一路"国家战略的国际化人才目标，即将"立足中国情怀、放眼国际视野、勇担社会责任"作为国际化人才战略目标，然后，再从系统创新角度，从"人才进口—过程培育—成才出口"三个基本环节建立一套密切联系的国际化人才培养体系，具体针对以下六个问题力求改革破题，以增加中国的"软性人才"储备。

（一）选拔具有创新潜力的国际化"苗子"

"得英才"而育、招到一流生源是高素质国际化人才培养的基础工程。在教育开放化、国际化背景下，国内的大学在争夺优质生源，各国的大学之间也在争夺一流生源，"生源战"此起彼伏甚至达到了白热化程度。作为涉外财经类院校，如何创新选拔具有潜力的国际化"苗子"是我们首先面对的问题。对外经济贸易大学已积累了一些经验，但在新形势下还必须进一步完善和创新：

第一，招生理念要与日创新，要有生源危机感，不能"坐着等"，要靠前去寻，主动出击，主动宣传，主动入校，求贤若渴，得有"三顾茅庐"的胸襟和行动。

第二，加强招生工作系统研究，注重生源素质结构研究，找出国际化人才要素结构，通过优化考试内容、改进面试环节、加大原有成绩备查等方式，真正能招考到具有潜力的优秀生源。

第三，完善自主招生制度改革，真正利于"不拘一格降人才"。高分数是好生源的标志，但不是唯一指标，除了看分数还要通过优化人才选拔机制做好自主招生，选拔到有创新特长和潜力的学生。

第四，积极吸引留学生，深挖中国高等教育的亚洲市场。

（二）探索国际化课程领域的社会性创新

"宽着期限,紧着课程""小立课程,大作工夫"。宋代朱熹在《朱子全书·论学》中即多次论及课程。课程是人才培养的基质。关于国际化人才培养对课程改革的要求，对外经济贸易大学认为除了要与时俱进地改革课程内容，比如增加境外基础设施投资与建设管理知识、国际资本运作知识、跨境电商知识等，更重要的是要探索国际化课程领域的社会性创新问题，即从课程社会学角度管窥国际化课程设置的社会价值。课程本质上是一种文化资本(Cultural Capital)。这就提示对外经济贸易大学：对于国际化人才的培养而言，我们不仅要把知识"给"学生,更重要的是告知"为什么给这些""怎么给""如何用"。"授人以鱼不如授人以渔"就有此意境。

探索国际化课程领域的社会性创新有三点：第一，课程如何实现"文化再生产"？国际化课程传递文化，给学生带来文化资本，关键是让学生在国际视野中形成客观的自我参照，折射一个真实的世界和存在，而不是一味模仿和复制。因此，面对"一带一路"战略对国际化人才的挑战，要求在国际化课程中动态地考虑新型国际贸易、资本运作等知识的灌输，形成自己的国际化运作模式。第二，课程如何组织？这涉及编制和整体结构，重点是这些国际化课程的开放性、专门化、层次化，即需告知学生哪些知识是相互关联的？哪些知识是有确切边界的？哪些课程是更有价值的？第三，课程如何回应积极的社会控制？课程从一被组织化开始就扮演着社会结构的维系（抑或消解）功能，"课程加以选择和分类，向学生传递的方式，反映了社会内部的权力分配和文化传递的结构及其变动"。所以从此意义上说，国际化课程的筛选、教学方法、考试反馈等都应联动改革，协调跟进。

（三）创新载体让中国情怀真正扎根于心

要培养"一带一路"国家战略要求的一流国际化人才，若没有中国情怀，何来国家自信？若无中国立场，何求国际眼光？因此，在国际化人才培养中，中国情怀的理念应扎根于心。浓厚的中国情怀不会无缘扎根，靠什么？靠文化、靠国学，继承传统文化精髓，推动国学教育普及。"一带一路"战略更重要的是新型复合型、文化素质高的外向型人才，这样的人才尤其需要以中国传统文化为根基，需要我们的国学底蕴和修炼。

一些行之有效的做法包括：一是举办"传统文化名人讲堂"，发挥名人效应，与学生面对面交流，一月一讲、一季度一辩论，真正让大学复归传统文化的故乡，激发学生的文化基因。二是让国学教育推广成为时尚、成为常态。学生的时尚是需要引导的，网络时代有很多时尚可追捧，但国学教育、经典诵读、做国学志愿者、对外国人讲国学、到社区做国学培训等都可以成为时尚，关键是如何引导这种自觉选择。三是发挥国学社团的主体作用，大学社团是最活跃的，也是兴趣爱好的聚集所，国学社团爱国学、用国学、扬国学，要超常规支持和引导。四是强化辅导员的文化内涵。教育者必先受教育，要给学生一杯水，自己得有一桶水。辅导员要理解文化本质，感悟国学价值，在解惑、辅导中沐浴文化，以文化人，润物无声。

（四）创新"走出去"方式，拓展"国际视野"

"读万卷书，行万里路。"在国际化、全球化的今天，我们必须要"走出去"，才能与世界接轨。对于国际化人才培养而言，"中国情怀"的内功深厚了，"走出去"的底气也就足了，开拓国际市场的能力就更强了。在这方面，涉外财经类高校做出了一些积极探索，积累了丰富的国外研修和实践经验。例如，鼓励大学生参加全球领导力国际交流项目、中外培养研修项目、海外金融案例实践，每年组织大规模学生参加美国数学建模大赛、国际商务策划大赛、WTO 国际模拟法庭大赛，以及直接参与国际文化交流活动，组建学生艺术团赴美国、欧洲、非洲、拉美等巡演实践。这些做法要坚持，但得奖不是目的，我们要思考：参加了国外研修和实践就能成为国际化人才吗？这只是一个必要条件，但不是充分条件。

所以我们要进一步追问，这些"走出去"项目在形式丰富的同时，如何做到"内容"的与时俱进和实质创新？人才培养是个持续过程，国外研修和实践是阶段性的，到底获得什么成长，最终还得回到参与者学生主体的感悟、收获和自省、内化上，主要可看三个方面：一是学习国外先进知识和技术，这是最表层的收获和所得，也是多年来实施"走出去"战略的初衷；哪些是先进的、哪些是独特的、哪些可以为我所借鉴，这些都需受教育者自我去做价值判断，但更需要组织方加强引导，做好项目前评估、过程管理和行动后评价，让学生而不是校方真正成为评价主体。二是全球领导力水平何以提升。一流国际化人才在认知基础上一定会关注在全球化时代的话语权、文化智商、领导能力和内驱动力，省查自我在与世界各国、各大学同龄人交流谈判中的决策风格、人格特质、心智模式、学习能力等，这些都需要我们大学提前做好辅导和设计，让"走出去"不是"玩一圈"。三是如何担当国际道义。国际化人才在国际视野中要能担当国际道义，对民主和平与战争立场之辩、对国际关系中的普遍主义与特殊主义之争、对国家利益的伦理之维、对大国崛起与政治家的责任问题、对多元文化差异等，都应形成自己的全球观、伦理观和价值观。

（五）对外讲好"中国故事"

中国情怀浓厚了，国际视野宽阔了，还有一个融合的问题，即在中外交流的前沿阵地，让青年人站位何处、传递什么、担当什么，由此我们特别聚焦：对外讲好"中国故事"需要国际化人才。"讲好中国故事，传递好中国声音"就是让我们近距离地了解世界，把中国真实地介绍出去。对国际化人才培养来说这是挑战，也是机遇和历练。在大学的国际文化节等中外学生交流中，在国外研修和实践锻炼中，经常需要直面这个问题：把一个什么样的中国、如何告诉给世界。一是敢于担当，主动找"好素材"，善于对外讲好"中国故事"，这需要勇气，也需要智慧；二是要有中国自信，以中国梦为引领讲好"中国故事"，中国人怎么想、怎么做，中国向何处发展、未来前景怎么样，都体现在中国人民追逐梦想、实现梦想的故事之中；三是要包容理解，会讲"中国故事"。中国梦是开放、包容、合作、共赢的梦，与各国梦息息相通，不仅造福中国人民，而且造福世界人民，所以国际化人才必须学会包容理解，以宽容、厚德、尊重的胸怀兼容并蓄，海纳百川。

（六）立足于人才就业，做好出口推送工作

人才终归是要走向社会的。学生就业出口也是人才培养过程的重要环节。一流的国际化人才也诉求一流的就业，包括就业渠道、就业方向、就业层次、就业指导与服务，这仍然需要有系统的创新思维。

首先，要立足国家开放型战略定位，进一步打通优秀人才直通"国际化"市场的通道。全面提升国家开放型经济战略的能力是涉外财经院校理所当然的大学责任和所应具备的能力，这种责任和能力的体现就是培养一流的国际化人才服务国家战略。学校要通过广开就业通道、订单式联合培养国际组织人才等，如国际组织基地实验班项目，鼓励推送更多毕业生到中外合资企业、国外机构、跨国公司、国际组织就业，使之在全球性的经济组织和合作联盟中担当重任，彰显国际竞争力，实现专业价值和个人价值，于国际舞台实现报国梦想。

其次，创设良好条件支持一流人才敢创业、创好业。面对"一带一路"战略带来的良好商机，亚洲基础设施投资银行、金砖银行、丝路基金、丝路信托营造的大量创业机会，学校要高度重视创业指导，结合经济主战场创业率高的优势，以创业带动就业，从创业课程、创业政策、创业心理、创业孵化等多方面给予创业指导和支持，让一流人才敢于冲破原有的就业壁垒，大胆走向国内外市场。同时，学校就业创业指导服务工作要协同创新，突破单兵作战，要用协同创新思路推进工作联动，整合校内校外等多方资源，协调各部门、各院系，同心合力，从课程指导、大数据就业信息、职业生涯规划、就业心理咨询等方面加大工作力度，完善人才出口服务。

总之，面对"一带一路"国家战略对国际化人才培养的挑战，我们必须用改革推动国际化人才的创新，这种创新不是单一的，而是系统创新，是协同创新，从人才进口到过程培养、再到就业整合，都贯彻着系统思维，而根

本目标都是为了造就"立足中国情怀、放眼国际视野、勇担社会责任"的国际化人才。

第三节　人才"引进来"——企业如何吸引海外高层次人才

企业为了吸引海外高层次人才，应当构建企业人才吸引的长效机制，实现人才集聚的良性循环。

一、建立精准政策驱动机制，促进专项人才发展

精准，是一种务实的方法，也是一种求真的态度。精准政策驱动把"产业链"人才、外向型人才需求作为着力点，做到精准施策。

（一）建立"产业链"人才政策，补充互动人才

产业链，是某个产业内部，或产业与产业之间基于一定的依赖而产生的技术和经济关联，并依据特定的逻辑关系和时空布局关系，而形成的链条式形态。产业链式发展形成产业集群；产业集群之于产业链，是家族与家庭的关系。在此提到的"产业链"人才，即汽车、造船、重大装备等先进制造业和航运物流、科技、电商等产业聚集专项人才。

第一，加快国内制定和实施专项人才培养计划，把社会机构人才和民营企业管理者纳入人才开发计划，"不拘一格降人才"才能充分利用现有资源。

第二，推进国外人才开发，资助相关国家政府工作人员、企业高级管理人员和社会精英来华培训，培养懂华、亲华的国际力量。

第三，完善产业合作驱动，实现合资企业、科技创新平台、粤港澳合作平台的人才引进，推动产业聚集。

第四，提出积极探索人才发展的特殊政策和机制，尽快在人才开发、股权激励、技术入股、科技成果产业化、人才中介服务等方面取得突破。

以上四点措施要精准施策，把产业需求和企业需求作为着力点，抓紧制定更具精准性、实效性的政策措施，支持企业提升竞争力，做大、做强、做优，为实现创新驱动发展、加快产业转型升级、提升发展质量效益发挥更加重要的作用。

（二）建立"走出去"人才举措，培养外向型人才

"一带一路"的国际视野，不仅仅是产业接轨，还有人才的接轨。"走出去"的人才主要是指能与沿线国家和地区进行沟通交流、洽谈投资合作的人才。"走出去"的目的是谋求互赢，助力企业发展。世界知名咨询公司麦肯锡有过调查显示，88%的企业高管认为，海外并购或投资失败的首要原因是缺乏人才。有受访专家指出，"如果在布局'一带一路'战略之前没有及时配备了解沿线国家的人才队伍，贸然在一个陌生区域投入巨大的战略资源将是极为危险的"。

第一，增强自由贸易区谈判人员配备。加大对外谈判人员教育培训投入，加强经济外交人才培养工作，逐步建立一支政治素质好、全局意识强、熟悉国内产业、精通国际经贸规则、外语水平高、谈判能力出色的自由贸易区建设领导、管理和谈判人才队伍。积极发挥相关领域专家的作用，吸收各类专业人士参与相关谈判的预案研究和政策咨询。

第二，增强企业海外经营人才配备。企业海外经营人才短缺和项目管理能力薄弱的劣势更为凸显。企业普遍面临着与业务高速发展不相适应的复合型海外经营管理人才匮乏的问题；而企业组织治理结构繁冗、效率低下，资源调配能力不足，对海外分支机构管理不善，都在拖累公司发展的步伐。

第三，鼓励海外高层次人才带尖端技术、项目入区，与港澳和海外机构建立人才优势共享机制，联合开展科研项目研究，进行科研成果转化。

二、建立产业集群驱动机制，打造"外引""内引"平台

建立产业集群驱动机制，是从政策驱动向市场拉动的转变，重点打造"外引"和"内引"两大平台。

（一）具备国际视野，"外引"人才

随着资本和产业的全球化，人才也开始全球化，人才全球化有几个趋势需要把握。

第一，挖掘国际人才红利。中国与全球化智库主任王辉耀提出，目前发达国家的国际人口比例平均为 10%，发展中国家平均为 1.6%，而中国的国际人口比例只有 0.06%，为促进中国经济转型升级，应加快利用国际人才红利的脚步。例如，美国硅谷有 70% 以上的人才是外国族裔，美国充分利用国际人口红利，保持着人才领先。

第二，了解国际人才流动现状。近年来，国际移民、国际留学日益频繁，需要把握人才的"出处"和"流动特性"。我国的留学教育工作起步较晚，留学"赤字"一直是近十多年来中国留学发展的突出现象。根据教育部统计数据，2015 年年底我国有 126.43 万人正在国外进行相关阶段的学习和研究，而外国来华留学人员为 39.76 万名，留学"人才赤字"达 86.67 万人，较 2014 年度又有大幅上升。"一带一路"的国家战略，可以鼓励开辟中国与沿线国家的人才资源双向流通渠道，积极发展来华游学等减少留学"赤字"，推动更多外国学生来华，特别是鼓励来"自贸区"工作。

第三，了解国际人才创业需求。引导国际人才来华创业。例如，美国高科技公司有 1/4 是国外人才创立的，可见美国是在向全世界吸引人才。要想更好支撑中国的创新，应该走开放式的创新道路，吸引全球人才到中国来创业。在硅谷有过创业经历，或现在依然保有创业企业的科技华人华裔人才，如果在国内与硅谷间常来常往，可以直接带动硅谷的先进技术流、信息流回国。中美之间出台十年往返签证后，我国人才往返硅谷之间已经十分方便。建议再针对性地挑选世界高层次科技园区，与之建立十年有效长期签证协议，或建立"科技人才签证"，规定持有签证的人才在世界几大科技园区实现多地免签待遇，让人才交叉流动。

（二）增强市场转变理念，"内引"人才

有时候"政策"就像父母，在此庇护下的产业发展前期，得到了高度关怀。

但产业发展进入国际化竞争，终究要回归市场。从政策拉动到市场吸引，需要我们努力打造市场吸引力，努力通过自身实现人才合理、优质的流动，以及实现人才储备。

基于个体角度来看组织吸引力的影响，组织吸引力高不并代表人才会真正接受组织，一种情况是人才有可能同时被几个组织所吸引。那么，如何吸引人才是组织招聘活动的关键，也会影响到组织的绩效。可见企业吸引人才的重要性。广州，拥有位居全国前列的高新技术产业开发区，也拥有众多世界五百强企业，如果在广州内部引进一个高级人才及其团队，对成就一个产业能发挥杠杆的撬动作用。问及靠什么"内引"人才？从市场角度出发，最大的吸引力应该是收益递增的基本需求。高级人才对未来收益的预期以及追求收益的最大化愿望较为强烈，基于这种因素，高端人才往往从边际要素收益较低的区域流向边际收益较高的区域。

三、建立人才保障驱动机制，优化人才自由流动

以上机制比较集中于用产业吸引人才，用人才促进产业。但是人才的聚集除了产业平台外，保障平台则是人才持续稳定发展的重要力量。

（一）完善保障载体，优化人才成长环境

保障载体由政府和人力资源服务机构组成。

首先，政府层面作为政策的制定者，在制度环境内，具有一定的前瞻性，既能预计性地，又能务实地把握问题，制定具有可操作性的政策，积极参与到与产业配套人才的实践中，减少因政策方面而导致的人才流失。另外，需保持制度环境的稳定和衔接性，以完善人才感知，增加人才预期，解决人才信任问题。在市场经济环境下，创新人才评价机制也是政策制定的依据，人才评价的目的在于形成与市场经济体制相适应、人人皆可成才、人人尽展其才的人才环境，让人才价值得到充分尊重和实现。人才评价的科学化、社会化、市场化与分类化，使政策制定更合理、更优化。

其次，各种专业性的企业管理咨询机构，人才培训机构，服务机构，公正性的认证、仲裁机构，工商税务咨询，律师事务所，会计师事务所等代理服务机构聚集了大量的专业人才，为产业也为人才服务提供了保障。特别是在人力资源服务方面，应整合人力资源服务零散模式，建立集约化服务模式。例如国内有不少学者提醒"一带一路"实施过程中，除了地缘政治、战略安全以及文明冲突等传统风险因素外，人才风险更是不可小觑。而人才风险最大来自人力资源服务方面，能否全方位地留住人才是需要重点考虑的问题。

最后，自贸区建设需要一批熟悉相关行业的专业技术人才，加强各类人才的培训工作也是人才培训机构需引起重视的，包括创新人才培训管理机制，吸引跨国公司、境外著名培训机构和国内培训机构以合资、合作等形式建立培训机构和举办紧缺人才培训项目；通过办学体制的多元化以及管理创新，建立自贸区建设紧缺急需人才的培训基地或培训平台。

（二）完善保障环境，促进人才自由流动

首先，加快"全国人才管理改革试验区"建设。一方面，设立专项资金，对南沙开发建设的特殊人才予以补贴，抓紧推进"千人计划"专家楼和南沙人才公寓建设；另一方面，与港澳特区政府部门建立人才交流和培训机制，逐步实现学历、专业技术资格、职业资格互认，推进与港澳的医疗、养老社会保障衔接，为在南沙新区稳定就业提供保障。探索人才交流合作新机制，包括强化高等院校的产学研交流、科技型人才聚集，创业孵化、青年创业扶持、产学研用各类人才协作平台、人力资源服务产业园入驻等。另外，简化出入境办理手续。探索区内人员办理出国和出境的便捷手续，采用预约办理、一证办理、电子签证等新方式，进一步缩短办理时间，允许区内内地人员办理往来港澳地区通行一年有效多次签注；简化区内外籍员工就业许可审批手续，尽量延长签证和居留许可证时限，积极推行境外游客免签入境、华裔人才免签进入南沙自贸区工作等政策。

第四节 人才"走出去"——企业如何推动人才"走出去"

一、树立全面的国际化人才走出去理念

彻底转变人才管理思维,确立和落实与国际化人才"走出去"相适应的培养理念。企业不能一味地追求效益,忽视国际化人才的培养以及人才走出去,在竞争日益激烈的国际市场上,国际化人才所起到的关键性作用应该受到企业更多的重视。企业应该摒弃原有的狭隘的人才管理观念及方法,加深对国际化人才的培养和走出去的认识,系统规划适用于企业自身发展的国际化人才培养模式,从而吸引、培养并留住人才,进而促进国际化人才走出去。通过企业自上而下的共同努力和积极参与,形成对国际化人才培养的深刻认知。

二、加强校企合作,提升外语的实用应用能力

掌握外语是走向国际的第一步,而外语能力的提升首先应从学校的教育抓起,让学生能够在学校期间就掌握外语的综合应用能力和国际交往能力,同时提升文化素养。企业可以与学校合作,通过理论联系实践来培养企业所需要的国际化人才。学校主要负责外语的基础教育,充分调动学生学习外语的积极性,培养学生的自主学习能力,促进学生自我教育和自我发展,使学生的潜能充分发挥出来。企业可以根据市场情况向学校提出外语人才培养的建议,同时也为学校提供资助。通过校企合作,充分发挥学校和企业的不同职能,实现人才培养与经济效益的双赢。

三、完善国际化人才走出去体系

构建定位清晰、目标明确、层次分明、相互衔接、运作高效的国际化人才走出去体系,培养既熟悉国际化惯例和规则,又具有国际化视野和理念的

国际化人才。建立国际化人才归口管理体系，负责其日常培养管理工作，应着眼于企业高端人才的培养和队伍建设。制定人才培养计划时，对培养对象的年龄、职位，业务能力等硬件进行限定，制定统一的人才选拔和评价指标体系，公示国际化人才的选拔方式、培养课程、培训计划等相关内容，建立国际化人才培养后备库，建立有效的反馈机制，采集各类需求，进行综合分析，并在此基础上采取相应措施，提高人才培养效率。

四、树立共同价值观，打造全球化的企业文化

共同的核心价值观是国际化企业必须具备的。企业的内部冲突会因为共同的核心价值观的建立而减少。在文化共性认识的基础上，根据环境的要求和企业战略的需求建立起企业的共同经营观和强有力的企业义化。确立国际化经营理念，同时兼顾选择和吸纳外来文化中的优秀元素，做到优势互补。基于已有文化的多元性及其影响的深远性，新型的企业文化要有足够的包容性，能够被不同文化的员工所接受。而建立具有共同价值观的企业文化体系需要一个长期的过程，无论员工还是高层管理者都应该积极参与，在企业内形成一个良好的氛围，使企业文化能够覆盖到每个员工的个人文化，提升企业的凝聚力，有利于企业国际化人才的培养以及"走出去"工作。

第二章
知识产权合作——企业实现国际化的长远布局

自改革开放以来，我国经济高速发展，国内企业积极实施"走出去"战略，越来越多的企业走出国门，越来越多的中国产品走向世界，"中国制造"已经成为中国一张面向世界的名片。随着中国企业扩大国际化经营，一方面，中国在对外贸易及经营中遭遇的知识产权壁垒不断增多，涉案金额、规模、产品品种范围不断扩大；另一方面，中国企业品牌也频遭海外市场抢注、专利侵权，这都警示中国企业在国际化经营中要更加关注知识产权问题⊖。

第一节　海外命运多舛——没有知识产权保驾护航的中国企业

自加入 WTO 以来，中国企业出口总额总体上保持着较高的增长趋势。与此同时，我国企业频繁遭遇海外知识产权纠纷，已经成为西方发达国家和跨国企业打击知识产权侵权的重点对象。无论是美国的"337 调查"还是欧盟的海关扣押、展会禁令，都将中国企业作为重点对象，并予以"特殊"照顾。海外知识产权纠纷发生的行业范围也呈扩大趋势。海外知识产权纠纷不再局限于专利权、商标权的纠纷，已经扩展到软件著作权、商业秘密等方面。

⊖　周婕. 中国企业国际化经营过程中的涉外知识产权案例研究 [D]. 对外经济贸易大学，2015

一、海外跨国企业滥用知识产权

随着中国商品凭借价格优势迅速占领海外市场，"中国制造"的崛起威胁到一些海外企业的利益，成为他们的"眼中钉"。国外一些跨国公司和大企业集团将知识产权作为其遏制中国产业、谋求更大利润的重要工具。他们利用自己的知识产权优势来加强竞争地位，各种滥用知识产权的行为也日益暴露出来。

知识产权本质上是一种合法的垄断权，充分利用法律赋予的专有权取得市场竞争的优势，这本是无可厚非的。但是，不可否认的是，一些外商频繁发动的知识产权诉讼中也存在着知识产权滥用的情况，其目的在于给竞争对手制造困难，甚至将对手排挤出市场。知识产权滥用，是相对于知识产权的正当行使而言的，它是指知识产权的权利人在行使其权利时超出了法律所允许的范围或者正当的界限，损害他人利益和社会公共利益的行为。

知识产权滥用存在多种多样的表现形式，但都以限制或阻碍正常的市场竞争为其目的和后果。像微软公司利用其知识产权（软件著作权）在中国市场上的捆绑销售、价格歧视、掠夺性定价等典型的滥用市场支配地位行为，损害了中国消费者和中国软件业的利益；思科公司在中国市场上利用"私有协议"拒绝许可限制竞争行为早已存在并为业内所知晓。滥用知识产权还表现在当事人滥发警告函或滥用诉讼无正当理由指控他人侵犯其知识产权，在商誉和经济上都可能给竞争对手造成很大损失，对正常的市场竞争也会造成扭曲和妨碍。

二、中国企业侵犯他人知识产权

我国知识产权保护机制尚不健全，也一度成为服装、鞋类、电子产品等知名品牌重点打击的对象。软件盗版现象在中国尤为严重，微软公司曾为保护其知识产权多次向中国国家版权局提起申诉。2015年美国国会国际反盗版核心小组将中国列为盗版现象最严重的国家之一，并对中国出口到美国涉嫌侵权商品加大查处和惩治力度。欧盟将中国列为生产、出口假冒商品，知识产权违规最严重的国家之一，加强对中国出口到欧盟涉嫌侵权商品的调查，对中国实施更为严厉的知识产权保护措施。

三、中国企业知识产权遭到侵犯

随着中国经济的发展和科学技术水平的提高，中国出口到世界各地的产品也越来越有技术含量，尤其是我国很多企业大力实施品牌战略，诞生了一批批享誉国内外的知名品牌。随之而来的是我国企业知识产权遭到海外企业侵犯的问题也日益突出，且主要集中在商标权方面。

通过近30年的宣传及《商标法》的实施，全社会的商标意识有所增强，绝大多数企业知道要注册商标并抵制假冒产品，但是企业的商标保护意识还是不够，中国大多数的驰名商标、著名商标、原产地保护产品等都不同程度地遭遇了海外商标抢注危机。2005年，国家工商总局对中国商标遭海外抢注情况做了一个不完全统计，我国商标被抢注的案件已有2000多起，每年造成约10亿元无形资产的损失。我国曾有超过80个商标在印度尼西亚被抢注，有近100个商标在日本被抢注，有近200个商标在澳大利亚被抢注。每年商标海外抢注案件超过100起，涉及化妆品、家电、饮料、文化、服装等多个行业。主要的商标抢注案有：厦门节能灯商标"东林"、四川食品"白家"在德国被抢注；河南白酒品牌"杜康"、中华老字号"同仁堂""狗不理""少林寺"在日本被抢注；"康佳"在美国被抢注；"五粮液"在韩国被抢注；"科龙"在新加坡被抢注；"星光""康奈""双鹿""梦娜"在加拿大被抢注；云南卷烟品牌"阿诗玛""红塔山"在菲律宾被抢注。

2006年7月，由于拓展德国市场的需要，王致和公司去德国注册其商标，但却意外被告知，其腐乳、调味品、销售服务三类商标已经被一家名为OKAI（欧凯）的德国公司于2005年11月21日注册申请，并在2006年3月24日起开始公示。这是一家由德籍华人开办的百货公司，主要销售来自中国的食品，它曾是王致和产品在德国的销售商，除此之外该公司还注册了洽洽瓜子、老干妈辣椒酱、白家方便粉丝三家企业的商标。2007年1月26日，德国慕尼黑地方法院正式受理了王致和商标抢注案。11 月 14 日，慕尼黑地方法院一审判决，认定欧凯公司在德国属于恶意抢注，判决其停止使用王致和商标，撤销其抢注的王致和商标，王致和集团在该案中胜诉[⊖]。

四、中国企业对海外知识产权纠纷应诉不积极

中国企业在面对海外知识产权纠纷时普遍表现出应诉不积极的倾向，使自身常常置于法律上的不利地位，进而造成经济重大损失和市场份额降低。据统计，在发生海外知识产权纠纷时，中国企业中约有 60% 以上的企业选择不应诉，而不应诉就意味着承认侵权事实存在，法院将做出对原告有利的判决。企业在面对海外知识产权纠纷时是否应诉，需要考虑应诉成本和不应诉将有可能给企业带来的实际损失和潜在损失。为此，当我国 20 余家地板企业遭到美国"337 调查"时，其中东莞一家企业向律师咨询，得到消息称之前中美电池企业博弈 337 条款一案，虽然最终取得胜利，但中方花费了高达 300 万美元诉讼费用，东莞企业遂选择放弃应诉机会。事实上，近几年在美国发起的"337 调查"案件中，中国企业的胜诉率仅为 30%，约有 40% 是达成和解，还有 30% 以中国企业不应诉而告终。不应诉的结果往往是该企业支付巨额的赔偿，或是高昂的专利、商标使用费，或是退出该国市场。

第二节 频遭蹶步之因——企业知识产权国际纠纷频发的原因

由于我国企业国际化过程中涉及不同地区和诸多国别，知识产权环境的复杂性和制度的差异性导致了多层次、多领域的知识产权纠纷。总体来说，中国企业海外知识产权纠纷受企业自身问题、合作国政策问题、国际形势变化等多种因素影响。

⊖ 王雪.中华老字号应对海外商标抢注 [J]. 中国商界，2008(7): 214

第三篇 优术篇 **303**

一、企业知识产权战略意识不强，知识产权管理缺乏

由于知识产权保护的地域性特征，企业在进军海外市场的过程中，必须提前做好目标市场的知识产权布局，来降低知识产权风险。但总体而言，我国企业的知识产权战略意识较发达国家的跨国企业还有很大差距，海外业务发展迅速而知识产权布局滞后，往往重视产品销量、营业额而忽视知识产权风险，不注意保护自己的商标和专利，就贸然进军国际市场，没能利用知识产权占据市场主动权，反而受制于人，商业利润因为解决知识产权纠纷而成他人囊中之物。同时，商标国际保护意识淡薄，致使商标国际纠纷频发。而且中国多数企业进军海外市场时，往往只注重企业产品市场需求，做大量的产品市场调查，而忽视实施海外知识产权战略布局。由于中国企业的国际知识产权保护意识淡薄，中国企业海外知识产权纠纷案件人有愈演愈烈之势，海外知识产权维权之路异常艰辛⊖。

据资料显示，一些跨国公司如美国 IBM 公司仅专利工程师就有 500 余人，美国杜邦公司拥有 60 多位知识产权专业律师，德国西门子公司中为知识产权工作服务的人员达到 1500 人，日本索尼公司有 400 名知识产权专业管理人员，他们对各国的法律、意识形态、经济状况等都进行了深入的研究。而我国配备专职人员管理知识产权事务的企业所占比例较低，没有任何配备的企业仍占较高的比重。

目前，国内很少有企业有专门的知识产权管理机构，大多是由企业副总兼职管理相关的工作；知识产权管理人员也多为兼职，专业水平较低，研究利用知识产权的能力也较差，管理多处于松散状态；有关知识产权的管理均当作法律事务处理，缺少能把企业"走出去"、管理与企业业务紧密结合的专业人才，导致许多专利申请后无人管理，未能充分利用；我国过去科研与生产相分离，企业仅仅是生产基地，科研开发主要由大学、研究所承担，由国家进行计划分配，导致企业研发能力薄弱，而大部分科研成果积累在高校、研究所，难以产业化、商业化。

⊖ 方琳瑜，宋伟．"一带一路"战略下企业海外知识产权风险预警与管理机制研究 [J]. 科技管理研究，2016(8): 152-154

二、企业对海外知识产权纠纷认识不足，应对纠纷缺乏经验

海外知识产权纠纷对于中国企业来说只有短暂的不足 30 年的历史，海外知识产权纠纷大规模地发生也只是自中国加入 WTO 以来的事。因为时间短，中国企业对海外知识产权纠纷还是相对陌生的，在"走出去"的过程中没有做好知识产权方面的前期工作，所以应对起来也缺乏经验。而且，中国企业缺乏知识产权意识，知识产权保护起步晚，忽视知识产权管理和知识产权管理专业人才的培养，缺乏对国外知识产权法律、制度的了解。而国外企业知识产权保护工作起步早，已建立起相对完善的保护措施，应对海外知识产权纠纷已有较长的历史，并建立起较完善的应对体系，应对经验丰富⊖。我国企业对海外知识产权纠纷认识不足，只看到知识产权纠纷的负面消极影响和眼前的利益，而忽视海外知识产权纠纷的积极影响和长远利益，势必会影响企业应对海外知识产权纠纷的积极性。

我国企业对海外知识产权纠纷相对陌生，缺乏应对策略和技巧，在国际竞争中往往单枪匹马，行业内部一盘散沙。而国外企业往往组成联盟等形式，如典型的 2002 年 DVD 专利纠纷案，对方是由日立、松下、JVC、时代华纳、东芝和三菱组成的 6C 专利联盟，以及由索尼、飞利浦和先锋公司组成的 3C 联盟。另外，我国企业应对海外知识产权纠纷时常忽视寻求政府帮助。而国外的企业往往充分发挥其政府支撑的力量，利用政府向中国施压，进而达到利用知识产权打压我国企业、维护自身利益的目的。同国内知识产权纠纷相比，海外知识产权纠纷的维权难度更大。一方面，知识产权纠纷本身具有特殊性，诉讼、调查时间长，举证难，程序复杂，应诉费用高昂；另一方面，海外知识产权维权超越国界，天时地利人和都有利于海外企业，而由于语言、法律、文化等方面的差异，更增加了我国企业知识产权维权的难度。

⊖ 陈寅.中国企业知识产权海外保护研究 [D]. 华东交通大学，2011

三、企业自主知识产权拥有和布局滞后，核心专利受制于人

我国多数企业缺乏自主知识产权，自主创新能力不足[一]。据统计，中国只有约万分之三的企业拥有自主知识产权。中国规模以上的大中型企业大多数没有设立自己的研发机构，大概只有不到 30% 的企业设有自己的研发中心。而且绝大多数企业研发投入不足，长久以来研发投入不足企业主营收入的1%，研发人员不足企业员工的 5%。我国企业的研发支出占其总支出的比例远远不及发达国家企业研发支出占总支出的比例，据统计，发达国家 90% 的跨国公司都有自己独立的研发中心，大多数企业将 5% 以上的销售额投入研发当中。我国企业研发经费人均支出仅为美国的 1.2%，为日本的 1.1%。而且我国企业的研发经费中有相当一部分是用于购买技术和生产线，而非进行自主研发。而引进和消化之比仅为 1 : 0.08，也就是说引进技术、生产线并没有很好地消化吸收先进的技术，没有达到自主创新的目的，而这一比例在韩国为 1 : 5 ～ 1 : 8。这样的比例使得我国企业自主创新落后，缺乏自主知识产权。而没有自主知识产权，在知识经济时代，企业的生存发展必然会受到影响，可以说这也是我国企业遭遇知识产权调查、诉讼的重要原因。因为没有创新，很多企业依靠廉价的劳动力，靠加工、组装，或是贴牌生产。于是有很多企业由于缺乏相关的法律知识，选择简单模仿，进而构成侵权。在遭遇国外知识产权调查或是被起诉时，往往采取不应诉、和解的态度，不得不支付巨额赔偿金，在给自身带来巨大损失的同时，也损害了国家和企业的形象，国际影响颇大，使中国对外贸易的发展不利。

利用知识产权抢占国际市场已经成为企业国际化经营的重要手段之一。PCT 作为企业海外专利申请的一条重要途径，其申请数量表明，我国企业在"走出去"过程中海外知识产权保护意识相对薄弱。如世界知识产权组织（WIPO）最新公布的数据显示，2013 年，我国通过 PCT 途径提交的国际专利申请数量达 2.1516 万件，首次突破 2 万件，同比增长 15.6%，超过德国居第三位，占

[一] 余国贤 . 中国企业海外知识产权纠纷及对策研究 [D]. 湖南大学，2013

306 "一带一路"与国际产能合作——企业生存之道

全球总量的份额达到 10.5%。但我国国际知识产权保护仍远远落后于美、日发达国家。在全球 PCT 申请量前 50 的企业中，我国只有中兴通讯和华为公司。

四、各国知识产权政策差异较大，国际新贸易保护主义抬头

由于经济发展阶段的不同，为了便于本国经济和本国企业的发展，不同国家采取不同的知识产权政策[⊖]。比如欧洲的发达国家，为了保护其经济科技优势和本土企业的知识产权优势，不仅知识产权立法较为完善，并且建立了严格的知识产权司法和执法体系，这为其企业将知识产权转化为市场竞争工具提供了有利的制度保障，同时也加大了我国企业在发达国家被诉知识产权侵权的风险。相对于发达国家，中亚等不发达国家的知识产权立法和执法状况较差。这些国家由于自身技术创新能力较弱、自主知识产权拥有量少，在国家政策层面上缺乏知识产权主动保护的动力。所以，这些国家虽然因国际压力被动地建立了知识产权立法保护体系，但是，知识产权司法和执法状况较差。在这些知识产权保护比较弱的国家，我国企业被诉侵权的风险比较小，但企业的自主核心技术、商标等被模仿抄袭的风险较大，企业要做好防范措施；而且在市场竞争加剧时，发达国家企业也会通过频繁的知识产权诉讼来制约我国企业的发展。

深入分析我国企业在海外知识产权纠纷频发的问题，可以看出造成这些问题的一个根本原因是国际新贸易保护主义的抬头。在国际贸易发展新形势下，中国已经成为"世界工厂"，物美价廉的"中国制造"占领了全球相当一部分市场，中国出口不断扩大，贸易顺差也在逐年增长。而且中国制造正在升级，中国出口的产品由纺织品、服装转变成出口大量高科技产品，特别是通信设备、电脑及其零部件、机电产品等。机电产品和高新技术产品出口金额约占出口总额的 80%。依据贸易保护理论、生产能力冲突理论、国家利益至上和霸权稳定理论，中国对外贸易连续的顺差，中国制造的发展和升级，

　⊖　徐慧，周婕.中国企业"走出去"遇到的知识产权问题及其原因探析 [J].中国发明与专利，2015(6): 6-13

生产能力的提升，触动了西方主要发达国家的利益。出于国家利益之争，各主要发达国家必然会采取一定的措施维护本国利益，限制中国企业海外发展。金融危机以来，各国纷纷运用知识产权这一战略工具刺激创新、维护国家利益和经济竞争优势。例如美国于 2010 年发布《2010—2015 年战略规划》，旨在全面提升美国在知识产权领域的全球竞争力和领导力。另外，发达国家从国际层面主导新的知识产权国际规则。发达国家力图将本国的知识产权优势转化为国际竞争优势，并逐步将新的知识产权条约转移到区域、双边和单边等平台，用知识产权达到更高的利益目标。如 TPP 谈判演变成少数知识产权强国掌握整个谈判主导权，对知识产权保护规定进一步加强；欧盟在与加拿大、新加坡和哥伦比亚有关进一步保护地理标志的自由贸易协定谈判中也取得了不错的进展；欧盟与日本之间的自由贸易谈判也将启动。这些知识产权领域的新规则势必对全球贸易和经济格局产生深远影响。

当今各主要国家充分认识到知识产权已经成为经济发展、国家竞争的核心要素，对国家发展具有不可替代的作用。为了适应知识经济时代知识产权带来的机遇和挑战，发达国家纷纷修订完善知识产权相关法律，制定知识产权战略。他们将知识产权保护作为维护国家利益、经济安全，增强国际竞争力的战略工具，并逐步将其演变成国家贸易保护工具。面对中国企业的强势发展，他们利用自己在知识产权方面的优势，筑起知识产权贸易壁垒，限制中国企业海外发展，以此遏制中国经济发展。

第三节　积极化钝为利——注重强化知识产权的国际风险防控

国际化进程对中国企业知识产权的创立有着正反两方面的作用。一方面，企业要在更广泛的市场上抢占先机、迎接更艰巨的挑战；另一方面，国际市场为企业的创新和发展提供了前所未有的有利机遇和充足的资源[○]。基于国内

　○　吴玮，吕亚萍. 论我国企业国际化过程中的知识产权问题 [J]. 中国商贸，2010(16): 190-191

外知识产权制度发展的趋势和中国企业"走出去"进程中的经验教训，在强化知识产权的国际风险防控方面，中国企业需要从以下五个方面着手。

一、提高自身知识产权能力建设

企业在海外遭遇知识产权纠纷时，应及时查找自身的原因和不足，提前对出口海外的产品进行侵权风险分析，以个案知识产权问题的解决和反思，带动企业整体的知识产权管理和运用能力的提升。

首先，我国企业应该在内部建立一个集信息收集、分析、知识产权申报、管理、纠纷处理等一体的知识产权管理机构，对知识产权价值链上的每个环节进行管理，并加以整合，使之协调运作⊖。健全的知识产权管理机构是有效实施企业知识产权管理的前提。此外，其职能还应包括制定企业知识产权规章制度、组织实施知识产权培训、制定企业知识产权发展规划，对本企业技术、产品领域知识产权发展状况和动态进行跟踪分析，为企业经营管理提供建议，为企业开展经营管理从技术开发、产品营销方面提供知识产权方面的对策，并及时对本企业的知识产权实施保护，预防本企业侵害他人知识产权等。

其次，企业应建立和完善企业内部知识产权管理制度。一是建立知识产权激励制度。员工是高新技术企业技术创新的动力和源泉。提高员工的知识产权意识，调动员工的积极性，是企业知识产权管理的重要内容。二是建立知识产权保密制度。知识产权是一种无形财产权，一旦丧失就很难恢复。对于以知识产权为生命线的企业来讲，加强知识产权的保密管理极为重要。三是建立知识产权评估制度。企业对其拥有的知识产权应当定期进行评估，因为知识产权是企业总资产的重要组成部分，对其进行评估，有利于及时掌握企业资产的变化，调整企业发展战略。四是建立知识产权协调制度。在研发初期，知识产权管理部门就要对技术人员提出知识产权保护的法律要求，同时市场部门应及时将产品的市场状况、销售情况、侵权和被侵权情况反馈给知识产权部门，以便其对知识产权战略进行及时有效的调整。五是建立知识

⊖ 赵星，张运东."走出去"面临的知识产权形势及石油企业应对策略 [J]. 国际石油经济，2011, 19(9): 54-58

产权侵权纠纷应对制度。一方面，在日常生产销售中设立预警机制，尽量避免纠纷的发生；另一方面，一旦侵权纠纷发生，能够迅速做出反应，防止损害后果的扩大，减少损失，维护自己的合法权益。

最后，防范海外知识产权风险，自主创新，拥有自主知识产权是关键。经国内外实践经验证明，面对日益增长的知识产权纠纷，简单依靠技术引进、技术转让难以获得长足发展，唯有自主研发、自主创新才能真正掌握核心知识产权，进而掌握市场的主动权。企业是创新的载体，中国企业必须转变依靠廉价的劳动力优势拓展海外市场的方式方法，要充分认识到没有自主知识产权、没有创新动力是无法在日益激烈的市场竞争中长久生存下去的。要具备自主知识产权，企业必须做到两点：一是要高度重视人才，特别是技术研发人才，他们是创新的主体和灵魂，要为引进人才、留住人才创造必要的条件和环境，使其尽其所能，最大限度地发挥其聪明才智；二是要提高研发资金在企业资金周转支出的比例，保障研发经费的支出，充足的资金保障是创新的推动力。

二、构建国内知识产权合作联盟

由于知识产权开发需要巨大的投入，并且风险高、周期长，企业间加强技术合作有利于转移知识产权开发风险，通过技术合作形成专利联盟，有利于将知识产权提升为技术标准，从而有效地控制市场[注]。在针对知识产权和市场份额的风险做出精细安排的情况下，实行竞争对手之间的策略联合，能够加快重大技术的突破，谋求对未来市场的持续垄断，这已经成为一个大的趋势。美日企业在国际市场上竞争的同时也强调合作，通过专利交叉许可、共同研发等战略，共同占领市场。我国企业一方面技术开发能力较弱，另一方面各自为政，各行其是，研发技术与国外同质化严重，造成了巨大的资源浪费。因此在国内有序竞争的同时，我国企业更应结成技术联盟和专利联盟，分摊高额开发成本和高风险，互相取长补短，互相优惠使用对方知识产权，同时

〇　尹志英. WTO 与我国企业知识产权保护与对策的研究 [D]. 武汉理工大学, 2003

企业对外一致，保护本国市场和进攻国际市场。

三、重视海外知识产权战略部署

企业在制定海外发展战略时，要注重海外知识产权战略部署。在国际市场和竞争对手的主要市场积累一定数量的高质量专利权，是有效防控知识产权风险的基础。无论是赢得中美知识产权第一案的中国通领科技集团公司，还是反诉爱立信侵权的中兴公司，有效应对甚至成功逾越知识产权障碍的后盾都在于此[一]。

首先企业要进行海外知识产权调查，了解海外知识产权的相关法律、制度，以及专利申请、商标注册情况，以避免重复开发和注册。特别是对本企业销售产品所涉及的技术、外观设计、商标等是否侵犯该国专利、商标等知识产权进行调查。有些国家实行注册原则，商标权归最先通过商标主管机构申请注册人所有。企业向这些国家出口商品时，就应及时向该国申请商标注册。有些国家实行使用原则，商标权归属于最先使用商标的使用者，企业将商品出口到这些国家时，应注意保留在该国最早使用我国企业商标的证明材料，如销售记录、合同、广告宣传资料等原始凭证，且仍应办理在该国的商标注册申请，以免日后产生商标权国际纠纷。同时通过调查，企业还可以了解到竞争对手的知识产权战略及保护状况，及时地调整自己的知识产权战略，比如制定技术研发、专利申请、商标注册、技术保护等策略，甚至必要时制定规避侵权技术方案，防患于未然。

其次，企业要设立专门的海外知识产权管理部门，制定完善的知识产权管理制度，培养、储备专业的知识产权管理人才。这对企业开拓海外市场，避免海外知识产权纠纷是十分必要的。因为知识产权本身具有极强的专业性，知识产权的管理也极具专业性，专业的知识产权管理人才就显得格外重要。这里的专业人才还包括知识产权方面的法律人才，在制定海外知识产权战略时，要充分发挥知识产权律师的风险防御作用，充分尊重律师提出的海外知

　⊖ 张雅兰，翟宣宣，周菁. 中国企业对外贸易知识产权摩擦分析 [J]. 中国外资月刊，2012(12): 31-32

识产权战略部署方面的意见。中国企业在进军海外市场时，通过律师做足海外知识产权调查，还可以有效地降低诉讼成本。美国专利法规定，如果外国企业能够证明在进入本国市场前曾请律师对本国的专利情况做过调查，即使外国企业产品构成专利侵权，也不属于恶意，只需赔偿实际损失。而如果被认定是恶意，则需要赔偿三倍损失。可见，做好海外知识产权战略部署可以有效地预防海外知识产权纠纷，降低损失。

四、加强国际知识产权保护意识

在国际竞争中，企业一定要注重国际知识产权保护，因为国内知识产权保护与国外知识产权保护在法律、制度等方面存在诸多不同。可能这一项技术你在国内申请了专利，或是某一商标在国内注册过，但是在国外未申请或是未注册，就极易引起知识产权侵权纠纷。像著名的"王致和商标"维权案，就是国外抢注引发的[⊖]。因为目前还没有一个国际上的统一商标注册管理，所以商标的注册要在相关国家或是在相关国际公约注册，预防遭到其他国家别有用心的人抢注，造成损失。如袁隆平院士在我国颁布《专利法》之前就在美澳等国申请了杂交水稻育种技术的专利；中国石化公司就某些化工技术申请了多项国际专利，在世界范围初步建立起自己的"市场保护圈"；海尔、联想等驰名商标也开始突破国界取得国际上的承认。关于专利的申请，有国际《专利合作条约》（PCT），中国作为 PCT 缔约国之一，为我国专利的国际申请及保护提供了便利。像中兴通讯和华为公司在国际专利申请方面就做得非常好。同时企业还要注重培养企业员工的知识产权保护意识，通过开展知识产权讲座、培训，加强知识产权保护宣传，使员工能够了解知识产权保护相关知识，提高知识产权保护意识，自觉为企业知识产权保护贡献力量。随着经济全球化和区域经济一体化，企业要注重国际专利、商标的申请，要具有超前意识，为今后开拓海外市场扫除知识产权障碍，不给发达国家可乘之机。此外，对于拥有自主知识产权的企业应该设立专门的知识产权管理部门，培养专业的知识产权管理人才，为企业更好地保护知识产权。在发生知识产权纠纷时，

⊖ 余国贤. 中国企业海外知识产权纠纷及对策研究 [D]. 湖南大学，2013

企业要及时搜集并保护相关证据，以便在谈判和解或是诉讼时能够向对方和法院提供有力的证据。

针对海外知识产权诉讼，中国企业对是否应诉要进行利弊分析，不仅要考虑到应诉成本，还要考虑到不应诉带来的实际损失和潜在损失。例如对于美国"337调查"，中国企业实际上是陷入一种两难处境，应诉的话不仅要花费巨额诉讼费用，还要面临败诉风险，不应诉就等于主动投降，被迫退出美国市场。面对这种情况，我国企业在应诉的过程中，要掌握一定的方法，从而提高胜诉的概率。另外，对外国公司指控侵权时，企业要拿起知识产权武器与之抗衡，积极收集证据应诉、抗辩，找出对方的权利瑕疵，如主张其滥用知识产权等。如华为反诉思科"私有协议"涉嫌构成违反反托拉斯法，该案最后以和解告终。

五、寻求多种知识产权国际风险防控机制

在应对知识产权风险时，可采取交叉许可、跨国收购和技术跟随等措施⊖：对短期内我们无法拥有核心专利的技术，通过引进、消化、吸收及再创新，开发出一批围绕原核心专利的应用技术专利，并形成对原核心专利的包围网，通过交叉许可，取得发展的空间；对于已由国外公司成功研发并已申请专利的核心技术，而此技术又与国内正在迅猛发展的产业密切关联的情况下，可在许可的条件下，采取跨国收购的方式，将竞争对手的专利权全部购买下来以独占市场；还可采取类似微软公司的方式，紧盯市场上新的技术动向，密切关注新技术对市场的潜在影响，分析新技术与本企业现在产品结合可能产生的效应，如果证明该新技术具有巨大的市场价值时，可进行跟随，并在短时间内开发出产品，或把原创者购买过来迅速占领市场，这样可以省去大量的开发经费及人力和时间，有效地避免了投资失误；充分利用前人成果，通过使用已公开公知的技术，再加上本企业对其进行有效的专利技术改造，以不必自己苦心开发而可赢得整体产品技术研发方案的专利。注意随时追踪检索现有的专利技术，一旦发现有失效而又适用的专利技术便及时跟进开发，

⊖ 吕文举. 企业国际化知识产权策略 [J]. 进出口经理人，2006(5)

企业找到的将不仅是可免费使用的企业急需的适用技术，而且从失效的专利技术中受到启发，可萌发新的发明点，并开发出新的方法、新的产品；通过与国际知名企业合资方式，利用该知名企业在海外成熟的销售渠道等，使我国企业产品能尽快地在海外上市，并占领海外市场。

一旦出现知识产权纠纷，可采取的解决机制包含民事调解、诉讼、仲裁、行政调解等方式在内的多元化解决机制。随着国际知识产权纠纷的增多，知识产权纠纷的解决机制也是多种多样的，但是每一种解决机制都有利弊。比如诉讼，耗费时间长，花费大，还需要大量的人力，一个知识产权纠纷甚至能拖垮一个企业。但是如果胜诉的话，企业将一劳永逸，扫清进军海外市场的知识产权障碍，对企业的长足发展大有裨益。再比如和解方式，相对于诉讼，和解要省时省力得多，和解是一个双方博弈的过程，这个博弈有可能是零和博弈也可能是非零和博弈，而零和博弈必然最终导致一方利益受损，非零和博弈将可能是一个双赢、共赢的结局，但是中国企业和海外企业就知识产权纠纷进行和解的结果大多数是中方做出让步、赔偿对方，利益受损。所以企业在选择和解的时候一定要慎重，要清楚和解的条件是什么，对企业的发展影响是利大于弊还是弊大于利。还有一种国外学者推崇的国际知识产权纠纷解决机制——国际仲裁。仲裁具有专业、灵活、保密、中立的特点，可以很好地使发生知识产权纠纷的双方能够继续保存业务往来关系。同时相对于诉讼和和解，仲裁过程更为精简、更加高效、更具成本效益。目前知识产权仲裁机制发展得越来越完善，也出现了很多知识产权的国际仲裁机构，像WIPO的仲裁和调解中心，就是专门调解国际知识产权纠纷的机构。当前越来越多的知识产权纠纷当事企业选择这种方式来解决纠纷。我国企业应该重视国际仲裁，全面了解国际仲裁流程，在发生知识产权纠纷时，更多地选择这一精简高效的方式寻求灵活援助。无论企业选择哪一种知识产权风险防控途径，都要从企业长远利益出发，综合衡量各方面的因素，做出最有利于企业的决定，寻求多元化的解决机制。

第三章
国际化标准建设——企业开展国际产能合作的基石

技术标准已经成为现代国际贸易的基本要素之一，国际、区域性技术标准制定的过程不仅是一个单纯的技术标准问题，更是关系到国家的经济安全与世界市场经济秩序的重大问题。发达国家在极力争夺国际标准的制定权，谁掌握了标准的制定权，谁的技术就很有可能成为技术标准，也就掌握了国际市场上的决定权。国际市场上的技术标准竞争，实际上就是对未来国际市场和国家间经济利益的竞争，美国、欧盟、日本等始终把国际技术标准战略居于本国技术标准发展战略的核心。技术标准已经成为国际贸易的基本准则，如果我们的企业不能适应它，那最终结果必然是被国际所淘汰，因此，我们应当正面看待技术标准，并适应社会趋势尽力迎合国际市场的需要。

第一节　触及企业灵魂的伤——中国标准国际化缺失带来的痛楚

改革开放以来，我国的对外贸易发展迅猛，国内外技术标准的大量制定和运用带动了我国生产技术的发展和产业结构升级，同时由于技术标准壁垒带来的贸易摩擦也逐渐呈上升趋势。技术标准作为一把双刃剑，一方面为我国的进出口提供了参考的依据，如使我国的出口企业在进行生产时，针对不同的国家的技术标准有所参考和选择，从而大大便利了企业的生产，如美国对灯具节能标准的新规定、飞机排放标准的最新规定、对供暖设备的节能标准都对我国相关企业出口到美国的产品有了确定性的指引，防止了盲目生产；另一方面，过于苛刻的技术标准壁垒加重了我国企业出口面临生产不达标、检验不合格的困境，又影响了我国企业的出口。如上述技术标准的要求就是我国的一部分企业难以达到的，为满足上述技术标准就需要购进先进的技术设备和引进技术人才，而这无疑又会增加企业的成本，因此会使一部分企业面临着出口难的局面，甚至导致本企业退出国际市场。

一、国外企业实行"双重标准"，我国消费者权益和安全受到损害

我国的进口总额一直呈现上升趋势，进口涉及的行业比较广泛。随着国际上技术标准的发展，发达国家的技术标准越来越苛刻，而我国的技术标准虽然已经发展得比较迅速，但是仍然不能与发达国家相比，这就对我国的进口造成一定影响。我国的技术标准整体水平比较低，国内企业的生产水平有限、产品质量不高，再加上外国产品的大量涌入，对本国企业的发展构成巨大压力，严重阻碍了本国企业的发展，使本国优质产业的发展环境得不到保障；另外也因为我国技术标准体系的不完善，有的行业受到不同技术标准的规范，而有的行业目前还是零技术标准，这就导致国外不同层次的产品大量涌入我国市场，使得我国国民的健康和安全无法得到保障，对环境也造成一定的影响。

2010 年 7 月，美国爆出麦当劳在中国出售的麦乐鸡含有聚二甲基硅氧烷和特丁基对苯二酚。两种化学成分一种含有玩具泥胶，另一种则是从石油中提取的。而麦当劳中国公司却表示，这两种物质的含量均符合现行中国国家食品添加剂使用卫生标准[○]。2013 年 4 月，曼秀雷敦公司在日本出售的乐敦滴眼液中，针对儿童和青少年使用的滴眼液不含防腐剂，而其在中国出售的同种滴眼液均含防腐剂。根据我国《药用辅料管理办法》，防腐剂可作为眼药水中抑菌的辅料，也没有对儿童专用眼药水防腐剂含量做另外说明。眼科专家称，

○ 周琳，俞丽虹，刘元旭，等. 食品标准"内外有别"后果很严重 [N]. 中国青年报，2011-04-20

儿童处于生长发育阶段，眼睛过多地接触眼药水中的防腐剂，可能出现流泪、异物感、干涩、发红、视力模糊、眼角膜缺损及不平整等现象[⊖]。

二、质量标准法规设置技术性贸易壁垒，我国出口产品损失较大

作为我国三大主要贸易出口国（地区）的美日欧为了保障本国（地区）公民的健康安全，保护本地企业免遭低水平竞争的冲击，用先进的产品质量法规对我国输入的产品设置了技术性贸易壁垒。每年大约有超过 800 亿美元的出口商品受到不利影响，其中劳动密集型产品受损最为严重，高新技术和机电产品受损率明显呈上升趋势。发达国家往往凭借其技术优势对发展中国家的产品制定比较苛刻的技术标准、技术法规和认证制度，限制发展中国家产品的出口，提高产品的成本，削弱产品的国际竞争能力。据统计，2014 年我国约 23.9% 的出口企业受到国外技术性贸易措施的影响，因退货、销毁、扣留、取消订单等造成的直接损失达 685 亿美元，技术性贸易壁垒已经超过反倾销，成为影响我国出口的第一大非关税壁垒[⊖]。我国出口产品因质量标准远低于主要贸易国的产品质量法规要求而屡遭技术壁垒现象已经严重影响了我国的国际竞争力[⊖]。

（一）机电产品

目前，技术壁垒对机电产品的影响主要集中在产品强制性认证方面，如欧盟 CE 认证、美国 UL 认证、德国 CS 认证、北欧四国 NORDIC 认证、日本的 JIS 认证，这些认证程序复杂、繁琐，检测费用高昂，严重影响我国机电产品的国际竞争力。例如，欧盟制定的被称为"双绿"指令的《报废电子电气设备指令》和《关于在电气电子设备中限制使用某些有害物质指令》，据权威

⊖ 牛宏超. 乐敦眼药水被指中日双重标准 [N]. 健康时报，2013-04-09
⊖ 编者. 打破贸易壁垒发展绿色产业——2014 年技术性贸易壁垒十大热点回顾 [N]. 中华合作时报，2015-01-30
⊖ 宋明秀，马林. 浅论技术贸易壁垒对我国出口的影响与对策 [J]. 时代经贸，2012(4):79

部门预测，"双绿"指令影响我国约三分之二的机电出口产品，造成出口成本至少上涨10%。

（二）纺织原料及制品

纺织原料及制品是我国的传统出口产品，虽然配额将逐渐降低，但发达国家已筑起越来越高的"绿色壁垒"。国际上影响最大、权威性最高的纺织品技术标准就是国际纺织协会在产品生态研究基础上制定的生态纺织品标准100。2013年9月1日，欧盟生物杀灭剂法规（BPR）取代旧指令（BPD），该法规已成为一道影响我国纺织鞋服等数十类产品出口的重要屏障。上述这些限制措施降低了我国纺织品的出口竞争力，限制了出口的市场范围。一些大型纺织品生产企业，逐渐开始改变思维加强标准化工作，但对于众多中小型出口企业来说，由于资金、技术、规模等各方面的原因，进入发达国家市场将越发步履维艰。

（三）农产品

在2002年，欧盟委员会的2002/69/EC决议就规定，"自2002年1月31日起禁止从中国进口供人类消费或用作动物饲料的动物源性产品"，虽然其后我国与欧盟经多次磋商，欧盟于2002年6月解除了对部分中国产品的禁令，但对水产品的出口造成了巨大的损失。随后美国、日本等发达国家先后设置标准壁垒，阻止进口中国农产品，范围从动物源性食品扩大到植物产品。此外，新加坡、韩国等周边国家也对中国产品设置了相应的技术标准。受此影响，我国农产品出口受到了很大的冲击，2009年仅蔬菜出口一项，就比2008年同期相比下降23.4%，出口的动物类产品则比2008年同期下降18.3%。

（四）其他产品

此外，金属及其制品、塑料橡胶制品、化工产品等行业也在或多或少地遭受着技术标准的制约。其中最值得关注的就是，欧盟制定并通过的《关于化学品注册、评估、许可和限制法案》（简称REACH法规），它取代欧盟现行的《危险物质分类、包装和标签指令》等40多项有关化学品的指令和法规，对欧盟市场上和进入欧盟市场的所有化学品强制要求注册、评估和许可并实施安全监控。表面上看，REACH 法规只是针对化学品，然而，几乎没有商品不使用化工产品，更为严重的是，一旦产生"多米诺骨牌效应"，对全国化工行业及其上下游行业出口的影响是全方位的。2014 年，国际上对儿童玩具和用品中使用增塑剂、阻燃剂的相关国际标准和监管力度不断提升，包括美国、欧盟在内的多个国家和地区频频出台相关法规。2014 年 4 月，欧盟委员会发布官方公报，修订了欧洲化妆品法规，限制物质清单新增 5 种对羟基苯甲酸酯类物质，受其阻却，我国不少产品出口失败。

三、我国企业"走出去"的不利局面原因分析⊖

（一）国家贸易保护，遏制外国产品销入

各国技术法规和标准各不相同，有些国家人为地扩大这些差异以限制进口。比如，欧盟各国都有各自的产品技术标准，不少都比较苛刻和复杂。打着"维护消费者利益"的旗号，对国内外产品采取双重标准，遏制外国产品销入本国市场。例如，美国环境保护局根据对《1990 年清洁空气法》的一项修正案，制定并颁布了一项法规，对进口汽油和国产汽油的环境标准制定了两种不同的技术要求。

技术标准在执行过程中可能产生的限制。商品在出口过程中所产生的争议，常常会导致复杂的、旷日持久的调查、取证、辩护、裁定等程序。在履行了这一系列复杂程序后，即使认定有关商品符合规定而准许出口，该出口商品销售成本可能已经大为增加，从而失去与国外本地产品的竞争能力。

（二）价值观念不同，造成技术标准差异

由于各国文化背景、生活习惯、维护人身健康、安全及生活环境等方面存在着不同的价值观念，各国工业化程度、科技发展水平和消费水平也存在着差异，导致了各国技术法规和技术标准的差异，这些差异有时甚至是巨大的。

⊖ 李建存.我国对外贸易中技术标准问题研究 [D]. 河北经贸大学，2011

当各国用本国的技术法规和技术标准去决定某种商品是否符合进口国的技术经济政策或对进口产品进行检验时，就很容易造成我国产品不符合进口国技术法规和技术标准的后果，从而起到限制进口的作用。

（三）法律法规建设滞后，制定的产品质量国家标准偏低

我国的《标准化法》是 1989 年制定的，已经使用了近 30 年，尚未修改过。所以就目前而言，《标准化法》的许多内容已经严重滞后。我国的绝大部分产品质量标准化法规是 2008 年之前制定的，标准复审周期一般不超过 5 年，但是有些国家标准长期"原地踏步"，有些只有一点提高，有些甚至倒退。

我国已经制定的产品质量标准技术含量较低，有的标准过于笼统，有的产品尚无国家标准。如我国对农产品大类制定一个标准，而国外往往具体到一种蔬菜。以葱为例，我国没有专门对葱的检测标准，而日本的农药检测项目达 10 项，限量要求从 $0.2 \times 10^{-6} \sim 15 \times 10^{-6}$。在我国，蔬菜的重金属含量尚未纳入市场的日常检测范围，但是一些国外的蔬菜进口企业已经把铅、汞、砷等重金属含量作为必须检测项目[一]。

第二节　创伤的治愈——企业如何发挥自身优势推动中国标准国际化

标准作为国际交往的技术语言和国际贸易的技术依据，在保障产品质量、提高市场信任度、促进商品流通、维护公平竞争等方面发挥了重要作用。随着经济全球化进程的不断深入，标准在国际竞争中的作用更加凸显，继产品竞争、品牌竞争之后，标准竞争成为一种层次更深、水平更高、影响更大的竞争形式。标准可以有效地规避竞争，提高竞争门槛，淘汰不符合标准的企业，同时还可以提升企业的形象。

　[一] 赵建欣，谭立群，田新霞 . 质量安全问题影响我国农产品出口的现状考察 [J]. 对外经贸实务，2014 (1): 20-23

一、我国加强标准制定促进企业发展

1978 年后，标准化进入正常快速发展时期，各类标准数量急剧扩大，国家标准总数 20 世纪 80 年代初仅有 1000 多项，80 年代末超过 1 万项。1989 年我国开始施行的《中华人民共和国标准化法》（以下简称《标准化法》）是为了发展社会主义商品经济而制定的，它有效促进了当时的经济发展，保证了当时的产品质量。1990 年，政府对标准数量进行整顿和清理，国家标准总数减至 1.4 万项。在管理体制上，成立了负责国家标准立项、审批、发布的国家标准化管理委员会，但仍是政府管理标准化的一级机构。所以，国家标准的制定修订过程体现了政府的意愿，国家标准中既有标准中固有的推荐性属性，更具备了标准中的强制性属性；既承担了技术法规的约束性，又承接了标准应有的促进和推动经济发展的特性[一]。

作为国际贸易规则的重要组成部分，标准在保证产品质量、提高市场信任度、维护公平竞争以及促进商品流动、推动全球市场发展等方面具有不可替代的作用。2001 年，中国在履行 WTO/TBT 协定承诺的基础上成立了国家标准化管理委员会，不仅建立了一套统一的国家标准体系，而且积极采用由 ISO、IEC、ITU 等国际标准化组织设定的国际标准、经 ISO 确认的国际标准以及其他的国外先进标准。到 2011 年年末，共有 40213 条国家标准予以颁布和实施，其中强制性标准达到 5245 条，推荐性标准有 34676 条，指导性标准有 292 条。在采用国际标准方面，有 6659 条国家标准"等同于"国际标准（其中 706 条为强制性标准），有 3018 条"修改采用"国际标准（其中 361 条为强制性标准）。标准化体系的建设和完善为中国对外贸易的高速发展提供了强有力的支持。然而，根据我国目前的经济和科技现状，要达到发达国家的发展水平还需要时日。有鉴于此，我国在完善对外贸易中技术标准制度时，可以从法律、法规的角度，把我国的技术标准与国际标准与发达国家的先进技术标准相结合，将为我国技术标准的发展注入新的活力[二]。

　㊀ 任坤秀 . 国家标准的贡献，比较及性质的实证研究——以 10 国为例 [J]. 上海市经济管理干部学院学报，2015, 13(1): 1-10

　㊁ 彭微香，姚勤 . 加强标准制定促进企业发展 [J]. 中国石油和化工标准与质量，2011 (6): 6-7

企业处于生产和销售的最前沿，在国际市场上要站稳脚跟就要时时刻刻关注国际发展动向，对最新的国际技术标准和发达国家技术标准时刻关注，因此企业可以掌握一手的国际技术标准。将企业列入我国技术标准的制定主体，就意味着第一时间掌握最新的国际技术标准和发达国家的先进技术标准，从而使国际标准和先进技术标准在我国技术标准体系中能更多地得到体现。

二、充分发挥企业的优势制定技术标准

世界第三代移动通信（3G）三大标准之一的 TD-SCDMA 标准就是我国企业参与合作的典范，在该标准提出之初，大唐通信集团就主动与西门子等跨国公司进行了深层次的合作，共同开发了关键技术，有效保证了从标准到技术验证全过程的实施，经过不断努力，我国顺利实现了 TD-SCDMA 标准的国际化。

企业应该和政府紧密配合，制定企业的应对之策。面对国外的技术性贸易措施，企业主要加强了以下几个方面的工作[⊖]：

1）掌握 WTO 的游戏规则和 TBT 协议的要求，熟悉目标市场的有关规则和标准。

企业要从新的国际分工格局中获益，就要熟悉、掌握 WTO 的游戏规则，以减少进入国际市场的盲目性，必要时运用 WTO 的贸易争端解决机制维护自己的权益，及时沟通信息，帮助政府加大交涉力度，取消一切贸易不平等待遇。

2）实施以质取胜和可持续发展战略。

调整经济结构，提升产业层次；加快技术创新步伐，提高技术创新能力，强化标准意识。企业在世界经济的大舞台上是否能够得到更大的发展，根本上取决于企业的综合素质和竞争能力。

3）积极申请国际认证及贸易对象国的认证，取得通往国际市场的通行证。

采用国际标准是冲破技术性贸易壁垒的一种有效手段，这在企业中已形成了一种共识。企业要加强收集和研究各国和国际组织的技术法规、标准、

⊖ 杨轲. 论国际贸易技术壁垒对我国的影响及策略 [J]. 现代商贸工业，2007, 19(12): 17-18

检验与认证制度，把与企业出口商品相关的内容加以吸收，并制定到自己的产品标准中去，严格按标准组织生产，使自己的产品具有穿透对方技术性贸易壁垒的能力。

最后，企业必须充分发挥专业性行业协会的作用与职能，即立足于国际市场，针对各行业的生产规模、供求关系、价格水平、创新能力、技术标准、产品结构等一系列情况进行研究和对外交流。

三、推动标准国际化进程中的做法

大多数国际标准化工作是由发达国家控制的，国际标准也几乎全由发达国家提出。发达国家在制定标准时，往往从自身利益出发，不顾及发展中国家的利益，他们既是技术标准的制定者，又是技术标准的执行者，而发展中国家只是被动的执行者，较高的技术标准事实上限制了国际贸易的自由进行。

中国企业急需树立标准竞争意识，研究参与标准竞争存在的客观规律。技术创新对于企业提高在国家标准方面的话语权具有重要影响，这意味着企业应更加重视技术创新在标准竞争中的价值。企业可以加大技术创新力度，扩大自身的技术影响力，为日后参与国家标准制定甚至是国际标准竞争打下坚实的技术基础。

在技术标准的执行过程中，会遇到的问题主要是我国制定的技术标准的先进程度、内外资企业对我国技术标准的认知程度、对我国技术标准的监督实施和执行等方面。面对这些问题，需要我们主要从以下两个方面着手解决[一]。

（一）企业自身应当积极采用已有的国际技术标准与先进技术标准

产品的国际标准是在世界范围内对产品的技术、劳动和管理要求所做的规定，它包含着大量的科技成果和先进经验，是国际技术的缩影。采用国际标准，获得国际认证，就能够表明我国企业的质量体系是能够稳定持久地制造国际认可的合格产品的。

[一] 李建存 . 我国对外贸易中技术标准问题研究 [D]. 河北经贸大学，2011

第三篇　优术篇　**323**

目前，我国企业制造的出口产品常常受到来自发达国家的 TBT 限制，在很大程度上，是因为我国企业所制造的出口产品质量水平与国际水平相比仍有较大差距，缺乏市场竞争力，采用的技术标准比较落后。针对这种情况，我国进出口企业应当积极采用国际技术标准，积极开展国际质量管理认证（ISO9000）、国际环境管理认证（ISO14000）和产品认证工作，以提高国际竞争力。例如，许多国家都将 ISO9000 系列作为统一的认证标准采用，而我国对此没有强制要求，因此为适应国际发展趋势，应当将国际认证标准逐步纳入到我国的认证体系，只有这样才能对我国企业进行规范管理，促进企业技术进步，来适应世界经济的发展趋势。

（二）建立有效的执行监督管理体系

我国目前在技术标准的实施方面尚不存在监督部门，但是我国的行业协会可以承担该责任。行业协会作为政府和企业的桥梁，对技术标准的有效执行和实施可以起到监督和督促的作用。

国外经常对技术法规和标准进行修订，我国企业在信息不畅的情况下，按进口国的以前的要求生产商品，在出口时就会遭遇信息壁垒。因此，我国应当建立对外国技术标准的风险预警部门以负责收集、跟踪国外的技术标准和建立国外技术标准中心和数据库。同时，认真研究技术标准对我国各行业出口产品的影响，采取积极措施，为企业扩大出口服务。在获取国外技术标准信息方面，我们应充分利用世贸组织各成员方在《贸易技术壁垒协议》和《实施动植物卫生检疫措施协议》下提供有关技术标准、法规的国家级咨询点，从中及时获取有关新的技术标准。另外，可利用驻外经商参赞处等机构及时收集国外技术标准更新信息。

第三节　灵魂的回归——企业如何增加国际合作中标准化"话语权"

行业标准的制定对企业的影响巨大，若企业率先制定标准并将其推向市场，规范市场，一旦标准为市场所接受，企业就等于获得了在国内、国际市场攻城略地的强大武器。越来越多的企业将国家标准之争看作话语权的竞争，谁掌握了标准，就意味着率先拿到了市场的入场券，进而从中获取巨大的经济利益，甚至成为行业发展的定义者。在激烈的市场竞争中，标准决定游戏规则，制定标准已成为当今企业参与全球竞争的重要手段。

一、国际技术标准的发展

发达国家标准团体（NSB）中有代表性的是英国标准协会（BSI）、德国标准化学会（DIN）、法国标准化协会（AFNOR）等，大都为公益性私立学会，代表各自国家参加国际（含区域，下同）标准化活动，其颁发的标准BS、DIN、AF均为各自国家标准的主体。美国标准化工作由平行的三个系统所组成，以美国国家标准学会（ANSI）为协调中心，代表美国参加世界标准化活动，该团体颁发的标准通常认为是美国国家标准。日本标准化活动多受政府管理和控制，日本工业标准调查会（JISC）是日本经济产业省下的一个机构，代表日本参加世界标准化活动，其所颁发的日本工业规格JIS为国家标准。这些国家标准都是国际标准的基础[一]。

近20年来，在全球化和技术快速发展的背景下，各国标准化也在迅速地发展，积极参与国际和区域性标准化组织，制定标准化发展战略，加强国家对标准化活动的指导或引导，都尝试采用标准提高本国产品竞争力以增加出口；不少国家对国家标准在总量控制的同时，加快了标准的制定修订工作，以适应技术的发展。例如，ANSI在20世纪90年代始以全球作为国家和公司

　[一] 任坤秀. 国家标准的贡献，比较及性质的实证研究——以10国为例 [J]. 上海市经济管理干部学院学报, 2015, 13(1): 1-10

标准化活动的舞台，通过标准化战略帮助产品提升全球业务竞争力，相继于2000年和2005年制定了美国国家标准战略，并致力于保障美国国民的生活质量。BSI在20世纪后期，致力于质量和环境管理标准（BS5750、BS7750），并通过国际标准的载体而走向全球（分别推广至178个和157个国家和地区），全面提高英国产品的竞争力。日本的技术法规由各专业对口省制定或其联合经济产业省制定，种类繁多，并且这些制定的技术法规大多属于强制性标准，而且要求其在合同中有所体现，进口的货物在入境时要进行检测看是否符合所有的技术标准，不符合这些技术标准的产品不得在日本境内销售。近年来，日本行业标准和企业标准日益发展，这些标准对产品的要求比国家标准更为严格。

二、国际标准制定促进中国对外贸易发展

（一）我国的标准化工作存在的问题⊖

由于长期计划经济体制和产品经济形式的影响，我国的标准化工作主要存在以下问题。从标准内容看，我国产品标准多是生产型，主要体现设计、生产方的需求，内容上全、细、严，对消费使用方的要求体现不够，不利于商品交换。由于主要根据国内需要制定产品标准且更新缓慢，致使标准水平过低，标准构成不合理、不配套，尤其是在高科技产业标准化方面与发达国家差距明显，因此不能在提高产品生产技术、质量层次上发挥应有作用。从标准的法律属性看，我国标准有国家标准、行业标准、地方标准、企业标准，法律属性分强制性标准和推荐性标准两种，并且规定"强制性标准必须执行，不符合强制性标准的产品，禁止生产、销售和进口"，这与国际上通行做法不一致。我国技术法规体系还不健全，只能通过强制性标准，甚至在某些情况下由产品归口管理部门以红头文件的形式加以规范。这就使强制性管理范围过大，相互间缺乏协调。从标准体制上看，国家质量监督检验检疫总局在商

⊖ 仲鑫，王稳.技术法规与标准对我国出口贸易的影响及对策[J].对外经济贸易大学学报：国际商务版，2004 (2): 83-87

品的监督检验上存在重复检验现象，这不但造成浪费，也加重了企业负担。

另外，我国企业处在产业前端，但是对标准化工作缺乏足够的认识，没有制定标准的积极性，企业人员参与地方、行业和国家标准的制定的数量及普及面非常低，标准化管理薄弱，这也是制约我国标准化事业发展的一个重要原因。

（二）国外技术标准体系对我国技术标准体系的启示

发达国家对技术标准的研究起步较早，国际技术标准受其影响较大，国际技术标准的制定离不开发达国家的参与，甚至有的国际技术标准就掌控在发达国家手中[一]。

1. 完善的技术标准法律、法规体系是前提

发达国家的技术标准体系都有一个共同的特点就是法律体系比较完善，从技术标准的制定、实施到监管、检测都有相应的规范进行调整，不同行业之间、不同部门的技术标准也有相应的规定，我国的技术标准法律、规范目前尚不健全，因此需要完善我国的技术标准法律体系。完善的技术标准体系与技术性贸易壁垒预警体系成相互促进、相辅相成的关系，因此应当借鉴发达国家的技术标准体系构建符合我国的具有自己特色的技术标准体系。

2. 有效的监管检测制度是保障

技术标准制定后，实施过程中需要有配套的技术标准检验检测制度予以保障，否则制定的标准将流于形式。发达国家的检验检测技术与技术标准相配合共同保障技术标准的执行。我国在这方面应当有所突破，制定与技术标准相配套的检验检测机制，确保制定的技术标准真正得到实施，因此需要设置配套的设施保证技术标准的实施，将行业协会在这方面的优势发挥出来，对企业进行宣传教育，必要时采取适当手段真正使技术标准成为活的标准而不是硬邦邦的条文。

○ 李建存. 我国对外贸易中技术标准问题研究 [D]. 河北经贸大学, 2011

3. 技术标准的制定应当紧跟时代的步伐

发达国家技术标准具有先进性的一个重要原因就是其站在了世界发展的前端，由于目前技术标准的范围虽然在传统的技术领域占有主要地位，随着社会进步以及目前全球出现的种种环境污染、自然灾害和资源枯竭问题，各国对产品技术标准的规范已经向对环境和能源的保护方面以及高新技术产业领域发展，我国应当把握住社会发展的潮流，关注技术标准的发展动向，在这些新兴的技术标准领域加快研究的步伐。

三、我国政府的应对策略

国际贸易中的技术标准实质上反映了一国在相关领域的技术水平，我国的技术标准水平的落后正反映了我国科技水平的欠发达，因此我国技术标准提高的根本性解决方式还是发展我国的科技水平，通过引进国外先进的技术设备、实行自主创新、提高经济的管理水平等，以此来推动技术标准的提高[⊖]。

我国标准化体系的建设对于进出口贸易的支撑作用显著，对于促进标准化与贸易发展具有重要的政策含义。首先，我国应进一步完善国家标准化体系，及时更新和设定国家标准，使国家标准在数量和质量上有所提高。其次，我国应积极采用 ISO、IEC、ITU 等国际标准化机构设定的国际标准，经 ISO 确认的国际标准以及其他的国外先进标准，提高国家标准目录中国际标准所占的比例。最后，我国应加强与国际标准设定机构的协调与合作，积极参与国际标准的设定过程，并在综合考虑技术类型和能力水平的基础上推动国家标准成为国际标准。

1）建立并完善我国产品质量法律法规体系和技术法规体系。我国应针对已加入 WTO 的情况，建立健全技术法规和技术体系，构筑我国的技术性贸易壁垒保护体系，按照国际惯例将安全、卫生、健康、环保等保护消费者利益方面的重要问题，作为贸易技术法规建设的重点，通过制定强制性标准，把

⊖ 宋明秀，马林.浅论技术贸易壁垒对我国出口的影响与对策 [J]. 时代经贸, 2012 (4): 79

未达到技术标准的产品拒之门外。

2）形成一套有效的通报、评议、咨询、审议制度。当世界贸易组织成员拟对我国采取重大贸易技术措施时，我们应认真分析其是否合理，是否遵守WTO/TBT有关协议的要求，对其通报的内容及时组织有关行业和企业进行研究，充分阐述我们的修改意见，提高国内企业维护合法权益的意识。

3）真正形成以政府、行业协会、企业、研究机构等为主体的多层次产业预警系统，政府作为建立标准管控机制的发起方，应主动承担整个机制的协调规划工作，同时依托行业协会等机构的数据库系统，建设起为出口企业服务的平台，有针对性地提出调整和完善机制的建议和意见。

4）组织专门的人力、物力研究国外的TBT系统，按出口对象和产品类别全面、及时、准确地收集、整理、跟踪国外的TBT信息，建立相应的TBT信息中心和信息数据库：建立高效的TBT信息咨询服务体系，及时发布预警信息。通过对TBT问题的认真研究，及时做出预警分析，帮助企业增强质量意识，寻求我国商品突破技术性贸易壁垒的切入点。

第四章
全球化技术整合——企业进行技术创新的途径

第一节　技术的落后——全球价值链的低端的枷锁

一、我国产业集群长期禁锢于全球价值链的低端环节

自 20 世纪 80 年代以来，随着贸易自由化和投资自由化的不断深入，产品的价值链环节越来越具有空间上的可分布性。发达国家的跨国公司出于优化资源配置考虑，将产品价值链的各环节在全球范围内重新布点，把一些自己不具有比较优势的加工、组装、制造环节的活动转移到发展中国家（这些环节往往是价值链"非战略性环节"），而自己专注具有比较优势的设计、研发、营销、品牌运营、售后服务等环节的活动（这些环节往往是价值链"战略性环节"）。这样使原本在企业内部一体化的价值链各环节，开始在全球范围内出现垂直分离并重新整合［Arndt 和 Kierzkowski 把价值链的垂直分离过程称为"片断化"（Fragmentation）］。这种价值链各环节被分割开来，在空间上离散性地分布于世界各地，并在全球空间上重新整合所形成的价值链条称为全球价值链（Global Value Chain，GVC）。

虽然全球价值链的片断化导致各个价值环节在全球空间上出现离散分布格局，但是分离出去的各个价值片段一般都具有高度的地理集聚特征，而不是天女散花似地散落一地，毫无头绪而言。换句话说，全球价值链地理分布特征就是"大区域离散、小地域集聚"。正是各个价值环节地理集聚特性使得

很多地方产业集群就成了全球价值链条中的一个从属部分。我国各地的地方产业集群就是片断化的结果。

全球价值链在全球范围内垂直分离和重构，一方面为发达国家的跨国公司重新定位自身发展战略和强化竞争优势提供了可能；另一方面也为发展中国家地方集群嵌入全球价值链，参与全球价值链分工，实现跨越式发展提供了难得的机遇。改革开放以来，特别是 20 世纪 80 年代以来，我国珠三角、长三角、闽南三角和环渤海地区，以及中西部地区相继产生了大量的产业集群。这些地方产业集群作为全球价值链条"片断化"的一个从属部分，正以不同方式快速嵌入全球价值链中。特别是处于沿海地区的外向出口加工型地方产业集群，与全球价值链的融合程度最高，成为了全球价值链分工体系中不可分割的一部分。我国产业集群通过嵌入全球价值链获取外部资源、知识、信息与市场，并与全球价值链其他主体互动，谋求自身的发展。

但根据我国比较优势及现实条件，我国地方产业集群只能以走"低端嵌入"道路的方式嵌入到全球价值链分工体系当中，即只能凭借低廉的劳动力、土地和自然资源优势从事全球价值链分工体系中的加工、组装、制造等环节的活动。这些环节属于全球价值链的"非战略环节"，是位于 U 形的"微笑曲线"底部，相对于研发、设计、品牌运营、营销渠道等战略环节，它属于低价值环节。在跨国公司和国际大买家主导的全球价值链的利益分配格局当中，我国地方产业集群的企业只能分得很少的利益。例如，在美国罗技公司无线鼠标价值链中的利益分配中，一只在国际市场上售价 40 美元的无线鼠标，有15 美元归分销商和零售商，13 美元给零部件供应商，3 美元给在中国苏州的装配厂，剩下的留给了罗技公司。又如世界名牌 Hugo Boss 的精品衬衣在美国纽约的售价高达 120 美元，而中国的制造商只拿到了其中的 10%，渠道商拿走了总价值的 60%，剩下的 30% 给了品牌商。中国企业生产一个芭比娃娃平均获利 30 美分，但芭比娃娃在国际市场上的销售均价为 30 美元，百倍于中国的 OEM 企业。在中国生产的 200 美元耐克鞋的价值构成中，发现市场目标并将鞋子设计出来的企业，可得到 100 美元，贴上耐克标签并把它卖出去的销售者可得到 90 美元，剩下的 10 美元才是贴牌生产商的收入。

二、 我国产业集群锁定于全球价值链低端环节的诱因

是什么原因导致我国产业集群被"锁定"在全球价值链的低端环节，并被陷入"贫困性"增长和"逐底式"发展的困境当中呢？本书认为是以下原因所致。

（一）由我国产业集群的比较优势所决定

各个国家要素禀赋丰裕程度不一样，使得国与国之间资本、土地和劳动力等要素价格存在差异，因而也就形成了参与国际分工中各自的比较优势。全球价值链领导企业所处的国家经济发达、技术先进，因而积累了大量的资金、技术、管理、人才等方面的优势资源，发达国家的企业依据这些优势资源参与全球价值链中的技术、研发、设计、营销、品牌运营等环节的活动。这些环节因进入壁垒高、替代性小、竞争程度不高，而却有较高的附加值（即可获得垄断租金）。与发达国家相比，我国劳动力、土地、自然资源丰富，因而劳动力、土地、原料等要素成本低是我国的优势所在。我国产业集群凭借这些优势参与全球价值链分工只能从事全球价值链中的加工、制造、组装等劳动密集型、资源密集型环节的活动。由于这些环节进入门槛低、技术含量低、替代性强、竞争激烈，因此附加值也就低，由此从事这些环节的我国产业集群在全球价值链利益分配体系中也只能获得较少的利益。

（二）全球价值链治理者封锁与控制所迫使

全球价值链的领导企业为了组织和协调分散于全球各地的价值创造活动，同时也是为了协调价值链利益分配，需要对价值链进行治理（Humphrey, J & Schmitz, 2000）。全球价值链的治理存在 5 种模式（Gereffi, Humphrey, 2005）：市场式、模块式、关系式、领导式和科层式。目前我国产业集群被处于领导式（又称"俘获型"）的价值链治理当中，在这种治理模式下，全球领导公司在价值链中掌握权力，扮演治理者的身份，处于支配地位；而我国产业集群扮演被治理者的身份，处于被支配地位。全球价值链中的领导公司会利用掌握的权力制定和监督规则、标准的实施，来组织、协调价值链各环节

的价值创造活动，并控制价值在不同经济行为主体中的分配（Gereffi，2001；文嫮、曾刚，2004）。在此过程中，全球价值链领导企业会凭借权力和地位，按照有利于自身的方式进行价值链利益的分配，结果必然是领导企业获得较多的利益，而处于被治理地位的我国产业集群只能获取较小的利益。与此同时，全球价值链的治理者——领导企业还会利用各种手段来阻碍和控制我国产业集群中代工企业的升级进程，从而迫使我国产业集群"锁定"于低附加值、低创新能力的微利化价值链低端加工、制造环节。这些手段包括：

1）通过严格的产品进口质量、安全、环保进入壁垒及快速变化的产品升级换代来迫使我国集群内的代工企业持续地进行设备"淘汰"，向发达国家引进更为先进的生产设备，从而使我国产业集群代工企业陷入"代工—微利化—自主创新能力缺失"的循环当中。

2）要求集群内代工企业进行专用性资产投资，从而形成一种"质押"关系，致使代工企业不敢贸然进行品牌创建和市场网络建设，进而把集群内代工企业锁定于全球价值链的低端环节。

3）利用知识产权保护、市场隔绝、默会化等策略来防止代工过程中的技术溢出、技术模仿，抑制我国产业集群代工企业自主创新能力形成。

（三）我国产业集群自身缺乏开拓能力

我国集群企业现实条件是企业规模小、技术水平低、资金缺乏、人才匮乏，不具备产品研发和设计、市场开拓，以及品牌运营所需的客观条件，同时也无力承担产品设计、研发、营销渠道、品牌建设所产生的市场风险和财务风险。相反，我国集群中的企业只要把自己定位于加工制造环节，利用跨国企业提供设计好的产品的图纸、生产工艺进行生产就可以安享其中的一定利润。在这种风险与收益的权衡下，集群中的企业主动放弃向全球价值链高附加值环节攀升的主动权，宁愿为国际跨国公司和国际大买家进行"代工"，并心甘情愿自我锁定在价值链的制造、加工等低端环节。

（四）我国产业集群缺乏创新动力

产业集群是指在特定领域中一群在地理上邻近、有交互关联性的企业和相关法人机构所组成的集合（波特，1998）。由于地理空间临近，企业间正式和非正式的交流渠道多，人员在集群企业间频繁流动，促进了集群内知识与信息的快速流动与扩散，即产生知识溢出效应。这种知识溢出效应，在当下我国现行知识产权保护法规不完善、商业秘密保障制度缺失的情况下，仿冒就会泛滥，"搭便车"的思想就会盛行，"柠檬市场"就会产生，集群陷入无休止的低层次的恶性竞争当中。这就使得创新企业的创新投入得不到应有的回报，甚至连创新成本都无法收回，而模仿企业却坐享其成，获取丰厚利益。其结果是从事创新活动的企业被无情打击，不愿意再投入资金进行创新，所有企业都"等着天上掉馅饼"，集群创新陷入"囚徒困境"的僵局，于是整个集群就在价值链低端环节中徘徊。

（五）我国企业家的心智模式普遍不适

所谓"心智模式"是指因工作经验、知识素养、价值观念等多种因素共同作用而形成的，主体较为固定的假设、理念、成见和思维方式等（李美娟，2010）。目前，我国企业家心智模式普遍不适，他们不愿意做那些需要花长时间、高成本、高代价，但效益缓慢的"慢工出细活"技术创新、品牌运营、渠道开拓等之类的经营活动，而是认为"隔夜的金不如到手的铜"，热衷于"多快好省"——利用跨国公司现成的技术、品牌、市场，按照委托企业合同进行加工、生产和装配，这样虽然赚取的是微薄的加工费，但省心、省力，无需承担产品研发、设计、销售、渠道开拓、品牌建设的大量投入而引发的投资风险，于是无意从制造环节向研发、设计、品牌、营销、服务等价值链高端环节挑战的意愿，也无由OEM-ODM-OBM攀升的胆识和勇气。他们畏惧风险、害怕失败、安于现状、不思进取的这种心智模式必然使我国产业集群被牢牢地锁定在全球价值链的低端环节，并陷入"趋底式"发展的困境当中。

（六）我国地方政府不理性的政绩追求所促使

地方政府不理性的政绩观也促使了我国产业集群对"代工"这种低端生产方式的路径依赖。长期以来，GDP增长是考核地方政府政绩的一个重要指标，为了追求GDP增长，地方政府往往急功近利，热衷于做"短、平、快"

的事。由于代工生产方式在增加 GDP 和出口、增加税收、解决劳动力就业方面具有直接的效果，因此政府、特别是各级地方政府通常没有足够动力去推动集群内代工企业进行技术创新、品牌创建、渠道建设等之类的"慢工""细活"。反而出于区域经济发展和地方政府竞争等方面的考虑，争相出台类似保税区、出口加工区、出口退税等简单而又效果明显的鼓励政策来促进集群内企业从事代工生产，这在一定程度上加强了集群内代工企业在原有路径上的依赖，使这种建立在低级要素禀赋之上的代工生产模式得以进一步强化，致使产业集群长期难于升级，进而被锁定于全球价值链的低端环节。

第二节　技术的追随——中国企业的集成创新

基于上一节所描述的我国企业技术相对落后，处于全球价值链的低端环节这一现状，本节对企业实现集成创新的路径进行讨论，即集成创新的多元化路径分析。

一、技术集成路径

技术集成是按照一定的技术原理或功能目标，将两个或两个以上的单项技术通过重组而获得具有统一整体功能的新技术的创造方法。技术集成往往可以实现单个技术实现不了的技术需求目的。企业在掌握产业共性关键技术的基础上，只有通过共性技术创新平台，很好地将关键技术与其他技术相结合，才能最终实现企业的技术集成。现阶段我国技术创新平台体系虽然基本建立，但平台大部分处于筹建或新建状态，没有将境外投资企业需要的境外技术包含在内，体系不够完整。因此，针对我国境外投资企业技术集成创新而言，创新平台应该在以下几个方面进行改进：一是建立针对性的境外投资企业技术创新平台；二是将该平台参与主体多元化，不但包括区内企业，也应该将境外先进企业包含在内；三是大力推进产学研发展，常见的模式为与境内科研院所、境外科研院所及客户建立联合实验室。

二、组织战略集成路径

我国境外企业要改变各自为政、单打独斗的状况，形成"抱团取暖""抱团出海"的"走出去"新格局，应积极构建海外战略联盟，以提升我国境外投资企业整体竞争力。例如，2014 年 12 月，沈阳"走出去企业战略合作联盟"正式揭牌，北方重工、远大集团等 15 家沈阳市重点企业及 4 家服务机构成为联盟成员单位，联盟将为政府制订"走出去"相关政策建言献策，并且建立相关"智库"，为辽宁企业国际化发展提供战略和智力支持。此外，2015 年 11 月，中德（沈阳）装备制造产业园（简称中德装备园）已经落户德国、欧美企业 35 家；还有抚顺罕王集团在印度尼西亚建立罕王－富域产业园、沈阳远大集团在哈萨克斯坦建立远大工业园项目等，都是辽宁境外投资企业战略集成的代表。

三、知识集成路径

对于境外企业而言，知识集成则应包括三个方面，既包括企业内部知识集成，也包括与境内企业的知识集成，还有与境外相关企业的知识集成。企业内部知识集成应主要通过企业管理与组织机制及激励机制来实现，例如，瓦轴集团特别对普通技工设立"特别贡献奖"，调动员工技术创新积极性；境外投资企业也仍然需要和国内其他企业进行知识集成，这主要是通过境内政府、行业等组织与建立的技术平台等实现。对于境外投资企业而言，最重要的是要加强与境外相关企业的知识集成，可以更好地适应境外客户的需求，这主要通过跨国并购以及与相关企业联合开发或建立联合实验室等具体方式来实现。

四、人力资源基础路径

技术集成是企业集成创新的核心，知识集成是企业集成创新的保证，而人力资源作为知识、技术的载体，成为企业诸多集成要素中最活跃且居于主导地位的能动力量，成为技术集成与知识集成的源泉。因而我国境外投资企业集成创新离不开人力资源的集成，很多大企业也意识到了这一点，因而跨学科的人才培养平台等纷纷建立。我国投资企业人力资源集成应从三个方面有所加强，主要包括：个体人力资源的集成、人与技术创新成果和知识创新成果的集成以及整体人力资源的集成。

在科技日益发达的今天，每一个岗位均需要的是掌握多门知识的员工，员工对不同领域知识的融会贯通能大大提高工作效率。这就要求我国企业一方面需要进行个体人力资源的集成，包括专业培训，加强员工融合等；另一方面，企业还应将人与技术创新成果和知识创新成果进行集成，但作为境外投资企业而言，最重要的人力资源集成应为整体人力资源的集成。例如，瓦轴集团从英国、日本等国际人力市场挖掘稀缺人力资源，走出了一条扩大生产基地与提升人才结构并举的国际化道路；北车集团也在欧洲建立了吸引高端人才和自身人才培养的基地，形成中国北车在海外的"人才宝库"。

五、市场集成路径

市场集成是推动集成创新的动力与基础，集成创新的关键并非是各种供给要素的集成或融合，而是以把握市场需求环节为起点，通过开放的产品建构和企业互动模式来集成各种各样的技术资源，以获得更好的产品开发绩效和更快的生产率提高。因而对集成创新的分析重点应该是技术的供给与市场需求之间的匹配，而不是创新的各个要素之间的匹配。例如，瓦轴集团根据项目需求，提升企业海外整体开发实力，极大地提升了瓦轴产品对欧洲市场的渗透能力和瓦轴服务海外客户的能力。

总体来说，企业进行集成创新的过程中，要以技术集成为核心，以市场集成为基础，以知识集成和战略集成为保证，将各个创新要素结合在一起，实现境外投资企业在境外的长久发展。

第三节　技术的引领——自主创新与超越引领

企业自主创新能力是国家竞争力的核心，增强企业自主创新能力已越来越受到企业和政府的关注。企业自主创新是一个不断循环积累的过程，创新意识、创新投入能力、创新产出能力、创新活动管理能力、创新方式等五个方面是影响企业自主创新能力的主要因素。

一、影响企业自主创新的外部动力因素

影响企业自主创新的外部动力因素，主要包括外部技术环境因素和外部政策环境因素。

（一）企业外部技术环境因素

技术环境因素主要包括知识产权保护、产学研创新联盟和技术标准等方面。

1）知识产权保护。由于自主创新具有很强的正外部性，正外部性导致企业自主创新不足。如果没有专利权保证对创新者的收益进行补偿，将会抑制创新者的积极性。

2）产学研创新联盟。产学研创新联盟能够有效地整合企业、大学和科研院所在知识、资金、人才、技术和市场等诸多方面的优势，是企业利用外部资源，实现自主创新的最佳方式之一。产学研创新联盟的构建，不仅来自产学研各方利益的内在驱动，而且主要来自科技发展和市场竞争等外部因素的驱动。

3）技术标准。随着经济的全球化进程加快，关税壁垒对贸易的影响越来越弱，而以技术标准为核心的技术性贸易壁垒，日益成为发达国家限制进口、保护本国产业的主要手段，而且技术标准又是消除技术性贸易壁垒的重要工具，企业作为自主创新的主体，在提高自身竞争力的过程中，必须关注技术标准战略、知识产权战略与技术创新的协同发展。

（二）企业外部政策环境因素

由于企业自主创新具有很强的溢出效应，Mansfield 等通过对 17 种创新的详尽考察，研究发现平均私人收益为 25%，而平均社会收益高达 56%，社会收益是私人收益的 2 倍。当创新者没有内部化他们的创新收益时，并且政府没有干涉时，溢出效应将不利于激励创新者从事昂贵的创新。日本产业经济学家植草益认为如果经济运行中存在外部性市场失灵问题，政府规制便具有潜在的可能性。并且大量的实证研究文献证实了政府补贴能够促进企业增加自主创新投入：国外学者 Lach 等实证研究发现 R&D 补贴对私人 R&D 投资具有激励作用；国内学者朱平芳和徐伟民等实证研究发现政府科技投入对企业 R&D 支出有明显的促进作用；刘振实证研究发现政府补贴与高新技术企业 R&D 支出之间呈显著的正相关关系。

企业外部技术环境和外部政策环境的优劣和变化，将对企业内部创新环境和创新制度安排产生影响，进而影响企业自主创新的积极性和主动性。

二、典型案例

华为可以说是中国自主创新的典型，它连续 6 年蝉联中国企业专利申请数量第一，并且所申请的专利绝大部分为发明专利，连续 3 年蝉联中国发明专利申请数量第一。华为在自主创新方面取得这样优异的成绩，并不代表着华为只沉迷于技术，恰恰相反，华为进行自主创新的目的是为了市场开发，客户的需求才是华为创新的第一决定因素。

比如获得 2008 年度中国国家科技进步二等奖的华为分布式基站就是在仔细分析了客户需求的基础上研发出来的。华为发现欧洲移动营运商花在租用机房、设备用电、安装维护等方面的费用成为其最大的支出。基于欧洲客户这种需求，华为研发团队积极创新，开发出了分布式无线基站解决方案，设备可以安装在过道、楼梯间和地下室等狭小的空间，大大降低了机房的建设与租用成本，并且易于安装。

（1）需求为核心的创新理念

这种以客户需求为核心的创新理念贯穿于华为研发的始终。在自主创新领域的选择上，华为把研发的重点放在应用上。华为副总裁、首席法务官宋柳平认为，在通信领域，中国企业普遍起步较晚，当华为进入电信行业时，国外的公司已经在这个领域里持续地成长了数十年，积累了大量的智力成果。在华为的创新观念中，首先就是肯定和承认他人的优秀智力成果，承认与西方公司的差距，并勇于继承、善于继承，在继承他人优秀成果的基础上开展持续的创新。

（2）持续性投入获丰硕成果

正确的创新思路决定了华为技术研发不会偏离市场发展方向。而持续不断的投入则给华为的技术创新提供了足够的资金支持。

在研发方面，华为保持了持续的高投入，华为坚持以不少于销售收入10%的费用和43%的员工投入研究开发，并将研发投入的10%用于前沿技术、核心技术及基础技术的研究。

为了保障技术研发的效率，获得管理上的支持，合作对已经成长为巨型企业的华为来说更为重要。华为通过和IBM合作，对公司产品开发流程进行了再造，从IBM引进了集成产品开发（IPD）及集成供应链管理（ISC）方法。有了严格的研发流程控制，可以保证华为创新不会偏离既定的方向。

正确的发展方向和良好的管理流程最终都需要"人"来执行。为了激发员工的创新热情，华为不吝投入，对创新提供了高额的奖励。正确的研发策略加上合理的管理流程，促成了华为在商业上的成功。

（3）吸纳国际资源为我所用

华为在自主创新方面，还有一个显著的特点，就是强调"开放式创新"，也就是并不排斥和其他厂商合作，通过交叉专利授权、并购等方式聚集技术资源。

并购也是一种获取技术资源的方式，华为通过一系列的小型并购获取了很多技术专利，让自己在和其他公司进行专利谈判的时候获得更加有利的地位。

除了利用国际上已有的技术成果，华为还积极利用国际智力资源促进自主创新的发展。华为在瑞典斯德哥尔摩、美国达拉斯及硅谷、欧洲、印度班加罗尔等地设立了研发机构，充分利用全球人才与技术资源平台，建立了全球研发体系。

此外，华为还与包括沃达丰、西班牙电信、意大利电信等在内的国际运营商成立了联合创新中心，以客户需求牵引产品研发方向。

同时，华为积极参加国际标准化组织，通过加入其中更好地进行研发。华为于 2001 年 1 月成为 ITU 部门成员，迄今为止已加入了 91 个国际标准组织，如 ITU、3GPP、3GPP2、ETSI、IETF、OMA、IEEE 等，并在这些标准组织中担任 100 多个职位。通过技术研发上的不断突破，华为将逐渐从跟随者向引领者转变。

第五章
工程承包转型升级——企业树立品牌和形象的捷径

第一节　对外承包工程助力"一带一路"战略

对外承包工程是指我国公司在国外承揽并实施各类工程项目的经济活动，是一个集服务贸易、技术贸易和货物贸易为一体的全面系统工程。长期以来，作为中国国际承包工程的对外承包工程一直是中国企业开展对外经济合作的主要形式之一，为促进我国对外经贸总量的增长和国民经济的发展做出了重要贡献。近年来，中国工程承包行业走出国门迈向世界的步伐明显加快。从国际工程承包市场的参与者到国际工程承包市场的跟随者，再到成为国际工程承包市场的领跑者，中国国际工程承包行业走过了艰难曲折的发展历程，其国际排名和综合竞争力也获得了大幅提升。当前，全球经济仍处于后危机时代缓慢复苏的动荡调整阶段，各国均力图通过增加基础设施投资来刺激经济复苏，而工程承包市场则是推动各国经济走出萎靡的重大突破口之一。

一、发展概况

在整体发展走势中，2005年以来，中国对外承包工程进入持续发展阶段，实现完成营业额和新签合同金额持续增长，对外承包工程业务保持了良好的发展势头。根据国家统计局数据，2015年我国对外承包工程业务完成营业额1540.7亿美元，同比增长8.2%；新签合同额2100.7亿美元，同比增长

9.5%。这是我国对外承包工程业务，从 1979 年当年新签合同额 3400 万美元，到 2015 年首次突破 2000 亿美元大关。同时，项目规模向大型化发展，大项目对承包工程业务拉动效应突出。2015 年，中国企业新签单项合同金额在 1 亿美元以上的项目 434 个，比上年增加 69 个，合计 1558.5 亿美元，占新签合同总额的 74.2%，平均单项合同金额 3.6 亿美元。其中，新签 20 亿美元以上的项目有 4 个，10 亿美元以上的项目 28 个，较上年增加 3 个，主要集中在交通、电力、电信、水利及能源资源项目。

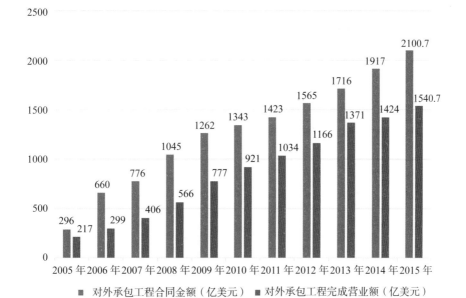

中国对外承包工程完成营业额及新签合同额变化（2005—2015 年）

（数据来源：中国国家统计局和商务部）

在区域分布中，中国对外承包工程的发展区域经历过数次调整。目前形成的多元化格局中，非洲、亚洲地区占比较大，拉美、欧洲和北美地区占比相对较小。在最近 10 年内，对外承包工程在世界各个地区内的完成营业额也都呈上升趋势。首先，非洲和亚洲作为中国对外承包工程的传统市场，一直占据较大比重，中国在亚非地区的完成营业额持续上升。近几年，亚非国家间的互联互通纷纷启动为我国对外承包工程的发展提供了机遇。其次，中国在拉美和欧洲市场份额增加明显，而在北美与大洋洲地区基本保持不变。随着欧洲国家从经济危机中逐渐复苏，建筑业市场逐渐走向乐观，2014 年欧洲完成营业额为 715057 万美元，为 2008 年的 2.17 倍。而在北美洲与大洋洲地区所占份额一直较小，增长速度也较慢。

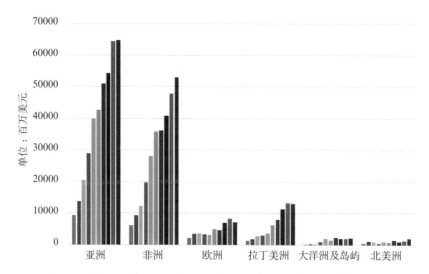

中国对外承包工程在世界主要地区完成营业额变化

（数据来源：中国国家统计局和商务部）

在业务领域发展上，2015 年，交通运输建设、电力工程建设和房屋建筑项目新签合同额依然占据当年新签合同总额的 60% 以上，分别为 26.0%、21.7%、17.5%，但行业结构发生了一定的变化：一是借助于加强国际产能合作的影响，中国具有技术装备优势的电力工程建设、通信工程建设和工业建设项目快速增长，新签合同额增幅分别达 53.7%、45.6%、16.7%，占当年新签合同总额的份额分别增加了 5.6%、2.6%、0.2%；二是交通运输建设项目占比由 2014 年的 30.5% 下降至 26.0%，新签合同额缩减 6.6%，主要是由于 2014 年新签合同额高达 119.7 亿美元的超大型项目——尼日利亚铁路项目导致当年基数庞大，如剔除此因素，交通运输建设行业在 2015 年仍收获颇丰；三是受低油价的影响，石油化工项目仍呈萎缩趋势，占比从 2014 年的 11.7% 下降至 2015 年的 8.9%，新签合同额出现 16.6% 的负增长。

在国家"一带一路"战略的指引下，我国对外承包工程产业在"一带一路"沿线国家继续保持增长态势。2015 年，我国企业在"一带一路"沿线国家承揽对外承包工程项目 3987 个，新签合同额 926.4 亿美元，占同期中国对外承包工程新签合同额的 44%。从"一带一路"沿线国家业务领域的分布来看，业务领域主要为电力工程（253.5 亿美元，27.4%）、交通运输建设（150.1 亿美元，16.2%）、房屋建筑（145.4 亿美元，15.7%）、石油化工（120.6 亿美元，13.0%）、工业建设及制造加工（78.2 亿美元，8.5%），合计占 80%。2016 年 1～10 月，我国企业在"一带一路"相关的 61 个国家新签对外承包工程项目合同 6877 份，新签合同额 843.9 亿美元，同比增长 30.7%，占同期我国对外承包工程新签合同额的 51%；完成营业额 527.4 亿美元，同比增长 5.6%，占同期总额的 46%（数据来源：商务部）。对外承包工程俨然成为了"一带一路"战略重点支持的产业。然而，随着业务规模的快速发展，对外承包工程也出现了一些亟待解决的问题，为了顺应国际建筑市场的变化，保持对外承包工程业务的可持续发展，转型升级势在必行。具体表现为我国对外承包工程形式不断变化，承包模式不断升级，业务承包领域不断扩展。

二、挑战和机遇

当前和今后一定时期，世界经济、政治局势都将继续发生深刻变化，我国经济社会发展和对外开放都将呈现新的阶段性特征。综合判断国际国内形势，我国对外承包工程事业的发展仍处于可以大有作为的重要战略机遇期，既面临难得的历史机遇，也面对诸多风险和挑战。随着项目规模的大型化、技术的复杂化、服务的综合化成为当今国际工程项目的主要特点，EPC、BOT、PPP 等总承包项目和融资项目模式越来越受到业主的青睐。在新的发展时期，我们要增强机遇意识和挑战意识，统筹国内经济发展和对外开放格局，立足于宏观经济发展大局，承担更重大的使命，科学把握国际工程承包的发展规律，主动适应环境变化，有效化解各种矛盾，努力扩大与相关各方的利益交汇点，进一步提升产业门类齐全、外汇储备充足、工程技术装备水平快速提高等各种优势，早日实现对外承包工程从规模速度型向质量效益型转变。

首先是挑战。第一，目前我国对外承包工程主要集中在亚洲、非洲及南美洲的发展中国家。在这些国家中，有些国家的政治经济形势不稳定，有些国家的各级政府存在严重的腐败和运作不规范等问题，这都加大了我国对外承包行业在这些国家的运营风险。此外，各国法律体系差异大，部分国家立法不健全，执行标准不清晰。与基础设施欠发达一样，"一带一路"沿线不少国家的立法也不够健全，标准缺失，对承包工程项目的实施造成障碍。例如，往往因为法律和标准不完善或不清晰，容易以一些原则性标准来否决项目，如维护人民的利益、生态环境等。第二，市场瓶颈问题日益突出，复合型管理人才匮乏。随着中国对外承包工程的蓬勃发展，在部分国家市场份额较高，容量已趋近极限，进一步扩大规模困难重重。然而，复合型管理人才匮乏问题一直是制约中国对外承包工程发展的主要因素。具体表现在：缺乏富有经验的国际工程项目经理，导致业务模式同质化程度高；缺乏设计、施工等阶段的核心管理人才，导致业务精细化管理水平不高；缺乏国际工程造价估算人员，导致行业内分工合作体系尚不成熟。即便是实力较强的中国对外承包工程企业，仍旧面临着人才匮乏问题。第三、企业在"走出去"过程中也遭遇到来自东道国的行业壁垒。首先，中国在技术和法律层面仍未与国际市场完全接轨，国内的设计标准和设备材料标准自成一体，虽然在实际应用中具有一定优势，但并未得到各国的全面认可，欧美等发达国家普遍实施专业执照或企业许可、人员注册资格等制度，其他国家的市场准入条件和管理法规往往制约了中资企业进入市场。第四，融资条件一直是困扰我国企业扩大对外承包工程业务的"瓶颈"之一。当前国际工程承包市场现汇项目少，工程预付款比例低，大多需要承包商自身带资承包，而且近年来我国企业的业务范围向工程总承包的方向发展，经营规模迅速扩大，这两点都对承包企业的资金实力和融资能力提出更高的要求。第五，我国对外承包工程行业的综合服务能力还较弱，主要有：首先，缺少有足够能力为承包业主提供包括项目规划、可行性研究、咨询设计等在内的综合服务的工程咨询、工程管理、法律服务、投资顾问类企业。其次，在项目的规划和实施中，缺少对人文、生态、环境等方面综合考虑并与国际接轨的自主创新理念。最后，企业在开展对外承包工程业务当中，出现国际化经营规划缺失、风险防范意识不足、市场竞争过度、现场管理水平亟待提高、属地化经营有待加强等问题，且传统的"建完就走"的承包模式弊端日益明显。

其次是机遇。第一，中国技术标准逐渐加强。近年来，我国科技质量、管理水平不断提升，特别是"中国标准"在更多领域得到国际社会的认可，成为中国建造价值提升的主要力量。根据中国对外承包工程商会统计，有39.9%的EPC（设计—采购—施工）项目使用的是中国技术标准。第二，我国政府为企业"走出去"承揽大型建设项目提供政策支持的同时也提供了资金支持，如"两优"贷款（对外优惠贷款和优惠出口买方信贷）、丝路基金、中非合作基金、亚投行等可帮助企业筹措建设项目资金。亚投行和丝路基金等投融资机构的筹建进程顺利，为对外承包工程企业的"走出去"创造了良好的外部环境。此外，随着我国综合国力增强，为对外承包工程转型升级提供了物质基础，外汇储备充裕，加快发展对外承包工程的内部条件日趋成熟。第三，"一带一路"倡议得到沿线大多数国家和地区的积极响应，包括基础设施互联互通和国际经济合作走廊建设等多领域互利共赢的投资合作深入开展。中国企业要主动参与各种形式的国际经济技术合作，积极与部分国家签订基础设施建设合作框架协议，并通过对外援助、对外优惠贷款、提供优惠出口买方信贷等为企业提供资金支持，加快区域互联互通，大力推动中国核电、高铁等高端装备制造"走出去"等战略，为中国企业"走出去"创造了有利的条件。第四，近年来，各国基础设施领域投资建设力度明显加大，为对外承包工程转型升级带来发展机遇。各国政府为保持社会政治稳定，恢复经济增长，缓解就业压力，增加投资吸引力，纷纷投资基础设施建设，以对抗经济下滑，为中国企业开展对外承包工程业务创造了新的市场需求。第五，我国对外承包工程拉动效应明显。中国对外产能和装备制造合作的全球区域布局将进一步优化，铁路、电力、通信、工程机械、汽车、航空航天、船舶和海洋工程装备等装备制造业将发挥竞争优势，推动国内设备、技术、标准和服务"走出去"，提升在全球产业链和价值链中的地位。第六，随着我国对外投资进入快速增长阶段，企业积累了一定经验和实力，在某些行业具备一定的竞争力，诸如普通房建、交通运输、电力和电信等行业除了保持传统的成本优势和速度优势，在资本运作、施工管理等方面已初具与西方大公司竞争的条件。

迎接挑战，拥抱机遇，我国要加快对外承包工程的转型升级，从业务模式、价值链整合、产业链转移、行业、领域、市场等多方面进行综合分析和相应调整，进而关注整个产业链的竞争态势和特点，专注于对产业链相关环节的整合能力、控制能力的打造和综合服务能力的提升，以获得高附加值的回报，实现我国对外承包工程的"高端化"，树立起我国企业优良的品牌和形象，形成可持续发展的态势。总体来看，我国对外承包工程大致有以下三个阶段："高薪民工"阶段、模式转化升级阶段和跨界整合阶段。

第二节 海外"高薪民工"——传统工程分包模式下的中国企业

三十多年来，正是伴随着改革开放的坚定步伐，我国对外承包行业从无到有，由小到大，走出了令世界赞叹的蓬勃发展道路。不仅有力推动了中国的现代化建设，也有效促进了世界经济的繁荣与进步。回顾我国对外承包工程的发展历史，最早源于 20 世纪 50 年代的对外经济援助，后伴随着改革开放逐渐发展为新兴产业。20 世纪 70 年代末，我国对外承包工程业务开始起步。在 20 世纪 80 年代中期至 90 年代初期，在国家援外项目的整体带动下，我国对外承包工程业务的规模和经营领域都迅猛发展，当时，就已参与到 130 多个国家和地区的房屋建设、基础设施建设等业务领域。进入 20 世纪 90 年代之后，随着一些新兴国家在经济发展和增长过程中对基础设施投入的不断增加，国际工程市场也拉开朝气蓬勃的大幕，我国对外承包工程的合作地域和业务量更是得到长足发展和持续扩展。期间，经营水平不断提高，在国际建筑市场上开始崭露头角。进入 21 世纪，在国家"走出去"战略的号召指引下，以及我国加入世贸组织的大背景下，我国对外承包工程发展进入快车道，行业在业务领域、市场扩展、企业团队、融资担保、项目管理等方面都取得了新的突破，实现营业额和新签合同的持续增长。

在发展和进步中，总会遇到形形色色的问题，中国对外承包工程也同样如此，由传统工程分包模式到现在的 EPC 模式、BOT 模式等，每一次变革都伴随着重生和涅槃，本节主要介绍传统工程分包模式下的中国企业，主要特点是还处于一个不成熟、不统一的阶段，发展之路并不平坦。对外承包工程的新发展和新形式主要在第三节和第四节中阐述。

首先，纵观美国《工程新闻纪录》中排名靠前的国际工程承包商，都具有综合服务的能力，且在其业务组合中，都有不同程度的特许经营业务。由此可见，大型国际承包商正在向工程承包产业链的高端转移，其营业额有40%～50%来源于BOT项目。但是，传统工程分包模式下的中国企业对外承包工程的业务领域主要集中在房屋建筑、交通运输、石油化工等基础建设方面，大部分的业务都集中在工程的施工承包上，处于微笑曲线的低端，主要是靠低原材料成本以及劳动力成本来获利，附加值低。新型高科技产业的技术劣势，导致中国的工程承包行业没有大的突破，所以在环保、核能等高科技、高利润、高潜力的行业中市场份额很少。总体来看，我国国际工程承包的市场一般都集中在附加值低的产业领域，多年来一直都保持着这样的结构变化不大。

其次，中国的劳动力成本处于动态变化中，并不具有持续的竞争力。企业通过降低劳动力成本、压缩价格、缩短工期等方式获取竞争优势造成了企业利润下滑、工程质量存在隐患等。而且由于我国对外承包的项目相对较为集中在低端领域，而目前有实力的本地承包商也越来越多，造成竞争压力加大，由此造成行业内、企业间诸多激烈的竞争和恶性循环。

最后，在不断的动态发展中，我国传统对外承包企业的竞争力不断地提升，并且逐步向高附加值、高技术的领域迈进，但是整个行业的营业额的增长方式仍然是依靠增加项目的数量，而非提高业务的质量。部分企业管理水平比较低，盈利能力差，总体看来较为粗放。

回归到传统工程分包模式下的中国企业本身，其面临着人才的缺失、技术的制约、融资的困难等因素，加之我国工程承包企业规模普遍较小，经营分散、同质化现象严重、综合效益低等问题，进一步削弱了我国工程承包企业的竞争力。

随着世界贸易组织的成立，多边贸易体制的不断完善和我国的入世，我国对外承包工程这种生产全球化的经济活动具有了良好的国内外经营环境。

从最初只能实施经援项目、开展劳务输出和分包，发展到如今能进行工程施工总承包、设计施工总承包及融资总承包等多种形式，项目的规模逐渐增大、技术含量逐渐增加。在一个技术、资本、商品和人员越来越自由流动的世界，经济实力和经济安全越来越依赖于经济开放和经济一体化与全球化的世界，我国的对外承包工程作为企业跨国生产经营活动，是经济全球化中生产全球化的一种形式，它必然要适应世界经济发展规律，适应国际工程承包市场的发展。借市场之风扬发展之帆，对外承包工程也必然走上发展的快车道。

第三节 海外玩转"高端"——企业对外承包工程模式的转换

对外承包工程业务经过多年的规模扩张，开始进入转型升级期。当前，国际工程承包市场呈现大型化、综合化、复杂化发展趋势，BOT、PPP 等项目运作模式日趋成为国际承包市场主流。在此情形下，我国对外承包企业正在积极探索新型的融资渠道及业务模式等，通过推动与国内外其他金融机构合作、上市、扩大信贷规模，积极、适度收购兼并优良资产等方式增强自身融资能力。此外，我国对外承包企业正积极推进与战略性目标相关的"大领域"建设，承建高技术、高品位、高效益等具有"三高含量"的高端项目，在稳占既有市场的同时，进军欧美等高端市场，培养优势领域、打造专业品牌，充分发挥自身优势与实力，建造世界级精品工程，创造企业品牌形象，提升企业的品牌影响力和市场竞争力。其主要有以下亮点：

一、自身业务模式不断创新

经过近三十年的发展，我国对外承包工程形式也在不断发生着深刻变化，不同规模和类型的承包工程企业根据行业特点与自身发展，不断创新业务模式，历经了劳务分包、施工分包、施工管理总承包、EPC 总承包模式、EPC 加融资及海外投资等阶段。可以看出，我国对外承包工程的形式不断向高端发展，更加注重质量和效益的提升。国际工程承包市场对承包模式的要求越来越高，这也倒逼我国对外承包工程企业不断适应变化多端的国际市场，升级工程承包模式。我国企业对外承包工程的业务模式发生了明显的变化，从施工总承包为主转变为交钥匙工程（设计、采购、施工总承包，即EPC）为主，并不断尝试特许经营（BOT）、公私合营（PPP）和项目管理承包（PMC）等项目承包方式，其中在柬埔寨、老挝等周边国家的BOT项目成功率有所增加。在这里着重介绍两个比较流行的业务模式：

EPC总承包模式"大行其道"。EPC（Engineer、Procure、Construct，设计、采购、施工）模式是工程总承包中最常使用的承包模式。在该模式中，总承包商在项目实施过程中处于核心地位，对工程的质量、安全、工期、价格承担全部责任。且合同中一般不再设置工程师对其进行监督和限制。总承包商按照承包合同约定，承担工程设计、服务、设备采购、施工、安装、检测和调试等工作，直至项目竣工移交。EPC总承包模式作为国际上通用的较为先进的建设工程管理模式，较传统承包模式而言，有它自身的优势。对于业主而言，EPC模式的主要优点在于：由单个承包商对项目的设计、采购、施工全面负责，项目责任单一，简化了合同关系，有利于业主进行管理；总价和工期的固定使得业主在早期能够控制投资成本和工程进度；业主风险较小，大多数风险转移给承包商。此外，在EPC模式下，业主一般会支付预付款，并进行期中付款，因此承包商不需进行项目融资。然而，对于承包商而言，尽管风险变大，但由于承包商的自主性、灵活性加大，能够较好地将设计、采购、施工进行整体优化，也有利于项目综合效益的提升。随着工程总承包业务的开展，施工、变设计企业的实力不断增强、生产组织方式发生变化，带动了整个行业产业结构的调整。我国未来工程产业结构的调整方向将形成大、中、小型企业金字塔分布的格局。为适应工程总承包业务的开展，我国的大型施工设计企业开始由单一施工、设计单位开始向技术一体化转变，设计、采购、施工、试运行、维修、养护一体化趋势明显。目前使用中国技术标准的EPC项目占对外承包工程项目总数的19%，项目金额占合同总金额的22%。如蒙内铁路、埃塞俄比亚高速公路等诸多大型交通、电力建设项目均开始采用中国标准。

项目融资模式（BOT/PPP）"顺势而为"。项目融资并非仅是一种承包模式，其实质是一种投资模式，但由于与工程承包的紧密联系以及自身的复杂性，也越来越被承包商关注。PPP项目（Public-Private Partnership，公私合伙）是最近20多年比较受欢迎的项目融资模式。它是指国际上引导利用私人资本或由私营企业融资来提供传统上由政府提供资金的公用设施和社会公益服务项目的一种融资模式。通常由政府与民营机构签订长期合作协议，授权民营机构建设、运营或管理道路、桥梁、电厂、水厂等基础设施或其他公共服务设施并向公众提供公共服务。BOT模式（Build、Operate、Transfer，建造、经营、移交）是政府通过特许权协议授权项目发起人联合其他公司/股东为某个项目成立专门的项目公司，由该项目公司负责项目的融资、设计、建造、运营和维护，并在规定的特许期内向该项目的使用者收取适当的费用，由此回收项目的投资、经营和维护等成本，并获得合理的回报；特许期满后，项目一般会被免费移交给政府。

我国企业在发挥传统承包优势的同时，充分发挥资金、技术优势，积极探索开展"工程承包+融资"和"工程承包+融资+运营"等方式的合作，有条件的项目更多采用了BOT、PPP等方式。据统计，2015年我国企业新签和在建（包括运营）的特许经营类项目30个（包括BOT、BOO、PPP等），涉及合同金额超过100亿美元。会员企业目前正在跟踪推动及实施的建营一体化项目有18个，项目金额201.8亿人民币左右，以电力、轨道交通项目为主。尤其电力领域，中国电建在巴基斯坦参与投资的卡西姆港燃煤电站、达沃5万千瓦风电项目均实现融资关闭，中电装备投资的非洲最大的输变电工程埃塞俄比亚GDHA500千伏输变电工程已于2015年年底竣工。交通运输建设方面，中国港湾工程有限责任公司2015年中标哥伦比亚马道斯政府PPP公路项目，总合同金额约8.7亿美元，项目周期25年，是中国企业在美洲地区中标的第一个PPP基础设施项目等。

国际大型工程承包商正在向产业链的高端转移，其营业额有40%～50%来源于BOT项目。特别是近年来，国际上大型承包商已经开始从单纯的承包商角色越来越多地向开发商角色转变。对外承包项目也不是像以往那样交了钥匙就走人，还应该探索参与运营，后续输入技术、管理服务等，实现建营一体化。在基础设施领域的建设中，特别是在公共工程领域，国际大型承包商已经开始越来越早地介入到项目的过程中，从承包项目转向为自己策划项目，发展项目并引入投资。他们把更大的注意力集中在项目管理上，不再雇佣各种技能的建筑工人，而是越来越多地把工作转移到分包商，而把精力主要集中在运作项目等利润丰厚的环节上。中国对外承包工程行业要在国际市场上取得进一步的发展，必须集中优势的力量来发展 BOT/PPP 等高端业务。中国公司以 BOT 的方式承揽外国自然资源开发项目和基础设施项目，不仅可以获得较高的回报，带动国内设备、材料、技术和管理的输出，而且还有利于提高企业的综合经营管理水平，特别是资本运营能力，推动承包工程企业上规模、上档次，培育真正具有国际竞争力的跨国企业。

二、企业探索新的合作模式，实现互利共赢

2015 年 10 月 16 日，中国铁路总公司牵头组成的中国企业联合体，与印度尼西亚维卡公司牵头的印尼国企联合体正式签署组建合资公司协议，负责印度尼西亚雅加达至万隆高速铁路项目的建设和运营，标志着中国铁路特别是高铁"走出去"取得历史性突破。雅万高速铁路项目是中国高铁从技术标准、勘察设计、工程施工、装备制造，到物资供应、人才培训和运营管理等全方位整体"走出去"的第一单项目，也是首个由政府主导搭台、两国企业对企业进行合作建设的铁路"走出去"项目，采用中印企业合资建设和管理的合作模式，对进一步打造"中国高铁"品牌、推动中国铁路"走出去"，具有重要的示范效应。

强化企业间合作、推动建立产业联盟、开创新的业务发展空间成为当今企业间合作模式的新方向。当前，国际工程承包市场向着项目大型化、复杂化、综合化方向发展。大型项目建设完成、正常运营并发挥良好的社会经济效益，需要产业链中各环节企业的密切配合。要加强产业链上下游企业间的合作，积极拓展售后运营和维护管理业务，探索投资、建设和运营相结合的"建营一体化"合作方式。组织包括规划、设计、建造、运营、维护的企业联合起来形成"产业联盟"，打造中国对外承包工程行业集勘察设计、施工建造及

运营维护为一体的全产业链整合能力，拓展新的业务空间。此外，中国工程承包企业正在积极探索创新商业模式，通过投资、兼并收购，转模式，促升级。如有些企业进行海外横向并购，利用被收购企业的市场资源和本土员工进行本土化生产，实现外包工程的国际化运营，从而为中国企业进入国际建筑、交通基础设施建设市场打通了障碍。所以，对外承包工程企业要抓住新形势对行业发展的新要求，转变发展理念和经营方式，在拓展劳务资源储备渠道和新兴国际市场的同时，探索和实践以国际和国内合作为平台，开展形式多样的对外承包工程的合作模式，增强企业的自我发展能力和造血功能。

三、综合配套开发发展

近年来，我国相关部门从机制保障、金融支持、政策导向等方面积极创新思路，提升配套措施和服务水平。

资金融通将为对外承包工程提供急需的资金支持。在国际工程承包市场上，传统的承包模式包括竞标、设计、施工和工程项目管理，但目前这种模式已经不能适合竞争的需要。现在的发展趋势是从工程承包转向投资带动承包，企业必须对项目进行投资，这对承包企业的融资能力是个考验。特别是基础设施建设项目投资额巨大，投融资往往是决定项目能否竞标成功和顺利建设的关键。工程承包不仅对投融资能力的要求越来越高，而且融资模式也需要创新，传统模式和创新模式相结合成为最好的方式。

由于世界经济形势的不乐观以及我国雄厚的外汇储备，越来越多的东道国或境外项目业主要求中国合作方提供融资，以中国合作方提供融资作为将项目授予中国企业的前提条件。在国际工程承包市场上，市场的竞争已从设计、采购、施工和工程管理的综合能力的竞争演变为企业融资能力的竞争。根据亚洲开发银行和世界银行的统计，亚洲基础设施投资的资金需求每年大约为8000亿美元，而世界银行所提供的约为300亿美元，如果没有资金支持，亚洲基础设施领域的对外承包工程市场机会无法变现。中国对外承包工程企业在激烈的国际市场竞争中已感受到融资渠道不通和成本高等瓶颈制约。随着"一带一路"战略的实施，亚洲基础设施投资银行、丝路基金、金砖国家开发银行等金融机构的组建运营，将缓解"一带一路"沿线国家的基础设施建设的资金需求，使得更多对外承包工程项目的落地成为可能，其他金融合作也有利于对外承包工程的融资和结算。当前，国际工程项目缺乏启动资金和建设资金是普遍现象，需要工程承包者自己融入一部分资金。与此相适应，一些中国工程承包企业开始采取传统和创新相结合的模式。PPP合作模式就是一种项目融资创新模式，为民营资本进入公共设施建设领域提供了渠道。对于"一带一路"沿线国家而言，需要建设的项目众多，资金需求庞大，民营资本的参与对于弥补资金短缺非常重要。

风险管理逐步完善。在国家加快实施"一带一路"战略的大背景下，中国对外承包工程企业将在境外参与更多的大型工程项目，而且身份将逐步由工程承建方向投资方转变，或者向投资方和承建方双重角色转变，机遇更大，风险也更大。从单纯工程承包到融资，投资入股，跨越度很大，风险和挑战也很大，对外承包工程企业的经营管理水平需要提高，对各类风险的管控能力也要提升。由政府出面成立对外承包工程担保基金，有利于降低对外承包工程企业的风险。加强风险管理，切实防范和控制运作对外投资项目的风险。在项目投资前加强风险管理宣传和培训，提高公司及全体员工，特别是项目参与人员的风险意识和风险管理水平，在运作项目的过程中，应充分识别和评估项目风险，在风险评估结果的基础上判断项目风险的可控性，并制定有针对性的风险防控措施。

项目管理能力逐渐加强。HSE（健康、安全、环保）管理、风险管理等一直是对外承包企业项目管理中的重要方面，尤其在中高端市场中更不容忽视。为实现企业的可持续发展，我国对外承包企业正在积极构建科学的管理平台，加强风险管理、HSE管理，用信息化手段优化资源配置、增加管理跨度、缩短管理半径，改变粗放式的管理现状，最终实现项目精细化、企业集约化的发展。同时，国际基础设施项目内涵日渐丰富，出现了合理规划区域开发、协助融资、运营管理、生态保护等新诉求。这就需要我国对外承包企业不断提升自身跨国经营能力和整合规划能力，以顺应这种发展要求。

核心竞争力突出、品牌建设加强。首先，紧密结合新的业务发展形势和要求，提升企业管理能力。对外承包工程在对外交流和合作中着重提升企业国际商务能力、资本运作能力和项目管理能力；在内部管理中要注重对公司治理结构的调整、优势资源的整合、人才队伍的培养、激励考核机制的建设、风险管控能力的提升等方面，力求不断创新和突破，不断提高企业经营管理水平。其次，要推动竞争优势由过去的价格优势为主，向以"技术、品牌、质量、服务"为核心的综合竞争优势转变，在推动"项目产业化、管理信息化、人才国际化"上下功夫，始终坚持"合规经营、质量至上"，自觉维护企业良好的对外形象，构建中国企业的竞争新优势，为"中国建设"品牌赋予新的时代内涵。引导对外承包工程合作企业确立合法经营、以质取胜和可持续发展理念，扩大管理人员的国际视野，提高从业人员的业务能力和管理水平，加强对企业合规经营的引导。最后，积极调整外派劳务结构，勇于突破资源瓶颈制约，不断总结和运用企业互补资源培育和储备的有效方式，探索对外承包工程企业间合作的新业态，打造中国对外承包工程新品牌。

总之，广大对外承包企业要努力转变增长方式，进一步优化行业结构，要将业务从低端向高端业务链延伸，有实力的企业要结合自身条件，大力推动工程总承包业务，尝试承接 BOT/PPP 项目，并提升自身的工程咨询、服务能力，争取参与到项目的前期运作中去，为承包工程创造有利条件。

第四节　海外玩转"跨界"——企业对外承包工程领域的拓展

由我国对外承包工程面临的挑战、机遇和发展现状可以看出，中国对外承包工程企业国际化较早且程度较高，在转型升级的压力下需要目标明确、积极创新、有所突破、提升效率，探索适合自身的快速、合理的转型升级发展道路。转型升级的重要理念就是要避免大而全，避免局限于传统的优势，而需要根据自身业务特点选择重点发展国别目标、寻求新的市场、集中优势开拓新的行业领域、在产业链上下游寻求突破、加强企业间合作打造、输出中国标准等。中国企业施工能力很强但设计普遍偏弱，尤其适应业主不同需求的能力不足或完成设计的成本较高。要实现转型升级，应通过跨国并购和品牌营销加强对设计和市场两端的控制力,在利润率较低的施工环节可充分利用发展中国家当地相对较低的劳动力资源。通过对外承包领域的拓展实现海外跨界和整合,提升企业核心竞争力,转变对项目数量多、规模大的追求,兼顾考虑利润率、风险水平和技术含量等因素,符合国际形势和行业趋势,适合企业自身特色,具备可执行性。实现对外承包工程的快速升级和发展。

对外承包工程的产业链不断延伸,向高附加值领域拓展。国际承包工程市场的竞争日趋激烈,对承包商的要求越来越高。更多业主要求承包商提供全方位的服务,从项目前期的策划、规划、可行性研究一直到工程建设及结束后的运营管理,即通常说的交钥匙工程。承包商必须提高自身能力,把产业链向两端延伸,从单纯提供劳务分包、土建分包向项目的两头延伸,也就是向前期的设计、咨询、可行性研究、项目策划延伸,向后期的运营和实施管理延伸。承包商的竞争已经成为承包商之间融资、管理、技术等综合能力的竞争。而相对于传统单纯的施工领域,无论其前向伸展的勘察、设计和咨询领域还是后向延伸的维护、运营阶段都是对外承包行业内高附加值的领域。2015年9月,埃塞俄比亚首都亚的斯亚贝巴轻轨南北线正式通车,这是东非地区第一条城市轨道交通,也是中国轨道交通运营服务走出国门的首次成功探索。亚的斯亚贝巴轻轨由中国中铁股份有限公司承建、深圳地铁集团提供为期41个月的运营管理和培训服务。连接埃塞俄比亚和吉布提两国首都的亚吉铁路经过四年多的建设于2016年10月5日正式通车。亚吉铁路首次采用了全套的"中国标准",即集设计、投融资、装备材料、施工、监理为一体的"全产业链中国化",并且拿下了六年运营管理权,首次实现了建设、运营一体化,为未来中国企业在非洲承建铁路及孵化沿线项目带来示范效应。三峡集团通过投资并购和绿地开发,对巴西业务拓展卓有成效。2015年11月25日,三峡集团以37亿美元竞拍价格,成功中标伊利亚、朱比亚水电站30年特许经营权。从收购葡萄牙电力公司21.35%股权到获得巴西499.5万千瓦水电资产特许经营权,三峡集团国际业务持续向价值链高端跃升。这充分表明中国水电企业已经从早期依靠工程分包、项目施工取得短期收益的初级阶段,进入依托综合实力开展资本并购、管理运营电站、获取长期收益的全新阶段。我国正在由主要面向欧美市场出口劳动密集型产品,转向面向发展中国家、新兴市场出口高端装备制造产品、服务，以及资本、技术、标准的输出。推动我国具有规模、技术等优势的重大装备和优势产能"走出去"，可深化与扩大国际经贸合作，倒逼国内产业优化升级。

对外承包工程行业布局更加优化。作为一项综合性输出模式，对外承包工程汇集了我国制造业、金融业、建筑业、运输业等各门类的优势资源，使我国企业在房屋建筑、制造及加工业、石油化工、电力工业、电子通信、交通运输建设、供排水、环保产业建设、航空航天、矿山建设等各行业的布局比10年前更加优化。随着业务规模的大幅增长，对外承包工程行业带动了更多原材料、机械设备的出口和人力资源的输出，也拉动了物流、电信、金融、航空、保险等相关行业的发展，成为推动国际产能合作的综合载体。在国际产能合作的带动下，我国多个行业"走出去"发展正在加快步伐，实现新的突破。以建材行业为例，中国建材企业在境外投资已经签约、在建、建成的项目33个，涉及18家建材企业，覆盖20多个国家和地区，投资金额达到46亿美元，折合人民币300亿元。作为发展改革委正在筹备设立的国际产能合作企业联盟的重要组成部分，中国建材国际产能合作企业联盟目前正式成立，以更为有效地推进中国建材企业走向国际市场，扩大建材行业国际产能合作。在基础设施建设领域，我国对外项目投资过去多以房建项目为主，现在多是交通、能源项目。比如港口、机场、高速公路、铁路等项目明显增多，我国已经参与了很多国家的港口、铁路等项目的规划和投资建设。

对外承包工程市场更趋多元。首先，中国对外承包工程经过20多年的发展，已经基本上实现了市场多元化的战略目标。为了实现我国对外承包工程的进一步发展，在巩固传统市场基础上，关注新兴市场、开拓发达国家市场。一是加大对现有市场的开拓深度，重点关注项目的前伸后延，不断扩展项目类型、扩大市场份额；二是要在巩固传统市场的基础上，配合国际资源合作开发，重点开拓资源丰富地区的市场；三是关注经济上已经进入了比较快的发展时期，基础设施建设投资需求巨大的新兴国家的市场；四是加大对欧美发达国家市场的开拓力度，加快我国对外承包工程企业进入高端市场的进程。

我国对外承包工程业务的发展已经遍布全球将近200个国家和地区。也就是说遍布世界的每一个角落，即使在一些未建交的国家也开展了一些业务。

除了亚洲、非洲这些传统市场依然保持着稳固的主导地位之外（亚洲、非洲占我们新签合同额的80%），在拉美市场、欧洲市场、北美市场，我国对外承包工程的业务也呈现了较快的增长态势，市场向更加多元化的方向发展，市场结构也得到了进一步优化。近年来我国对外承包工程企业坚持开拓海外新市场，如北美、拉美及欧洲等地区，不断扩大在这些国家的业务规模，提高中国工程承包的国际影响力，如中国建筑中标美国普拉斯基高架桥项目、韩国釜山海云台综合体，葛洲坝集团中标阿根廷水电项目，这些新市场给对外承包工程业务发展提供了新动力。

从市场分布的特点来看，亚洲市场和非洲市场依旧是我们对外承包工程业务的主要市场。这些年来，随着中非论坛的召开，我们跟非洲国家经济合作不断扩大。在非洲地区，由于石油、矿产等能源价格持续高涨，导致经济快速发展，为大力发展基础设施提供了有利的条件。承包工程项目在此快速发展，主要集中在道路、房屋、水电等基础设施领域。在亚洲地区，也在经历快速发展的阶段，中东市场是国际承包工程另外一个重要的区域市场，随着石油价格的飙升，这些国家正在实施蓬勃的发展计划。他们对于建筑项目需求庞大。比如印度、越南、巴基斯坦、菲律宾等国家，基础设施建设领域的投资巨大。从东欧地区来看，东欧许多国家的建筑增长率都在7%以上，在未来几年内，仍将保持增长势头，波兰、匈牙利、罗马尼亚等国家在加入欧盟之后，接受了欧盟大笔的财政援助，在基础设施建设投资方面大幅度增加，大型项目急需引进新的建设者。

对外承包工程企业队伍继续壮大，实力逐渐增强。2015年，美国《工程新闻纪录》国际承包商排名250强中，中国企业上榜数量为65家，位居全球第一位，而在2006年国际承包商225强中，中国企业上榜数量只有46家，反映出中国企业在国际承包工程市场中整体竞争实力在不断提高。从企业属性上来看，虽然央企在对外承包工程中占主体地位，但近年来不断有民营企业进入国际工程承包领域，丰富和优化了承包主体结构。经过几十年的发展，对外承包工程基本形成了一支由多行业组成，能与国外大承包商竞争的队伍。对外承包工程企业队伍发展壮大，已逾4000家。对外承包工程企业经受了行业竞争、市场收缩、战乱和其他安全风险的考验，在外部环境动荡和业务调整中取得了较平稳的增长。特别是核心骨干企业竞争力日益增强，成为转型升级的中流砥柱。从 2006 年开始，越来越多的国家，包括发达国家的政府，主动向我国政府表达了希望和中国公司合作，请中国公司参与这些国家基础设施建设的愿望。因此我们的发展现状是一个非常好的态势，也是一个非常难得的发展机遇。随着我国"一带一路"战略的实施，对外承包工程主体也更加多样化。

近年来，工程承包行业的集中度进一步加强，大企业的竞争能力进一步提高，现在我国对外承包工程企业的竞争优势已经不仅仅体现在劳动力成本、价格等方面，更体现在技术、成套设备、资源整合和项目管理等多个方面，并且得到了世界范围内的普遍认可。特别是我国企业在一些发展中国家承建了一大批基础设施项目，满足了当地经济发展和人民生活的迫切需要，受到了当地政府和人民的拥护，产生了非常好的影响。此外，中国企业逐渐由资源密集型向技术密集型升级，尤其是中国的高端装备制造业出口比较明显，企业实力逐渐增强。以高端装备制造业的核电和高铁为例，全球核电建设长期高景气，凭借资金、成本、工期、政策四大优势，中国将搭上全球核电建设发展快车。2016 年 9 月 15 日，我国正式参与英国的欣克利角 C 核电项目建设。这是近 20 年来中国核电国际化取得重大突破的一个里程碑。在"一带一路"战略的快速推进下，我国高铁"出海"明显加速。目前全球约有 30 个国家已与中国洽谈引进高铁技术或合作开发，项目累计里程超过 5000 公里，投资了欧亚高铁、中俄加美高铁等 4 条世界级的高铁线路。可以说，科技创新能力决定了企业是否拥有可持续发展能力，只有始终重视对相关材料、技术、工艺、产品的超前研发和不断创新，才能始终屹立于行业的前列。国外领先的工程公司大都拥有技术研发中心，并配备相当数量的专业技术人员从事技术创新工作，专利储备基本达到几百项甚至几千项的规模。我国工程公司要完成这一升级，还需提前筹划，立足打持久战。

企业强强联合，互利共赢成为趋势。国际承包工程市场大项目、EPC 交钥匙项目要求承包商带资的项目越来越多。这些项目由一家企业很难单独完成，因此企业间联合成为一种新趋势。国际产能合作已不满足单纯的项目"走出去"，而是探路装备制造"走出去"，带动服务业"走出去"，或者说是制造业与服务业合体"走出去"，交通、航运、金融、建材、装备制造、人员等企业抱团"走出去"。其中，中国企业之间的联合、中国企业和外国企业之间的联合、多个承包商之间的联合、承包工程企业和设计咨询企业或设计院的联合、承包工程企业和设备供货商的联合、承包工程企业和具有融资优势企业的联合等形式多样，联合加强了管理和商务能力，加快了与国际接轨，优势互补，提高了综合竞争力。

总之，中国对外承包工程经历了由"走出去"到国际化再到全球化的转变，其业务领域不断扩展、市场逐渐多元、行业结构不断优化、企业实力不断增强、企业队伍不断壮大等。我国对外承包工程属于发展阶段，"一带一路"战略的提出，必将进一步加快我国对外承包工程产业的发展。对外承包工程的发展也为"一带一路"的建设注入更多的活力、积累到更多资源、赢得更多信任。但我们也要清楚地认识到，中国对外承包工程企业的转型和升级期发展模式的探索是一个系统工程，也是一个长期的过程，需要国家和政府的政策支持，需要企业持续提高市场、资源、人才以及管理的国际化运营水平和整合能力等。转型升级任重道远，更需要做好战略规划和顶层设计，这样我国企业才能完成从国内工程公司向国际工程公司、再向国际一流工程公司的转变，即完成"走出去"到国际化再到全球化的升级，缩短与国际承包企业的距离，将会更好地适应新的发展形势，不断扩展海外市场，实现对外承包工程"质"与"量"的齐头发展，实现从国内一流到国际先进再到国际一流的跨越。

第六章
生产性服务业发展——企业深化国际产能合作的契机

第一节　生产性服务业的发展

我国高度重视服务业发展，近年来陆续出台了家庭、养老、健康、文化创意等生活性服务业发展指导意见，服务供给规模和质量水平明显提高。与此同时，生产性服务业发展相对滞后、水平不高、结构不合理等问题突出，亟待加快发展。生产性服务业涉及农业、工业等产业的多个环节，具有专业性强、创新活跃、产业融合度高、带动作用显著等特点，是全球产业竞争的战略制高点。加快发展生产性服务业，是向结构调整要动力、促进经济稳定增长的重大措施，既可以有效激发内需潜力、带动扩大社会就业、持续改善人民生活，也有利于引领产业向价值链高端提升。

一、生产性服务业简介

生产性服务业又称生产者服务业，理论上是指市场化的中间投入服务，即可用于商品和服务的进一步生产的非最终消费服务。生产性服务业是生产者在生产者服务业市场上购买的服务，是为生产和商务活动而非直接向个体消费者提供的服务。生产性服务也可理解为服务生产的外部化或者市场化，即企业内部的生产服务部门从企业分离和独立而去的发展趋势。分离和独立的目的是降低生产费用，提高生产效率，提高企业经营的专业化程度。

生产性服务业具有服务产业的一般特点，即不可存储性、非实物性以及生产和消费在时空上的高度一致性。同时，生产性服务业还具有不同于其他服务业的特性。

（一）中间需求性

中间需求性是生产性服务业不同于其他类型服务业的最本质的区别。作为一种中间投入服务，生产性服务为其他产品和服务生产提供服务，其消费过程会产生更多的产品和向社会提供更多的有效服务，其消费对象是能够使产品增值创造更大价值而进行的中间性的生产消费。

（二）关联性

从产业关联效果看，生产性服务业是为生产者提供服务投入的行业，与其他产业关联效果很大。在整个产业链中，上下游各种服务相互关联和依存，服务提供与客户的消费密不可分。生产性服务业的发展降低了企业的生产经营成本，使敏捷制造和零库存成为可能。

（三）资本和技术密集性

生产性服务业以先进的技术、人力资本等为主要要素，以服务产出为对象，过程中的技术和知识含量比较高。例如，研发设计就是利用先进的科学技术进行创新的过程，为其他行业提供研发成果。而金融服务作为生产性服务业，为产业发展提供大量资金。

（四）创新性

生产性服务业最突出的特点就是创新，能够推动高技术和新产品的研发活动，对技术变革和产品创新起到领导作用。当前，全球范围的信息技术、物联网、机器人技术、新能源、生物制造、纳米材料等高端制造业的发展必将推动制造业新产业和新模式的出现。

二、发展生产性服务业的战略意义

加快发展生产性服务业，是落实科学发展观、转变发展观念、创新发展模式和提高发展质量的客观要求，有利于推动全面协调可持续发展，对我们更好地抓住未来战略机遇以及实现全面建成小康社会的宏伟目标也具有重要的战略意义。

（一）有利于我国服务业和整体产业结构的优化升级

我国生产性服务业的各个门类都较为薄弱，由此决定了我国服务业整体竞争力的低下和结构的非优化，形成了我国经济增长主要依靠工业带动和数量扩张的非良性循环。加快发展生产性服务业，提升其现代化水平，可以从供给和需求两方面促进经济结构调整和产业结构的优化升级：一是推动服务业供给总量的增加和结构的优化；二是有利于推动需求结构的改善，生产性服务业投入效率的提高将有利于减少经济增长对高投资和高资本积累的依赖，增加人力资本积累，从而有益于改变投资率畸高、消费率偏低的局面，促进经济增长由主要依靠投资和出口拉动向消费需求为主导方向转变。

（二）有利于提高我国参与国际分工的地位

随着我国参与国际分工深度和广度的日益提高，我国在参与经济全球化过程中获益匪浅。但总体上看，我国在国际产业链条中处于中低端，国际分工和贸易的利益更多地流向发达国家，我国直接获益相对较少。其原因在于发达国家的跨国公司凭借其先进的生产性服务业特别是高水平的研发和市场营销能力控制了全球生产网络和价值链，取得了支配权。我国如能尽快提升生产性服务业水平，将有利于逐步改变这一局面，推动我国参与国际竞争战略从单纯依靠廉价劳动力的静态比较优势模式向发挥人力资源综合优势和培育人力资本的动态竞争优势模式转变，逐步进入国际产业链的中高端环节，从而能够在参与国际分工和交换中获得更大化利益。

（三）有助于推动经济的可持续发展

加快生产性服务业的发展，有助于一个国家摆脱旧型工业化道路，转变经济发展方式，走新型的工业发展道路。生产性服务业处于新型工业化产业链条中的中高端环节，它的发展有助于加快信息技术和知识资产在整个产业链条中应用，能够促进技术的进步，带动整个产业向高端发展。新兴工业将更加强调生态建设、环境保护以及处理好人口、资源、环境方面的关系，走能源节约的道路。生产性服务业的发展将降低产业对于资源的依赖，能够有效地提高资源的利用率，构建资源节约和环境友好型的经济发展模式。

三、生产性服务业的发展方向

（一）鼓励企业向价值链高端发展

鼓励农业企业和涉农服务机构重点围绕提高科技创新和推广应用能力，加快推进现代种子业发展，完善农副产品流通体系。鼓励有能力的工业企业重点围绕提高研发创新和系统集成能力，发展市场调研、产品设计、技术开发、工程总包和系统控制等业务。加快发展专业化设计及相关定制、加工服务，建立健全重大技术装备第三方认证制度。促进专利技术运用和创新成果转化，健全研发设计、试验验证、运行维护、技术产品标准等体系。重点围绕市场营销和品牌服务，发展现代销售体系，增强产业链上下游企业协同能力。强化期货、现货交易平台功能。鼓励分期付款等消费金融服务方式。推进仓储物流、维修维护和回收利用等专业服务的发展。

（二）推进农业生产和工业制造现代化

搭建各类农业生产服务平台，加强政策法律咨询、市场信息、病虫害防治、测土配方施肥、种养过程监控等服务。健全农业生产资料配送网络，鼓励开展农机跨区作业、承包作业、机具租赁和维修服务。推进面向产业集群和中小企业的基础工艺、基础材料、基础元器件研发和系统集成以及生产、检测、计量等专业化公共服务平台建设，鼓励开展工程项目、工业设计、产品技术研发、检验检测、工艺诊断、流程优化再造、技能培训等服务外包，整合优化生产服务系统。发展技术支持、设备监理、保养、维修、改造、备品备件等专业化服务，提高设备运行质量。鼓励制造业与相关产业协同处置工业"三废"及社会废弃物，发展节能减排投资、融资、清洁生产审核、咨询等节能环保服务。

（三）加快生产制造与信息技术服务融合

支持农业生产的信息技术服务创新和应用，发展农作物良种繁育、农业生产动态监测、环境监控等信息技术服务，建立健全农产品质量安全可追溯体系。鼓励将数字技术和智能制造技术广泛应用于产品设计和制造过程，丰富产品功能，提高产品性能。运用互联网、大数据等信息技术，积极发展定制生产，满足多样化、个性化消费需求。促进智能终端与应用服务相融合、数字产品与内容服务相结合，推动产品创新，拓展服务领域。发展服务于产业集群的电子商务、数字内容、数据托管、技术推广、管理咨询等服务平台，提高资源配置效率。

四、生产性服务业行业的发展任务

现阶段，我国生产性服务业重点发展研发设计、第三方物流、融资租赁、信息技术服务、节能环保服务、检验检测认证、电子商务、商务咨询、服务外包、售后服务、人力资源服务和品牌建设。

（一）研发设计

积极开展研发设计服务，加强新材料、新产品、新工艺的研发和推广应用。大力发展工业设计、培育企业品牌、丰富产品品种以及提高附加值。促进工业设计向高端综合设计服务转变。支持研发体现中国文化要素的设计产品。整合现有资源，发挥企业创新主体作用，推进产学研用合作，加快创新成果产业化步伐。

（二）第三方物流

优化物流企业供应链管理服务，提高物流企业配送的信息化、智能化、精准化水平，推广企业零库存管理等现代企业管理模式。加强核心技术开发，发展连锁配送等现代经营方式，重点推进云计算、物联网、北斗导航、地理信息等技术在物流智能化管理方面的应用。引导企业剥离物流业务，积极发展专业化和社会化的大型物流企业。完善物流建设和服务标准，引导物流设施资源集聚集约发展，培育一批具有较强服务能力的生产服务型物流园区和配送中心。

（三）融资租赁

建立完善融资租赁业运营服务和管理信息系统，丰富租赁方式，提升专业水平，形成融资渠道多样、集约发展、监管有效、法律体系健全的融资租赁服务体系。大力推广大型制造设备、施工设备、运输工具、生产线等融资租赁服务，鼓励融资租赁企业支持中小微企业发展。引导企业利用融资租赁方式，进行设备更新和技术改造。鼓励采用融资租赁方式开拓国际市场。

（四）信息技术服务

发展涉及网络新应用的信息技术服务，积极运用云计算、物联网等信息技术，推动制造业的智能化、柔性化和服务化，促进定制生产等模式创新发展。加快面向工业重点行业的知识库建设，创新面向专业领域的信息服务方式，提升服务能力。加强相关软件研发，提高信息技术咨询设计、集成实施、运行维护、测试评估和信息安全服务水平，面向工业行业应用提供系统解决方案，促进工业生产业务流程再造和优化。推动工业企业与软件提供商、信息服务提供商联合提升企业生产经营管理全过程的数字化水平。支持工业企业所属信息服务机构面向行业和社会提供专业化服务。加快农村互联网基础设施建设，推进信息进村入户。

（五）节能环保服务

健全节能环保法规和标准体系，增强节能环保指标的刚性约束，严格落实奖惩措施。大力发展节能减排投融资、能源审计、清洁生产审核、工程咨询、节能环保产品认证、节能评估等第三方节能环保服务体系。鼓励大型重点用能单位依托自身技术优势和管理经验，开展专业化节能环保服务。推广合同能源管理，建设"一站式"合同能源管理综合服务平台，积极探索节能市场化交易。建设再生资源回收体系和废弃物逆向物流交易平台。积极发展再制造专业技术服务，建立再制造旧件回收、产品营销、溯源等信息化管理系统。推行环境污染第三方治理。

（六）检验检测认证

加快发展第三方检验检测认证服务，鼓励不同所有制检验检测认证机构平等参与市场竞争，不断增强权威性和公信力，为提高产品质量提供有力的支持保障服务。加强计量、检测技术、检测装备研发等基础能力建设，发展面向设计开发、生产制造、售后服务全过程的分析、测试、计量、检验等服务。开拓电子商务等服务认证领域。优化资源配置，引导检验检测认证机构集聚发展，推进整合业务相同或相近的检验检测认证机构。积极参与制定国际检验检测标准，开展检验检测认证结果和技术能力国际互认。培育一批技术能力强、服务水平高、规模效益好、具有一定国际影响力的检验检测认证集团。加大生产性服务业标准的推广应用力度，深化国家级服务业标准化试点。

（七）电子商务

深化大中型企业电子商务应用，促进大宗原材料网上交易、工业产品网上定制、上下游关联企业业务协同发展，创新组织结构和经营模式。引导小微企业依托第三方电子商务服务平台开展业务。抓紧研究制定鼓励电子商务创新发展的意见。深化电子商务服务集成创新。加快并规范集交易、电子认证、在线支付、物流、信用评估等服务于一体的第三方电子商务综合服务平台发展。加快推进适应电子合同、电子发票和电子签名发展的制度建设。建设开放式电子商务快递配送信息平台和社会化仓储设施网络，加快布局、规范建设快件处理中心和航空、陆运集散中心。鼓励对现有商业设施、邮政便民服务设施等的整合利用，加强共同配送末端网点建设，推动社区商业电子商务发展。

（八）商务咨询

提升商务咨询服务专业化、规模化、网络化水平。引导商务咨询企业以促进产业转型升级为重点，大力发展战略规划、营销策划、市场调查、管理咨询等提升产业发展素质的咨询服务，积极发展资产评估、会计、审计、税务、勘察设计、工程咨询等专业咨询服务。发展信息技术咨询服务，开展咨询设计、集成实施、运行维护、测试评估、应用系统解决方案和信息安全服务。加强知识产权咨询服务，发展检索、分析、数据加工等基础服务，培育知识产权转化、投融资等市场化服务。重视培育品牌和商誉，发展无形资产、信用等评估服务。抓紧研究制定咨询服务业发展指导意见。依法健全商务咨询服务的职业评价制度和信用管理体系，加强执业培训和行业自律。开展多种形式的国际合作，推动商务咨询服务国际化发展。

（九）服务外包

把握全球服务外包发展新趋势，积极承接国际离岸服务外包业务，大力培育在岸服务外包市场。抓紧研究制定在岸与离岸服务外包协调发展政策。适应生产性服务业社会化、专业化发展要求，鼓励服务外包，促进企业突出核心业务、优化生产流程、创新组织结构、提高质量和效率。引导社会资本积极发展信息技术外包、业务流程外包和知识流程外包服务业务，为产业转型升级提供支撑。鼓励政府机构和事业单位购买专业化服务，加强管理创新。支持企业购买专业化服务，构建数字化服务平台，实现包括产品设计、工艺流程、生产规划、生产制造和售后服务在内的全过程管理。

（十）售后服务

鼓励企业将售后服务作为开拓市场、提高竞争力的重要途径，增强服务功能、健全服务网络、提升服务质量、完善服务体系。完善产品"三包"制度，推动发展产品配送、安装调试、以旧换新等售后服务，积极运用互联网、物联网、大数据等信息技术，发展远程检测诊断、运营维护、技术支持等售后服务新业态。大力发展专业维护维修服务，加快技术研发与应用，促进维护维修服务业务和服务模式创新，鼓励开展设备监理、维护、修理和运行等全生命周期服务。积极发展专业化和社会化的第三方维护维修服务，支持具备条件的工业企业内设机构向专业维护维修公司转变。完善售后服务标准，加强售后服务专业队伍建设，健全售后服务认证制度和质量监测体系，不断提高用户满意度。

（十一）人力资源服务和品牌建设

以产业引导、政策扶持和环境营造为重点，推进人力资源服务创新，大力开发能满足不同层次、不同群体需求的各类人力资源服务产品。提高人力资源服务水平，促进人力资源服务供求对接，引导各类企业通过专业化的人力资源服务提升人力资源管理开发和使用水平，提升劳动者素质和人力资源配置效率。营造尊重人才、有利于优秀人才脱颖而出和充分发挥作用的社会环境。鼓励具有自主知识产权的知识创新、技术创新和模式创新，积极创建知名品牌，增强独特文化特质，以品牌引领消费，带动生产制造，推动形成具有中国特色的品牌价值评价机制。

第二节　企业如何打造本地化产业链条

产业链是一个融合了产业活动分工、产业活动组织模式以及空间上产业构成这三个基本维度的概念。打造本土化产业链，提升产业竞争力，在提升国民收入水平的同时，又能促进微观经济活动的竞争性。近年来，制造业服务化的概念被越来越多的制造企业所接纳，在其他行业也掀起服务化转型的浪潮。而服务化对于增强企业核心竞争力以及促进本土产业链条都有着非常重要的意义，因此如何利用服务化来促进产业链升级和发展就成为大众所关注的问题。

一、 中国制造业的困境

中国制造业大多以资源密集型制造业或劳动密集型制造业参与国际分工，往往处于全球产业价值链低端。中国制造业处于价值链低端的深层次原因在于：制造业自主创新能力不强，关键技术、核心技术受制于人；技术和研发方面的优势使得发达国家主要从事研发、设计、营销、售后等高端环节的工作，而中国制造业主要从事低技术水平的加工、组装、制造等低端环节的工作。从产业分工的角度来看，处于价值链低端环节的中国制造业缺乏市场主导权，往往是市场竞争压力的被动接受者，面临着较大的市场风险，利润空间也容易受到挤压。为了竞争生存空间，制造业企业往往会采用低技术、高能耗、高污染的发展模式，从而过度消耗能源，导致环境的严重污染。长此以往，中国制造业有可能面临被低端锁定和被边缘化的风险。

二、 全球制造业服务化趋势

国际金融危机之命后兴起的新一轮产业革命，既是一场数字化革命，更是一场价值链革命。当前，全球范围的信息技术、物联网、机器人技术、新能源、生物制造、纳米材料等高端制造业的发展，必将推动制造业新产业和新模式的出现。美国已正式启动了高端制造业发展计划，正在互联网、物联网、高端机器人、3D 打印、纳米技术、能源材料等领域加强攻关，以便继续保持美国在全球高端制造业中的领先地位。德国提出的工业 4.0 计划，其核心是智能工厂和智能生产，通过构建信息物理网络系统，把人、机器、能源、信息有机结合在一起，从而创造"物联网"和"务（服务）联网"，推动制造业向高端智能型转变。中国制造业要想真正由大变强，必须实现由低端制造向高端制造的转变，尽快占领制造业高端技术制高点。

全球各国战略回归制造业，实际上是回归制造业服务化。

随着信息技术的发展和企业对"顾客满意"重要性认识的加深，越来越多的制造企业不再仅仅关注实物产品的生产，而是更加关注产品价值的实现，提供"服务 + 产品"的解决方案，即服务化。根据经济学界的共识，目前制造业服务化的概念是指企业以顾客为中心，提供更加完整的"包（bundles）"，包括物品、服务、支持、自我服务和知识等，是联合顾客创造价值或改变市场规模、收入方式的服务创新，是制造企业为了满足顾客需求而提供产品相关服务或整体解决方案的商业模式创新。随着全球进入服务主导的经济，服务已成为制造企业获得竞争力的重要手段，服务收入占公司总收入的比重逐渐上升。

三、服务化促进产业链升级再造

链条升级是指产业链之间的升级方式，整体附加值比较低的产业链向附加值比较高的产业链攀升可以获得更高的收益率。实现链条升级的方法通常是来自于突破性的技术进步，突破性的创新为产业突破常规升级的过程，以此来获得产业链之间的跨越式发展的机会。而现在，服务创新，制造业服务化的概念被越来越多地应用在企业转型升级中，企业通过加强自身的产品的研发和设计能力，与国际知名公司合作，引进先进的技术和管理理念，为产业链升级奠定了良好的基础。

产业发展领域有一著名理论称作微笑曲线。微笑曲线中间是制造；左边是研发，属于全球性的竞争；右边是营销，主要是当地性的竞争。当前制造产生的利润低，全球制造也已供过于求，但是研发与营销的附加价值高，因此产业未来应朝微笑曲线的两端发展，也就是在左边加强研发创造智慧财产权，在右边加强客户导向的营销与服务。企业在产业的发展过程中，应该根据自身企业的核心竞争力，向产业的上游或者下游发展。对于那些具备较强的渠道和品牌建设能力的企业应该向产业链下游发展，掌握该产业链的渠道、品牌、顾客服务等产业链的高端环节；对于已经有丰富的加工经验和模仿能力的企业，要积极地向附加值更高的上游环节发展，因为在发展的过程中，企业会不断地增强产品的研发设计能力、引进先进的技术和生产线等，然后逐渐掌握该产业链的核心部分，最后成为该产业链发展的领导者，能够主导产业链的发展方向和模式等，使其创造更多的价值；而那些具有整条产业链上的各种能力的企业，应该把自己加工制造环节外包出去，然后集中企业的战略性资源，生产具有更高附加值的"产品"，并且主动地探索具有更高回报率的产业链，然后嵌入其中，实现整条产业链的升级。

四、精益供应链促产业链发展

产业链是一种产品的"生产－流通－消费"全过程所涉及的各个相关环节和组织载体所构成的一个网络状结构。而供应链是基于需求和供应关系，将相邻企业连接起来的链。供应链与产业链非常相似，可以说，产业链是供应链的一个物质基础，即供应链是针对某一产业链而言的。企业之间竞争已经不仅仅是品牌、质量、成本的竞争，企业供应链日益成为竞争的重要环节。制造企业在关注生产环节的同时，不断提升供应链服务能力和水平，尤其是面向客户的供应链服务能力。制造企业通过整合上下游资源，建立产销各方的物流、信息流和资金流协同一体的运作体系，提供面向客户的库存管理、实时补货、物流配送等服务，对客户交付需求实时响应，一方面通过开辟服务项目增加企业的收入，另一方面也通过优化的业务运营提升了合作伙伴的收益。

供应链的发展与制造业服务化关系密切。制造业企业在整合上下游资源的时候需要物流、资金和信息技术等方面的服务，而这些生产性服务逐渐成为企业获取竞争优势的根本。供应链的整合升级，同样有助于产业链的发展，促进产业链的升级再造。

第三节　企业如何由贸易合作转向资本和产权合作

"一带一路"战略鼓励中国企业走出国门，加大国际合作，主动地发展与沿线国家的经济合作伙伴关系，共同打造政治互信、经济融合、文化包容的利益共同体、命运共同体和责任共同体。传统的以产品出口为主的贸易形式在国际竞争过程中受到了极大挑战和制约，因此企业在国际化的进程中需要寻求新的模式。在新的探索过程中，海外并购、海外服务出口、国际合资公司、PPP 模式等得到了不断的发展，为我国产业发展和国际综合实力的提升做出了巨大的贡献。

一、传统产品出口贸易合作模式

自加入 WTO 以来，我国以大量出口劳动密集型的低附加值产品为主，从而带动出口贸易快速增长，提高了我国在国际市场上的出口份额，促进了经济的迅速发展。我国出口贸易额从 2006 年以来基本呈快速增长趋势，但由于 2008 年受到全球金融危机的影响，2009 年出口额有所下降。近两年由于全球经济好转，我国出口有所增加，但由于我国出口贸易以一般贸易及加工贸易为主，出口市场过于集中，出口额依赖于外商投资企业，低附加值产品缺少竞争优势以及人民币升值、劳动力成本上升等原因，出口增速在降低，2005 ~ 2008 年出口额的增幅从 27% 降到 17%，在 2014 年到 2015 年出口总值略有下降。由此可看出我国出口贸易的可持续发展现面临很大的挑战及制约。

货物进出口统计图

（数据来源：中国海关总署）

二、服务出口模式

在传统的出口贸易形式面临严峻挑战的同时，我国需要寻求其他的贸易合作模式。本书在之前章节中论述过生产性服务业的发展已经成为当今产业发展的新趋势，而制造业服务化也已经成为制造业寻求新的价值增长点的有利选择。制造企业为了满足顾客需求而提供产品相关服务或整体解决方案的商业模式创新已经受到全球制造业发展的认可，服务已成为制造企业获得竞争力的重要手段，服务收入占公司总收入的比重逐渐上升。

通过对各国制造业服务化的对比，我们发现服务化程度最高的是美国，接近 60% 的制造企业是同时提供产品和服务的，也就是制造服务化企业。欧洲国家中除了服务化程度较高的荷兰为 40%，比利时为 35% 和服务化程度较低的法国为 19% 左右，奥地利为 12% 左右，其余大部分国家处于 30% ～ 20% 之间。亚洲方面：中国台湾服务化程度为 28% 左右；泰国和印尼服务化程度较高，分别为 20% 和 15% 左右；日本约为 11%；中国大陆约有 1% 的企业可以算作服务化企业。

服务业在国民经济发展过程发挥着越来越重要的作用，而中国服务进出口贸易一直以来都处于贸易逆差，服务进出口之间的差距越来越大。因此，

中国服务进出口情况

中国服务进出口统计图

（数据来源：商务部服务贸易和商贸服务业司）

服务业的发展将成为中国今后国际贸易中需要重点关注的行业，中国需要加大对服务业的资金投入，关注该行业的发展。

三、制造业并购金融企业模式

金融支持实业变得更加容易，跨界是企业必须面临的战略选择。

从国家政策来看，制造业企业可以发起设立或参股财务公司、金融租赁公司、融资租赁公司，延伸和提升价值链，提高要素生产率。主要创新是提供基于产品的融资租赁服务以及提供供应链金融服务，龙工租赁和红狮水泥在供应链的金融创新就是这类。

制造业与金融的融合，创新了企业运营模式以及企业国际合作的模式，为中国制造业国际竞争力的提升做出重要贡献。

四、海外投资模式

近 10 年来，中国企业海外投资的增长率基本保持 20% 的增速。如今，中

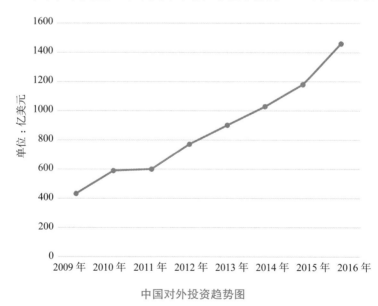

中国对外投资趋势图

（数据来源：根据商务部官网发布的非金融类企业对外投资数据整理所得）

国已经成为世界上主要的资本输出国。中国企业、投资、并购、承揽大型项目，海外上市等商业活动越来越频繁。随着"一带一路"的推进，中国企业"走出去"的步伐将逐步加大。2009年，我国对外非金融类投资433亿美元，到2016年（仅10个月数据）已经发展到1459.6亿美元，同比增长237%。

五、国际合资公司——产权合作模式

国际合资企业是国际直接投资中的常见方式，指两国或两国以上的国家或地区投资者在选定的国家或地区投资，并按照选定国和地区的有关法律组织建立起来、以营利为目的的企业。其中双方的合伙人分别称之为"本地合伙人"和"外方合伙人"。国际合资企业由投资人共同经营、共同管理，并按照股权投资比例共担风险、共负盈亏。中国企业在国家"走出去"战略的指引下，在"一带一路"政策的引导下，纷纷走出国门，与国外企业进行合作，建立国际合资公司，或者收购国外企业产权，借机打开国际市场，或者延伸自身产业链，增强企业技术创新能力。华为与 Global Marine 成立合资公司进入海缆通信市场，将在全球范围内提供领先的端到端的海缆网络解决方案和服务，解决方案的通信能力将具有显著优势。该合资公司的成立不仅帮助华为公司进入了新的领域，还扩大了海外市场，实乃一举两得。海外股权合作模式有助于扩大企业竞争实力，提升中国企业的国际影响力。

六、PPP 模式

PPP 即 Public-Private-Partnership 的字母缩写，是指政府与私人组织之间，为了合作建设城市基础设施项目，或是为了提供某种公共物品和服务，以特许权协议为基础，彼此之间形成一种伙伴式的合作关系，并通过签署合同来明确双方的权利和义务，以确保合作的顺利完成，最终使合作各方达到比预期单独行动更为有利的结果。PPP 融资模式可以使民营资本更多地参与到项目中，以提高效率和降低风险。这也正是现行项目融资模式所欠缺的。在全球互联互通的"大数据"时代，要推进国际或区域经济的一体化合作，实现合作方的互利共赢，就要遵循"收益共享、风险共担"的基本原则，这种合作事实上就是PPP模式的国际化延伸。我国"一带一路"和"基建走出去"战略，其目的除了整合区域资源，以在更广阔的市场实现我国制造业大国优势向强国优势转变外，还有以平等共赢为原则，以基础设施供给作为授予相关国家之"渔"，在助推这些国家经济上转型发展的同时，弥补这些国家公共产品和服务的"短板"，从而实现这些国家的社会稳定和民族复兴的意义。

第四篇

案例篇（上）——产能合作

第一章
电力企业产能合作典型案例

第一节　火电行业典型企业案例

国家电力投资集团

中国电力国际发展有限公司（以下简称"中电国际"）为于 2004 年 3 月 24 日根据香港《公司条例》在香港注册成立的有限责任公司，为国家电力投资集团公司常规能源业务的核心子公司。

（一）项目概况

1. 巴基斯坦中电胡布 2×660 兆瓦燃煤发电项目

巴基斯坦中电胡布 2×660 兆瓦燃煤发电项目（简称"胡布项目"）由中电国际与巴基斯坦 HUBCO 公司共同投资建设。项目位于巴基斯坦第一大城市卡拉奇西北方向 56 公里处，俾路支省境内，装机容量 2×660 兆瓦，预计于 2018 年投入商业运行。作为"一带一路"战略构想下中巴合作的重要能源项目，该项目已进入中巴经济走廊能源工作组会议的积极推进项目清单，建成后将极大地缓解巴基斯坦电力短缺的局面，有助于优化当地投资环境、改善民生，具有非常重要的意义。

胡布项目是中电国际主导的首个海外投资电站项目。2014 年 11 月 8 日，在李克强总理和巴基斯坦谢里夫总理的见证下签署了该项目的谅解备忘录，并把项目规模由 1×660 兆瓦调整为 2×660 兆瓦。2015 年 4 月中国国家主席习近平访问巴基斯坦期间，中电国际与巴基斯坦 HUBO 公司签署了合作开发该项目的合资合同。胡布项目 2016 年 4 月取得巴基斯坦核准，正在申请中国国内核准。

胡布项目全景模拟图

2. 菲律宾 Puting Bato 燃煤电站项目

菲律宾泛亚 Puting Bato 1×135 兆瓦燃煤电站一期 & 二期项目位于菲律宾八打雁联合工业园区，业主为菲律宾南吕宋热能有限公司（SLTEC），投资额为 129 亿菲律宾比索，项目投资方为泛亚石油及能源发展有限公司和菲律宾阿拉亚集团，30% 为业主权益投资（两家投资方各占 50%），70% 为银行贷款。项目采用 EP+S 总承包模式，菲律宾 DMCI 公司为 EPC 总承包方，山东电力工程咨询院有限公司（以下简称"山东院"）承担 EP+S 部分总承包。山东院创建于 1958 年，现隶属于国家电力投资集团公司。山东院历经 50 多年的创新发展，形成了集技术研发、工程咨询、规划评估、勘察设计、项目管理、工程总承包、调试运行、寿期服务和运行等业务于一身的发展格局，具备了为电力工程建设和运营提供全方位、全产业链条的资质和能力。山东院现拥有工程咨询、电力设计、工程勘察、工程总承包等甲级资质，市场覆盖全国 27 个省（市、区）及巴西、印度、菲律宾、印尼、伊拉克、委内瑞拉、赞比亚等 30 多个国家和地区。菲律宾 Puting Bato1×135 兆瓦燃煤电站一期项目 #1 机组质保期已于 2016 年 4 月 23 日结束，进入 6 个月的更换设备延保，目前剩余 76 项质保期缺陷未关闭。菲律宾 Puting Bato 1×135 兆瓦燃煤电站二期项目已于 2016 年 1 月 25 日完成 168 小时可靠性试验，2016 年 1 月完成性能试验，2016 年 2 月签订 PTOC，2# 机组进入质保期，目前移交协议消缺项目 B 类安装和设备缺陷剩余 3 项正在进行，C 类安装和设备缺陷剩余 4 项正在进行。

（二）项目经验

1. 巴基斯坦中电胡布 2×660 兆瓦燃煤发电项目

（1）主要合作模式

胡布项目采用 BOO 模式开发，投产后电力全部由巴国家电网公司（NTDC）收购，购电协议（PPA）期限为 30 年。巴方政府通过签署执行协议（IA）对购电商在购电协议下的支付义务提供担保。30 年购电协议到期后，视机组使用情况与电网公司重新谈 PPA，或业主自行处理项目资产（包括但不限于将项目出售给第三方等）。项目动态总投资约 20 亿美元，项目贷款全部由中资银团提供。中电国际和巴基斯坦 HUBCO 公司根据股东协议约定，结合自身优势，在项目中职责各有偏重。项目开发过程中充分利用各种智囊外脑，与主要中介机构、顾问密切合作，最大程度上控制风险。

（2）产业链培育与布局

胡布项目股东双方有意以一定的股比共同成立煤炭合资公司，参与对项目的燃料供应，旨在分享项目在燃料成本中的盈余。同时亦可稳定燃料供应，积累国际贸易经验。

（3）本土化战略实施

中电国际非常重视本土化在国际化项目中的重要作用，与巴基斯坦HUBCO公司在当地注册设立了本地化运营的合资公司——中电胡布发电有限公司。该公司将按照巴基斯坦电力项目开发管理要求，建设运营该项目。同时，重视本地员工的招聘培养与使用，中电胡布发电有限公司的主要部门负责人和一些重要岗位均使用巴方员工，以发挥他们在本地协调推进中的优势。

（4）国际化标准建设

胡布项目主要设备均为中国制造，项目设计、制造、施工均为中国标准。

（5）知识产权合作

胡布项目建设过程中所需要的知识产权由EPC承包商以业主的名义采购，在项目开发运营过程中形成的知识产权归属合资公司拥有。

（6）国际化人才培养

胡布项目是中电国际第一个控股开发的国际化项目，拟把该项目建成公司国际化发展人才培养基地，为今后国际化项目开发储备人才。2016年已经选拔32人正式入职中电胡布发电有限公司。

（7）社会责任

中电国际非常重视社会责任的履行，电厂设备设计排放标准均高于当地，项目建设过程中会大量使用和培养当地劳动力，并投资兴建基础教育学校，努力带动当地社会经济发展。

（8）风险防控

一是紧紧依托中巴经济走廊建立的两国政府协调机制，最大限度保障项目投资。密切关注巴基斯坦政治局势，制定有效应对预案。购买中信保政治险规避政治、法律风险。

二是在购电协议中约定如拖欠电费，购电方需按照一定的利率向供电商进行补偿。

三是取得巴政府承诺为中巴经济走廊项目提供保护。聘请了专业的安保顾问，雇用有资质有经验的安保公司为项目在建设期、运营期提供保护。内部设置了安保岗位，招聘曾在部队长期服役的人员指挥、调配外部军队和安保公司的日常工作。

四是进行商业合同谈判时，结合潜在的外汇风险做针对性安排，合同中充分考虑并制定相应的条款、机制，保障项目不受汇率风险的影响。在运营阶段，在购电协议中对汇率变化进行了相关补充约定。

2. 菲律宾 Puting Bato 燃煤电站项目

（1）工程承包转型升级

山东院承担菲律宾 Puting Bato 项目 EP+S 部分总承包，合同采用 EP（设计采购）+S（督导）+ 调试的承包方式。EP 合同的范围：包括但不限于工程设计、设备和材料供货（包括对外合同规定的备品备件、专用机械、专用工具、试验仪器等）、督导、运输、保险、调试、竣工试验、性能试验、培训、缺陷责任期等工作，并根据合同约定，承担由此产生的包括性能和工期责任和风险。

（2）本土化战略实施

按照菲律宾法律法规和惯例，选拔、培养和使用当地员工，充分利用当地人力资源，与中方员工一道相互协作、相互配合，共同完成工作任务，为项目顺利执行打下良好的基础。项目部大胆使用当地员工，不仅有利于降低项目人工成本，而且在日常工作生活中与我方工作人员结下了深深的友谊，本地员工在当地具有得天独厚的有利条件，精通当地语言，认可山东院文化，具有较高的职业忠诚度，在处理一些具体问题的时候具备天时、地利、人和等明显优势。这些措施有效减少了工作中的阻碍，同时也帮助融洽了与业主的关系。

（3）国际化标准建设

菲律宾 Puting Bato 项目设计理念和国际接轨，设计标准尽可能采用国际标准，如 ASME 和 IEC 等，满足合同要求，设计流程向国际惯例靠拢。这样可使设计图纸更加符合国际习惯，易于被外方工程师接受。提高图纸设计深度和广度，将厂家图纸纳入设计院图纸里面。将厂家图纸统一由院设计人员进行消化，统一出图，则保证设备编码及接口能够一一对应，避免因图纸不对应而导致的错误，同时也减少现场督导人员图纸解释的工作量。在 60Hz、9 度地震、海边电厂防腐、当地钢结构强制标准等方面对设计和制造标准提出了新的要求，培育了满足境外 60Hz 标准的合格设备和材料供应商，提升了中国设备和材料在国际市场上的知名度和占有率。

（4）国际化人才培养

在项目执行过程中，加强对人员的培养工作，形成了具有较高的国际视野、具备良好的复合型知识结构以及跨文化沟通能力的国际项目管理团队。他们熟悉外方的思考方式和工作方法，善于从外方的视角考虑问题，再加上扎实的英文功底，展现出了良好的与外方沟通和协调的工作能力。同时，他们还具有专业的合同知识和商务意识，有较高的商务谈判能力和敏感的商务嗅觉，商务合同经验充足，商务保密意识和工作到位。

（5）社会责任

菲律宾 Puting Bato 项目在为当地解决就业的同时，积极履行社会责任。2013 年 12 月 9 日，项目部携手在菲律宾举行的世界地球小姐比赛的中国地球小姐在菲律宾及时小学举办爱心捐赠助学活动。项目部向在校学生捐赠《三字经》《百家姓》和《弟子规》等中国传统文化书籍。此次社会活动在菲律宾当地取得了良好的社会反响。项目部秉承山东院回报社会、造福当地群众的准则，积极履行社会责任，以实际行动将山东院的热忱和友好传递给菲律宾人民。2013 年 11 月 8 日，超强台风"海燕"席卷菲律宾中部，项目所在地北吕宋岛八打雁省受灾严重。台风过后，项目部发扬国际人道主义精神，组织项目部员工为当地灾民捐款捐物，包括压缩食品、日用衣物等，得到了业主方的高度赞扬⊖。

第二节　水电行业典型企业案例

一、中国华电集团

中国华电集团公司（以下简称"中国华电"）深入贯彻国家"走出去"战略，

⊖ 引自国家电力投资集团开展国际产能合作调查报告

在国际业务发展中形成了能源投资、工程承包、技术服务、国际贸易"四轮驱动"的产业格局，培养了一批具有国际视野的专业化人才，国际业务管理水平和经营水平不断提升，"中国华电"品牌在部分国家获得高度认同。截至2015年年底，中国华电境外控股在运装机规模92.2万千瓦、在建48.3万千瓦、核准待开工264万千瓦，运维装机容量超过1000万千瓦，业务涉及30多个国家。

（一）项目背景

中国华电高度重视发挥战略的引领作用，科学编制国际业务"十三五"发展规划，促进国际业务又好又快发展。规划明确，认真贯彻国家"一带一路"战略，把"走出去"的重点区域放在东南亚和中东欧，以风险可控、效益可观、能力可及为国际业务的基本原则，严格防范投资风险。

（二）项目概况

中国华电额勒赛下游水电项目（柬埔寨）有限公司（简称"项目公司"）成立于2009年5月，是中国华电香港有限公司（简称"香港公司"）为实施柬埔寨额勒赛下游水电项目（简称"额勒赛项目"）而在柬埔寨注册的全资子公司。

柬埔寨额勒赛下游水电项目大坝模拟图

额勒赛项目于 2009 年 4 月获得国家发展改革委核准，2010 年 4 月 1 日开工，2013 年 12 月 28 日全部机组投产发电，比 BOT 约定提前 9 个月。电站投产即实现"远程集控、无人值班"运行模式，实现了通过互联网对机组实时运行信息监视的功能。电站竣工投产是中国华电落实国家"一带一路"战

柬埔寨额勒赛下游水电站上大坝实景图

柬埔寨额勒赛下游水电站上电站厂房内景

略的具体体现,每年为柬埔寨提供大量清洁绿色能源,在支持柬埔寨电力事业、培养当地电力技术人才、促进当地就业、造福当地经济和促进社会发展等方面发挥着重要的作用,是中柬两国实施国际产能合作的示范项目之一。

(三)项目经验

以额勒赛项目开发为例,中国华电在境外项目基建管理、国际化人才培养、海外履行社会责任等方面积累了一些有益经验,对于推动企业在境外开展国际产能合作具有积极作用。

1. 重视基建管理

额勒赛项目公司坚持以"明职责、定流程、核效率"为核心,完善管理体系,为额勒赛项目管理安全、高效、有序运转奠定了坚实基础。充分发挥业主在工程建设中的主导作用,根据工程进展及现场条件变化,适时推动管理措施及技术方案调整,全力向预定目标迈进。严格按合同约定履行甲方责任,并要求乙方对等履行。及时处理商务问题,高效完成结算款的审核与支付,保障现场资金需求,使承包商将主要精力放在推进工程建设上。贯彻"强业主"理念,加强对监理、设计及施工管理,深入现场检查、督促安全和质量措施落到实处,通过强有力的过程控制确保工程安全和质量处于可控状态。

（1）工程安全保持平稳态势

额勒赛项目地处热带季风气候区,降雨强度大,持续时间长;柬埔寨民间枪支管制较松,额勒赛工区及周边内偷盗、抢劫事件时有发生;环境恶劣、治安复杂对工程建设十分不利。为确保安全度汛,并保证雨季施工效率,项目公司多措并举,通过成立防汛机构、提出度汛设计要求、做好防汛物资储备、强化防汛演练、加强防汛值班、全力推进关键部位建设等措施,从严、从早、从实做好各项准备工作。在项目公司的统一协调下,经各参建单位共同努力,额勒赛项目顺利经受住了 2011 年三次暴雨及特大暴雨袭击,2012 年连续降雨和上游其他单位水库紧急放空考验及 2013 年多次集中降雨的考验,确保了工程、人员、设备安全,顺利实现了安全度汛。针对工区安全控制复杂等诸多不利状况,项目公司积极与当地治安管理机构和中国驻柬埔寨大使馆保持沟通联系，并聘请项目所属省份宪兵司令部在工区设立额勒赛宪兵分部；同时，制定《突发事件总体应急预案》和《境外非生产性人身安全突发事件专项应急预案》等11项专项预案，并组织进行防洪、防火、紧急救护、人员撤离营地等演练，增强防范意识。整个项目建设过程中未发生一起业主责任的安全事故。

（2）工程进度达到国际先进水平

额勒赛项目于2010年4月1日开工，2010年12月28日上电站成功截流，顺利实现当年开工当年截流的目标。2013年9月30日，1#机投产发电；10月25日，2#机投产发电；12月25日、12月28日3#机、4#机分别投产发电，实现"一年四投"目标。首台机33个月投产，全部机组36个月投产，项目投产比BOT约定提前9个月，工程建设进度达到国际先进水平，揭开了柬埔寨电力发展史的新篇章。

（3）严格标准管理，积极宣介中国标准

额勒赛项目工程设计期间，在满足项目合同对工程标准的硬性要求基础上，在可能的情况下，优先采用中国标准。建设过程中，建设管理单位一方面加强与相关方沟通，积极宣传介绍中国标准，增加监理单位等相关单位对于中国标准的认识，增加对于中国标准的认同感。另一方面，高度重视质量管理，对照合同要求，严格质量控制。建设期除接受了中国华电多次内部质量检查，还接受了柬埔寨政府组织的25次质量巡视。柬埔寨矿产能源部聘请的咨询公司——瑞士贝利公司按照国际标准对工程质量进行了严格的检查，包括9次现场巡视检查，在其出具的完工咨询报告中认为"项目建设质量令人满意"。额勒赛水电站是柬埔寨境内目前唯一一次性通过正常蓄水位、满负荷性能试验检验和满足柬埔寨电力公司随调随开要求的项目。项目还获得中国电力建设企业协会颁发的"2015年中国电力优质工程奖（境外工程）"。

2. 本地化战略

额勒赛项目坚持运营本地化和用工本地化。一是注册地选在柬埔寨境内，依照当地法律规定进行纳税和开展生产经营。二是用工本地化。根据当地劳工生产能力和技术水平，尽量采用本地用工。工程建设高峰期，雇用当地劳务工近 3000 多人。电站投产后，帮助当地培养电力技术性人才，目前聘用柬方员工近 60 余人。未来随着柬埔寨当地工人专业技能提升和熟练度提高，将进一步提高用工本地化比例。

3. 国际化人才培养

企业文化是企业人才培养的摇篮。额勒赛项目公司在中国华电《华电宪章》和香港公司"行动家文化"的指引下，结合境外实际，通过反复分析、提炼、提升，提出"主动进取、忠诚敬业、团结协作、攻坚克难、创新优化、追求卓越"企业精神，形成具有额勒赛特色企业文化体系。

额勒赛项目坚持在磨炼中培养人才、在实战中选拔人才。工程建设之初，项目公司人员不到 10 人，随着项目的深入发展，人才队伍也在不断扩大。员工中有从事水电行业多年、经验丰富的干将，也有初出茅庐、略显稚嫩的大学毕业生，人员构成以中青年为主，这些员工中五分之四的人员通过外聘、借调等方式进入项目。虽然这些员工的专业不同、年龄层次不同、进入方式不同，但他们自进入项目以来，都能秉持"干一行、爱一行"的职业态度，以愚公移山般的坚持与毅力，老黄牛般吃苦耐劳的精神，心无旁骛，"专心致志，以事其业也"。经过 6 年多的磨炼，基本形成了具有丰富水电基建管理经验人员为骨干，从事过海外工程管理和较好外语沟通水平人员为支持的国际化人力资源队伍。

4. 履行社会责任

项目开发过程中，坚持以服务社会、创造价值为本，将履行社会责任作为自身发展的重要组成部分，积极融入社区，充分理解和尊重当地风俗习惯、宗教信仰及价值观。帮助修建改造连接国公省与菩萨省的部分交通道路，铺设混凝土路面，改善当地交通条件，为当地人交通出行提供极大便利。积极参与当地慈善公益事业。积极推动水电生态文明建设，坚持绿色开发，以每年 70 万吨核证减排量，成为中国企业在海外注册的最大 CDM 项目；以每年 20 余万吨发电重油替代量，为柬埔寨可持续发展做出卓越贡献。项目分别获得柬埔寨矿产能源部、环保部颁发的"良好社会贡献奖""环保工作优秀奖"[⊖]。

二、中国华能集团

华能集团公司是以发电为主业的综合能源集团，经营范围涵盖电力、煤炭、金融、科技及交通运输等产业，2016 年世界 500 强企业排名位列第 217 位。目前，华能拥有境内外全资及控股电力装机容量超过 1.61 亿千瓦。华能认真贯彻落实国家关于实施"走出去"战略的决策部署，积极利用"两个市场、两种资源、两类规则"，大力实施"走出去"工作。截至 2015 年年底，华能拥有境外装机容量超过 1000 万千瓦，分布在澳大利亚、新加坡、缅甸、英国、荷兰、墨西哥、巴基斯坦、柬埔寨 8 个国家，境外技术服务和技术出口分布在 20 个国家和地区。

（一）项目背景

华能积极融入国家"一带一路"重大战略，紧紧围绕创建具有国际竞争力的世界一流企业战略目标，遵循"互信、友谊、合作、共赢"的理念与原则，以点带面、扎实推进，国际化发展工作取得一定的实效，为公司加快"走出去"工作、推动创建世界一流企业做出了积极贡献。

一是收购海外电力项目，在中国发电企业中率先"走出去"。2003 年，华能收购澳洲电力公司 50% 的股权，这是中国发电企业首次在发达国家收购电力资产，开创了中国发电企业"走出去"的先河；2008 年，华能收购新加坡大士能源 100% 股权，成为新加坡发电市场和电力零售市场的重要参与者；2011 年，华能收购国际电力公司 50% 股权，进一步扩大了华能国际化经营的布局和范围，增强了国际化发展的实力。收购后，华能参与境外合资公司和所属电厂的经营和管理，加大对项目的经营、财务监督和技术支持力度，目前项目运行平稳。

二是在境外投资建设电力项目，实现境外项目从建设到生产运行的全方

⊖ 引自中国华电集团开展国际产能合作调查报告

位管理。2009 年，华能以 BOT 方式建成了缅甸瑞丽江一级水电站。2013 年、2014 年，华能在新加坡裕廊岛建成投产登布苏热电多联产项目一期工程和二期 A 项目。华能积极参与中巴经济走廊建设，于 2015 年开工建设巴基斯坦萨希瓦尔 2 台 66 万千瓦燃煤电厂项目，预计 2017 年年底投产。同时，华能在柬埔寨等国家的电力项目开发建设工作也正在有序推进。

三是推动能源技术服务、金融服务"走出去"，实现了能源、金融等多领域合作。华能以西安热工院为主体，向国际市场提供机组性能试验、机组调试、设备监造、技术咨询等多项服务。"绿色煤电计划"天津 IGCC 示范工程的核心技术、华能自主开发的二氧化碳捕集技术，在国际能源市场上得到认可。积极开拓海外金融市场，通过海外上市、发行债券、引入国际战略投资者等多种方式参与国际金融合作，华能永诚保险公司于 2015 年入驻中国－白俄罗斯工业园。金融产业正在为华能"走出去"发挥越来越重要的支撑作用。

四是加强国际产能合作，推动中国装备"走出去"。华能高度重视与国内企业的合作，与国机集团、东方电气、中国电建、上海电气、中国建筑等企业建立战略合作伙伴关系，发挥各自在技术、资金、人才、市场、电源、设备、开发等方面优势，实现"联合出海"。积极落实国家国际产能合作政策，境外新建电力项目优先选用中国制造设备，有力地促进了中国装备"走出去"。

（二）项目概况

缅甸瑞丽江一级水电项目位于缅甸瑞丽江上，装机 60 万千瓦，电站采取 BOT 方式建设运营，运营 40 年后移交缅方。该电站 6 台机组于 2009 年 5 月全部投产。

在电站的运行管理过程中，针对缅方人员专业技能较差的实际情况，通过"中方为主，缅方为辅"的管理方式，保证了电站运行管理的稳定性，同时培养了缅方人员的专业知识技能，为将来电站运营实施"中方为辅，缅方为主"的本土化战略奠定了基础。

该项目的建设有利于改善缅甸电力紧缺的局面，带动当地经济发展，对促进中缅电力合作，推动国家"一带一路"战略稳步实施起到了积极的推动作用。

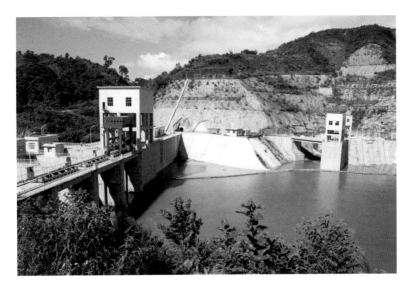

缅甸瑞丽江一级水电站项目头景图

（三）项目经验

1. 政府层面

建议政府部门加强指导，切实发挥政府的引领统筹作用，建立国有企业重大风险事件预警和应对机制，切实提升境外项目经营水平及盈利能力。

2. 政策层面

建议政府部门及行业机构积极协调，研究制定政策对"走出去"企业进行适当鼓励（如在税收方面给予政策倾斜等），为企业创造良好投资环境。

3. 执行层面

华能作为中国电力国际产能合作企业联盟的成员，切实履行各项责任和义务，在联盟的总体框架下，与各成员单位、合作单位积极配合，加强合作与沟通，充分发挥联盟优势，实现国内电力产能联合"走出去"。

一是在联盟的框架下，尽快形成投资－装备－建设－运营－金融支持一体化的海外项目发展产业链，发挥各环节优势，实现"联合出海"，打造国内电力产业"走出去"品牌，提高中国企业的竞争力和话语权。希望国家以财税减免、融资便利、资金担保等方式，进一步加大对国内电力产业国际产能合作的支持力度。

二是搭建并完善电力企业国际产能合作信息共享平台，加强海外投资指引和风险警示，引导企业根据自身竞争优势和市场需求做好海外投资，有效防范风险。进一步健全完善"走出去"协调联络机制，充分发挥联盟作用，协调中国企业在海外市场有序竞争，实现国家整体利益最大化。

三是贯彻落实国家"一带一路"战略，加快实现国际能源互联互通，进一步研究探索向周边能源短缺国家输出电能，建议国家有关主管部门研究出台鼓励的政策措施，有效化解国内电力过剩产能[一]。

三、中国长江三峡集团公司

中国水利电力对外公司（简称中水电公司，英文简称 CWE）为中国长江三峡集团公司的全资子公司，是中国水电行业最早参与国际经济合作的国有企业，自 1983 年启用现名，其前身可追溯到半个多世纪前的水利电力部援外机构。

目前，"中水电（CWE）"已成为国际工程承包和中小型水电投资领域的知名品牌，公司承建、开发的多个项目铭刻在世界水利水电建设史，其中有象征国家友谊的大坝，有被誉为所在国"三峡工程"的水电站，更有被视为国际合作标杆的一个个大型水利枢纽。

公司水利水电主营业务优化突出，输变电、路桥、港口疏浚等基础设施建设经验丰富，足迹遍及亚、非、欧、美的 80 多个国家和地区，在 31 个国家和地区常设驻外机构。近十年来公司成功建设苏丹麦洛维水电站、老挝南立 1-2 水电站、马其顿科佳水电站、哈萨克斯坦玛依纳水电站、苏丹上阿特巴拉水电站、阿尔及利亚德拉迪斯和玛乌阿纳水库、厄瓜多尔 TP 水电站等一系列水电和基础设施项目。2015 年，公司经营效益稳步增长，几内亚凯乐塔水电站、老挝南椰 2 水电站胜利竣工提前投产发电，同时公司打造

　　㊀ 引自中国华能集团开展国际产能合作调查报告

出厄瓜多尔可尼尔防洪工程、乌干达伊辛巴水电站等多项精品亮点工程。2016 年，公司成功签署几内亚苏阿皮蒂水利枢纽项目、肯尼亚输变电工程项目等大型 EPC 工程。当前，公司全口径从业人数超过 2 万人，其中 75% 为外籍员工。

公司具有国家水利水电工程施工总承包一级资质、对外承包工程经营权、进出口贸易权、AAA 级信用等级，已通过质量管理、环境管理、职业健康安全管理三标体系认证，在中国香港地区拥有所有工程类别的最高等级承建商牌照；连续 26 年荣登 ENR 全球最大 250 家国际工程承包公司榜单，连续 15 年荣登 ENR 全球最大 225 家国际工程设计公司榜单。

未来，中水电公司将秉持健康可持续发展理念，全力打造"投资、建设、管理、运营"一体化的国际清洁能源建设和投资公司，积极履行社会责任，致力于属地化经营，促进项目所在国经济发展，造福项目当地百姓，以优异的工程质量、显著的环保成效，为建设和谐、友好的地球环境做出贡献。

（一）项目背景

为将公司打造成为"投资、建设、运行与管理"一体化的大型、先进的国际水电公司，实现可持续发展，中水电公司借助三峡集团公司技术、管理、人才优势，充分发挥自身海外网络、信息、市场资源优势，在差异化战略中积极开拓新业务，努力发展国际化水电经营业务，提高国际水电市场竞争力。

经过不断探索，中水电公司立足实际，找到了一条适合自身发展的战略转型之路。中水电公司的战略转型自 2009 年开始确立，分为"三部曲"。

近期以国际水电工程承包为主，审慎、稳妥地探索海外水电投资业务，充分运用"421"等国家政策，平衡风险与收益，合理调配资源，集中优势力量开发重点项目，将业务拓展的重点放在大型 EPC 项目、流域整体开发、优惠买方信贷项目以及国家对外经济援助项目上；稳步发展符合集团战略布局、经济技术可行、投资和经营风险可控的中小型投资项目。

中期实现国际水电工程承包和海外水电投资业务并举。

长期实现以海外水电投资业务为主，国际水电工程承包业务为辅的业务布局。

海外投资项目周期长、风险大，中水电公司的战略转型分步实施，在过渡期间首先保证生存和发展，逐渐积累新业务的经验，最终实现转型目标，确保了转型期内公司的正常运营和平稳过渡。

"十二五"期间，中水电公司在大力发展工程承包业务的同时，也为海外投资业务取得更大发展奠定了基础、搭建了平台，"近期"规划目标已经圆满实现，下一步将进一步落实"中期"转型战略，实现海外投资和工程承包并举。

当前，中水电公司在30多个国家和地区设立驻外机构，拥有近80项在建项目，主要以EPC项目和投资项目为主。2010年，中水电公司首个海外BOOT项目老挝南立1-2电站项目竣工发电。2015年，公司在老挝投资的南椰2水电站投产运行。2015年年底，尼泊尔上马蒂水电站投产发电。

在国家"一带一路"、推动走出去优化升级、全面促进国际产能合作的战略背景下，中水电公司坚定不移地做好国家战略服务，通过项目投资和建设，全面推动中国产能、劳务、技术、标准、文化走出去。2015年投产发电的几内亚凯乐塔水电站，是中几乃至中非合作的典范工程，在埃博拉疫情背景下提前投产发电，在世界范围内备受赞誉。诸如此类的工程项目，中水电公司牢记使命担当，全力促进对外经贸合作，在全面推进公司战略转型升级的基础上，有力推动水电行业全产业链走出去升级版，促升国家水电行业的整体核心竞争力。

中水电公司以投资、承包和第三方合作，多种模式并行开展对外合作。在水电开发上，中水电公司秉承"四个一"发展理念，即建好一座电站、改善一片环境、带动一方经济、造福一批移民，其落脚点为融入当地、合作共赢。第三方合作是公司下一步重点探讨的合作方向之一，主要为两个方面：一是技术合作，更好地带动中国技术和标准的国际化；二是装备合作，将优势产能密切结合，全力打造精品工程。

（二）项目概况

老挝南立1-2水电站装机10万千瓦，是中资企业在老挝执行的第一个BOOT项目，中水电公司占股90%，老挝国家电力公司（EDL）占股10%，于 2010 年并网投产。

老挝南立 1-2 水电站俯瞰图

老挝南椰 2 水电站装机 18 万千瓦，是中水电公司在老挝投资的第二个水电站，股权比例与南立 1-2 电站相同，于 2015 年 10 月建成投产，进入投资回报期。

老挝南立 1-2 水电站近景图

（三）项目经验

1. 建立全产业链模式

中水电公司最早以国际工程承包商的角色活跃于国际市场，随着战略转型的不断深化，海外投资业务的不断发展，现已基本建立起"规划—投资—建设—管理—运营"全产业链企业模式。

老挝南立1-2水电站的成功建成，并经过6年来收益回报的检验，为后续项目的开展和公司战略转型的深化，积累了宝贵的经验，形成了可贵的"南立模式"。对于投资而言，要确保投资的安全性和回报率，风险防控的重要性不言而喻。设计是龙头，规划设计对投资项目至关重要；建设是过程，管理好建设工程是确保收益的基础；运营是收益的兑现环节，保障电站的有效出力，做好电力营销等工作，同样不可小觑。

产业链环环相扣，中水电公司从规划设计，到施工建设，到建成运行，充当着总设计师和总工程师角色，全面把控各个环节，确保投资安全。在南立1-2电站的基础上，南椰2水电站的各个环节操作得更加成熟可靠，按期完成建设，开始进入回报阶段。

2. 创新经营管理思路

对于项目的具体实施，两项目均由我公司投资建设，项目的融资、建设管理全部由中水电公司完成。在项目建设过程中，中水电公司同时担当了项目业主及EPC总承包商的两种角色。

为切实推进"抱团出海"，项目最终确定总体的经营管理思路是"自营+专业分包"。中水电公司的主要任务是对项目任务予以分解，将各专项工作交由专业化公司实施，中水电公司现场项目部做好居中协调和管理工作，充分发挥项目部的集成作用。

参与项目建设的设计单位是昆明勘测设计研究院有限公司，施工单位是中国水利水电第十工程局有限公司，主要机电设备供货商为杭州力源发电设备有限公司，总计有30多家中资企业参与了项目的建设工作。

3. 推进属地化管理

在"融入当地，合作共赢"的理念下，推动属地化管理是其中重要的手段和措施。中水电公司在积极实施战略转型过程中，高度重视对当地资源的有效利用，有力促进属地化管理水平的提高。

从董事会和经营管理层结构看，老挝南立电站公司、南椰2电站公司均配置有老方人员，一方面是股权管理需要，另一方面可以更有效率地实现电站规划、建设、运营等全过程中的属地关系梳理。

属地化其中一个重要内容，是大量聘用当地人才，从基层管理者，到木工、瓦工、力工等工人，促进当地就业水平的提升。与此同时，发展理念、企业文化等内容得到较好推广，使公司在当地的接纳度、融入度予以提升。以南椰2水电站为例，工程建设期机械操作手90%以上都是当地员工，运营维护期当地员工比例达到了30%。与此同时，项目实施期间中水电公司一直非常重视当地员工的培训，帮助提升技能，促进当地员工长远发展。

对于投资项目，电站运营期是项目生命周期最长的阶段，也是关系投资成败的关键阶段。从南立电站的运营经验看，属地化经营不仅有效降低用工成本，而且利用当地人员对所在国行业的熟悉程度，使电站运营管理切实与当地经济发展、人民生活密不可分，这不仅是电站管理的需要，也是企业投资未来的发展方向。

属地化管理不仅需要人员的本土化，管理制度、方式也要充分地融入当地，严格遵守当地法律法规，高度尊重当地宗教、文化、风俗习惯。南立1-2、南椰2电站从前期勘测，到投产运营，中水电公司在管理融入当地上做了大量的工作，得到了充分肯定，有效促进了后续项目的开发，对市场深层次长远发展创造了有利的文化基因。

4. 完善风险防控措施

对于境外投资，风险防控是各项工作的重中之重。中水电公司建立健全的风险防控和内部控制评价体系，是境外项目有序高效推进的总指南，构建了一张层次清晰、覆盖全面、应对有效的风险防控网。对于国别市场、特定项目，根据风险防控总要求和总目标，项目部会有针对性地制定风险应急预案，并配套制定有效防范应对措施。

境外风险形势复杂严峻，不仅涉及工程进度、安全、质量、环境、成本，还有环境内的税务、法律、市场变化、经济形势等，同时还涉及社会治安、医疗卫生等内容。南立 1-2 水电站、南椰 2 水电站的实施是典型的全程风险把控。

例如，在项目签署谅解备忘录前，项目建设人员充分了解所在国的政策、经济及社会发展方向；在项目前期，做深入细致的现场考察分析并根据考察结果制定合理可行的勘探方案，同时，与设计风险共担，共同完成前期的各项工作；在选择施工单位时，尽可能与施工单位签署固定总价合同，控制工程成本，发挥施工单位的主观能动性；在机电设备选择上，尽可选择性价比最高的设备，以保证项目设备长久可靠运行；在对外签署合同协议上，尽可能要求政府财政担保，减少财务风险；在项目后期，加强与当地政府的沟通，使项目尽快投入商业运行，确保项目产生最大效益。所有以上风险把控措施都是项目顺利执行并取得成功的重要因素。

5. 承担环境保护和社会责任

作为业主方，中水电公司在运行村专门成立了环保办公室，聘请了老挝工作人员参与环保工作，对电站环境工作进行分析调解。项目在建设期做到附近田野村庄零污染，建立了有效的监测、管理和应对机制。万象省环境办公室以及社会各界对项目实施开展了全过程的跟踪监督和检查，项目在环境工作上做出的成绩得到了老方政府和社会的广泛认可和赞誉。

同时，积极履行社会责任：2009 年 10 月为老挝局部地区水灾受灾民众捐款；向老挝政府捐赠医疗设备；针对电站附近小学校舍破旧情况，无偿援建了帕贡小学校；针对村民生活用水困难，无偿为村庄打了几口深井；在修建进入运行村的公路时，道路穿过村庄的地方，特意用砂子和水泥进行了硬化处理，进入运行期后，将进场公路全面升级为沥青路面，方便了附近村庄村民的日常出行；积极为老挝国家电力公司南梦 3 电厂解决技术难题，助其快速恢复生产。

在重大节假日，项目部邀请老挝员工和中方员工共同庆祝泼水节、龙舟节等节日，全面尊重当地的民风民俗，充分体现中水电公司的社会责任意识和人文关怀。

依据南立 1-2 水电站的经验，总结在老挝开发 BOT 项目的工作流程和办理政府审批的手续，在正式签署项目经营特许协议（CA）之前，发起人需要编写《环境影响评价报告》《社会影响评价报告》《移民行动计划》《流域管理计划》《种族人民发展计划》《环境管理和监督计划》，并提交给老挝相关政府部门。这些报告和计划书涉及电站对环境、资源和人民生活影响的方方面面，系统且全面地提出了可行性和解决方案。

南椰 2 水电站同样积极履行社会责任，切实融入当地，做当地政府和百姓真诚的友人。例如，2015 年 6 月 5 日，在老挝国家植树节之际，与电站流域嘎西县政府共同举办植树节；为 Xaysomboun 省 Thathom 县援建医院产房，使医院能更好地服务当地；为 Nongphue 村和 Nohour 村修建了村办公室，为 M.Khoun 小学及 Ban beng 村小学捐助体育文化用品等。

6. 投资业务全面发展

老挝市场符合国家"一带一路"战略，也符合三峡集团国际业务布局思路，是中水电公司的传统市场，自 1996 年进入老挝市场起，先后建设了南累克水电站、南梦 3 水电站及其附属输变电工程，业务类型从传统承包发展为投资和 EPC 承包并举。老挝市场是中水电公司实现转型升级的基础市场，是海外市场区域中的重要一极。

2015 年，南椰 2 水电站投产发电，意味着中水电公司在老挝市场的发展进一步站稳了根基，与此同时，南立 1-2 水电站被评为 2014 ～ 2015 年度国家优质投资项目，是本年度唯一获评的境外投资项目。在老挝，中水电公司逐步由承包商转为投资商，从产业链低端一步步走向高端，已经形成了投资、设计、建设、运行一体化的全产业链条，后续的投资项目已趋于成熟，有望近期内启动建设。

老挝市场的发展是中水电公司转型升级之路上的一个缩影，在其他市场，中水电公司同样坚定不移地推进转型战略，投资的尼泊尔上马蒂水电站于 2016 年 12 月进入商业运行，与此同时，紧密跟踪国际清洁能源投资市场，在非洲、南美，以及东南亚其他重点国家逐步推进水电、风电等投资项目，切实以承包带动投资，以投资促进承包，全面协调发展，有步骤地推进战略转型。

在投资项目上，资本输出直接带动了装备、技术、劳务的走出去，资本背后的文化和规范同样跟着"走出去"。中水电公司积极推动国际产能合作，实施境外 BOOT 模式投资只是模式之一，在 EPC 大型项目上同样实现了编队出海，以及与第三方的合作。同时，中水电公司将积极探索如 PPP 等多种合作模式，更好地践行和服务国家战略，又好又快地实现公司战略转型目标[一]。

四、中国大唐集团

中国—中南半岛经济走廊是"一带一路"倡议规划建设的六大走廊之一，柬埔寨是"21 世纪海上丝绸之路"沿线国家的重要一员。与此同时，柬埔寨由于受连年战乱等因素影响，电力等基础设施严重落后，电力供应无法满足本国基本需求，依赖从邻国泰国和越南进口。近年来，柬埔寨政府高度重视本国电力发展，相继出台相关政策，以求改善电力行业落后的局面。因此，柬埔寨电力市场潜力巨大。中国大唐作为专业从事电力业务的大型国有企业，积极参与"一带一路"建设，准确把握市场机遇，在柬埔寨成功实施了电站和电网项目的投资、建设和运营。

（一）项目背景

2004～2006 年中柬高层互访期间，两国高层磋商确定建设柬埔寨斯登沃代水电站项目（以下简称柬水项目）和金边－马德望输变电线路项目（以下简称柬网项目）。最初由云南国际经济技术合作公司（以下简称云南国际）与柬埔寨政府有关部门洽谈项目建设事宜，在两国政府的支持下，2007 年 2 月云南国际组建的两个项目公司与柬埔寨工业矿产能源部、柬埔寨国家电力公司签署了柬水项目和柬网项目的开发协议。中国大唐在获取相关信息后，主动接触，以电力项目建设管理专业特长的优势获得政府和各方的信任，于 2008 年 3 月以收购的方式获得控股开发两个电力项目的机会。

一　引自中国三峡集团开展国际产能合作调查报告

（二）项目概况

柬水项目位于柬埔寨西部菩萨省列文县欧桑乡，是柬埔寨工业矿产能源部在额勒赛河流域规划兴建的电站之一，电站分两级开发，总装机容量12万千瓦。

柬网项目位于柬埔寨中西部金边、磅清扬、菩萨、马德望一市三省，包括变电站、光纤通信、输电线路三个部分，建成后的电网连接首都金边、马德望经济发达地区和主要负荷中心，是柬埔寨国家电网的南干线（洞里萨湖南岸）和第一个国家电网工程，对柬埔寨社会经济发展具有重要意义。

柬埔寨斯登沃代水电站项目实景图

金边－马德望输变电线路项目

（三）项目经验

1. 对政府部门的建议

国际市场广阔、差异巨大，国内同类企业众多、各具优势，在国家"一带一路"倡议下，建议在国家层面对目标区域、参与主体、参与方式等进行顶层设计，指导中央企业之间加强境外投资合作，避免在同一国家、同一区域、同一行业内的恶性竞争。鼓励和扶持一个企业在一个国家或地区做强做优，增强企业话语权，提高经济效益。

2. 对行业协会的建议

建议由行业协会牵头组织深入调研"一带一路"沿线以及其他发展中国家的资源禀赋、开发现状、发展前景和市场需求等情况，建立发布平台，实现信息共享，确保"走出去"目标清晰、有的放矢。建议加强行业内企业合作沟通交流，发布优质项目信息，促进行业内优势互补的企业协同"走出去"，提高中国企业在国际市场中的整体竞争力。

3. 对金融机构的建议

企业是参与"一带一路"建设的重要主体，离不开国家金融、财政政策的支持和引导。建议进一步增强国家政策性银行的融资支持力度，扩大国家政策性保险机构的承保额度和范围。鼓励其他中资银行参与企业海外投资及融资活动，探索建立金融资本与产业资本相结合的对外投资模式，简化和放宽对外直接投资外汇管理政策，为企业参与"一带一路"建设提供便利[注]。

○ 引自中国大唐集团开展国际产能合作调查报告

第三节 风电行业典型企业案例

一、中国国电集团公司

中国国电集团公司坚持以提高质量和效益为中心，统筹利用国际国内两种资源、两个市场，立足自身优势，以优势企业为核心，实施专业化的指导管理，大力推行差异化竞争策略，聚焦"一带一路"沿线支点国家和政治经济稳定、法律健全、发展潜力大的重点区域，创新方式路径，主动防控风险，加快推动一批优质项目落地，积极培育新的增长点，提升集团公司国际化经营能力和水平。

计划到"十三五"末期，中国国电集团境外在运和在建发电装机容量占集团公司总装机容量比例达到 2%，约 360 万千瓦，其中：新能源项目装机240 万千瓦，火电高效清洁能源项目装机 120 万千瓦。海外技术、装备出口新签合同额实现每年递增 10% 的目标，力争中标一个 30 万千瓦以上的海外火电 EPC 总包项目。目前，以龙源电力及国电电力两家企业作为境外投资主体单位开展境外投资业务。

（一）项目背景

"十三五"期间，在发展潜力大、回报率较高的印尼、印度、南非等国家，规划和开发 30 万千瓦及以上的高效清洁火电项目。依托新能源优势，继续深耕加拿大及南非市场，实现风电项目滚动发展，同时重点关注南美、大洋洲以及欧洲等政治经济稳定、新能源政策向好、风力资源丰富的国家和地区，深入研究各国新能源具体政策和鼓励措施，拓展风电、太阳能发电项目投资机会。

（二）项目概况

龙源加拿大风电项目位于安大略省，一期装机容量 9.91 万千瓦，共安装 49 台 GE 风力发电机组。该项目于 2014 年 12 月 1 日正式投入商业运营。

2015 年度，实现营业收入 19433.77 万元，利润总额 2293.08 万元，净利润 2293.08 万元。2015 年末，经集团公司审批，二期 15 万千瓦风电项目立项，且中标 2016 年当地政府风电项目。

龙源加拿大风电项目现场照之一

龙源加拿大风电项目现场照之二

（三）项目经验

1. 强化全方位风险防控

项目开发风险、市场风险和财务风险是海外风电项目的主要风险。就项目开发风险而言，要防范技术风险、政府审批风险和土地使用权取得风险；就市场风险而言，要防范电力需求风险、电力销售风险、电价风险；就财务风险而言，要防范定价风险、融资风险、利率和外汇风险等。实践中，国电高度重视海外项目投资风险识别、评估和管控，确保了投资项目的质量和效益。

2. 建立完善国际化管理体系

国内企业要成功走向海外，就必须针对不同的目标区域和国家，结合当地政策和法规，建立科学规范的管理体系和架构。国电注重顶层设计、规划引领，总部从规划、计划管理及项目各阶段决策把关入手，对下属相关公司的海外业务、区域布局以及制度建设、管理层职责等方面进行规范管理，逐步健全完善了海外项目评估、经营管理、业务工作流程等系列规章制度。

3. 加强海外党建工作

海外项目远离祖国，国电高度重视海外基层党组织建设。加拿大、南非两党支部不断发挥战斗堡垒作用，专题部署党风廉政建设工作，将监督制度执行作为推进风险管控重要手段，进一步明确各项防控措施，因地制宜地将党风廉政建设战线延伸到海外。同时重点针对"三公"经费等八项费用开展专项督查，规范了各项费用的支出，有效防范了海外管理人员的廉洁风险。

二、中国电建集团

中国电建集团积极响应国家"走出去"战略，多年来坚持国际优先发展战略，形成了较强的国际经营比较优势。2015 年，中国电建集团位列 ENR 全球承包商 250 强排名第 7 位、ENR 全球最大 250 家国际承包商第 11 位和全球工程设计公司 150 强第 3 位。近年来，中国电建集团积极响应国家"一带一路"和国际产能合作等国家战略，优先发展国际业务，努力实现打造"能源电力、水资源与环境、基础设施领域具有全球竞争力的质量效益型一流综合性建设投资集团"的战略目标。为实现这一战略目标，中国电建集团进一步调整优化产业结构，发挥产业链一体化优势，推动向产业链高端和价值链的关键环节转型升级，协调发展好国际国内两个市场，优化市场布局，创新商业模式，深化国际优先战略，推动更高水平更大规模"走出去"。将核心主业聚焦在能源电力、水资源与环境、基础设施三大领域，健康发展房地产业务，加快培育战略性新兴业务。

为创建世界一流的跨国企业集团，深入实施国际优先发展战略，充分适应竞争激烈的国际市场，中国电建集团对其下属的电建股份海外事业部、水电国际公司、水电顾问国际公司三家单位进行了整合重组，于 2016 年 3 月 10 日正式挂牌成立中国电建集团国际工程有限公司，制定了"国际业务集团化、属地化和全球化"三步走的国际业务发展战略。通过组建电建国际，整合集团国际经营资源，从战略高度实施海外布局，充分发挥了企业的优势产业，统一开展国际经营业务、加强统筹协调和管理集团成员企业的国际经营活动，实现集团国际业务稳定健康发展。集团海外投资与全球布局全部基于此战略，以全球化的战略思维，通过全球配置资源，逐步实现战略、运营、资本、管理、文化全球化。

目前，中国电建集团在海外设立东南非区域总部、中西非区域总部、中东北非区域总部、欧亚区域总部、亚太区域总部和美洲区域总部六大海外经营中心，业务范围涵盖 116 个国家和地区，形成了以亚洲、非洲为主，辐射东欧、大洋洲和美洲的多元化发展格局。

中国电建集团拥有"懂水熟电，擅规划设计，长施工建造，能投资运营"的核心竞争力。经过多年的发展，中国电建集团拥有成员企业 79 家，其中，18 家水电施工企业，9 家水电设计企业，15 家火电施工企业，9 家火电设计企业，17 家装备制造企业，以及 11 家平台公司、专业投资公司，具备提供投融资、规划设计、工程施工、装备制造、运营管理的一体化、全站式服务的能力，主营业务为建筑工程（含勘测、规划、设计和工程承包），电力、水利（水务）及其他资源开发与经营，房地产开发与经营，相关装备制造与租赁。同时，为适应国际工程建设市场的新变化以及中国电建集团国际业务发展的需要，中国电建集团不断创新 EPC、FEPC、BOT、BT、BOT+BT、PPP 等新型商业模式及运营策略，实施投资、融资、竞标等各种模式并进战略。

（一）项目背景

中国电建集团紧紧围绕国务院印发的《国务院关于推进国际产能和装备制造合作的指导意见》的要求，大力开发和实施境外电力项目，并结合自身优势，积极参与"一带一路"规划和建设，带动中国装备"走出去"。2015年中国电建集团国际业务新签合同额 265.8 亿美元，营业收入 114 亿美元；截至 2015 年年底，集团在 101 个国家设有 160 多个代表处或分支机构，在海外超过 110 个国家执行超过 1000 个项目，在建项目合同总额超过 1000 亿美元。项目类别涵盖电力工程、铁路、公路、地铁、机场、水利建设、港口航道、市政和房建等项目。中国电建集团国际业务份额（新签合同额、营业收入、利润）持续三年稳定在 30% 左右，在国有企业海外经营指标中名列前茅。国际业务已经成为中国电建集团稳步较快可持续发展的重要支柱。

在大力开拓传统工程承包业务的同时，为了适应市场需求，促进转型升级，中国电建集团也正在海外投资领域持续发力，主动服务国家战略，积极参与"一带一路"建设、国际产能和装备制造合作，契合集团历年发展战略。集团在中国企业"走出去"的背景下重点发展境外投资项目。其中中国电建集团境外在建投资项目共计 6 个，分别是：巴基斯坦大沃风电项目、尼泊尔上马相迪水电站项目、老挝南欧江流域梯级水电站第一期（2、5、6 级电站）项目、老挝南欧江流域梯级水电站第二期（1、3、4、7 级电站）项目、巴基斯坦卡西姆港燃煤应急电站项目、印尼棉兰工业园 2×165 兆瓦燃煤发电工程项目。中国电建集团境外运营投资项目共计 4 个，分别是老挝甘蒙塔克水泥厂项目、柬埔寨甘再水电站 BOT 项目、老挝南俄 5 水电站项目、老挝钾盐矿项目。股权收购项目两个，分别是德国 TLT 涡轮增压股份有限公司、哈萨克斯坦水利设计院有限公司。

巴基斯坦有着丰富的水利、风力和太阳能资源。由于资金和技术的缺乏，导致基础设施严重缺乏，长期的电力短缺是制约巴基斯坦社会与经济发展的主要原因之一。所以，以优惠的政策吸引外国投资者投资建设巴基斯坦的能源项目，一直是历届巴政府的首要国策。中巴两国领导人共同倡议的，总投资额 460 亿美元的"中巴经济走廊"，是中国"一带一路"战略的关键一环。巴基斯坦大沃风电投资项目被纳入"中巴经济走廊优先建设项目"清单，受到中巴两国政府的高度重视。

（二）项目概况

巴基斯坦大沃风电投资项目位于巴基斯坦信德省南部卡拉奇市以东 60 公里的"风电走廊"之内，由中国电建集团和巴方共同兴建一个风电投资项目。项目采用 33 台 1.5 兆瓦风电机组进行发电，以 BOO 模式投资开发，总投资 1.2 亿美元。

巴基斯坦大沃风电场全景图

巴基斯坦大沃风电场风机安装完成

1. 合作模式

巴基斯坦大沃风电投资项目由中国电建集团与巴方股东按持股比例共同成立的合资公司——中水顾问大沃电力有限公司[HYDROCHINA Dawood Power（Pvt）Limited]，由该合资公司在巴基斯坦卡拉奇设置项目公司对该项目实行管控。总投资中贷款部分由中国工商银行以项目融资的方式进行贷款，剩余资本金部分由中巴双方按照股权比例进行注资。

2. 经营情况

巴基斯坦大沃风电投资项目于 2015 年 3 月 30 日正式开工建设，项目于 2016 年 9 月 30 日建成发电并进入商业运行，年上网电量可达 13013.07 万千瓦时，年等效利用小时数约为 2629 小时。

3. 产业链培育与布局

巴基斯坦大沃风电投资项目正是中国电建集团利用集团全产业链优势、实现项目参与方合作共赢的旗帜工程。根据股东双方友好协定，中国电建项目投资开发建设中统筹安排项目各项工作，牵头负责项目前期推进及主体协议谈判、融资、建设、运维、监理等各流程。在各流程环节中，中国电建集团精选优质成员单位执行项目任务，以内部竞标推优的方式选择项目实施团队，从而有效实现强化管理、降低成本、有效经营的目的。中国电建集团的产业链布局与合作方在降低项目成本、提高投资收益、降低风险和加强管控等多方面的目标是完全一致的，因此也获得合作方的认同和肯定。

（三）项目经验

1. 本地化战略

国际业务属地化是公司创新国际业务管控模式中的重要一步。集团致力于推动海外经营本土化，逐步提高本地职工比例，开展人员培训和技术转移，强化依法合规经营，履行好企业社会责任，更快更好地融入当地社会。

2. 国际化人才战略

人力资源是企业跨国经营过程中的核心资源。目前，在竞争激烈的国际人才市场，中国企业处于较劣势的地位，加强企业管理、培养跨国管理人才是企业永恒的主题，亟须一批既精通外语，熟悉国际惯例、电子商务、国际市场，又具备较高管理技能、较强的公共关系技能和适应能力、强烈的开拓精神和献身精神的高级管理人才投入到激烈的国际化竞争中。中国电建集团秉承以市场开拓和项目执行为依托，在工作的不同阶段强化公司国际化人才培养战略。在项目推动前期，公司即派遣部分青年员工身赴一线，承担与项目所在地政府和相关股东等各方的沟通和协调工作。随着项目的不断推进，这些前线员工在各类谈判实战中得到充分锻炼，在项目《购电协议》和《实施协议》等主体协议谈判中成长为核心谈判成员。项目进入建设阶段后，公司更是派遣员工驻扎项目现场，亲身体验电站从无到有的全过程，学习独立承担项目商务和技术等方面职责。伴随着项目的顺利推进和实施，公司也迅速培养出大批综合能力强、能够独当一面的国际化人才。

3. 推动中国标准国际化

中国电建集团积极推动中国标准国际化。巴基斯坦大沃风电项目就采用中国标准、技术和设备，同时严格遵守巴基斯坦当地法律法规和环评标准，建设符合当地和世行环境保护标准。

4. 海外履行社会责任

中国电建集团在项目推进过程中高度重视在海外履行社会责任，始终将环境评估作为重点推动，从而确保项目的合法性与合规性。电建海投在大沃风电项目环评工作方面主要采取以下措施：

第一，环评工作拟定分步走的策略，一期进行电站本身的环境评估，二期进行码头航道和灰场等附属设施的环境评估，分阶段开展环评工作并获得批复。

第二，高度重视公众参与，广泛充分地听取各方意见，提高决策科学化和民主化。与巴政府在大沃风电项目的环评工作中，电建海投与当地环保局和环评机构通力合作，走访工程所在地和邻近社区及企业，鼓励公众参与环境评估工作，充分征求附近居民的意见，积极听取各阶层的建议，尽量满足各利益相关方的诉求。

第三，严格遵守巴基斯坦相关法律法规，坚持信息公开，认真执行环评工作公开听证会制度和专家评议制度[⊖]。

第四节　核电行业典型企业案例

一、中国广核集团

（一）项目概况

2013 年 11 月 25 日，在李克强总理和时任罗马尼亚总理的维克多·蓬塔的见证下，中国国家能源局与罗马尼亚经济部能源署签署了《关于核电项目合作谅解备忘录》，中广核与罗马尼亚国家核电公司签署了《关于合作开发罗

⊖ 引自中国国电集团开展国际产能合作调查报告

核项目的意向书》。2015 年 11 月 9 日，中广核与罗马尼亚国家核电公司正式签订《切尔纳沃德核电 3、4 号机组项目开发、建设、运营及退役谅解备忘录》，该备忘录为包含罗核项目投资、融资、建设、运营及退役等内容的全寿期框架协议。罗核项目作为罗马尼亚近 20 年来最大的投资项目，将对作为欧盟和北约东大门的罗马尼亚就业增加、产业带动、GDP 提升及欧洲地缘政治产生深远的影响，同时也为我国的"1+16"和"一带一路"战略的实施注入强劲动力。

从 2015 年 12 月开始至今，中罗双方就项目合资公司股东协议、公司章程以及关键条款文本进行了数轮谈判，目前谈判仍在进展中。目前，罗核项目落地并成功实施的基本面依然看好。总体来看，项目存在以下问题：一是电价审批困难较大。罗马尼亚差价合约机制需要欧盟审批，英国脱欧及欧盟对我国央企投资项目的严格审查将极具挑战性。二是融资成本较高。根据罗方招标要求，中广核作为控股股东还需负责推动和帮助项目公司融资，考虑到国际核电项目投资大、周期长，融资成本将成为关键因素。三是中罗两国诸多标准缺乏互认机制。中罗两国在核能领域初次合作，工程建设、设备监造、用工等的资质和许可制度存在差异，两国尚未签订资质及社保互认协定。

（二）项目经验

1. 标准国际化

中广核一直以来积极推动核电标准领域的国际合作与交流。中广核与法国核电标准协会 AFCEN 长期以来保持良好的合作关系，自 2011 年以来中广核成为 AFCEN 协会会员单位，并于 2014 年双方签订了合作协议，成为 AFCEN 中国用户组秘书处依托单位，并经 AFCEN 授权翻译出版了一系列 RCC 规范中文版。中广核与美国机械工程师学会 ASME 保持了良好的合作关系，是 ASME BVP XI 和 O&M 中国国际工作组秘书处依托单位，多名中广核专家成为 ASME 协会专家会员。同时，中广核也在积极参与 ISO/IEC 等国际标准化组织对应的国内对口标委会工作。目前，中广核共有十余名专家作为全国核能标准化技术委员会（SAC/TC58，对口 ISO/TC85）、全国核仪器仪表标准化技术委员会（SAC/TC30，IEC/TC45）专家委员。

为更好地推进国际标准化工作，建议后续在国家层面加强国内相关国际标准化工作，主管部门或机构与企业单位的有效协调沟通与信息传递，加大参与国际标准化的宣传与基础培训力度，为企业提高参与国际标准化工作的意识、培养自身国际标准化人才，并最终实现体现企业自身技术优势的技术标准"走出去"创造有利条件。

2. 金融服务

（1）外汇管理

去年以来，在复杂而动荡的国际金融形势下，监管部门为了维护金融体系的稳定，提出了宏观审慎的外汇监管政策框架。对结售汇业务、跨境资金池业务等提出的新监管要求，给企业的日常外汇业务带来一定影响。建议监管部门针对国有大型企业统筹考虑，在结售汇、对外投资等方面给予一定的政策支持，便于企业更好地规避外汇风险、有序安排对外投资计划，达到稳健经营的目标。

具体来说，一是希望减少外汇出境限制，规避有外汇管制、小币种国家的流动性风险和汇率风险；二是加快推进人民币国际化，使海外业务收支直接以人民币计价结算。

（2）项目融资

核电站是资金密集型项目，拟建核电站的很多国家都面临缺乏资金的情况，因此在整个投标环节中，融资都是招标国非常看重的方面。但是，目前国家尚缺乏对于核电项目"走出去"在融资上明确的优惠政策。建议在以下几个方面给予核电项目"走出去"融资优惠政策：

一是利率。建议给予国家重点扶持的核电"走出去"项目CIRR的优惠利率，提升核电整体竞标方案的竞争力；具体方式可以考虑以外汇储备向国家开发银行或进出口银行定向发债或委贷的形式将资金通过政策性银行给到企业。明确政策性银行支持核电项目"不赢不亏"的原则，并在考核中剔除银行支持核电项目"走出去"而对自身带来的不利影响。

二是贷款期限。由于核电项目回收期长，因此建议对于国家开发银行或进出口银行等银行向核电项目"走出去"的出口信贷等贷款品种可以给予期限延长的优惠政策，建议贷款期限可以延长到 30 ～ 40 年。

三是贷款品种。由于目前很多国家要求中资企业参与投资，因此建议除了出口买方信贷以外，建议银监会可以批准银行给予核电海外投资项目设立专项境外投资贷款，降低企业资金投入压力。

四是具体措施。充分发挥亚投行、丝路基金、中东欧基金等金融机构的作用，在制定运作规则阶段就充分考虑到支持核电项目"走出去"的具体措施。

五是出口信用保险。目前，中国出口信用保险公司提供的出口信用险最高年限为 20 年，如前所述核电站投资回收期长，建议承保期限可以延长到 30 ～ 40 年。另外，根据欧盟相关法律，政府担保比例仅为 80%，而中国信保一般要求的比例为 100%，因此，建议打破政府担保比例的强制性要求，在政府担保比例方面根据不同国别政府法律而做适应性调整。

（3）跨境资金池

跨境人民币资金池设立的宗旨是强化同一集团内境内外资金联动，提高资金使用效率，降低财务成本。而"811"汇改之后，中国人民银行为防止套利不再允许境外机构境外账户与 NRA 账户之间的资金互转，此规定极大地影响了同一集团内跨境人民币资金池的实际运作（包括资金调拨及账务处理等）。建议中国人民银行按实质重于形式的原则，对同一集团下属成员企业出于优化自身境内外债务成本的提前还款操作给予适当放宽。

3. 财税支持

从税收制度来看，2008 年开始实施的企业所得税法改变了过去只允许企业办理外国税收直接抵免的做法，允许企业进行多层间接抵免，从而有效缓解了部分"走出去"企业遭受的双重征税问题。但是，随着我国企业"走出去"形式的多样化和复杂化，现行境外所得税收抵免制度仍然存在需要国家给予支持和优化的方面。具体建议：

1）增加允许间接抵免的层级。根据财税〔2009〕125 号文规定，企业境外所得间接承担的税额可以享受最多三层的间接抵免，即国内的母公司可以用其境外子公司、孙公司和重孙公司负担的东道国所得税抵免其在中国应纳税额。由于我国目前外汇管制较严、东道国投资管理限制条件较多以及企业自身战略经营管理的需要等原因，越来越多的企业在境外设立多层法人公司，而且往往是从低税负国家或地区依次投资到高税负国家或地区。如果一刀切地规定只办理境外三层的间接抵免，增加了许多"走出去"企业以多层公司形式开展跨国经营活动的税收负担。其他国家对于境外所得税抵免的层级也有超过3层，比如美国，且目前财税〔2011〕23号文已经给石油企业境外五层的间接抵免待遇，因此，建议增加允许间接抵免的层级。

2）适当考虑放宽允许间接抵免的持股比例和规定持股时间。我国允许间接抵免的直接或间接持股比例应超过20%（在与部分国家签订的税收协定中，持股比例限定为10%），即境内的母公司想要进行境外三层间接抵免，每一层的直接持股比例均达到20%以上，并且母公司持有境外各层附属公司的持股比例按照连乘法计算也要达到20%或以上（但没有持股比例时间上的限制）。该持股比例的规定对正处于"走出去"初期的中国企业并不利。因为企业在国际化进程中，尤其是对国际资本较高的知名公司进行参股时，持股比例的多少不一定由我方控制，一旦持股比例达不到20%的要求，企业的境外投资所得就不能享受间接抵免。尽管我国对外签订的税收协定一般都规定允许间接抵免的持股比例为10%，但并不是所有国家都与我国签订了税收协定；而且，税收协定允许办理的只是母子公司之间的一层抵免。因此，从长远角度出发，为了彻底消除"走出去"企业被重复征税的现象，使企业能灵活地选择"走出去"的投资方式，在征管条件许可的情况下，放宽允许间接抵免的持股比例，降低本国企业办理间接抵免的门槛很有必要。

对此，美国关于境外所得税收抵免的做法值得借鉴。美国居民纳税人境外已缴企业所得税要想获得抵免需要满足最低股权要求，即美国母公司必须拥有第一层外国子公司至少10%的有表决权的股份；多层抵免的规定是每一外国公司必须直接拥有下层外国公司至少10%的股票表决权，且美国母公司间接拥有外国附属公司（从第二层到第六层）的股权必须至少为5%；多层的间接持股比例由各层级持股比例连乘计算求得。此外，第四、第五、第六层的附属公司必须属于外国受控公司，且美国母公司必须被视为每一层级的"美国股东"。当然，为了防止由于持股比例门槛的降低而被纳税人从事投机性活动以规避税收，还应规定允许办理间接抵免的连续持股时间。美国的做法是，就普通股和多数优先股而言，如果按月付息，在 31 天期间至少持有 16 天；在超过 366 天的期间，要求开始的 45 天必须持有。按照我国的具体情况，可以规定允许间接抵免的连续持股时间至少在 12 个月以上。

4. 人才队伍

按照"走出去"的战略导向，中广核将在国际化、全球化的舞台上与世界强国、强企竞争，未来面临国际化的诸多挑战，希望国家在央企"走出去"和国际化方面多提供指导，尤其对于央企国际化人才的吸引、使用、薪酬激励等各方面的体制机制提供政策扶持。加快国际产能合作方面的人才交流和人才培养工作，由国家层面统一成立相关平台，一带一路相关企业积极参与，共享相关培养资源，互相学习交流人才培育经验⊖。

⊖ 引自中广核开展国际产能合作调查报告

第二章
有色企业产能合作典型案例

第一节　有色金属矿产开发典型企业案例

中矿资源

（一）企业概况

中矿资源勘探股份有限公司（简称中矿资源）成立于 1999 年，源自原中国有色金属工业总公司地质勘查总局，是以境外业务为主的、国内地质勘探行业首家上市公司。公司主营业务为固体矿产勘查工程、国际工程、矿业投资和海外勘查后勤配套服务。中矿资源秉承中国有色行业的优良传统和作风，面向国际市场积极开拓创新，经过十余年的不懈努力，公司已确立了海外商业性地质勘查技术服务领域的领先地位，是我国首家成规模走出国门的商业性地质勘查技术服务企业，是我国商业性地质勘查行业在海外市场开拓进取的领军企业，是中国"一带一路"政策的"先行者"和"排头兵"。

（二）国际历程

中矿资源积极响应党中央、国务院提出的"走出去"和实施矿产资源供给的"两种资源，两个市场"发展战略号召。2000 年 7 月，中矿资源正式踏出国门，参与了我国政府批准在海外投资开发建设的第一个标志性有色金属矿山——赞比亚谦比希铜矿的建设，开始了10余年的，与谦比希铜矿共命运、同甘苦的长期合作历程，开启了中矿资源的海外之路。2004年，中矿资源进入巴基斯坦，先后完成了象征着中巴友谊的巴基斯坦杜达铅锌矿、巴基斯坦杜山达克铜矿的地质勘查工作；2005年，中矿资源进入津巴布韦矿产勘查市场，先后完成了津巴布韦霍普韦尔超大型铂钯矿、津巴布韦卡年巴铀矿和津巴布韦瓜伊河超大型煤矿的勘查工作；2006年，中矿资源进入巴布亚新几内亚市场，完成了中国在南太平洋投资最大的项目——巴布亚新几内亚瑞木镍钴矿项目的验证探矿、基建探矿和生产探矿项目；2007年，中矿资源进入马来西亚市场，完成马来西亚吉兰丹SOKOR大型金矿勘查项目；2008年，中矿资源进入阿富汗市场，完成了世界级探明未开发的超大型铜矿项目——阿富汗艾娜克铜矿验证、补充勘查和资源评价项目；2010年，中矿资源进入老挝市场，完成超大型红土铝土矿项目——老挝南部帕克松超大型铝土矿勘查项目等。中矿资源凭借自身优势，积极开拓海外市场和业务，在海外市场中占据了一席之地，成为"一带一路"政策的首批践行者。

伴随"一带一路"政策的实施，中矿资源的发展步伐和发展战略也在不断地赋予新的内涵。

首先，稳固发展非洲区域业务，在赞比亚、刚果（金）、津巴布韦和乌干达等国家建立子公司，形成稳定的经营场所和团队，建立了长期的业务"根据地"，在非洲取得矿权33个，面积756.34平方公里，每年在施工项目20余个，目前在手合同额达18亿余元。

其次，发展亚洲和环太平洋区域业务，在完成搭建非洲的战略布局的同时，中矿资源积极发展亚洲和环太平洋区域业务的战略布局。在巴基斯坦、阿富汗、巴布亚新几内亚、老挝、马来西亚、印度尼西亚建立项目部和子公司。

再次，积极发展西亚－东南欧市场，为保证中矿资源的稳定、持续和高速发展，2011年起，中矿资源的"走出去"战略开始增加实施了"积极发展西亚－东南欧市场"的内容。中矿资源先后派遣技术、经济和法律等人员对世界上著名的古特提斯海成矿带土耳其、阿尔巴尼亚等国的多个锰矿、铅锌矿、金矿、铬铁矿和铜矿进行现场考察和现场工作。

最后，中矿资源将在初步形成"非洲、亚洲和环太平洋、西亚－东南欧市场"

的全球战略布局的基础上，借助于先发优势、先进的技术优势、诚信的服务意识和自强不息的拼搏精神，在海外不同区域市场不断地开拓进取。

中矿资源勘探股份有限公司由小到大，经过十余载的成长，步伐越来越坚定、音符越来越响亮，如今该公司已成为我国海外商业性地质勘查技术服务专业队伍中的领军人，被誉为海外资源勘探的"神眼"、中国地勘行业"走出去"的"尖兵"，在固体矿产勘查技术服务、矿权投资业务等方面取得了许多可喜成果。目前已在赞比亚、津巴布韦、刚果（金）、巴布亚新几内亚、阿富汗、巴基斯坦、马来西亚、印度尼西亚、老挝、菲律宾、加拿大、利比里亚、土耳其、阿尔巴尼亚、乌干达等20几个国家展开业务。已探获铜、铅、锌、铬铁、铂钯、金、银、镍、钴、铝、铁、煤炭、铀等金属与非金属矿种有20多种，截至2015年年底，勘探获取的资源潜在经济价值超过5万亿元人民币。

中矿资源深耕"一带一路"沿线各国多年，考虑到"一带一路"沿线国家的需求主要是对中国成熟的具有一定领先优势的专业和技术优势，中矿资源通过不断创新市场开拓的经营思路，通过与当地企业进行多领域、多地域、多层次的全方位合作，从而更有效地保证中矿资源在多领域都能在这个国家实现长足发展。2016年，中矿资源与肯尼亚当地企业共同投资设立肯尼亚中矿资源有限公司，迅速进入肯尼亚的市政工程、高速公路、输油管道等建设领域。把中矿资源拥有的专业公司的项目管理能力、先进的施工工艺和资本与当地企业有机结合，以专业技术和项目管理为纽带，再结合当地的企业主体，充分利用当地市场和资源，把中国的品牌和企业变成属地化的品牌和企业，突破贸易壁垒，真正转移中国的优势生产力，最终实现中国资本和技术的集团式外输。

研发和技术创新能力是企业赖以生存和发展的基础，也是企业核心竞争力的体现。为此，中矿资源确立了未来重点研发和技术创新方向。为适应寻找深部、边部隐伏矿床的需要，提升复杂地层钻进技术、深孔–超深孔的钻掘技术，公司将在全面加强自身研发能力的同时，积极与合作院校通过多种形式进行合作，重点研发深孔液动潜孔锤钻进技术、深孔钻井泥浆护壁技术、复杂地层绳索取芯技术及反循环连续取芯技术、固体矿产定向钻探技术等关键的钻探工艺技术。公司业务开展目前依靠的主要钻探设备为中深孔钻机及钻杆、钻具等配套材料，主要钻探设备为国产钻机和日本长年公司制造的38、55型钻机。为提高公司海外矿产勘查项目的服务速度与效率，缩短钻探样品的采样、加工、岩矿鉴定、化验、测试、分析周期并进而缩短勘查、找矿周期，公司已根据每年需要化验分析数万个钻探采样样品且数量不断增加的实际情况，在2012年10月投资成立了中矿（天津）岩矿检测有限公司。公司控股组建和运营天津岩矿检测，不仅能够提高公司自身地质勘查样品的分析测试能力和效率，更能提高公司岩矿测试和分析技术的综合研究和开发能力，并促进公司勘查业务的快速发展和竞争能力的进一步提升。未来三年内，公司将以天津岩矿检测为平台，全面引进并研发勘查检测新技术、新方法、新工艺和新设备等，同时组织共同研发或攻关，积极引进专业人才，努力提高其各项检测效率，更好地为公司的勘查业务开展提供后勤技术支持。

（三）企业经验

中矿资源海外业务主要集中在非洲、亚洲和南欧，业务网点涵盖了"一带一路"沿线亚洲国家和海上丝绸之路在非洲大陆的停靠点。中矿资源各海外子公司在落实国家"一带一路"战略的过程中，积极履行社会责任，树立起中矿资源和中国企业的良好形象，推动了"一带一路"和社会责任相互促进、共同发展。

1）中矿资源大力推进"属地化管理战略"，积极创造就业机会，努力提高本地员工雇佣比率，雇用当地员工3000多人，并向雇用的员工传授专业的技术，提升其专业技术水平，同时积极参与社会公益活动，受到"一带一路"沿线国家的广泛好评。

2）在埃博拉病毒肆虐刚果（金）期间，许多西方公司停产歇业，当地大量工人失业。但是中矿资源刚果（金）子公司努力克服各种困难，不仅没有停工裁人，反而在力所能及的范围内帮助当地政府和民众解决困难，积极履行了中国企业的社会责任。

3）中矿资源刚果（金）子公司针对刚果（金）艾滋病感染率高的现状，每月末邀请医疗机构的医务人员到项目现场，进行免费的艾滋病检测和预防的相关培训。

4）中矿资源坚持诚信经营，注重对员工尤其是外派的中方员工的教育，严格按合同施工，同时主动扶贫助困，捐助修缮，在开工伊始就和当地村庄达成一些社会援助项目，先后为村庄修建了道路、公交站台、桥梁等利民的小项目，同时，在赞比亚向玛格丽特中学定向捐赠价值近50万克瓦查的20台套教学电脑及配套的电脑桌椅，大大提高了公司声誉，用事实树立了中国人民及中国企业的良好形象。

5）中矿资源赞比亚子公司作为当地中资企业商会副会长单位，克服赞比亚总统大选期间骚乱不断、社会动荡的恶劣影响，坚持施工，有序组织生产、推进进度，受到业主方普遍好评。同时严格按照合同和环境评估要求，减少对环境的影响，很多项目通过美化、优化成为当地一道亮丽的风景。

中矿资源是在中国有色金属工业局解散、有色金属地质总局人员分流的情况下成立的。在没有事业经费和北京地勘市场较少、地方地勘市场竞争激烈的情况下，毅然选择了具有高风险的海外地勘市场。在国家"矿产资源要充分利用国内外两个市场、两种资源，矿产资源勘查、开发工作'走出去'"的政策指引下，历经拼搏，在短短几年内确定了海外地勘行业的领军人地位，足迹遍布"一带一路"沿线诸多国家和地区，为国有地勘单位的市场化、企业化改革提供了良好的借鉴模式和模范榜样。

国际化如同一场赛跑，欧美跨国公司比中国企业起跑的时间要早、速度要快，管理理念、技术资源、本土化能力等远强于中国企业。中矿资源总裁王平卫认为：中矿资源要想做大做强，实现全部的国际化，成为国际一流的地勘企业，必须以"一带一路"发展战略为基础，凭借中矿资源的上市平台，借力资本市场，以世界为纬度整合全球资源，使中国企业的制度、管理、技术、文化与国际领先者快速对接，最终实现"花开全球，跳级发展"。

未来中矿资源一方面通过对产业并购，在全球范围内进一步整合资源；另一方面，加速海外基地、海外服务网络、市场渠道的建设。同时中矿资源也将继续带动中国地勘企业走出国门，继续展示中国地勘企业在国际市场上的优秀风采，扩大中国地勘企业的国际影响力[一]。

㊀ 引自中矿资源开展国际产能合作调查报告

第二节 有色金属矿产加工典型企业案例

一、华友钴业

浙江华友钴业股份有限公司（以下简称华友钴业）是一家专注于钴、铜有色金属采、选、冶及钴新材料产品的深加工与销售的高新技术企业。该企业主要生产四氧化三钴、氧化钴、碳酸钴等钴产品及电积铜、粗铜等铜产品。公司是中国最大的钴化学品生产商之一，钴化学品产量位居世界前列。华友钴业的成功，与其积极践行"走出去"战略是密不可分的。2006年起在非洲进行钴铜矿资源的开发，通过多年在非洲的经营，已建立起完整的钴铜矿产资源的采、选、冶产业链体系，为公司的长远发展及国内钴新材料产业制造平台的原料提供奠定了坚实基础。

（一）企业概况

华友钴业于1995年获得了"第一桶金"，并逐渐发展壮大。在企业发展过程中，发现钴产品市场大有可为，在2000年建立了一条国内领先的钴湿法冶炼生产线。2002年创立公司，当年5月开始进行项目建设，形成生产和产品销售，在2004年销售收入就突破亿元，并快速成为国内钴化学品的主要供应商之一。公司为了扩大再生产、锑生产工艺技术，以自有技术为基础，对原有的生产线进行全面改造。通过本次技改，不但使公司的生产能力提升了一倍，而且整个生产系统的节能减排、循环经济和产品质量得到了全面提升，并逐步成为全国钴业的领军企业。公司于2015年1月29日在上海证券交易所成功挂牌上市，进入资本市场后为企业后续发展提供了坚实的资金支持。现在全球最大钴冶炼企业年生产能力约为13000吨金属量，而华友钴业的年产能将达到近15000吨，在产能规模上实现全球行业领先。

（二）国际历程

华友钴业过去的发展道路，就是一个不断求新求变、转型转变的过程。

华友钴业的每一次转型都是一次产业升级，每一次升级都使企业进入到一个新的发展阶段。

20世纪90年代末，信息时代的到来，推动了钴酸锂为正极材料的全球锂离子电池行业的发展，给钴产业带来新的机遇。公司成立后遇到的第一个发展瓶颈，就是国内钴资源贫乏的现实问题。公司总裁陈雪华在公司正常生产后，于2003年毅然做出"走出去"的关键一步，踏上了机遇与挑战并存的非洲大陆，进行钴资源的开发。同时，公司把资源的控制放到了公司的长远发展和战略高度。

自2003年起，公司开始带领团队前往非洲投资环境考察，谋划投资布局。在前期充分考察和调研的基础上，公司最终形成了以贸易带动实业的非洲投资开发投资思路。在前期考察、谋划的基础上，自2006年起，公司开启了大规模对非投资的历程。在发展过程中，公司建立非洲贸易平台、构建境外运营保障体系、建设刚果（金）铜钴冶炼项目、开展矿产资源投资。

首先，通过"走出去"，打破了以前中国企业的钴原料受制于人的局面。我们通过贸易与矿山开发，每年向国内母公司提供近一半的原料，解决了公司等米下锅、无米下锅的状况，为公司的快速发展提供了坚实的原料保障，也为今后的发展打下了基础。

其次，通过"走出去"，不但锻炼了一支能吃苦耐劳的队伍，培养了大量的国际化精英人才，也在国际化的生产和管理中使公司走到了行业前沿，成为一个名副其实的国际化公司。

（三）企业经验

从华友钴业"走出去"的发展情况看，随着企业发展速度的加快，市场竞争压力特别是新产品开发压力的增大，出现了来自其他企业的压力、国际化人才紧缺、投资风险等问题。

1. 加强政府服务

建立境外资源勘探开发协调机制，完善谈判机制，加强进出口协调管理，规范秩序，发挥整体优势，防止恶性竞争和无序发展。要加强面向民营企业的信息服务，以境外企业、项目、资本和人员的基本状况等作为国家数据库的主要内容，据此建立相应的民营企业"走出去"管理服务系统；发挥驻外使馆一线作用，多方面收集驻在国法律、法规及具体业务信息，帮助民营企业了解对外投资和商品与进出口相关的政策法规，为民营企业进入国际市场创造机会。

积极发展社会中介组织，为企业提供法律、财务、咨询、知识产权和认证等服务。深化各类商会、协会联合企业组织，应代表企业利益。另外，商会、协会应加强内部管理，建立行业自律机制，避免企业间的恶性竞争。

2. 安排相关激励性政策

积极争取国家的国外矿产资源风险勘查专项资金，同时扩充省级地质勘查金，按照一定比例用于境外资源勘探开发。引导企业积极争取国外矿产资源风险勘查专项资金，为了贯彻实施"走出去"战略，财政部已经出台了《国外矿产资源风险勘查专项资金管理办法》（财建〔2010〕173号）。由中央安排专项资金，用以到国外进行国内短缺、国民经济发展急需的矿产资源勘查项目的补助资金和开发项目的贴息资金。建议扩充省级地质勘查基金，按照一定比例用于企业到境外省外勘探开发矿产资源。省财政厅、国土资源厅要建立赴境外省外勘探开发矿产自愿申请省级地质勘查基金的管理办法，力争使资源用到位，实现地质勘查基金的保值增值。对基金的使用和管理，要按照风险共担、利益共享的原则，实行有偿使用和风险投资相结合，严格按项目管理，激励全新的基金使用机制。

3. 给予勘探开发矿产资源优惠

矿产开发的前期资金投入大，具有风险投资的特征，需要在政府支持前，推进"走出去"企业的政策性和商业性融资。要帮助省内企业积极争取国家优惠信贷的支持；对国内紧缺矿产，中方份额矿产品及其加工返销国内时减免进口关税和进口环节增值税等；将矿产品返销省内的企业，应该给予优先融资和一定税收减免政策。

二、中色股份

中国有色金属建设股份有限公司（简称中色股份）作为中国有色金属工业行业的对外窗口，业务遍及北亚、中东、中亚、南亚、东南亚和非洲等"一带一路"沿线的20多个国家和地区，成功将中国先进成熟的有色金属工业技术、大型成套设备和管理经验输出到"一带一路"相关沿线国家，极大地促进了项目所在国的工业、经济和社会发展，为中国与"一带一路"沿线国家的政治互信和共同发展做出了贡献。

（一）项目背景

伊朗南方铝业公司电解铝厂二期项目是中色股份践行"一带一路"战略，积极参与国际产能合作的又一典型项目；是在海外成功实施伊朗阿拉克11万吨/年电解铝厂项目、哈萨克斯坦巴甫洛达尔25万吨/年电解铝厂项目，以及成功参与建设印度韦丹塔125万吨/年电解铝厂、伊朗霍尔木兹甘14.7万吨/年电解铝厂、伊朗加佳姆11万吨/年电解铝厂项目等一系列电解铝项目基础上，成功开发的又一电解铝厂项目；是目前中色股份在海外承建的单个合同金额最大、工作范围最为完整的EPC总承包项目。

项目的正式实施，为中国和伊朗在有色冶金领域的产能合作增添了浓重的一笔。在电解铝行业，两个国家有着良好的合作基础，一方面中国电解铝行业经过多年的发展和积累，项目建设经验丰富，技术已达到国际先进水平；另一方面，伊朗电解铝产能有限，国内需求缺口较大（目前每年需进口20多万吨铝锭），但油气资源价格低廉且供应充足，建设高能耗的电解铝项目有着得天独厚的优势。伊朗南方铝厂二期项目是目前中国和伊朗在有色冶金领域产能合作的最大项目，项目的顺利实施对中伊双方有着重大而深远的意义。

（二）项目概况

伊朗南方铝业公司电解铝厂二期项目位于"一带一路"重要国别伊朗的法尔斯省拉玛尔德地区，业主是伊朗南方铝业公司，项目包括建设年产30万吨的电解铝厂及其配套的港口卸料和储运设施，合同金额71.19亿元人民币，项目工期 41 个月，合同内容包括地质勘查、基本设计、详细设计、设备和材料供货、土建施工、设备安装、试车、性能考核、培训、一年的生产和维护管理等工作。项目资金安排为 15% 的预付款，剩余 85% 采用类似于买方信贷的方式从中国融资。该项目于 2011 年 2 月 28 日签约，并于 2015 年年底正式启动。

该项目在技术上将采用我国自主研发的 430kA 级高能效铝电解槽技术，该技术成熟可靠，是目前我国具有成熟运行经验的先进电解铝生产技术，电流强度、电流效率、直流电耗等主要技术经济指标均达到世界先进水平。在设备和材料出口方面，国产设备和材料的占比约 80%，预计将直接或间接带动超过 200 家国内的装备制造和材料生产企业"走出去"，出口额超过 40 亿元人民币。项目建设需要大量的钢结构、铝母线、电缆电线、耐火材料和绝缘材料等，这些材料的出口将有利于消化国内的富余产能。劳务输出方面，项目建设的桩基工程、钢结构安装、设备安装、试车和性能考核、培训和生产运营管理将需要大量国内企业的人员，预计将带动超过 1500 人的劳务输出。

该项目是中资企业在伊朗以 EPC 总包方式承建的最大的非油气工业项目，项目成功投产后，伊朗电解铝产能将增加 30 万吨 / 年，大力改善伊朗长期缺乏电解铝产品供应的现状；另一方面，项目投产以后，铝厂每年可为当地增加 5.1 亿美元的生产总值（按 1700 美元 / 吨的铝价计算），提供直接就业岗位约 2000 个，间接就业岗位约 6000 个，对促进当地经济的发展和改善当地居民的生活水平具有重要意义。

该项目的顺利实施将进一步促进和推动中伊两国在有色冶金领域的产能合作，全面带动中国的先进技术、成套设备、材料、劳务的大量出口，对于转移我国优势产能、消化国内富余产能起到较大作用。

（三）项目经验

中色股份从 2003 年开始跟踪该项目，直至 2015 年年底正式启动，整个开发过程历时十余年。期间，伊朗由于遭受国际社会的多重制裁，国内经济困难，直接导致项目融资进程缓慢，预付款筹集困难。回顾整个项目开发历程，可以发现整个项目开发史就是一部困难解决史，因此项目经验也具有重要的借鉴意义。

1. 发挥专业能力优势，始终贯彻"终生为业主服务"的合作理念

作为有色行业的龙头企业，中色股份在伊朗成功实施了佳加姆氧化铝厂改造项目和阿拉克电解铝项目，出色完成了霍尔木兹甘电解铝项目的分包工作，特别是佳加姆氧化铝厂改造项目，公司完成了多个国家专家不能完成的工作。佳加姆氧化铝厂由捷克公司承建，1999建成后多次试车都不成功，随后业主找了俄罗斯等多国专家帮助解决问题，也未能成功，后来中色股份以300万美元的较小代价，耗时两年帮助业主对投资近5亿美元的氧化铝厂进行改造，最终将生产线打通，开始了正常生产。

2. 不局限于承包商角色，主动协助业主解决各种困难

在整个项目开发过程中，中色股份密切联系业主，主动帮助业主解决各种问题：在项目策划阶段，为业主提供咨询和资料，协助完成项目可研等前期工作；在项目审批阶段，协助业主安排银行等审批部门参观交流，推动项目审批；在项目资金筹集阶段，充分调动各种资源，为业主安排融资，做好资金安排，并在风险可控的情况下，为业主垫付部分费用。

3. 坚定产能合作大方向，长期深耕伊朗市场

伊朗是中色股份重点开发的国别之一，具有以下特点：矿产资源丰富，为发展有色冶金工业提供了保障；油气资源供应充足且价格低廉，建设高能耗的电解铝、铜冶炼等有色冶金项目有着得天独厚的优势；多年来经受国际社会的多重制裁，发展自主工业的意愿强烈。这些特点决定了在伊朗开展有色冶金产能合作有着广阔的潜力，也坚定了中色股份深耕伊朗市场的信心。正是因为有着长期发展的坚定信心，在2005年项目一期竞标失利的情况下，中色股份不断坚持，继续跟踪后续项目；正是因为有着长期发展的坚定信心，在2010年伊朗经济形势极为严峻，许多公司选择退出伊朗市场的情况下，中色股份选择了坚守；也正是因为有着这种坚定信心，当2013年面对其他企业低价竞争时，才不会短视地选择竞相降价的策略，而是积极与业主沟通，解释价格的合理性，同时，在部分条款上做出适当让步。

4. 群策群力，发挥团队协作优势

海外工程项目开发犹如接力赛，没有长期的团队协作很难取得成功。该项目的开发也一样，在跨度 10 余年的项目开发过程中，中色股份领导的长期支持、开发团队的不懈坚持、遇到困难时相关部门的群策群力，这些都是项目开发取得成功不可或缺的因素⊖。

第三节　铜镍等金属矿产典型企业案例

海亮集团

海亮集团属于民营企业。伴随企业的发展，所需要的原材料、劳动力、资金等已经满足不了公司的发展，因此必须实施"走出去"战略，从国际范围内获得企业发展所需要的资源。海亮（越南）铜业有限公司不仅在利用当地土地、劳动力、政策优惠方面提高了公司利益水平，更重要的是在整合产能资源、规避国际贸易壁垒方面发挥了较大的作用。

（一）企业概况

海亮集团创始于 1989 年，秉承"以人为本，诚信共赢"的核心价值理念，以构建和谐生态文明社会为己任，25 年来，从一家立足于浙江初始资本只有不到 16 万人民币的民营小企业，发展成为有色金属、地产建设、农业食品、环境保护、基础教育、金融服务为主体，拥有境内 5 家上市公司，总资产 617.92 亿元的国际化大型民营企业集团。海亮集团的快速发展，不仅仅与其多元跨界，尊重创造，责任为心，诚信为本的企业发展理念有关，积极推进"走出去"战略也是一个重要的因素。

⊖ 引自中色股份开展国际产能合作调查报告

（二）国际历程

1989 年,海亮集团前身诸暨县铜材厂成立,成为海亮集团发展壮大的起点。进入 21 世纪,集团营业收入首次突破百亿,首次进入"中国企业 500 强"。

改革开放以来,随着我国经济社会的快速发展,工业化、城镇化的快速推进,对铜矿产的市场需求强劲,重要矿产消费增长快于生产增长。1990 年以来,我国的铜需求量增幅在 10% 以上,到 2002 年中国成为全球消费的第一大市场,其年消费达到 260 万吨,占全球铜消费量的 19.5%,此后一直持续增长。伴随海亮集团的扩张发展,其"走出去"获取国外铜原材料资源也就成为一个必然的选择。与此同时,随着劳动力成本上升、市场消费不足,公司"走出去"也是为了拓展国际市场,获取品牌、技术、人才等战略要素,以及利用当地劳动力等降低厂品成本,从而推动企业的跨越式发展。

海亮集团的市场国际化步伐开始于 2001 年。到 2014 年,海亮集团已经和 180 多个国家和地区的 900 多家客户建立了长期稳定的业务合作关系。海亮集团成为我国铜及合金铜管出口数量、金额最大的企业,连续四年全国出口量第一,继续保持铜管行业出口的龙头地位,国际竞争力日益增强。

公司的生产国际化在越南起步。2007 年在越南投资建立了海亮首家海外生产基地——海亮(越南)金属制品有限公司,2009 年海亮集团又在越南前江省投资 4718 万美元设立海亮(越南)铜业有限公司,2012 年,还在刚果投资了 4500 万美元合作开采矿产业资源,2014 年开始对部分异常区域进行试验性钻探。

（三）企业经验

与很多民营企业一样,伴随着企业的做大做强,海亮集团一步一步地从市场"走出去"到生产"走出去",从主业"走出去"到产业"走出去"。主要经验包括:

1. 利用越南优势,降低企业经营成本,提升企业经营业绩

项目充分发挥越南低廉的土地、人力、动能优势,降低生产成本。同时,充分利用越南外资企业税收优惠,降低企业税负,提升经营业绩。越南与美国、

欧盟、东盟经济体系等都有比较优越的双边贸易关系。

2. 盘活存量资产，助推企业转型升级

海亮集团利用生产线搬迁改造，实施连续化、短流程、高效节能的工艺技术改造，提升生产线的使用效率，提高产品档次，进一步优化公司产品结构，推动企业转型升级，增强企业可持续发展能力，促使企业规模优势进一步凸显，海亮集团在铜加工领域领导厂商的地位更加稳固。

3. 利用越南生产基地，积极拓展国际市场

海亮集团利用越南生产基地有效地避免了美国、巴西等国家贸易壁垒，通过将越南生产基地生产的产品继续销往美国和巴西，弥补了贸易壁垒造成的市场份额损失。另外，发挥越南生产基地的桥头堡作用，加大东南亚市场拓展力度。自 2008 年金融危机以来，欧美市场需求持续低迷，公司在欧美的销售额持续下降，但总体外销形势依然保持良好状态。

4. 坚持以人为本的企业文化，加快企业国际化经营进程

在跨国经营管理方面，一方面公司通过不断加强培训，要求员工学习、了解越南相关的法律体系和文化，并结合当地实际开展经营活动；另一方面，公司通过逐步提高在业企业的员工属地化程度，灌输公司以人为本文化，关爱越南当地员工，为员工提供优越的工作、生活环境，持续地选拔优秀越籍员工到中国本部参加培训，并提供各种晋升的空间、加快实现本土化管理，构建和谐海外经营环境⊖。

⊖ 引自海亮集团开展国际产能合作调查报告

第三章
建材企业产能合作典型案例

第一节　建筑材料及制品典型企业案例

中国建材集团

（一）企业概况

中建投巴新公司（以下简称巴新公司）作为中国建材集团第一个"走出去"的成功典范，历经近 30 年的发展，从几百平方米的简陋商店发展到现如今业绩连年增长，2015 年销售额达 6935.2 万美元，已成为巴布亚新几内亚当地最大的建材＋家居产品一站式综合服务商，实现了对巴新各主要岛屿全覆盖，并开始推动巴新建材＋家居连锁超市模式（以下简称 BNBM HOME 模式）的海外拓展。截至 2015 年年底，巴新建材＋家居连锁超市规模已达 13 家，并收购了瓦努阿图最大的连锁超市，成功实现了 BNBM HOME 模式在海外的首次复制。巴新公司经历了不平凡的发展历程，也积累了丰硕的宝贵经验，可以说巴新公司的成功绝非偶然。在中国建材集团大力发展国际化经营、提高国际化水平战略，确立海外物流平台搭载电子商务新型贸易模式为贸易导向，提炼 BNBM HOME 模式的可借鉴经验，探寻商业模式的价值并加以复制，为企业积极稳妥"走出去"做出巨大贡献尤为突出。

（二）企业经验

回顾巴新公司的发展历史，在不断摸索"走出去"有效路径的过程中，公司管理团队敏锐捕捉到建材零售的商机，及时调整业务发展方向，成功站稳脚跟，积累了宝贵项目经验。

1. 正确的战略选择

在随后几年的探索中，管理团队顺应当地市场情况，认真研究当地居民消费习惯和消费水平，不断调整丰富产品线，形成了初具规模又适销对路的产品线，为开展连锁经营、迅速发展壮大打下了坚实基础。

2. 国内集成，海外分销

在公司决策层的大力推动下，巴新公司专门成立了集产品开发、制造跟踪和物流配送三位一体的五金工具部和南太市场部，充分利用中国制造的优势，严格执行询价比价议价的采购流程，成为利润的核心来源。国内集中采购为海外公司的发展提供了强大的支持，凸显成本优势。

3. 成熟的人才培养模式

国内外派人员：总部在中方员工招聘过程中层层筛选、细致把关，经培训后输送到巴新公司，巴新公司老员工传帮带，新人快速上手；同时，在巴新公司经过市场磨砺的优秀员工回国后成为独当一面的经营管理人才，中方员工期满回国均成为业务骨干。当地员工：巴新公司以当地员工为中层骨干，基层员工全部本土化，巴新公司员工本地化率高达93%。经过24年经营，精心培养了一支近50人的本地中层管理人员队伍，通过与当地建立紧密雇佣关系，淡化公司外企背景；尊重当地文化和风俗，使当地员工融入企业，企业融入社会。

4. 建立商业品牌

巴新公司通过提供丰富的产品和领先的售后服务，使"BNBM"的商业品牌在巴新乃至南太平洋地区受到广泛的认可，经过24年精心塑造，"BNBM"

已成为巴新建材连锁市场的知名商业品牌。在塑造商业品牌的同时，巴新公司还注册了系列自有商标：如 Hardline、suki、e-home 等，采用定牌生产的方式向中国的制造企业采购符合当地消费习惯（比如产品设计、颜色、外观等）和技术标准、质量标准的产品，这些自有品牌已经成为公司产品线中的拳头产品，深受消费者喜爱。

5. 前瞻性的经营理念

经过多年摸索实践，巴新公司总结出一套行之有效的管理经验与经营方法，创业者曹江林将这些经验固化成"稳健经营、规范运作、精细管理、滚动发展"，这十六字方针被一代代管理团队铭记并不折不扣地执行至今。

1）稳健经营。巴新公司在发展过程中，始终用长远的、发展的眼光看问题，克服短期行为，确保了公司长期持续发展；认真处理好规模与效益，速度与效益的关系，不盲目扩张，在保证管理到位、人才到位的前提下分阶段、有计划地扩大销售半径，提高覆盖率，在控制经营风险的同时不断发展壮大。

2）规范运作。在巴新这样明显欠发展的地区，在物资和人才都十分匮乏的条件下，一家外国企业如何稳健成长始终是经营者思考的重要课题。在决策层和国内两大事业部（五金工具部、南太市场部）的大力支持下，巴新公司迎来了蓬勃发展的契机。通过完善公司组织架构、管理制度，制定规范化操作流程，公司各项工作有章可循，在确保公司运营有条不紊开展的同时，提高效率，降低风险。

3）精细管理。巴布亚新几内亚是欠发达国家，商业环境比较恶劣，各项成本费用非常高昂。巴新公司始终保持艰苦奋斗的传统，坚持精细管理，建立了全面的人员管理、安全管理、财务管理以及信息系统管理系统，精打细算，严格控制采购和运营成本。针对巴新恶劣的信用环境，建立了完备的财务规章制度、费用管理制度，提高存货周转率，应收账款及时到账。财务控制方面，制定详细而具体的费用管理细则，每月发布详细的 KPI 报表，明确列示公司各项支出与费用，严格要求各分店进行对标管理。在巴新公司业务快速增长，即将突破 2 亿基纳的情况下，2013 年度全司招待费用仅 11 万基纳。正是由于管理团队在经营的每一个环节都严格把控，才能在市场竞争激烈的情况下，保证整体竞争力和可持续发展。

4）滚动发展。巴新公司在发展过程中不断总结经验，将莫尔兹比店的成功模式复制到各大主要城市，建成了互相支持、资源共享的销售网络。

6. 专业专注

巴新公司专注于建材产品零售，多年的经营使其成为提供系统、专业建材产品解决方案的综合服务商。随着巴新经济的发展，当地居民对电器、家居产品的需求日益旺盛，客户群与建材产品消费群体有大量重合，于是公司不失时机地开展电器和家居产品销售，利用良好的商誉用最低成本打开了新的市场，业务增长强劲。

7. 发展创新

巴新公司从成立初期只经营建材连锁店到经营建材连锁店与家电中心，从家电中心发展到家居中心，到今天的建材家居一站式购物大型一体店，产品线不断延伸，实现规模化经营。专注与专业是巴新公司的立身之本，而发展与创新是巴新公司永远的追求。

8. 世界公民

巴新公司在迅速发展的同时一直牢记自己的社会责任，为巴布亚新几内亚创造了数百个就业机会，并针对当地社会的发展情况以及当地社会民俗习惯，对当地教会、教堂、医院、红十字会以及大中小学等进行长期的捐赠与捐助。对社会的回馈赢得了政府及社会各界的尊重与支持，巴新公司已经扎根巴新，成为外资企业的典范。在巴布亚新几内亚国庆 30 周年之际，为表彰巴新公司多年来为促进当地经济发展和中国与巴布亚新几内亚友好关系所做出的努力，巴新政府特授予中国建材股份有限公司总裁曹江林 30th Independence Anniversary Medal（独立 30 周年勋章）。时任巴布亚新几内亚总理索马雷访华时曾专程访问中建材投资公司，充分肯定巴新公司对巴布亚新几内亚发展做出的巨大贡献[⊖]。

⊖ 引自中国建材集团开展国际产能合作调查报告

第二节　无机非金属新材料典型企业案例

巨石集团

巨石集团发端于 20 世纪 70 年代，经过 40 多年的市场历练，而今已成长为全球最大的玻璃纤维专业制造商。进入 21 世纪以来，随着生产技术的成熟、国内要素价格的持续上升、国际贸易保护的加强，巨石集团积极实施"走出去"战略，按照"先建市场、后建工厂"的思路，逐步建立了全球营销网络，并在能源矿场比较丰富、人力资本充裕的埃及建立玻纤生产基地，极大地推进了企业的国际化进程。

（一）企业概况

巨石集团有限公司（以下简称巨石集团）前身为成立于 1970 年的桐乡县石门东风布厂，1996 年组建成立巨石集团，核心企业更名为巨石集团有限公司，1999 年改制为中国化建巨石集团有限公司。2011 年，巨石集团原股东中国建材股份有限公司、振石控股集团有限公司、索瑞斯特财务有限公司和珍成国际有限公司四方以非公开定向增发股份的方式置换巨石集团 49% 的股权，巨石集团成为中国玻纤股份有限公司的全资子公司。

目前，巨石集团是全球最大的玻璃纤维专业制造商，作为世界玻璃纤维的领军企业，多年以来在规模、技术、市场、效益等方面处于领先地位。集团是国家重点高新技术企业、国家创新型试点企业、中国大企业集团竞争力 500 强、浙江省"五个一批"重点骨干企业和绿色企业，获得过全国质量奖，并拥有国家级企业技术中心、企业博士后科研工作站。

巨石集团主要生产中碱、无碱玻璃纤维及其制品，是世界玻纤行业产品规格齐全的专业制造商。产品销往全国 30 个省市，并远销全球近百个国家和地区，产品出口占总销量的 50%。主要产品获得挪威船级社（DNV）、英国劳氏船级社（LR）、德国劳氏船级社（GL）和美国 FDA 等认证。

（二）国际历程

改革开放以来，中国经济的开放程度越来越高。进入 20 世纪 90 年代，国家开始鼓励实施"走出去"战略。特别是金融危机之后，中国企业"走出去"的步伐明显加快。中国开始从初级阶段的产品出口转向中级阶段的产业转移，这也源于企业内生的发展诉求。全球经济一体化，无论是在价值链的哪个环节，都不能避免和违背这个时代发展潮流。

纵观巨石集团国外发展历程，主要经历了三个重要阶段。

第一阶段：确立产品"走出去"为先导的国际化战略。这个阶段始于 20 世纪 90 年代初，主要是通过单纯的产品出口实现与国际市场的接轨。

第二阶段：明确"先建市场、后建工厂"的"走出去"指导原则。从 2005 年开始，设立巨石香港公司，到 2011 年巨石美国公司成立。短短几年间，巨石已在亚洲、欧洲、非洲等 13 个国家和地区，建立 15 家海外公司，2 家独家经销商，在国外拥有了稳定的市场和客户群体，建成了贸易型海外控股公司、集团海外直销与独家代理互为补充，富有成效的全球经销网络，成为下一阶段"走出去"战略实施的有力保障。

第三阶段：启动海外生产线建设，实现全球资源调配。早在 2005 年 11 月，集团在南非开普敦注册成立巨石南非公司，建有两条玻璃纤维短切毡生产线，产能约 1.8 万吨。金融危机之后，随着国内生产成本的上升，国际市场反倾销压力的加大，巨石集团开始谋求通过收购在海外直接建厂，实现全球重点地区和主要市场的生产与销售战略部署，真正做到了充分利用全球资源来发展自己的海外战略。

（三）企业经验

国家的"一带一路"战略构想，本身就强调在中国发展的同时，要带动沿线国家、地区与中国一起发展，巨石集团这一项目契合国家发展战略，在"走出去"过程中发挥企业自身优势。

1. 规模优势

巨石集团是我国玻璃纤维行业的龙头企业，玻璃纤维的产量、销量、出口量、技术、营销网络、管理等多项指标长期保持国内第一和世界领先。在做强做优玻纤主业的战略思想主导下，公司业务规模始终保持在全球同行企业前列，生产能力位居世界领先。其中，公司自主设计与建设的年产 12 万吨无碱玻纤池窑生产线为目前世界最大规模的单座无碱池窑生产线。玻纤生产基地在提升规模效应的同时，也有效提高了技术水平、降低了制造成本，更为稳定产品质量、提高公司整体效率创造了条件。

2. 技术优势

公司一直致力于推进技术进步。公司由多位掌握世界两线玻纤技术的专家及人员组成了具备现代创新水平及能力的优秀技术团队，建有国家级企业技术中心、博士后科研工作站、国家 CNAS 认证检测中心、浙江省玻璃纤维研究重点实验室。巨石集团玻璃纤维研究院等国家级省级研究机构通过系统完整、多方位研究与创新，不断提升企业的研发能力和技术水平，提高产品的质量和档次，为企业发展和成长提供可靠保障。公司拥有具备完全自主知识产权的 E6、E7 高性能玻璃纤维、高性能复合纤维材料 Compofil，较之传统的 E 纤维，在物理性能、耐腐蚀性、节能环保等方面均有大幅提升。

3. 环保优势

巨石集团秉承发展循环经济理念，依靠技术创新，通过纤维织造工艺的技术改造，最大限度地减少资源消耗和废物排放。公司建立了整套中水回用系统，其中先进的生物膜处理系统日处理污水 4800 吨，实现了中水回用。公司已实现自主研发的废丝再利用生产技术和纯氧燃烧技术在国内生产基地的全面应用，有效降低了单位能耗，减少了污染物排放量，公司万元价值综合能耗大幅度低于行业平均水平。公司于 2011 年被工信部、财政部、科技部联合确定为第一批"资源节约型、环境友好型（试点）企业"。

4. 营销优势

在 14 个国家和地区成立了海外销售公司，在德国、英国等地设立了独家经销商，建立起了辐射全球的营销网络，并同世界 100 多个国家和地区的客户建立了长期稳定的合作关系，客户中有不少世界500强企业及行业龙头企业。

5. 质量优势

通过引入卓越绩效模式（PEM）、可视化管理、质量功能开展（QFD）等管理手段，严控事前事中事后质量管理体系。公司已在行业中率先通过ISO9001质量管理体系认证、ISO14001环境管理体系认证、OSHASA18001职业健康安全管理体系认证和ISO10012计量检查体系认证，主要产品获得挪威船级社（DNV）、英国劳氏船级社（LR）、德国劳氏船级社（GL）等认证。2014年，公司新申请产品认证包括德国劳氏船级社（GL）5个、英国劳氏船级社（LR）10个、挪威船级社（DNV）认证1个，新增产品检测ROHS检测28个、REACH检测30个。

6. 品牌优势

随着公司国际化步伐的不断加快及产品在全球市场份额的进一步提升，公司凭借优异的产品性能，稳定的质量和完善的售后服务，已在全球范围内树立起牢固的品牌优势。目前已形成以"巨石"为商标，"P-D巨石""E6""国际玻纤年会"和Compofil等为子商标的商标体系，其中"巨石"商标在国内进行了全类注册，实现了全面保护，还在全球主要的玻纤市场国家和地区提出了申请商标注册，并已获得近40个国家的授权。"巨石"品牌的国际影响力正在不断提升。公司通过在境外申请商标注册，大大扩展了"巨石"商标的保护范围及知名度，为企业进一步开拓海外市场，践行"走出去"战略夯实了基础⊖。

⊖ 引自巨石集团开展国际产能合作调查报告

第四章
化工企业产能合作典型案例

第一节　石油化工典型企业案例

一、中亚天然气管道公司

中亚－中国天然气管道（简称中亚天然气管道）是我国修建的第一条跨国长输天然气管道，是我国与中亚各国构建能源供求合作关系的成果。中亚天然气管道的建设和运营符合我国及中亚各国的根本利益，有利于加强我国与中亚国家的合作，对促进中亚地区社会稳定和经济繁荣具有重大意义。

（一）项目背景

为贯彻执行中方生产运行主导思想、推动上下游相关各方共同开展工作，中亚天然气管道公司主导和推动，与土库曼斯坦国家天然气公司、阿姆河天然气公司、乌兹别克斯坦亚洲输气公司、哈萨克斯坦亚洲天然气管道公司、中国石油国际事业有限公司、中国石油北京油气调控中心，在各自之间商务合同的基础上，开拓性地建立了"四国七方跨国协调机制"。

（二）项目概况

根据项目需要，组建了代表四国七方的"土－乌－哈－中天然气管道运行协调委员会"，负责协商确定中亚天然气管道的年度、半年度、月度输气计划和维检修计划等工作，并制定了境内、外各计量站和北京油气调控中心之间的数据交流与传输方案，形成了目标统一、责任共担、协调有力、合作共赢的运营环境，为中亚天然气管道的平稳运行奠定了坚实基础。

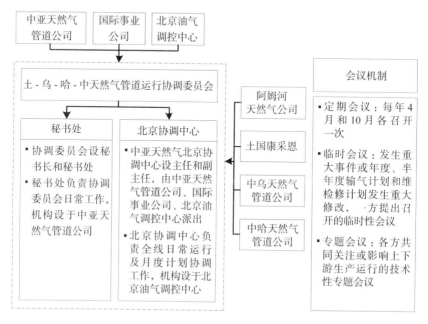

土－乌－哈－中天然气管道运行协调委员会组织机构及工作职责

中方参与中亚天然气管道生产运营的单位众多，分布于油气"产、购、销、用"的上、中、下游各处，利益取向存在较大差异。为确保我方核心利益，在"以我为主，各方配合"的方针指导下，中亚天然气管道公司充分发挥中国石油综合一体化优势，统一协调、集中领导，制定了先内部协调和统一中方口径、再跨国协调和确定输气计划的工作程序。首先，在中方四家企业之间建立内部协调机制，明确各方在气质改善、计划调整、运行方案制定、上下游日常协调、北京与现场工作组织等方面的工作职责，通过生产协调会议等手段，根据已确定的年度分月供输气协议计划及各方计划调整申请，协调制定月度计划调整。然后，通过土－乌－哈－中天然气管道运行协调委员会进行跨国协调，根据各方资源配置情况，协商确定年度分月供输气协议计划，由各方按已确定的年度分月协议计划组织生产运行。

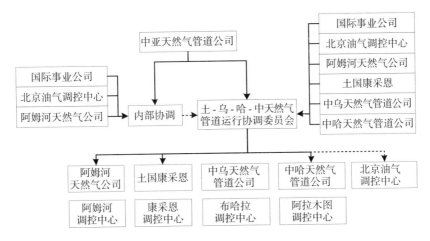

内部协调与四国七方运行协调机制的工作关系

（三）项目经验

中亚天然气管道是我国首条跨国长输天然气管道，在跨国运营管理机制上的创新和实践为同类工程的管理提供了榜样，并积累了宝贵实践经验。

在无统一法律和合同约束的条件下，可以通过商务协议以及股权管理平台将相关各方有效地联系在一起；与此同时，要在运营相关各方之间形成合作和共赢的工作关系，以有效保证组织结构体系的稳定和健康发展。

在整个管道的运营体系和机制中，必须做到"以我为主、各方配合"，以使得在复杂的政治和商业利益博弈中确保我方核心利益的实现。

在以双边合作为主的运营组织体系下，需要建立多边联动的跨国协调机制，这样才能突破组织体系的"先天不足"，确保管道运营的平稳运行。

当我方参与管道生产运营的单位众多而且利益取向存在较大差异时，需要充分发挥内部综合一体化的优势，统一协调、集中领导，制定先内部协调和统一中方口径，只有这样，才能统一运营目标，有效保障我方核心利益的实现[一]。

⊖ 引自中亚天然气管道公司开展国际产能合作调查报告

二、海油发展

中海油能源发展股份有限公司（以下简称海油发展）是中国海洋石油总公司（以下简称中国海油）下设的一家多元化产业集团，主要业务是为石油勘探开发生产、石油化工和炼油、天然气及发电等能源工业提供专业技术及后期保障服务，2014年公司收入347亿元。依据海油长期发展目标，采油公司积极开拓国内外LNG运输船市场。

（一）项目背景

澳大利亚昆士兰柯蒂斯LNG项目由英国天然气国际有限公司（以下简称BG公司）投资建设，项目规划分期建设四条LNG生产线，初始建设两条LNG生产线，每条生产线产能423万吨LNG/年，原料气来自苏拉特盆地瓦隆矿区的煤层气。

2010年3月24日,中海石油气电集团有限责任公司（以下简称气电集团）与BG公司签署了《液化天然气资源购销协议和澳大利亚昆士兰柯蒂斯液化天然气项目权益的框架协议》。2012年10月31日，双方又签署了《液化天然气资源购销协议和增持澳大利亚昆士兰柯蒂斯液化天然气项目权益的框架协议》。这些协议主要涵盖长期LNG资源购销、上游权益、中游权益、LNG造船和运输以及融资。

（二）项目概况

澳大利亚昆士兰柯蒂斯LNG运输船项目（以下简称本项目）投资概算为104832万美元（按1美元对人民币6.1137元，折合人民币640911万元），其中船舶建造直接费用为86000万美元，船舶建造间接费用为11041万美元，建设期利息3491万美元，不可预见费4300万美元。

本项目依托澳大利亚昆士兰柯蒂斯LNG项目，是合作框架协议的一部分。2014年6月17日，英国天然气国际有限公司将其在本项目中的投资权转让给另一家公司TEEKAY液化天然气运营有限责任公司（以下简称TK）。本项目选择中国船厂（沪东船厂承建）建造四艘LNG运输船。船舶分别隶属于 CETS HK 在香港成立的泛亚液化天然气运输有限公司（以下简称泛亚）、泛美液化天然气运输有限公司（以下简称泛美）、泛欧液化天然气运输有限公司（以下简称泛欧）、泛非液化天然气运输有限公司（以下简称泛非）四个合资单船公司，由四家单船公司分别与沪东中华造船（集团）有限公司签订造船合同，与 TEEKAY 海运有限公司（以下简称 TK Shipping 公司）签订监造服务合同、船舶管理合同，与 MSL 公司签署期租合同，与中国进出口银行、三菱东京日联银行、三井助友银行、日本瑞穗实业银行、美国银行、中国工商银行、澳新银行签订融资合同，与中国液化天然气运输（控股）有限公司签署公司服务协议。随着自主设计建造的海洋石油 301 建设完成，"大鹏昊"等 6 艘参股 LNG 运输船完成部分股权收购，目前在建的 50% 股权 4 条柯蒂斯 LNG 运输船项目，将于 2019 年完成，届时 LNG 运输船达到 11 艘。4 条 LNG 燃料港作拖轮在外部市场服务上取得成效。采油公司建立起了国际 LNG 运输、国内 LNG 运输及 LNG 终端服务三大业务板块。

（三）项目经验

1. 培养了 LNG 运输船监造团队

根据中国海油与 BG 集团签署的总体合作协议，在建造期间海油发展将指派监造副经理，主要负责合资公司与监造经理之间的沟通，向监造经理提出建议，协调各方关系等。此外，海油发展还将派各专业工程师参与船舶监造。从海油发展培养大型 LNG 运输船建造核心能力的角度出发，考虑海油发展在联合项目组中的定位、权利和义务，BG LNG 运输船建造项目组计划分阶段将人员派驻到联合项目组中工作。第一阶段，船东和船厂双方签订合作意向书后，海油发展派驻一些专业工程师到现场。所派驻工程师为海油发展的技术骨干，是合作的先锋，打好良好的合作基础，为后续派驻人员拓展合作、学习的空间。第二阶段，双方签订造船合同后，海油发展将陆续派驻一些实习人员到联合监造项目组。海油发展将制定实习人员的培养计划，为大型 LNG 运输船建造储备更多的人才。根据海油项目建造发展的需要，在 BG LNG 运输船项目监造队伍稳定的基础上，海油发展将与股东方深入磋商后，有步骤地抽调经验丰富的专业人员到中国海油其他的 LNG 运输船项目监造。

2. 推动"国船国造"和国际合作，提高船舶管理运营水平，对拓展市场和产业链具有重要意义

根据中国海油的长期规划，海油发展拟组建一初具规模的 LNG 运输船队，并在国际运输调配环节中加大力度，以保证运输环节的可靠性，确保国家按时按量获得所需的天然气资源。LNG 运输船操作管理是船舶管理中技术含量最高的环节，管理技术标准要求高，因此对管理人员的专业素质和技能要求也相对较高。本项目初始期，海油发展与 BG 公司采用招标的方式共同选聘操船公司，在此期间，海油发展派代表参与到船舶操作管理工作中，学习 LNG 运输船操作管理方法。之后，操作管理业务将优先考虑满足条件的中国公司，海油发展设想通过两个阶段实现接替。一是在接管后的一段时间内，与符合条件的国外有经验的 LNG 运输船管理公司签订合同，共同对 LNG 运输船进行管理。以中方为主，外方为辅。二是与外方合资合作后的一定时间，基于中方已经积累了一定的操船经验的情况下，解除与外方 LNG 操作管理公司的管理合同，由中方独自承担操船管理，实现成功过渡。通过与有经验的外方合作，可以在一定的时期内达到满足 LNG 运输船管理要求的水平，保障 LNG 运输的安全和可靠。

3. 延伸海油发展及采油公司的产业链，有利于整合资源、统筹兼顾、优化服务，同时提升中国 LNG 运输船业务的管控能力

项目采用长期租船方式，使船舶投资方具有稳定的租金收入和合理的投资回报。利用 BG 公司丰富的 LNG 运输船建造、监造的经验，选择国内一期中标船厂承建本项目船舶的建造，不但有利于保证船厂建造质量，使国内 LNG 运输船建造水平得以发展和提高，还可以带动我国造船产业的发展，进而扩大内需。选择建造 DFDE 型 LNG 运输船，填补了国内空白，拉动 LNG 运输船的产业升级，使中国造船业在 LNG 运输船领域与世界同步。竞争性选择贷款银行，可获得满意的贷款条件。由 MSL 统筹管理本项目的两艘 LNG 运输船，有利于降低管理成本和提高船舶运输安全可靠性。

随着中国海油与 BG 公司澳大利亚昆士兰柯蒂斯 LNG 二期项目的框架协议的签署，锁定了合同期限 20 年、每年增加进口 500 万吨的长期 LNG 资源，获取了有竞争力的 LNG 价格，实现了上中游参股以及在中国增建 LNG 运输船的目标。该项目也成为落实国家"市场换资源""国船国造"LNG 战略的又一重大突破，为国内 LNG 市场树立了新的标杆，为中国海油天然气产业快速发展提供了新的资源保障，为国家清洁能源安全稳定供应做出了新的贡献⊖。

第二节　基础化工典型企业案例

华立集团

华立集团创立于 1970 年 9 月 28 日，由余杭镇几家制作竹器的手工作坊合并而成，创业初期通过转产单相机械电能表完成了工业化过程，并且抓住了国家电网改造等几次机遇迅速成为仪表行业的领军企业。世纪之交华立完成了股份制改造，建立了现代企业管理制度，并且在多元化发展扩展的道路上进行了大胆的尝试，抓住机会实施了几次果断的收购兼并，迅速进入医药、新材料等朝阳行业。目前主要产业包括医药、智能电网设备、生物质燃料、新材料、国际电力工程及贸易、海外资源型农业等，已成为一家以医药为核心主业、多元化投资发展的企业集团。

（一）企业概况

华立集团发展至今，在生存危机的逼迫下，经历了三次重大的产业突破，逐步成长壮大起来。1979 年，"华立"品牌正式诞生，经过多年的创业，到 20 世纪 80 年代中期，已经形成了核心竞争能力，在电能表行业站稳了脚跟。随着传统主导产业采用竞争的国际化使边际利润不断降低，电能表市场份额萎缩，提前寻找新的利润增长点便成为华立一个必然的选择。植物制药产业

⊖　引自海油发展开展国际产能合作调查报告

和移动通信这两大新兴产业被华立所看好，华立以强劲而成熟的资本运作手腕，运用兼并、收购和组建等方式从高端切入这两大产业领域，积极发展新兴产业。目前，经过整合，华立集团拥有仪表及系统、制药、信息电子、房地产领域四大产业。

（二）国际历程

华立集团是浙江省内较早"走出去"的企业之一，自1987年设立了中外合资企业，开始涉足外贸领域。2000年之后，华立集团将"国际化"确定为三大发展战略之一，特别是基于行业特有竞争环境和企业发展需要，对主营业务提出50%以上的销售收入来自于海外、50%以上的投资结构布局在海外的战略目标。由此开始了向具有国际竞争力的跨国性公司的历史性转型。

在20多年的"走出去"实践中，华立集团跨国经营格局已初步形成。目前在美国、加拿大等地设有研发中心，在泰国、印度、中亚、南美等地建有生产基地，营销机构分布各大洲，形成了从国外获取高端技术、在中国实现产业化、面向国际全球市场的资源配置方式。华立"走出去"的做法有以下几个特点。

1. 以优势产业为先导，布局全球制造与贸易网络

"华立仪表"是华立集团的起家企业和骨干企业，20多年来一直处于行业前列。在集团体系内华立仪表率先"走出去"，先后在印度、泰国、阿根廷、孟加拉国、乌兹别克斯坦、印度尼西亚六个国家建立制造基地，形成研发在内、制造与市场在外的产业格局，实现海外销售大幅度提高，产品出口包括欧洲市场在内的60多个国家，有力推动了国内产业的转型升级。尤其是在泰国、乌兹别克斯坦等国家长期占有当地第一大市场份额。拓展海外市场和海外建厂的同时，华立自2000年起就坚持注册和使用华立自有商标，包括华立产品未来的主要市场以及潜在市场，现在已经在100多个国家注册了华立品牌。

2. 以青蒿素为标志性产品，打造全球医药营销体系

华立集团旗下科泰、昆明制药是目前青蒿素研发的主要企业之一，先后

在坦桑尼亚、阿根廷等国家设立医药研发生产基地，并在疟疾高发区如非洲、东南亚、南美设立了十多个销售机构，成为集团主业医药板块深化国际合作与投资的有力战略支撑。通过十几年的全力打造青蒿素类药物，华立目前已经形成自主产权、自主品牌、自主国际营销网络的完整产业链。

目前华立集团已在非洲、东南亚、南太平洋区的四十多个国家注册了属于自己的药号，拿到了当地的药品销售许可。在非洲的尼日利亚、肯尼亚、坦桑尼亚、乌干达，东南亚的缅甸，欧洲的法国等国家建立了十几个医药销售公司，在印度成立了合资公司，开始在当地生产华立的自主产品，打造华立的销售网络，树立华立医药的品牌。通过多年的努力，华立自己品牌的青蒿素类药物已经成为非洲著名的品牌。

3. 抓住发展生物质能源的契机，布局海外农业产业基地

2009 年，华立集团进入生物质能源行业，并与中石油联手打造燃料乙醇项目，一期规划年产 30 万吨，二期年产 50 万吨。该项目生产工艺设计以木薯为原料，一期工程每年需要木薯原料 100 万吨，二期需要 150 万吨。根据"不与人争粮，不与粮争地"的原则，华立集团在印尼西亚用地 3 万公顷，并通过战略合作获取另外 10 万公顷木薯基地。与此同时，集团迅速启动木薯大宗贸易，通过泰国等国家分公司仓储物流等设施，将源头采购和本部销售对接，打通了木薯采购物流环节，现已形成年供木薯干片 80 万吨以上的能力，由此形成了资源在外、市场在内的完整产业链。短短几年时间，华立集团已经成为中国进口木薯干供应商前三甲行列，目标是成为全球最大的木薯生产商和供应商。

4. 打造海外工业平台，从"走出去"实践者转变为推动者

泰中勇工业园是由华立集团与泰国安美德集团在泰国合作开发的面向中国投资者的现代化工业区，是国家首批"境外经济贸易合作区"。园区开发累计总投资达 10 亿元人民币，带动中国企业对泰国直接投资达 12 亿美元。泰中勇工业园现已经发展为中国企业在东南亚最大的产业聚集地，协助中国企业规避贸易摩擦，实现原产地多元化，加强了中泰经贸合作与交流，实现优

势互补。

为了充分发挥工业园的品牌优势、团队优势、运作优势，开发新的境外工业园区为中资企业赴海外投资搭建平台，华立集团还针对北美、东盟、"一带一路"沿线国家重点调研工业园项目的可行性，酝酿中的项目包括墨西哥、缅甸、斯里兰卡、巴基斯坦等，目前在墨西哥蒙特雷的北美工业园项目已正式启动了，这将是助力中国企业直接把产业转入北美自由贸易区的战略门户。未来华立主导开发的境外园区将由点到直线、由线到面，形成境外园区的网格化布局，最终实现境外园区的阶梯式园区链，来帮助不同产业、不同阶段的中国企业"走出去"。

5. 整合优势资源，升级"走出去"方式

跨国公司区域总部作为联系公司总部与海外子公司和分支机构的中间组织形式，在公司全球网络体系中居于重要地位。华立作为一家海外拥有众多子公司的业务分支机构的企业，目前在海外特别是业务发展成熟、扎根多年的泰国设立东南亚地区总部已是势在必行。华立集团董事局为了加快在东南亚投资协同产业布局，提出了东南亚的整体战略构想，其核心即"一个总部基地，三个工业园区，印度洋—太平洋物流线"。因此首当其冲的就是在东南亚设立华立地区总部。2014年在曼谷设立的区域总部将作为华立投资泰国及东南亚其他国家的投资母体，以及华立在东南亚的一个融资和管理平台。

（三）企业经验

自世纪之交中国政府明确提出"走出去"战略以来，在一系列政策措施的推动下，中国企业主动应对经济全球化，参与国际竞争，"走出去"的步伐明显加快，但风险也在增大。在20多年的走出去实践中，华立集团始终以把握机遇、控制风险为主线，贸易与投资并举，形成了特色鲜明的华立模式。

1. 以合资作为基本形式

企业"走出去"单打独斗是行不通的，融入当地经济社会并利用当地的各种资源，需要一个很长时间的过程。许多"走出去"的企业，在与当地磨

合甚至摩擦过程中遭受挫折。华立集团在国际市场上多年摸爬滚打中，逐步认识到与当地有实力并且可靠的企业结成伙伴关系是降低投资风险并且快速形成国际竞争力的较好途径。目前，华立集团在海外的若干重大项目上，都采取了合资合作的方式，如泰中勇工业园就是华立集团与泰国最大的地产业开发商合作。这些海外项目目前运行比较顺利，是与选择了比较好的合作伙伴分不开的。

2. 以优势产业为主要依托

企业"走出去"首先是产业链的延伸。如果自身缺乏产业优势，"走出去"就缺乏依托，容易导致走不出、走不好。细数华立集团"走出去"历程，华立仪表起了极其重要的先导作用。在华立仪表产品出口的基础上，华立集团在若干优势国家设立了工厂；在仪表销售网点布局中，逐步建立了遍布全球的 30 多个办事处、分公司。正是依托核心产业的全球网络，华立集团才培育出来诸如境外工业园、新能源产业、大宗资源贸易等新型业务与产业。

3. 以人才队伍为根本保障

"走出去"必然要求企业拥有足以胜任和善于从事国际经营管理的人才。这种人才不仅要有丰富的经营管理一般企业的经验，而且要熟谙东道国经济、文化、历史等人文知识和风土人情，善于处理跨国人际关系，了解当地居民消费习惯和市场变化规律，以便能及时做出正确的经营决策。国际市场的竞争，归根结底是人才竞争，也包括经营管理人才的竞争。国际化人才的缺乏，是目前许多企业"走出去"的最大障碍。华立集团在"走出去"过程中，始终把国际人才队伍的建设放在第一位。在国内，以决策力为核心，重点从内部培育经营人才，并形成国内总部与海外公司管理职位适时调配的良性机制；在国外，以执行力为核心，大力推进人才本地化，华立集团在海外的公司中，当地员工占大多数，有不少已被提拔到了重要管理岗位上。

4. 有效地利用区域性多边合作机制

华立集团目前海外产业布局，重点在东南亚，该地区一个重要的区域性合作机制是大湄公河次流域合作机制，即 GMS。华立集团由于在该地区的成功运作影响力，一直担任大湄公河次流域工商论坛理事单位，积极参与并支持该论坛的工作。历届 GMS 峰会华立集团都派人员参加，该峰会云集大湄公河次流域各国首脑、外交政要与企业界领袖，华立集团通过参与论坛活动及与重要人员的小范围会谈，深刻理解了区域经济发展的方向和目标，获取了很多重要商机，也为自身未来战略定位找到可靠的支撑⊖。

⊖ 引自华立集团开展国际产能合作调查报告

第五章
钢铁企业产能合作典型案例

青山集团

20 世纪 80 年代末，青山控股集团起步于温州市。20 多年来，青山集团严格遵循专业发展战略，专注于不锈钢事业，经过多年努力奋斗和开拓进取，从一家名不见经传的小企业发展成知名的大型企业集团。青山控股集团 2010 年第一次入围中国企业 500 强，2014 年不锈钢粗钢产量跻身世界第一位，位列 2015 年中国企业 500 强 200 位。青山集团高瞻远瞩，脚踏实地，始终专注于不锈钢事业，缔造了中国民营钢铁集团发展的神话和传奇。在青山集团不断发展的过程中，通过国际化及时解决上游原料短缺的问题，助力企业掌握不锈钢产业中的几个关键环节，成功构建不锈钢产业链，为青山集团的长远发展奠定了坚实的基础。

（一）企业概况

过去 30 多年的改革开放和经济的高速发展为我国不锈钢产业的发展创造了前所未有的机遇。1987 年，青山集团创始人创办了一家生产汽车门窗的公司，购买了先进的设备，专业配套生产车窗，与中国一汽公司等知名客户建立了良好的合作关系。1995 年，主要股东合作创办了浙江丰业集团有限公司，成为我国第一家生产钢铁的民营企业。2002 年，因企业发展需要和温州工业用地限制，青山集团走出温州开始在丽水青田县投资建设不锈钢产业、加工企业。

2004年，青山青田工业园区建成投产，青山集团很快成为了青田当地的龙头骨干企业和纳税大户，2005年青山控股集团应运而生，一跃成为全国民营不锈钢龙头企业。

目前，青山钢铁董事局作为青山企业内部的高层管理机构，拥有青山控股集团、瑞浦科技集团、上海鼎兴投资集团、青石集团、广东吉瑞科技集团、泰朗管业集团等六大集团，一百余家子公司。拥有从上游的印度尼西亚苏拉威西4.7万公顷镍矿、津巴布韦5000公顷铬矿以及镍铬冶炼工业园区，到下游的棒线板材加工、钢管制造、精细加工、运输物流、大宗商品交易、国际贸易完整的产业链。

青山集团秉承专业化经营原则，坚持品牌"走出去"的道路，通过不断学习和不断创新，在将规模做大的同时，持续提高产品质量和服务质量，持续扩大用户和为社会创造出更大的价值。青山集团非常重视科学技术在企业发展的关键作用，采用国内国际先进生产设备，并加以吸收创新。同时大力进行技术改造，开发新产品，为企业持续发展注入新动力，大大提升了企业的核心竞争力。

（二）国际历程

随着不锈钢生产、需求的快速上升，中国对镍、铬等制造不锈钢的关键原材料的需求也在增大，而且中国是缺镍无铬，又没有不锈钢累积量的国家。所以建立稳定的原材料供应体系，事关中国不锈钢产业能否可持续发展。

经过前期的调研和走访，2009年，青山集团与印尼八星投资有限公司合资设立苏拉威西矿业投资有限公司（SML），获得了印度尼西亚面积为47040公顷的红土镍矿的开采权。2010年2月，印尼矿区第一船镍矿顺利装船回国。

2014年1月，印度尼西亚政府实施新的矿业法规，禁止红土镍矿等原矿出口，由于我国每年从印尼进口红土镍矿占我国进口总量的5成以上，印尼的这项政策对我国不锈钢行业短期内造成一定影响和冲击。青山集团因为在当地投资，深入了解到印尼的各项政策，能够提前布局，加大在当地投资，延伸产业链，从镍矿采掘到镍铁冶炼环节。青山企业提前布局印尼镍矿的采掘、出口镍铁冶炼产业，投资建设中国印尼经贸合作区青山园区。

2013 年 10 月，中国国家主席习近平和时任印尼总统苏西洛在印尼雅加达举行了中国—印尼商务协议签约仪式，在印尼苏拉威西省 Morowali 县的中国印尼经贸合作区青山园区作为其中的项目之一成功签约。中国印尼经贸合作区青山园区规划用地 1300 多公顷，主要配建总容量为 1100 兆瓦的火电发电厂，1 座 10 万吨级码头，1 个简易的机场，总建筑面积约为 20 万平方米的生活区。

中国印尼经贸合作区青山园区是中国印尼系列商务协议中第一个实质性启动的大项目，青山园区的建成投资将有利于提高印尼矿产资源附加值，带动当地就业和周边地区的经济繁荣，并引导和带动中国—印尼综合工业区的建设及发展。

在印尼镍矿开发和建设的同时，2012 年年初，青山集团在津巴布韦取得5000 公顷铬矿开采权，设立了中非冶炼有限公司，投资建设高碳铬铁冶炼企业。当前，总投资 3000 万美元，年产高碳铬铁 6 万吨，年产值近 1 亿美元的一期项目已于 2013 年竣工投产。津巴布韦第二期年产 25 万吨高碳铬铁及三期年产 50 万吨高碳铬铁的项目正在规划推进中。

（三）企业经验

青山集团现在已经成为较为成功的国际化大型企业集团，是中国企业"走出去"发展的成功样板，也是我国"一路一带"宏观战略实施中的典型案例。

1. 首选投资企业优势行业

20 多年来，青山集团始终专注于不锈钢事业，成功打造了从原矿到不锈钢成品和销售的完整产业链。由于产业专注，青山集团能及时掌握全球不锈钢材料资源分布及开采情况，市场需求及价格变动、生产工艺及技术创新、产品品种及质量更新等信息，正确判断全球不锈钢行业发展的方向及趋势。

基于企业总体发展战略，青山集团在印尼和非洲的投资均围绕不锈钢产业展开，并根据实际情况需要，进行相关配套项目的投资建设。青山集团凭借自身的产业链和技术优势，一定程度上掌握了不锈钢的价格话语权，逆势壮大，获得了快速发展。

2. 在境外发展环境友好型产业

近几年，我国政府大力提倡企业"走出去"发展，并不断放松政策限制，提供政策支持。企业"走出去"发展客观上是解决我国不少行业产能过剩的一个有效路径，但把对外投资想象成是把高污染、高耗能的环节外迁，则会难以达成目标。现在，保护环境已成为全球性话题，很多经济发展水平比较落后的国家，其社会环保意识和政府环保力度都超过我国。像采掘、冶炼、钢铁这样的行业往往会对环境具有较大的负面影响。企业必须采用先进的生产技术和采取严格的环境保护措施，在追求经济效益的同时，也帮助投资目的地实现生态效益和社会效益，这样才能谋求对外投资的长期可发展性。青山集团始终把环境保护摆在公司经营的重要位置，公司积极开展环境教育努力提高全体员工的环境意识，公司做好"三废"的回收、处理和综合利用，变废为宝，把工业废弃物建设成为环境优美的绿化物、二次资源综合利用的加工场。

3. 提高企业资源整合能力

企业的资源整合能力是企业"走出去"成功的决定性因素，有效地资源整合可以让"走出去"变得更高效和实用。企业"走出去"发展就是利用企业的资金、技术和管理优势，与投资目的地的资源、土地、劳动力等要素相结合，通过要素的跨国流动和全球化配置，谋求全球利益最大化。"走出去"发展成功与否，就在于企业能否将自身拥有的优势要素与东道国的优势要素有效整合在一起。只有不断地积累和锻炼企业的资源整合能力，才能比其他企业更快速地整合外部资源，抢占市场先机，巩固核心竞争力优势，成为市场的领导者。

4. 实施适度本土化战略

中国企业"走出去"至关重要的一点是要与当地文化相融合，在投资获益的同时要惠及当地。我国企业"走出去"的初期阶段，为了投资建设的高效率，母公司往往对投资项目保持高度的控制，企业高级管理人员全部由总公司委派，而不是当地招募。随着企业建成运营，应该实施适度本土化战略。

青山集团尊重当地的习俗，专门为当地员工建造了两座清真寺。工业区为当地提供了 2400 多个就业岗位，并选拔了数百人到中国培训。除了建设设施和工厂外，青山集团企业还培养了高层的本地管理集团、技术熟练的当地产业工人。预计至 2017 年，园区将为当地人创造 1.2 万个就业岗位[⊖]。

⊖ 引自青山集团开展国际产能合作调查报告

第六章
轻纺企业装备制造合作典型案例

富丽达集团

富丽达集团控股有限公司位于浙江杭州钱塘江南岸萧山临江工业园区内，是一家以"致力轻纺名牌、奉献七彩人生"为宗旨，及织造印染、技术开发、商贸、粘胶短纤维、热电、化工、房地产、污水处理等于一体的大型现代化民营企业，拥有 11 家全资或控股子公司。国内丰富的原料资源和廉价的劳动力成本是中国纺织业发展道路上的巨大优势，富丽达本身位于浙江这样的纺织大省，其独特的产业优势和优越的区位优势使企业获得难得的发展契机。在国家积极鼓励和大力支持企业对外投资和纺织业竞争日益激烈的环境下，企业选择"走出去"发展，大力拓展国际市场，使企业和产业都获得了更大发展空间。

（一）企业概况

富丽达集团控股有限公司成立于 1988 年，前身为萧山丝绸实业有限公司，20 世纪 90 年代前期企业主要业务为坯布制造，由于抢抓先机，产品性能优良，产品在市场上供不应求。同时企业规模经营在增长，部分业务委托外加工，这一时期盈利能力极强，为企业后续的发展壮大奠定了基础。

随着纺织业的竞争加剧，1997 年开始进入规模扩张期。富丽达在行业内率先引进当时属国际先进水平的设备和技术，引进专业技术人才加强产品研发，极大地提高了产品结构和生产效率，在行业内的竞争能力进一步增强。2002 年前后，企业开始加快扩张步伐，进入多元化时代。2007 年富丽达集团响应国家政策号召，参加西部大开发，大手笔在新疆建设了粘胶纤维生产基地，从而进一步奠定了行业地位，参与制定了行业国家标准。

富丽达积极推进企业技术进步。公司有各类科技人员 235 名，建有技术力量雄厚、自主开发能力强的市场级企业技术中心和设备一流的检测中心。公司引进高新技术改造传统产业，与上海东华大学、浙江理工大学和国家染整工程中心等开展校企协作，开展高新技术产品攻关，每年投入研发经费均占企业销售收入的 3% 以上。

在现阶段，国内社会正处于机构协调调整期、增长速度换档期，科技创新日新月异，影响企业发展的因素更加复杂多变。外部环境对企业而言，机遇与挑战并存。加大"走出去"发展步伐拓展对外投资发展空间，是富丽达规避风险，把握机遇，实现企业稳步和长远发展的路径之一。

（二）国际历程

从国内因素来看，纺织行业是我国的支柱产业，它的发展有利于国计民生。而国内纺织行业竞争不断加剧，产能总体上有所过剩，而产品的结构调整有待进一步优化，技术开发也有待进一步提升，产业链需进一步完善。富丽达所在的长三角区域，正是中国纺织业最为发达，也是竞争最为激烈的区域，企业有必要跳出圈外来适应发展，向上下游进军，适度延伸产业链，实施"走出去"战略有利于企业做强做大。

从国际因素来看，国际投资和并购有不断扩大和增多的趋势，企业想要在行业内拥有话语权和定价权，实现规模化经营，就必须有国际化经营理念，实施资源全球化有效配置，将经营触角延伸到世界合适的区域。富丽达在传统主业面临增长瓶颈的情况下，开始了多元化投资和运营。走出国门，优化配置全球资源，是提升富丽达整体实力的战略之一。加拿大的林木资源非常丰富，浆粕产能较大，产品质量较好，政治稳定，有利于投资，成为富丽达"走出去"投资的重要方向。

富丽达集团控股有限公司下属子公司浙江富丽达股份有限公司成立于2004年3月，经过几年飞速的发展，成为粘胶短纤维行业内龙头企业，但产能的扩张也受到了原材料波动的影响。2008年，公司与加拿大纽西尔特种纤维素有限公司（以下简称 NEUCEL 公司）建立了合作关系。NEUCEL 公司注册地在加拿大温哥华，是生产特种溶解浆的专业产商，是加拿大3家和全球40家此类特种溶解浆企业之一，年生产能力达16万吨。2009年富丽达股份有限公司参股 NEUCEL 公司。在合作过程中，了解到 NEUCEL 公司主要股东财务投资即将到期，而他们都有股权的预期。富丽达集团聘请专业咨询机构对该项目进行前期尽职调查，做到有效管理，对该公司的行业地位、技术优势、企业管理水平，以及加拿大的投资环境、政策法规等方面进行分析研究，最终做出全部收购 NEUCEL 公司的决定，并较好地实施完成该项目。

（三）企业经验

1. 注重品牌创建，提高产品知名度

在市场经济条件下，在纺织业这一非终端消费品提供者们的品牌意识还有待提高认识。创建知名品牌，扩大企业影响力，对各类企业均十分迫切和必要。在质量上和成本上差距不是很大的情况下，拥有一定产品知名度才能取得竞争的优势。2011年2月初，富丽达集团控股有限公司以 2.53 亿美元收购了其参股的加拿大纽西尔（NEUCEL）特种纤维素有限公司的全部剩余股份，有效降低了产品成本，增强了在粘胶纤维行业中的话语权，是 2011 年我国民营企业海外收购表现抢眼的浙商企业代表之作，大大提高了富丽达集团在国内外的知名度。

打造名牌，需要加大公关投入，树立新型营销观念，充分运用各种营销手段，形成运作高效的营销体系。如可以由各地政府或者行业协会举办或参加纺织面料展览会等。加强电子商务建设，在网站上提供有关产品的信息，获得远程的信息交流，比如通过由行业协会或企业自身组建网站，形成网络信息平台。努力运用现代纺织理念调整产品结构，积极开拓国内国外两个市场，

制定整体品牌营销计划，维持和提高市场份额和综合竞争力。

2. 实施多元化发展战略，降低主营业务经营风险

从事具有比较优势的行业符合企业实现价值最大化的目标。事实上，纺织业由发达国家向发展中国家转移是因为在国际贸易中纺织业在这些国家中的比较优势已经丢失。同样，当单个企业进入纺织业所获得的收益率较低于从事其他行业的收益率，即不存在比较优势时，也会退出这一行业。因此，要具备战略目光看待企业的长远发展。

对于已经形成规模的纺织企业，推行多元化的经营方针，达到东边不亮西边亮的效果，能有效降低经营风险。多元化的终极目标是推进立足纺织、跳出纺织的战略，让纺织业的发展来推动整个企业的发展。富丽达集团，从一个净资产不足千万元的单位制造企业，发展为拥有纺织、印染、热电、化工、纤维、房产、研发、进出口等多个控股子公司的现代化大型公司集团，形成企业内部的产业优势互补，提高了经营效率。

当然，也要注意不能盲目地推行多元化，否则容易造成主营业务的资本薄弱，而导致整个企业的发展不协调，甚至会使整个企业经营失败。

3. 增强创新能力，实现民营纺织业的二次飞跃

创新是企业发展的原动力，企业只有注重创新才能在竞争激烈的环境中生存。企业在"走出去"的发展过程中，面临的经济、政治、法律、文化等环境与母国都有很大差异，必须在制度、管理和技术等各方面有所创新，才能获得"走出去"的成功。

制度上要突破传统的独门独户的经营形式。要减轻个别企业规模小、资本缺乏所带来的弊端，必须实行企业之间的联合，加强协作，实现信息共享。联合的形式可以是直接组建股份制企业也可以通过建立类似行业协会的组织加强协作。管理上要适时突破家族式的经营管理模式。建立良好的人才引进机制和用人机制，打破传统的人才录用和升降机制。建立独特的企业文化，增强企业的凝聚力和员工间的合作精神。加强技术投入，一方面要加大对引

进技术设备的投入，确保及时更新设备，保持技术水平和生产能力的先进性。另一方面，强化创新技术的投入，可以和专业科研院所合作或建立专门的研究所⊖。

⊖ 引自富丽达集团开展国际产能合作调查报告

第五篇

案例篇（下）——装备制造

第一章
汽车企业装备制造合作典型案例

第一节　整车制造与销售业典型企业案例

吉利集团

　　吉利集团通过近 30 年的奋斗,从一家民间小作坊成长为世界 500 强企业,不仅与企业艰苦创业的精神和企业发展战略有关,更是与其适时实施"走出去"战略有关。

(一)企业概况

　　浙江吉利控股集团始建于 1986 年,1997 年进入汽车行业,多年来专注事业,专注技术创新和人才培养,取得了快速发展。现在资产总价超过千亿元,连续三年进入世界 500 强,连续十二年进入中国 500 强,连续九年进入中国汽车行业十强,是国家"创新型企业"和"国家汽车整车出口基地企业"。

　　2003 年 3 月,主营吉利集团汽车产业发展的浙江吉利控股集团有限公司成立,同年 8 月,首批吉利轿车出口海外,实现吉利轿车出口"零的突破",在国际化道路上迈出了重要的一步。2005 年,吉利汽车亮相第六十一届德国法兰克福车展,实现了近百年来中国汽车自主品牌参加世界顶级汽车展历史性突破。吉利自主开发的 Z 系列自动变速器及产业优化项目被评为 2006 年度中国技术进步成果一等奖,填补了中国汽车行业自动变速器产业的空白。

2006年10月，吉利集团与英国锰铜控股公司（MBH）正式签署合资生产名牌出租车的协议，打破了以往中外合资的惯常做法，开启了中外合资造车的新一页。

吉利集团（以下简称吉利）在战略转型和全面国际化阶段，启动开展了乌克兰 SDK 项目，首批 300 套 KD 件已出运，首次实现吉利汽车海外生产。2008 年，吉利全球独创的 BMCS 技术亮相北美国际车展，吉利控股集团也被认定为国家首批"创新型企业"。2009 年吉利成功收购了全球第二大自动变速器公司澳大利亚 DSI 和沃尔沃轿车公司，并获得沃尔沃轿车公司 100% 的股权以及相关资产（包括知识产权）。目前，浙江吉利控股集团总部设在杭州，旗下拥有吉利汽车、沃尔沃汽车、伦敦出租车等品牌。其中吉利汽车在浙江台州、宁波，以及湖南湘潭、山东济南、四川成都等地建有汽车整车和动力总成制造基地。

（二）国际历程

汽车行业是一个技术更新较快的行业，面临巨大的竞争压力。自从 2001 年加入世界贸易组织之后，我国汽车行业面临国内和国外的双重竞争。在经济竞争日益加剧的背景下，对外直接投资已经成为推动经济全球化和企业参与国际分工的重要方式，充分合理利用国外资源和国外市场是我国汽车行业"走出去"、实现可持续发展的重要途径之一。

2001 年，刚刚跨入汽车行业不久的吉利控股集团对世界汽车工业格局变化进行了战略估计，认为未来十年一些传统的世界汽车巨头将面临新一轮的洗牌挑战，对中国汽车工业而言，这种挑战可能是一次跨越式发展的机会。

1. 收购英国锰铜控股公司

2006 年 10 月，吉利参股英国锰铜控股公司，并与锰铜控股公司在上海成立合资公司生产英伦 TX4，开创中外合资新模式。英伦 TX4 先后服务于北京奥运会、上海世博会、广州亚运会、伦敦奥运会等大型国际盛会。目前，TX4 已出口法国、波兰、沙特、埃及、澳大利亚等国家，伦敦所使用的 TX4 大多来自中国。2013 年 2 月 1 日，吉利控股集团通过下属子公司以 1104 万英镑（当时折合 1.08 亿人民币）收购英国锰铜控股公司。至此，吉利完全拥有了英国百年企业——锰铜控股的核心资产与业务，为开拓欧洲市场奠定了基础。2015 年 3 月 26 日，吉利宣布投资 2.5 亿英镑，为英国锰铜控股公司建设一座高科技、现代化，融研发和生产于一体的全新工厂，用来生产下一代零排放及超低排放的伦敦出租车。

2. 收购澳大利亚 DSI 公司

2009 年 2 月初，吉利得到澳大利亚 DSI 公司接到破产保证额消息，经过短短一个月的紧张谈判，吉利在 15 个买家中胜出，全资收购了这家世界第二大的汽车自动变速器公司，不仅拓宽了吉利自动变速箱的产品线，更是改变了中国轿车行业自动变速器空白的局面，实现跨越式发展。DSI 在中国的工厂——DSIH 湖南湘潭工厂已建成投产，在全球统一的技术、质量标准下，进行 6AT 变速器（6 速手自一体变速器）生产并搭载在吉利系列车型上，带动了国内自动变速器产业链的发展。

3. 收购沃尔沃公司

自沃尔沃诞生以来，本着"以人为尊"的品牌精神，沃尔沃倡导"安全、低调、高品位"的人生态度。沃尔沃在过去 85 年专注安全，其革命性的安全技术为全球汽车工业的发展做出了卓越的贡献。1972 年，沃尔沃向联合国提出汽车企业的环保责任，在联合国专门设立了汽车环境创新奖。沃尔沃环保汽车的最终目标为零排放，"安全与环保"已经成为沃尔沃的最大优势。

自 2008 年金融危机爆发后，美国福特汽车公司出现持续亏损，于 2008 年 12 月 3 日公开挂牌出售沃尔沃汽车集团，标价 60 亿美元。而在中国政府有力的引导下，中国车市从 2009 年年初就上演一路飙升，产销双双突破 1000 万辆，稳坐全球第一大汽车市场宝座。从 2008 年 7 月吉利向福特提交收购意向书，经过近两年的艰苦谈判，在全球众多对手中吉利获得优先竞购权，达成了收购协议；2010 年 8 月 2 日，吉利与福特正式交接，吉利收购了沃尔沃轿车 100% 股权和知识产权，创造了中国汽车工业并购史上的又一个奇迹。

目前，吉利主要出口东欧、中东、非洲、东南亚、大洋洲、中南美洲近

60 个国家和地区，已在海外建立了 400 多家销售和服务网点。吉利在东欧、中美、南美、中东、北美及亚太东盟等区域已有了明确的产能及投资规则，其中在白俄罗斯、巴西有合资或者独资等多种灵活的商业模式。在海外投资建厂，以 KD 模式出口将成为吉利海外拓展的主要方式。

（三）企业经验

1. 抓住机遇，迅速出击

在席卷全球的金融风暴中，汽车之城底特律的三巨头纷纷遭受困境，而保持大幅上涨的中国汽车企业成为诸多国际巨头的救命稻草。通过海外并购，中国汽车企业可以用较低的成本，获得梦寐以求的汽车国际产品、核心技术和国际营销渠道。较之国有企业，吉利决策机制迅速敏捷，更有利于瞬息万变的并购谈判。2009 年 2 月 14 日 DSI 公司破产，同年 3 月 27 日吉利签约收购全球第二大汽车自动变速箱公司——DSI 公司，此举被称为国际金融危机后国内企业的"海外抄底第一单"。吉利一直在瞄准世界上的先进技术，在 DSI 因为金融危机而即将倒下时，吉利抓住了机会，果断进行了收购，并在不到半年的时间内实现了扭亏为盈。

2. 提前规划，储备人才

并购沃尔沃历时两年多，吉利做了充分准备，成立了专家组开展被世界称为中国历史上难度最大的并购案。沃尔沃作为品牌车也被很多中国企业看好。为实现战略目标，吉利收购沃尔沃可获得 4000 多名高素质的研发人才和境外工厂及员工，可以为吉利集团发展注入新鲜的血液。专业化的人才为吉利带来的是专业优化的收益，保障了吉利本次里程碑式的跨国并购得以圆满实施。

3. 良好的融资模式

在跨国并购案例中，资金筹措是重中之重。民族企业因其固有的特性，在筹措资金方面与国有企业相比劣势明显，因此如何通过多种渠道共同作用，完成并购所需的资金与资产储备则是整个跨国并购策略的最后一环。依然以吉利为例,吉利虽然在国内属于一线的民营汽车制造企业,但毕竟是民营企业,在银行贷款方面并没有天然优势。收购沃尔沃案例中,吉利通过协调多方渠道,最终获得中国建设银行 15 亿美元贷款;同时,以沃尔沃落户为条件,与大庆、上海市政府商议资金筹措——上海市政府在吉利成立的收购平台公司中出资37%,大庆市政府出资 12%,吉利自筹 51%。通过多渠道资本市场运作,吉利成功募集到了并购沃尔沃所需的全部资金,为顺利实施并购打下了坚实的基础。

4. 充分预计困难,降低整合风险

在吉利并购沃尔沃的案例中,吉利充分地估计到了沃尔沃工会工人可能做出的反对行为:收购完成后股东转变,自己的工作是否能够得到保障成为工人们考虑的主要问题。很多中国民族企业跨国并购最终流产的阻力也主要源自于对手公司的工人工会,而吉利则充分地预计到了这种可能,在收购前期便和工会进行深入的沟通,进行了不裁员的保证以及保障工会工人利益的书面承诺,后续还邀请了工会领袖等来到中国参观吉利的工厂设施等,与其交流吉利的历史、发展轨迹、产品和企业理念等,获得了工会领袖的理解与认同,从而为后续顺利并购沃尔沃打下了非常坚实的群众基础。而在管理层方面,吉利首先表示不会过多干涉沃尔沃现有管理层的管理权限,同时表态不会过多地改变沃尔沃目前的经营理念,而是继续维护和加强沃尔沃这个传统世界级品牌的地位,并继续发扬此顶级品牌在安全性及环境技术方面的全球声誉。沃尔沃目前的工厂、研发中心、产品渠道等都可以保留,同时进一步增强中国市场对沃尔沃的产品需求及采购。充分地预计了并购后续成本,又与管理层级工人工会达成了战略层面的共识,使得吉利并购沃尔沃的后续成本降到了最低,为这次里程碑式民族跨国企业并购打下了坚实的基础。

吉利海外并购是战略性并购,目的是发展中国汽车工业,提高中国汽车整车的研发能力和中国汽车零部件的国际竞争力。吉利致力于全面提升中国汽车零部件工业的国际竞争力,充分发挥并购沃尔沃后的同步研发能力,推动中国汽车零部件工业的转型升级。只有形成有国际竞争力的中国零部件体

系，才能提升中国自主品牌汽车工业的国际竞争力。吉利通过海外并购这一战略安排，全面了解、参与、掌握了沃尔沃的研发以及研发数据库的共享，快速提升了吉利汽车的研发能力，大量培养了中国研发工程师，并和中国的汽车零部件企业协同，推进中国零部件企业的转型升级。

吉利成功收购了沃尔沃等企业，使中国拥有了具备国际竞争力的世界知名企业和品牌，可以一举进入国际高端市场并占有一定的份额，同时可以掌握部分汽车核心技术，对于中国由汽车大国转变为汽车强国，具有重要意义[⊖]。

第二节　汽车零部件及周边配件制造业典型企业案例

万向集团

万向集团取得的巨大成功，与其较早就开始国际化发展密不可分。早在20世纪80年代，万向就开始探索"走出去"，历经30余年崎岖坎坷，终于走出了"间接出口—直接出口—设立海外销售部—海外并购"这样一条循序渐进的国际化道路，成为中国向世界市场进军中最具国际竞争力的16家企业之一。而其在国际化扩张中独特的"反向OEM模式"，更是创造出一个值得中国企业借鉴的国际化新模式。

（一）企业概况

万向集团（以下简称万向）始创于1969年，从钱塘江畔的农机修配厂起步，经历40余年艰苦奋斗，已发展成为拥有三万余名员工的现代化跨国企业集团。万向主要致力于汽车零部件产业，经历了从零部件，再到系统化模块供应的发展轨迹。2014年，万向集团位列中国企业500强第127位，制造业第58位，被誉为"中国企业常青树"。

万向集团是国务院120家试点企业集团和国家520户重点企业中唯一的

　⊖　引自吉利集团开展国际产能合作调查报告

汽车零部件企业，万向以制造和销售汽车零部件为主业，在国内已形成6平方公里的制造基地，在美国、英国、德国等10个国家拥有近30家公司，40多家工厂，海外员工超过万人，是通用、大众、福特、克莱斯勒等国际主流汽车厂配套合作伙伴。万向是目前世界上万向节专利最多、规模最大的专业制造企业，在美国制造的汽车中，每三辆中就有一辆使用万向集团制造的零部件。

（二）国际历程

万向"走出去"之路的开启，与中国的改革开放政策及此后的世界经济环境的变化密不可分。20世纪80年代初，万向就开始了外向型发展道路。在当时，作为一家乡镇企业，产品进不了国家的计划，为了企业生存和发展，万向很早就开始考虑在外国销售产品的可能性，通过参加广交会，开始走出国门，走进国际市场。

20世纪80年代末90年代初，经济全球化成为全球发展主旋律，并由此深刻影响着世界各国各地区的经济发展。伴随着世界经济形势的不断变化和我国改革开放的不断深入，中国的改革开放成果不断拓展，涉及各个领域行业。中国经济要发展，就必须与世界先进技术与国际资本接轨，在资金规模和技术研发上取得突破，在此背景下，万向适时调整国际化战略，由海外销售向海外并购转变，其海外业务在资源的外部化、经营的本土化、产业的国际化方面，也逐步走向深入。

进入21世纪以来，万向开始实施"资本式经营、国际化运作"战略，这不仅使之成为中国最大的汽车零部件企业，而且使其稳步进入金融、农业等领域。2000年，以万向美国公司为代表的集团跨国经营海外市场建设取得突破性进展，成功收购了LT公司、ID公司和麦可公司等。2001年8月28日，万向成功收购在纳斯达克上市的美国UAL公司21%的股份，开创了中国乡镇企业在海外收购上市公司的先河。通过跨国并购和战略合作，万向一步步融入国际市场，已从"国际营销""国际生产"发展到配置"国际资源"，跨国公司的雏形已逐渐显现。

万向"走出去"的经历是一个循序渐进的过程。在万向实力比较弱小的时候，通过出口实现海外销售，熟悉国际市场竞争环境和规则，并通过出口逐步建立自己的品牌，促进产品在国内市场的发展。在企业进一步发展壮大之后，万向开始进入第二个阶段，即通过设立海外分公司，直接在海外销售。到20世纪90年代末期，万向迈向了跨国经营的高级阶段，利用金融资本整合产业资本，以并购为手段全面进入汽车、冶炼的上下游。万向的跨国并购始终围绕着自己的主业，绝大部分并购都在、都是以促进主业为直接目标，而且没有盲目地进行多元化扩张。

万向在制造上的长板得以和国外合作伙伴的短板互补，不仅进一步扩大了制造规模，控制了销售渠道和品牌及一定程度上的定价权，得以分享市场利润的大蛋糕。不少国内企业通过跨国公司的全球采购，得到产品出口或者给国外企业配套的机会，但大多只能在国际分工中得到一点可怜的加工费，像万向这样快速走上全球产业价值链前端的中国企业屈指可数。

（三）企业经验

国家对企业"走出去"发展的重视不断增加，中国企业的国际化步伐正在加快，各行各业都在布局全球市场，寻找机会，中国企业国际化正在进入加速期。"走出去"的过程中也充满了风险和挑战。与以往相比，中国企业面临的国内外环境更加复杂，太多风险需要回避和应对。

1. 企业要不断学习，努力提高自己的核心竞争力

在这方面，万向通过认真学习，真正做到了"青出于蓝而胜于蓝"。万向生产的汽车万向节打进美国市场是在1984年，是由美国舍勒公司这个同行"师傅"领进门的。开始时，美国舍勒公司帮助万向卖品牌，后来两者中断合作关系。但是万向在销售产品时不断地进行技术创新，并再次得到了舍勒公司的青睐，继续销售万向产业的产品。后来万向美国公司越做越强，而舍勒却因经营不善陷入了困境并最终被万向收购。敢于善于学习的万向不但在激烈的国际竞争中存活了下来，更在国际汽车零配件市场上大展身手。逆水行舟，不进则退！企业要想在近乎惨烈的国际竞争中占有一席之地，紧跟时代的潮流，不断学习、不断创新是必不可少的。

2. 开展本土化经营，提高企业利用全球资源的能力

并购管理中，要面对不同组织文化、管理方式、营销手段等方面的资源整合。万向认识到，不仅要卖产品到国外，更重要的还要利用国外的资源，包括市场资源、资金等多种资源、原材料资源、人力资源、信息资源以及技术。万向美国公司的"本土化战略"包括市场本土化、人员本土化、产品本土化和资本本土化等多方面。现今，万向美国公司在当地的融资比例已是总部投资的两倍，并与花旗、美林等世界著名金融机构建立了长期合作关系，融资方式包括贷款、发行债券和债权抵押等。

3. 开展跨国联合，做到深层次战略资源的对接

万向海外公司早些年是以自己创业为主，近几年却将发展重点放在了联合收购上，对于万向成功收购 UAI，海外媒体也认为这为万向跨国市场融通、技术共享、优势互补创造了商机。万向进行跨国并购，要的就是"会下金蛋的鸡"，通过并购向海外要市场、要资本、要人才，使万向的产品进入国际主流市场。在国际上，万向主要采取了两个步骤：第一步，与同行企业建立战略同盟；第二步，与外国汽车厂建立战略同盟，纳入其全球采购体系，主要措施是收购、控股和参股。并购与联合的根本目的，首先是为了抢市场，通过抢市场进入主机配置，再扩张发展。通过更深层次战略资源对接，为发展插上了腾飞的翅膀⊖。

⊖ 引自万向集团开展国际产能合作调查报告

第二章
通信企业装备制造合作典型案例

第一节　网络设备领域典型企业案例

华为公司

华为技术有限公司（以下简称华为）是一家生产销售通信设备的民营通信科技公司。截至 2016 年年底，华为在全球 168 个国家有分公司或代表处；同时，依据不同国家或地区的能力优势，在美国、欧洲、日本、印度、新加坡等地构建了 16 个研究所、28 个创新中心和 45 个产品服务中心。华为有 7 万多人的研发团队，每年销售额 10% 投入研发，累计获得专利授权 36511 件。过去 10 年，华为累计研发投入 250 亿美金。

（一）企业概况

华为技术有限公司于 1987 年正式注册成立，总部位于中国深圳市，是目前全球领先的信息与通信技术（ICT）解决方案供应商，专注于 ICT 领域，在电信运营商、企业、终端和云计算等领域为企业提供端到端的解决方案。

2013 年，华为首超全球第一大电信设备商爱立信，排名《财富》世界 500 强第 315 位。截至 2016 年年底，华为有 17 万多名员工，华为的产品和解决方案已经应用于全球 170 多个国家，服务全球运营商 50 强中的 45 家及全球 1/3 的人口。2016 年 8 月，全国工商联发布"2016 中国民营企业 500 强"

榜单，华为以 3950.09 亿元的年营业收入成为 500 强榜首，在"2016 中国企业 500 强"中排名第 27 位。

（二）国际历程

全面进军国际市场是华为近年来成绩最明显的方面。华为 1996 年进入香港，1997 年进入俄罗斯，1998 年进入印度，2000 年进入中东地区和非洲；2001 年迅速扩大到东南亚和欧洲等 40 多个国家和地区，2002 年进入美国，在全球业界处于低潮时成功实现了各大主流市场的全线突破。在"走出去"初期，华为与 AT&T、Telefonica、Telemar 等多家跨国公司运营商建立了合作关系，为海外市场的进一步扩张奠定了坚实的基础。在俄罗斯、泰国等市场持续获得了 1 亿美元以上的销售额，更承建了俄罗斯 3700 公里超长距离的 320G 国家传输干线；数据通信产品通过英国和美国权威机构测试，为进入欧盟、北美等发达国家市场打好了基础；全线产品包括路由器、移动、交换接入、传输、智能网等全面进入拉美市场，成为当地市场的主流供应商。华为在海外市场的成功不仅为该公司开拓了新的增长点，更显示华为在营销、管理、研发实力等方面基本成熟，具备了国际竞争力。

在"走出去"初期，通过开发核心技术，在拥有自主知识产权后实行技术输出型的跨国经营，是华为公司走向国际化的一大亮点。华为每年将不少于销售额的 10% 投入研发，并坚持在自主开发的基础上进行开放合作，现在已经与 TI、摩托罗拉、IBM、AT&T、ALTERA、SUN、微软等世界一流企业广泛开展技术与市场方面的合作。华为自行研制的 TELLIN 智能网系统荣获国家科技进步一等奖。该智能网系统于 1997 年正式投入商用，华为对该系统所有核心技术拥有自主知识产权，目前在全国同类产品中处于技术和市场的领先地位。华为荣获国家科技进步二等奖的 SBS2500 光同步传输系统（OptiX2500 光同步传输系统），是华为领先全球的光网络设备之一，为华为光网络产品品牌的提升和迅猛发展的业绩做出了非常大的贡献。这些先进技术开发成功后就开始走向海外，已先后应用于十多个国家和地区，成为华为公司在国际市场拓展中的主力产品。除此之外，华为公司还拥有中国国家工商行政管理总局商标局认定的 3 件"中国驰名商标"。根据有关国际公约和国内法律，经国家商标局认定的"驰名商标"，可以在包括中国在内的170多个巴黎公约成员国内获得特别保护，从而有助于华为更好地服务于广大客户。

根据国际市场的需求发展自己的跨国经营业务是华为成功的重要原因。华为非常善于捕捉这样的机遇。当俄罗斯大量网络还是采用属于模拟技术的空分制式交换机时期，华为敏锐地发现了这个市场，立即派遣了几个工作人员在莫斯科收集市场信息。随后，华为在当地设立办事处，开始了拓荒之路。2002年，在俄罗斯移动运营商MCT的招标中，华为中标，一举获得了一个6600万美元的合同，华为将为其提供移动交换机和基站设备。这意味着中国的GSM设备首次大规模进入俄罗斯。1999年初，华为公司参加了在开罗举办的国际电信展览会，发现埃及当时的固定电话普及率只有10.8%，移动电话普及率只有3.8%，电信技术比中国落后了10年，因此埃及的潜在市场非常巨大。为此，华为果断出击，于2000年3月在埃及设立了产品技术中心和用户服务支援中心，建立了用户培训基地，业务辐射到埃及的周边国家。华为负责人对在埃及的选择感到十分满意，认为"中东、北非地区电信设备和技术的市场前景非常好，我们的营销收入所占的份额会越来越大"。

建立技术中心、用户培训服务中心的国际网络，为技术输出提供国际化的后续服务，是华为成功"走出去"的一大特色。华为在巴西成立中国首家海外授权网络技术教育中心，巴西及南美最大的商业培训机构——IMPACTA加盟该认证培训体系，负责华为认证在巴西地区的推广与培训。这标志着经过一年的稳健发展，"华为授权认证培训体系"已成功地走出了进军国际市场的第一步，同时也为"华为认证周岁庆典"增添了一抹亮色。

（三）企业经验

华为成功跨国经营的经验值得中国民营高科技企业借鉴。

1. 开发核心技术，打造知名品牌

华为作为一个高科技民营企业，其跨国经营的战略目标非常明确，即根据自身特点，走技术输出型的跨国经营之路，将每年销售收入的10%用于开发具有国际领先水平的核心技术，靠自身拥有的核心知识产权，争得国际市

场份额。

2. 抓住展示机会，把握市场需求

利用一切国际电信展览机会，展示自己的技术产品，捕捉国际市场需求、区域市场需求的各类信息，把握产品打入相关市场的契机。据了解，凡有国际上知名的典型展览会，如美国通信展、莫斯科通信展、开罗通信展、墨西哥通信展、泰国通信展等，必有华为公司的身影。华为公司产品的先进性，以及华为在中国电信市场飞速成长的成功故事，既给参展的业界人士留下了深刻的印象，又为华为进一步拓展国际市场、确立品牌、获得更多的境外订单发挥了积极的作用。

3. 建立国际网络，提供全球服务

建立技术中心、用户培训服务中心的国际网络，为技术产品输出提供国际化的后续服务，是华为跨国经营可持续发展的重要条件。华为认识到：面临竞争日趋激烈的国际市场，由于通信及网络产品具有很高的技术含量和专业特点，境外的合作伙伴不仅要负责销售产品、拓展渠道，更需要承担产品、技术、解决方案在渠道中的延伸任务。因此，向境外合作伙伴进行技术输出、转移、培训就成为了跨国经营可持续发展的题中之意○。

第二节 智能手机等终端领域典型企业案例

一、TCL 集团

TCL 集团（以下简称 TCL）虽然以英文注册企业名称，但其实是一家地方国有控股企业。TCL 与一般国有企业不同的地方在于，国家没有一分钱的资本金注入，以 5000 元起家，完全靠自身滚动发展起来。目前，TCL 主要有四个产品方向：家用电器、通信、民用电工和信息产品。TCL 目前在海外的

○ 引自华为公司开展国际产能合作调查报告

机构已经超出了 30 家，国外销售占全部销售的比例已经达到了 30%。

（一）项目背景

TCL 的跨国经营梦始于 1997 年的东南亚金融危机，金融风暴使其出口额下降，这让 TCL 很快明白，要在国际市场推广品牌，必须要自己直接掌控市场和网络。TCL 董事长李东生曾经表示过："要保持海外业务的长期、持续发展，一定要建立国际经营的能力。中国已经成为全球的制造中心，我们的产业市场开放了，国外的市场也在开放，如果你期望在产业中居于领先者地位的话，你就必须以全球战略规划来考量自身。"

（二）项目概况

1999 年，TCL 开始在东南亚市场试水，在越南彩电市场上占有 44% 的份额，仅次于索尼。在越南获得成功之后，TCL 很快就把业务推广到了菲律宾、印度尼西亚、马来西亚等国家和中国香港等地区。

当时虽然 TCL 在东南亚等地区的扩张取得了成绩，但是在欧美市场上，始终还是以加工出口为主，没有建立起自己的经营体系，而要成为一个真正国际化的企业，必须进入欧美这两个大的市场。在历经多年跨国经营磨砺后，TCL 以收购德国施耐德公司资产的方式进军欧洲市场，而此次收购施耐德可以说是迄今为止 TCL 在海外扩张中最具关键意义的一步。

TCL 集团控股旗下的 TCL 国际控股有限公司 2002 年 9 月下旬宣布，通过其新成立的全资子公司 Schneider Electronics GmbH，与德国 Schneider Electronics AG 的破产管理人达成收购资产协议，收购施耐德（Schneider）的生产设备、研发力量、销售渠道、存货及多个品牌，其中包括"Schneider"（"施耐德"）及"DUAL"（"杜阿尔"）等著名品牌的商标权益，金额约 820 万欧元。Schneider Electronics GmbH 同时协议租用位于 Tuerkheim 面积达 2.4 万平方米的生产设施，建立其欧洲生产基地，并且 Tuerkheim 的生产于 2003 年初展开。

施耐德公司是一家有着 113 年历史的家电生产厂家，号称"德国三大民族品牌之一"。进入 20 世纪 90 年代后开始亏损，这家老牌企业在 2002 年初正式宣布破产。即使这样，在 2001 年，施耐德欧洲市场也有高达 2 亿欧元的销售额和多于 41 万台彩电的市场份额，超过了欧盟给予中国 7 家家电企业 40 万台配额的总和。显然，TCL 收购施耐德之后，凭借这个品牌，将使 TCL 快速切入欧洲 2200 万台的巨大彩电市场，同时，还可以避开欧盟反倾销的 40 万台配额壁垒。此外，还可以充分利用施耐德在德国和欧洲都有的用户基础、技术力量和技术网络基础，进一步开拓欧洲乃至世界市场的业务。而 TCL 的代价仅仅是 820 万欧元，还包括固定资产，真正花费只有 300 万欧元。据了解，在欧盟市场推广一个品牌，代价绝不止这个数目。

（三）项目经验

尽管 TCL 收购施耐德并不是中国企业的首次海外收购，但是所引起的人们对中国企业海外收购的关注却是前所未有的，该项目对于推动企业在境外开展国际收购项目具有指导意义。

1. 成功改制后的阳光交易

TCL 通过改制，内部管理层职工与外部战略投资人成为公司的大股东，长期困扰中国国有企业发展的体制问题在 TCL 得到圆满解决。TCL 的跨国收购行为由此更显得是彻底摆脱"灰色嫌疑"的企业战略布局，其筹谋长期的规划，收购时机的把握，收购对象、地点的选择，谈判对价的最终确定全都昭示出市场行为的潇洒和自如。因此，本次并购对中国企业"全球化"战略的影响意义与参考价值绝非以往国内企业的海外扩张所能比拟。

2. 扬并购投资方式之长，获取较大的欧洲市场份额

海外直接投资有创建式投资方式和并购式投资方式之分，如果一个企业准备以创建式投资方式进入一个市场，就必然会有进入壁垒，因为新进企业将瓜分原有企业的市场份额，其新增生产能力对行业的供求平衡会发生影响。如果新增生产能力很大，行业内部将可能出现过剩的生产能力，从而引发价格战。然而在运用并购方法时，进入壁垒可以大幅度降低。由于并购没有给行业增添新生产能力，短期内，行业内部的竞争结构保持不变，所以引起价格战或报复的可能性大大减小了。TCL 通过收购品牌和资产进入一个新市场，

就有效地降低了进入壁垒。

3. 将 TCL 自身优势和外国企业的品牌优势有机结合

企业的竞争优势一般表现在成本优势、产品优势和品牌优势上。目前国内企业能尽快获得的最大优势还在于成本优势，最大的劣势就是品牌劣势。在国内企业的国际化进程中，应把自己的成本优势与外国企业的品牌优势结合起来。

4. 收购破产财产，规避法律风险

TCL 收购德国的失败产品，从法律的角度看，是考虑到对方已经破产，收购破产财产不需要承担原公司所有的现有债务和或有债务，法律的风险得到了有效的控制，就是所有原公司遗留问题，TCL 都不用承担○。

二、中国电子进出口总公司

中国电子进出口总公司（CEIEC，简称中国电子）在冠捷科技项目中，专注于显示器、液晶电视、计算机一体机等显示产品的研究开发、生产制造和市场销售，是全球最大的计算机显示器制造商和第三大液晶电视制造商。

（一）项目背景

冠捷科技于 20 世纪 90 年代初在福建省福清市立足，1999 年 10 月在中国香港及新加坡两地同步上市，拥有自有品牌"AOC"和"Envision"，2008 年和 2014 年收购飞利浦的显示器业务和电视业务，拥有飞利浦品牌显示器的全球独家分销权和飞利浦品牌电视在全球大部分地区的独家分销权。其显示器产销量自 2002 年开始保持蝉联全球首位，全球市场占有率逾 36%；其液晶电视制造量自 2005 年以来，始终保持在全球前三名，全球市场占有率近 10%。

自中国电子 2010 年成功并购冠捷科技以来，冠捷科技凭借年收入 735 亿元带给中国电子直接的经济效益，推动中国电子进入世界 500 强，同时也是

○ 引自 TCL 开展国际产能合作调查报告

中国电子进行新型显示产业垂直整合的重大战略举措，使中国电子形成了从液晶基板玻璃、液晶面板到显示终端的完整产业链，获得了新型显示产品的全球出海口，实现了产业链上下游的业务协同和规模化效益，大大提升了中国电子的综合竞争力和产业地位。

（二）项目概况

中国电子并购冠捷科技后，充分发挥产业协同优势和冠捷董事会的作用，在发展战略、上游资源、两岸合作、管理提升、营销策略等方面给予冠捷科技强有力的领导和支持。目前，冠捷科技已形成在设计和研发、供应链和制造、市场和售后服务的全球化布局，十二大制造基地分布于福清、北京、武汉、厦门、青岛、北海、波兰戈茹夫、俄罗斯圣彼得堡、墨西哥蒂华纳、巴西玛瑙斯与圣保罗、阿根廷火列岛，可充分保障全球市场需求，并有效规避各种关税及非关税贸易壁垒。

同时，冠捷科技以台湾、福清、厦门为核心的创新研发基地，以及收购飞利浦显示器和电视业务带来的比利时、印度两个研发中心，为冠捷"领航视界"提供了源源不断的动力。冠捷科技设立在中国、巴西、德国、印度、日本、荷兰及美国的七个营销中心连接遍布全球的逾 3500 个服务中心，随时满足客户需求并提供贴心的服务。

（三）项目经验

冠捷科技作为显示器和电视机制造业的龙头企业，多年来积极拓展海外业务，克服了所在国法律法规、经营习惯、劳工素质、人文环境等多种难题，至今已发展有 5 家海外工厂，分别位于巴西、波兰、俄罗斯、墨西哥及阿根廷。如今这 5 家工厂共有电视生产线体 17 条，年产能 2000 万台，显示器生产线体 1 条，年产能 170 万台。在国际产能合作方面，冠捷科技无疑是成功的，这背后是公司正确的方针策略，大胆的探索实践，凝聚为宝贵的经验。

1. 集团化管理体制，发挥整体效益

冠捷科技工厂众多，如何发挥出整体协作效益？这成为至关重要的管理

课题。经过探索，冠捷采用了"母子工厂"体系，将冠捷中国区的福清、厦门两个工厂分别建设成为具有技术支持、开发试制、先进制造技术应用和满足高端市场需求职能的显示器和电视机的"母工厂"，而海外所有工厂则作为承载一般产品和技术的"子工厂"。通过"母子工厂"体系建设，既可有序推进产能的输出和转移，又可通过"母工厂"对各类资源统一协调，帮助"子工厂"快速解决各类技术问题，提升本土工厂的竞争能力。

2. 降低制造成本，增强企业竞争力

海外各工厂用工成本比国内高 2～4 倍，制造成本的管控压力比国内大了许多。打铁还需自身硬，通过多年的经营，冠捷在制造业管理和技术层面总结出一套行之有效的方法，做到了持续降低制造成本，满足公司利润要求。

在管理层面，制定了"月中制造成本预警""月底 KPI 达成检讨""月度集团排名评比"等各项管理机制，做到了事中预警、事后总结、即时改善。

在技术层面，冠捷则以制程优化及生产自动化为主线进行持续改进，实现人力精简。在制程优化方面，通过精益管理持续减少生产流程中的浪费。2016 年海外工厂主推 BPR（Business Process Regineering，流程改造一条龙）制程，优化工序，精简了制程中的周转、搬运、检验等方面的人力。到目前为止，海外已导入 9 条 BPR 线体，其中巴西 3 条，波兰 4 条，阿根廷 2 条。在自动化方面，冠捷每年不断加大投入，遵循"每年制定工作计划""每月发布成效状况""每周检讨导入进度"的"三部曲"开展工作。近几年海外工厂成功推动了"自动读码""铝箔自动切割""自动搬运""自动堆垛"及"省力装箱"等项目，取得了预期效益，几年来改善成效显著。以波兰戈茹夫工厂为例，在人工成本逐年上涨的情况下，单台产品制造成本连续 5 年降低，且每年降幅达 8% 左右，大大提升了工厂在成本方面的竞争力。

3. 依托自贸试验区政策优势，降低运输成本

2015 年厦门市开通"厦蓉欧"国际货运班列，大大缩短了企业运输时间，相对空运而言极大降低了运输成本，实现了自贸试验区和"一带一路"的无缝对接，打造出一条向西连接欧亚大陆，向东串联台湾地区及东南亚各国的

国际物流大通道。如今,"厦蓉欧"班列的欧洲线路已经实现了稳定的每周两列,周四、周日从福建自贸试验区厦门片区海沧铁路发车的固定频率。

冠捷科技每年有大量电子产品运销欧洲,之前需要用卡车运到成都再转火车。经与政府主管部门积极协商,2016 年 3 月 13 日,"厦蓉欧"首条为企业量身开通的定制班列——"厦蓉欧—冠捷专列"从海沧铁路发车。截至 2016 年 8 月上旬,冠捷已经出口 746 个货柜,主要以液晶面板为主,与传统铁路运输模式的 30 ~ 45 天相比,"厦蓉欧"班列从厦门到达欧洲的运输时间缩短到 15 天左右,且"一次报关一次查验全线放行"的流程,解决了传统铁路运输速度慢且手续烦琐的问题,实现了运输成本的极大节省。

4. 履行社会责任,实现互利共赢

冠捷海外工厂始终注重与当地政府和企业的互利合作,注重资源节约利用和生态环境保护,积极承担社会责任,与所在国共同发展,为当地经济和社会发展做出积极贡献。以冠捷位于波兰戈茹夫的工厂为例,该厂是当地最大的用工企业之一。自建厂后,不断加大对环保的投入力度,利用活性炭过滤,保证排放气体的清洁,并进行垃圾分类处理。2011 年,工厂顺利通过了绿色节能办公认证及健康与安全管理认证。同时,工厂还不断融入当地社会,加强与民众的互动交流。自 2015 年起,工厂捐赠了电视机给当地的幼儿园、学校、市政厅等机构,还支持和赞助了当地自行车比赛、排球比赛、钓鱼比赛等许多公益活动,获得了当地民众的认可。工厂还结合自身的技术优势,为戈茹夫当地乃至波兰全国的学生提供实习和实践的机会,近几年来,已和 12 所波兰院校进行合作,包括 Gorzow 电子技术学校、Gorzow 机械技术学校、Barlinek 信息技术学校、格丁尼亚海军学院、什切青理工大学、波兹南大学等,共同培养人才。截至 2015 年,工厂的研发、供应链、工业工程等部门已联合培养了 41 位拥有电子、机械、工业工程等专业能力的学员,积极推动了冠捷与所在国的技术交流[⊖]。

⊖ 引自中国电子进出口总公司开展国际产能合作调查报告

三、联想集团

联想集团是在信息产业内多元化发展的大型企业集团。从 1996 年开始，联想计算机销量一直位居中国国内市场首位。在海外并购上，联想集团也是中国企业的一根标杆，自身从跨国并购中也获得了长足的提升。2004 年，联想集团收购 IBM PC 事业部；2013 年，联想计算机销售量升居世界第一，成为全球最大的 PC 生产厂商。根据市场研究机构 IDC 的数据，对摩托罗拉收购完成后，联想将成为全球仅次于三星和苹果的第三大智能手机生产厂商，并且自 2014 年 4 月 1 日起，联想集团成立了四个新的、相对独立的业务集团，分别是 PC 业务集团、移动业务集团、企业级业务集团、云服务业务集团。

（一）项目背景

摩托罗拉移动业务是摩托罗拉移动控股公司的核心业务之一，摩托罗拉移动控股公司是总部设于美国伊利诺伊州芝加哥郊区 Libertyvile 的一家通信企业，其前身为摩托罗拉公司移动设备部门，于 2011 年 1 月拆分为两家独立的上市公司。在联想集团收购摩托罗拉移动控股公司之前，摩托罗拉移动控股公司已经经历了一次被收购。2012 年 2 月 14 日，谷歌以 125 亿美元收购摩托罗拉移动控股公司，这也是过去十年内无线设备产业最大规模的并购交易。

（二）项目概况

2014 年 1 月 30 日，联想集团宣布将以 29.1 亿美元从谷歌手中收购摩托罗拉移动控股公司。在此之前，联想集团已经完成了对 IBM PC 业务的并购，2014 年 10 月 30 日下午，联想集团宣布，公司收购摩托罗拉移动控股公司已通过中美两国政府的审批，摩托罗拉移动控股公司正式成为联想旗下资产。联想集团在收购完成后支付了 14.1 亿美元，其中包括 6.6 亿美元的现金以及 7.5 亿美元的联想普通股股份，而余下 15 亿美元将以三年期本票支付。完成并购后的业务将由联想集团高级执行副总裁刘军执掌，联想将以全资子公司的形式运营摩托罗拉，其总部将继续设在美国芝加哥。

此次收购完成后，摩托罗拉移动控股公司的 3500 名员工，包括在美国的约 2800 名设计、策划、销售等核心岗位的员工，都将加入联想麾下。同时摩托罗拉旗下的 2000 项专利、摩托罗拉移动控股公司产品和商标组合、与全球 50 多家运营商的合作关系，都将归于联想集团。

（三）项目经验

谷歌、摩托罗拉移动控股公司以及联想集团三方都表现出对这起并购案的支持和期许。联想集团董事长兼 CEO 杨元庆表示："从现在开始联想不仅是全球个人电脑销量第一，随着这个协议达成，我们也将是全球智能手机市场强有力的第三名。当然第三名不是我们收购的目的，我们更看重摩托罗拉带来的能力和未来成长的潜力。通过这次收购，双方能形成很好的优势互补。"时任联想集团 CEO 杨元庆之所以可以说得这么有底气，是因为这起并购从市场、品牌、技术、人才等各方面都给联想集团带来了利处。

1. 联想集团通过并购获得了摩托罗拉移动控股公司的渠道网络

首先，北美和拉美市场作为已经成熟的市场，通过已经建成的渠道关系进入下游市场是最方便快捷的方法。联想集团与摩托罗拉原有的 50 多家电信运营商和零售商建立紧密关系意味着联想集团能够快速进入北美和拉美市场。其次，联想集团业务在中国和新兴市场的占比也在快速增长，并获得了加速向欧洲拓展业务的实力。因此，通过并购，联想集团渠道网络建设力度的增强有利于业务加速进入更广阔、更成熟的市场。

2. 联想集团并购所获的品牌具有优秀价值

虽然摩托罗拉目前在智能手机市场的份额不及苹果、三星这些国际品牌，但摩托罗拉作为业务终端的老品牌仍然具有很高的知名度，并且拥有实力强大的研发、设计、销售团队。联想集团收购摩托罗拉移动控股公司就是希望能利用其现有资源和挖掘未来潜力。

3. 联想集团将获得高新产业的产品组合

摩托罗拉优秀的创新团队在加入联想集团后将被激发出更大的价值，同时，联想的产品组合将增加。摩托罗拉旗下有多种产品，并且都深受消费者好评，例如最近在美国市场大卖的 MotoX 和 MotoG 以及 DROID 超级系列产品等。联想在收购了摩托罗拉移动后，自身的产品也将增加，并且将覆盖不同的价格段、不同的用户群。这也是联想集团能够支撑其四大业务集团中的移动业务集团的有利基础[⊖]。

第三节　大数据等科技服务行业典型企业案例

阿里巴巴集团

阿里巴巴集团（以下简称阿里巴巴）于 1999 年创立，在其成立的十多年内，从最初单纯的 B2B 平台，慢慢发展成为一个融合 B2B、C2C、搜索引擎和门户，具有综合性质的电子商务生态圈，并开始提供多元化的互联网业务。目前，阿里巴巴集团旗下的主营业务有各类网络交易业务、第三方支付业务、云计算业务、信息门户业务以及最近所涉及的无线应用、智能手机操作系统、互联网电视等业务。

（一）企业概况

阿里巴巴作为电商界的领跑者，其精准的市场定位和前瞻性的战略远见奠定了它成功的基础。目前，阿里巴巴的盈利持续提高，尤其是在 2014 年，阿里巴巴的总收入达到 525.04 亿元人民币，其中净利润高达 234.03 亿元人民币，分别同比增长 52.1% 和 170.6%，净利润率高达 44.57%，与 2010 年的净利润率相比实现了惊人的飞跃。此外，2014 年在阿里巴巴交易平台上完成的商品成交总额约 1.68 万亿元人民币，同比增长 55.8%。其中淘宝网的商品交易总额为 1.2 万亿元人民币，超过美国电商巨头 Amazon 和 Ebay 交易额的总和。同在 2014 年，Amazon 和 Ebay 的总收入同比增长仅为 22% 和 13%，远低于

⊖　引自联想集团开展国际产能合作调查报告

阿里巴巴的 52.1%。

（二）国际历程

阿里巴巴在国内市场的领先地位已经确立，但是它却从未仅仅将目光放在国内。事实上，阿里巴巴早已开始起国际化战略，尤其是在 2013 年和 2014 年这两年，阿里巴巴在海外的频繁并购活动，充分反映了阿里巴巴正在加速其国际化战略的布局。

海外投资意味着一个更加广阔的、更加完善的市场，一条有效获取创造性资产的途径，一个提升企业自身竞争力的机会。阿里巴巴走出国门，既可以避开国内激烈的市场竞争，又能共享全球的市场和用户，为业务的发展提供新的增长点。此外，国际化战略不仅可使阿里巴巴集团获得海外优质的企业资产，而且能通过参与全球范围的企业竞争，促使企业不断创新与提升竞争力。

（三）企业经验

收购国外优质企业以及吸收优秀人才是阿里巴巴对外投资的两个基本内容，并且，这还体现了阿里巴巴对外投资所具有的技术和知识资源获取型特点。此外，阿里巴巴的全球化战略也体现出阿里巴巴将其电商以及其他业务扩展到海外的决心和抱负。

1. 海外上市提供资金保障

2014 年 9 月 19 日晚，阿里巴巴登陆纽交所，证券代码为 BABA，价格确定为每股 68 美元。这项交易成为全球范围内规模最大的 IPO 交易之一。此次阿里巴巴集团上市受热捧，招股价区间由最初的 60 美元至 66 美元提高到 66 美元至 68 美元，并最终以 68 美元的上限定价融资 218 亿美元。通过此次上市，阿里巴巴总市值达到了 2314 亿美元，成为中国市值最高的互联网公司。与国外 IT 互联网企业相比，阿里巴巴的总市值已经超过了 Facebook、IBM、英特尔等 IT 企业，总排名仅次于苹果、谷歌、微软。

2. 海外投资拓展市场

阿里巴巴凭借其有史以来最大的 IPO 融资规模，一跃成为全球第二大互联网公司。企业通过境外融资能为企业的海外并购等对外直接投资活动提供有力的保障。阿里巴巴表示并不会将在海外募集的资金全部拿回中国，而是会利用这些资金去积极地扩展海外市场，将阿里巴巴的业绩延展到海外。

阿里巴巴在纽交所上市正式掀起了中国互联网企业海外上市的第五波热潮，根据中投集团的统计数据，2014 年 5 月共有 12 家中国企业实现上市，其中包括猎豹移动、途牛旅游网、聚美优品、京东商城 4 家国内互联网企业。这些互联网企业的海外上市虽不能反映中国信息技术产业"走出去"的新面貌，但是却从侧面反映出中国互联网企业从未仅仅将目光局限在国内，而是一直在尝试国际化战略，也反映出众多的中国优质互联网企业正得到国外投资者的肯定。这意味着不同于其他传统企业，以中国互联网企业为代表的中国信息技术行业的企业竞争力正得到前所未有的提高。

同时，这些企业频繁的海外投资和并购活动展现了中国互联网企业走出国门、面向世界的决心。例如，除阿里巴巴集团之外，腾讯在 2011 年便以 7.6 亿美元投资初创企业基金，并且请詹姆斯·米歇尔（James Mitchell）担任腾讯公司的首席战略官，负责海外投资。在 2012 年斥资 2.31 亿美元收购 Riot Game，花费 3.3 亿美元收购 Epic Games 40% 的股权，斥资 2.1 亿美元投资韩国的 Kaokao Talk，2013 年更是相继投资 Snapchat、Fab、Couple、Whisper 等海外优秀企业。同样，2014 年，百度巴西葡萄牙语版正式上线，同时与巴西科技部签署了一系列战略合作条约，尤其为百度的"走出去"之路揭开了新的篇章。

目前中国互联网企业的国际化热潮，代表了中国信息技术企业"走出去"的一个新的趋势。尽管目前中国信息技术企业对外直接投资的规模依旧有限，国际化程度仍有待提高，但是随着中国互联网企业的崛起，中国信息技术企业的"走出去"即将迎来一个新的高潮。在中国传统的低成本比较优势逐渐减弱的大环境下，依赖于技术进步、科技创新和人才培养的互联网企业无疑将为中国的信息技术产业"走出去"，乃至整个中国企业的"走出去"注入全新的活力。信息技术行业的发展水平是一个国家软实力和国际竞争力的重要标志，推动中国信息技术行业的国际化将有力地促进中国的科技水平和文化水平的提高，同时推进中国产业结构从劳动密集型向知识和技术密集型转型升级，从"制造大国"转变为"创造大国"⊖。

⊖ 引自阿里巴巴集团开展国际产能合作调查报告

第三章
工程机械企业装备制造合作典型案例

第一节　通用设备制造典型企业案例

一、国家电网公司

国家电网公司认真贯彻中央"走出去"战略，依托特高压、智能电网核心技术和管理优势，大力实施国际化战略，国际产能合作取得明显成效。

（一）项目背景

一是推进国际化发展，境外投资不断取得新突破。2009 年以来，国家电网公司先后在菲律宾、巴西、葡萄牙、澳大利亚、意大利、比利时等国家和中国香港等地区成功投资和运营骨干能源网公司，境外资产规模超过 400 亿美元，所有项目无一亏损，全部盈利。通过稳健运营境外资产，打造了我国电力企业的国际品牌，增强了国际市场对我国电力技术和产品的信心，协助并支持我国电力工程和装备制造企业进入当地市场，带动当地电源、电工装备、原材料等上下游产业发展。同时，国家电网公司积极投资建设和运营境外大型绿地项目，带动我国技术、标准和设备整体"走出去"。2015 年 2 月和 7 月分别成功中标巴西美丽山一期、二期特高压直流输电特许权项目，标志着中国特高压技术和装备"走出去"取得重大突破，一期项目全面开工建设，二期项目顺利推进。2015 年 4 月，在习主席见证下，国家电网公司与巴基斯坦水电部和国家输电公司签署了默拉直流输电项目合作协议，这是巴基斯坦首条直流输电工程，将采用我国技术标准和国产主要设备，力争近期开工建设。

二是推动与周边国家电网互联互通，国际能源合作不断深化。与周边国家实现电力基础设施互联互通，是贯彻落实国家"一带一路"战略的具体举措。国家电网公司抓住机遇，超前谋划，积极推进。目前，与俄罗斯、蒙古、吉尔吉斯斯坦等周边国家建成10条互联互通输电线路；编制了与周边国家电网互联互通规划和实施方案；中俄500千伏直流背靠背联网工程正式投入商业运行，签署了关于扩大中俄电力合作的可研协议，完成中俄叶尔科夫齐项目初可研工作；完成中蒙锡伯敖包项目初可研补充完善工作，启动项目可研工作；完成中巴联网项目预可研。

三是国际工程承包、装备出口和咨询服务快速发展。国家电网公司大力拓展南美、亚洲、非洲、欧洲等地区的工程总承包、成套设备输出及咨询服务业务，先后承揽埃塞俄比亚、波兰、缅甸、老挝、巴基斯坦等国家级骨干电网项目，电网一次设备、控制保护设备、调度自动化系统、高端电力电子设备等输出到菲律宾、巴西、德国、韩国等70多个国家，近三年设备出口额年均增长超过100%，部分产品实现进入欧盟高端市场的重大突破，实现中国设计、施工、装备一体化"走出去"。

（二）项目概况

2007年12月12日，国家电网公司与菲律宾蒙特罗电网资源公司（Monte Oro Grid Resources Corporation，MOGRC）、卡拉卡高电公司（Calaca High Power Corporation，CHPC）组成的投标联合体以39.5亿美元投标价中标；2008年2月21日，经菲律宾证券交易委员会批准，国家电网公司与两个菲方合作伙伴组建的菲律宾国家电网公司（NGCP）正式成立，其中国家电网公司拥有40%股权，为单一最大股东，同时也是NGCP的技术合作伙伴，另外两家菲律宾股东各自拥有30%股份；2008年12月1日，经菲律宾国会众参两院通过的NGCP特许经营权法案经菲律宾总统签署并进行公示；2008年12月19日，NGCP特许经营权法案（菲律宾共和国第9511号法案）通过公示程序正式生效；2009年1月15日NGCP正式接管运营菲律宾国家输电网，特许经营期为 25 年，作为菲律宾唯一的输电公司，特许经营权经营范围覆盖全国，主要职责为负责菲律宾全国输电网络的规划、建设、调度、运行和维护，为发电商、配电商、直供大用户提供输电服务。截至 2015 年 12 月 31 日，

NGCP 变电资产之一

NGCP 变电资产之二

NGCP 拥有 194 座变电站，变电容量为 31038 兆伏安。其中，拥有 69 千伏及以上线路 20073 公里，变电容量 30501 兆伏安。

该项目是迄今为止我国在菲律宾最大的投资项目，也是国家电网首次成功中标海外国家级电网的运营权，有效推动了国产机电设备的出口，形成了投资推动出口的双重效应，使国内机电产品和服务在菲市场份额迅速增长，西电、特变电工等中资企业均有菲电网中标项目，并且已有多家中国供应商获得菲律宾国家电网的合格供应商资质认证。

（三）项目经验

1. 本地化战略

随着海外资产规模的扩大，仅靠总部向海外派驻人员的管理方式难以满足业务发展需求。为了提升海外资产运营能力和风险防范水平，国家电网公司在海外大力推行本土化运营，加大管理和技术人员当地化招聘力度，高度重视与利益相关方的沟通，与当地政府合作共赢，取得显著成效。

（1）采用本地化用工方式，提高公司在东道国的亲和力

国家电网公司对境外公司仅派出董事、少数高管和少量关键岗位的员工，主要依靠当地力量、依据当地的商业规则进行境外资产的运营。对于境外参、控股公司，如葡萄牙 REN、南澳项目、国网澳大利亚资产项目等，依据我方股比，通过派出一定数量董事参加公司重大事项决策的方式进行资产管控。对位于巴西的全资公司，也仅仅派出约 30 人的团队，任关键岗位的主要负责人，其他职位从管理人员到技术人员，都聘用大量的当地员工。董事、高管的参与既可保障实现我方的管控、管理目的，还可把公司大电网管理运营的经验与当地经验有机结合，提高资产的运维水平和质量。公司投资的输配电、输配气业务属于东道国的基础设施，关系其社会和民生，大量聘任当地员工从事生产和管理，能够有效化解政府、民众对我方作为外来投资者的疑虑，促进公司在当地的持续稳健运行和后续的业务开拓。

（2）积极与当地政府、机构沟通合作，营造良好的营商环境

无论项目大小，国家电网公司都与东道国政府的相关部委、能源监管机

构进行有效交流，使其了解我方运营思路，为项目稳健运营奠定良好的基础。在巴西，公司积极与利益相关方沟通，阐述国家电网公司本地化用工、尊重当地商业规则的"本土化"运营理念，并展示公司在其他海外项目中实施"本土化"运营取得的巨大成效，在项目运作过程中获得相关合作方的大力支持，公司在巴西市场进行深耕细作，实现滚动式发展，安全稳健地运营巴西骨干电网，赢得利益相关方的赞誉。

（3）主动承担社会责任，树立良好的品牌形象

公司在境外资产运营中，坚持履行社会责任，使境外公司能更好地融入东道国政治、经济生活，树立良好的品牌形象。在菲律宾积极应对台风灾难，为灾后抢修提供大力支援；支持葡萄牙 REN 取得较高的国际信用评级，协助获得优惠贷款；在巴西积极融入当地社会，支持公益事业，赞助巴西贫民窟小提琴乐队，得到当地民众的广泛认同。

通过"本土化"策略的实施，增加当地政府和公众对国网公司的了解，树立了良好的企业形象，降低公司境外投资和运营的风险，为公司国际业务快速发展提供稳定坚实的基础。

2. 国际化人才战略

国家电网公司按照国际化战略目标和国际业务布局，研究制定实施公司国际化人才规划，努力打造稳定和专业的国际化人才队伍。公司按照不同梯次、不同级别，对公司系统内员工进行培训、选拔、海外项目锻炼，建立稳定的国际化人才队伍，储备一批外语好、懂管理、相关专业领域知识经验丰富的复合型人才。公司积极拓宽人才选用渠道，在全球范围内招聘领军人才，大胆探索聘用职业经理和管理团队，完善本土化管理措施，促进境内外人才的融合。公司统筹优化海外人员的薪酬福利体系和职业生涯规划，完善激励机制，提高对国际化人才的吸引力，实现国际化人才队伍的良性发展。

3. 推动中国标准国际化

加入国际权威标准组织，推动中国标准国际化，是参与国际竞争的战略选择。过去，我国电气装备制造业在国际市场上与跨国公司竞争，最大的劣

势就是标准由跨国公司主导，"游戏规则"由跨国公司制定。这几年，国家电网公司下大力气参与国际标准制定，在特高压、智能电网领域取得了国际标准制定的主导权，公司提出的特高压电压标准已经成为国际标准。公司通过主导或参与国际标准制定，将我国自主创新的技术成果转化为国际标准，推动与国际标准体系的衔接，增强了国际话语权；同时，有力支撑和推动我国产业和企业参与国际竞争，实现国内企业集群式发展，形成新的经济增长点，进一步提高我国经济增长质量和效益。

（1）积极参加国际组织管理

2011 年 10 月，我国成为 IEC 常任理事国，同时成为 IEC 理事局和标准化管理局常任成员，公司舒印彪董事长在 2013 年担任 IEC 副主席职位，2015 年 10 月成功竞选连任。国家电网公司专家先后担任 IEC 输配电咨询委员会、特高压战略组、智能电网战略组、电动汽车战略组成员。2008 年以来，IEC 共成立 8 个新技术委员会，国家电网公司代表中国主导成立了高压直流输电、智能电网用户接口、可再生能源接入电网和特高压交流系统 4 个新技术委员会，并承担 4 个秘书处工作和 1 个主席职务。发起并成立了 IEC "微电网系统评估组"。2015 年 9 月，IEC 在北京召开了首席执行官中国产业战略圆桌会议，国家电网公司积极承担相关工作，保障会议圆满顺利进行，为中国企业更好地参与国际标准制定奠定良好基础。

（2）积极主导国际组织战略制定

国家电网公司领导成为 IEC 市场战略局成员后，国家标准委高度重视，决策成立了 IEC 市场战略局中国专家委员会，组织国内相关领域专家积极参与 IEC 的发展战略制定、五年总体规划编制。从 2013 年开始，公司领导作为 IEC 副主席，直接管理 IEC 三大核心机构之一的市场战略局（其余为标准管理局、合格评定局），负责识别全球新兴技术发展趋势和市场需求，制定 IEC 发展战略、总体规划与政策性文件。国家电网公司专家成为编制 IEC 战略性文件的骨干力量，负责编制《大容量可再生能源接入电网》指南手册、《物联网之无线传感器网络》指南手册，积极参与《智慧城市》等系列指南手册的编制工作，引领全球相关技术领域发展方向。大力推动构建全球能源互联网，在 IEC 市场战略局设立新的 "全球能源互联网" 项目。

（3）积极开展标准制定

国家电网公司充分利用在特高压、智能电网等领域形成的技术优势，加快自主创新成果向国际标准的转化。自 2009 年起，分别在 IEC 立项国际标准 18 项、在美国电气电子工程师学会（IEEE）立项国际标准 8 项，其中 9 项正式发布，3 项获得批准并即将发布。充分发挥公司主导成立的技术委员会作用，在特高压交直流、智能电网用户接口、智能调度、电动汽车充换电、分布式电源等新兴技术领域，逐步改变了长期以来我国在电网前沿领域按部分发达国家规则办事的被动局面。

（4）积极推进中国标准"走出去"

国家电网公司高度重视中国标准"走出去"，促进我国技术和产品走向国际，提升国际市场竞争力。2009 年参与管理菲律宾国家输电网公司以来，参照国家电网公司技术标准建立了该公司首个企业电力技术标准体系，包含规划、建设、运行等 109 项技术标准。2010 年以来，在巴西借鉴国家电网公司的先进检修技术规程，对输变电设备运行检修规程类行业和企业标准进行补充和修订。在已开工建设的巴西美丽山一期和中标的巴西美丽山二期 ±800 千伏特高压输电项目中，将大量借鉴或采用中国技术标准。此外，国家电网公司在承包建设的埃塞俄比亚、肯尼亚、巴基斯坦等国家电力工程和尼日利亚智能电表本土化生产等项目中全部或者大量采用中国标准，有力促进了我国电力技术和电工装备"走出去"。

4. 海外履行社会责任

国家电网公司在开展国际业务的同时，在项目当地积极履行社会责任。

国家电网公司进入巴西市场后，积极融入巴西当地经济社会环境，赞助开展中巴文化体育交流和巴西贫困阶层青少年教育等公益项目，得到了巴西政府和社会各界的广泛好评。2015 年 5 月李克强总理访问巴西期间，曾欣赏"马累贫民窟交响乐团"现场演奏，并称赞"国家电网公司做得好"。国网巴西公司 2012 年和 2014 年两次被评为"巴西电力行业最佳公司"。

在菲律宾，国家电网公司作为技术合作方，将国际先进的技术与管理引入菲律宾国家输电网公司，促进了菲律宾电网水平的提升。积极应对台风等自然灾害，积极恢复受损电力设施，资助建设校舍、桥梁、供水系统等基础设施，为灾后抢修提供大力支援。

在埃塞俄比亚，国家电网公司在建设 500 千伏骨干输电网过程中，雇佣埃塞俄比亚当地员工并开展施工技术培训。修整和新建项目所在地公路，解决当地居民出行困难问题，受到当地政府、社区、媒体高度评价。

5. 管控境外合作风险

国家电网公司内部建立了一套境外风险管理体系，以境外投资业务风险防控为导向，风险管理流程为基础，内部控制体系为抓手，业务操作规范为指导，信息化技术为支撑，实现境外风险管理体系的常态化运行。

（1）建立境外投资内部控制体系，确保风险管理的执行落实

自 2012 年 10 月起，国家电网公司启动国际业务内控体系建设，结合境外投资业务特点，最终形成与公司国际化发展战略相匹配的内控建设成果，促进境外投资风险管理体系的完善。尤其在境外存量资产并购和绿地项目投资的主体业务中，完成 83 项境外投资业务末端流程梳理和设计，形成境外投资全业务流程管理链。通过内控建设，公司梳理形成《内控流程手册》《风险管理手册》《授权管理手册》《规章制度手册》和《内控评价手册》等 5 本内控手册。明确总体风险控制目标要求，明确公司各部门和境外单位在全面风险管理方面的工作职责，建立健全全面风险管理的管理机构，明晰各类风险的管理责任、管理程序、工作要求，制定监督办法和考核奖惩标准。

（2）构建境外资产运营监测中心，为风险管理提供重要支撑

为有效应对复杂多变的跨国经营环境和境外资产分布广、多元化带来的运营风险和挑战，在公司领导的大力支持和亲自指导下，公司扎实推进境外资产运营监测中心建设，取得初步建设成果，为境外投资风险管理提供重要管理工具。境外资产运营监测中心通过构建集全面监测、运营分析、协调控制、全景展示于一体的综合管控平台，实现对境外项目经营数据的集成和在线监测分析，及时识别境外投资运营中的各类风险，针对异动或问题进行风险预警和协调处理，并展示国际化发展的良好业绩。为了全方位、多角度掌握境

外资产实际情况和运营管理特点，经过深入调研分析，形成共计451个境外资产运监指标体系。

（3）强化境外机构风险管理建设，推动风险管理向境外延伸

国家电网公司在建立健全境外投资风险管理体系过程中，注重境外子公司的风险管理体系建设，特别是对全资子公司和控股子公司的风险管理，对于其他参股公司，按照股东协议和公司治理规定，积极参与其风险管理。不断推动境外机构的运营管理水平提升，积极应对建设与发展中遇到的各种问题和风险，实现收购资产的平稳过渡、运营稳定、收益良好。以资金安全管理为例，在加强境外资金安全风险管理方面，公司采取境外银行账户双签双控、跨国银行网银平台监控等措施加强对境外公司资金安全监管。

（4）深化专题风险研究和管理实践，提高风险管理应对能力

境外投资的许多风险不同于公司国内业务。公司在海外业务开展过程中，经常会面对新问题、新挑战，通过加强对境外投资的专题风险研究，创新开拓，不断地解决问题、应对风险，提高自身的风险应对能力。例如汇率利率风险是国际业务面对的重要风险管理事项，对融资成本和投资收益有巨大影响。公司已在实践中探索形成了货币多元化、使用金融工具等一套降低外汇风险的具体措施。

6. 海外权益保护

境外资产投后运营承载了重要的战略目标和较高的管理要求，同时还要直面复杂多变的内外部经营环境带来的现实挑战。国家电网公司在开展国际业务的过程中，充分依托国家在政治、经济、外交等方面的影响力，及时向国家有关部委、驻外使领馆等进行汇报，以国家力量为后盾，沟通协调解决公司海外权益受到侵害的问题。

同时，公司建立境外资产管控模式和机制，形成体系化的管理方案，是提升境外资产运营管理能力的必然选择。国家电网公司以差异化管控为运营管理的基本思路，以境外资产运营监测中心为运营管理平台，以专业分工的国际业务团队为支撑力量，确保境外资产稳健高效运营，持续良好收益。

（1）根据不同投资股比，设计差异化管控思路

对于全资子公司实行以财务、战略指导为核心，人事控制为基础的管控方式。对于控股公司，管理强度介于全资和参股之间，以会计报表合并和预算执行监控为基础，以信息系统对接为手段，把握企业发展方向，加强重大事项管理，发挥大股东主导作用。对于参股公司，以派出股东代表参加董事会、股东会、专委会为主要方式，依托公司治理结构参与重要经营管理事项决策。公司专业法律、技术、财务、运营团队积极研究董事会决策议题，提供专业分析和决策支持。

（2）适应当地监管要求，确保实现重点环节管控

由于境外项目所处国别不同，监管政策和电网运营要求各异，公司在综合计划指标、运营监控指标设计选取上，除电力行业常规指标外，还充分涵盖当地对电网公司监管的特色指标，如菲律宾项目的净效率调整、巴西的 PV扣减、葡萄牙项目的电力资产混合投资回报率、澳大利亚的股权 Beta 系数等各具特色的指标数据，将公司的管理要求与当地监管特征相结合实施有效管控。

（3）紧贴国际业务特点，构建专业化管控团队

一支包括海外运营、投融资、法律、技术等的国际业务专业团队是实施境外管控的中坚力量。经过几年的培养锻炼，这支队伍贯通投资的运营环节，主动沟通、积极作为，充分发挥对前方董事、高管、经营团队的支撑作用，确保境外资产安全稳健运营。

二、中机公司

中国机械进出口（集团）有限公司（以下简称中机公司）成立于 1950 年，是新中国成立最早的以经营机电产品进出口贸易和国际工程承包业务为主的大型国有外贸公司，自成立至今累计完成经营总额逾千亿美元。2004 年以来，中机公司连续进入全球最大 225 家国际承包商行列。目前，中机公司是中国重要的国际工程承包商、项目管理商。凭借多年市场经验的深厚积累以及长

期培育起来的以商务集成力为核心的综合竞争能力，中机公司已实现在海外诸多区域市场和多个行业、领域的成功突破，马来西亚曼绒电站的开发执行以及孟加拉国市场的滚动开发就是其中的典型代表。

（一）项目背景

马来西亚是新兴的中等发达国家，也是东南亚地区最发达的经济体之一。凯迪思（Arcadis）"全球基础设施投资指数"研究报告显示，马来西亚仅次于中国已成为亚洲第二最具吸引力的基础设施市场，市场规模和潜力巨大。马来西亚虽为亚洲市场，但其市场环境、法律框架和商业行为规范深受西方影响，工程规范与项目管理普遍执行英国国家标准和美国机械工程师协会标准，其市场长期被德国、法国、美国等发达国家国际巨头垄断。中国企业囿于技术能力、项目管理能力和极高的市场门槛，只能对马来西亚市场敬而远之。2011年4月，中机公司与阿尔斯通公司组成联合体，成功击败了三菱重工等"重量级"对手，一举赢得了曼绒电站项目合同，开创了中国企业海外项目多个先河：曼绒电站项目是中国企业第一次以总包模式在海外承揽的百万千瓦级别超临界电站项目，是东南亚地区第一台百万燃煤机组项目，是中国企业在马来西亚市场第一次获得的10亿美元级别的项目，是中国企业第一次联手阿尔斯通公司成功赢得第三国项目。曼绒电站项目联合体下各级分包商与供货商，则是以美国Black & Veatch（世界知名的工程设计、施工、咨询商）、南非Murray & Roberts（南非最大的海事工程承包及建筑服务商）、法国Lafarge集团（世界排名第一的水泥产品生产商）等跨国公司为代表的全球一流知名企业。

（二）项目概况

马来西亚曼绒100万千瓦超临界燃煤电站项目（以下简称曼绒电站）是中机公司与法国阿尔斯通公司组成联合体，通过国际竞标方式承揽的集设计、采购、施工为一体的交钥匙工程项目，合同总金额16.7亿美元，是当年中国能源领域金额最大的海外项目之一，也是整个东南亚首台1000兆瓦燃煤机组项目。经过四年努力，曼绒电站项目于 2015 年 4 月成功建成并顺利移交，目前已成为全马乃至全东南亚最高效的机组，并实现了"零伤亡、零事故、零污染"的最高安全指标。鉴于该项目在工程质量和项目管理等各方面的优异表现，2015 年，该项目被美国《电力》杂志评选为全球"年度最佳工业工程项目"，并荣获亚洲电力网"2015 年度燃煤电力项目金奖"。

上述荣誉的获得，引发国际同行业以及中外媒体的广泛关注，中国《国际商报》《中国青年报》以及马来西亚当地多家主流媒体对项目的成功进行了专题采访和报道，极大提升了中机公司乃至中国企业在国际电力市场的声誉和形象。曼绒电站项目的成功，不仅是中机公司联合国际高端企业，在第三国高端市场开展高端项目合作的典型案例，更是新形势下，中国央企切实落实国家"一带一路"和"国际产能合作"战略的实际成果。

（三）项目经验

中机公司在项目执行过程中最大的收获之一就是通过借鉴阿尔斯通公司和其他巨头成熟的项目管理经验，在公司建立了一套完备的项目管理体系，并使之呈现出鲜明的特色，并有以下宝贵经验。

1. 赢得国际高端项目，实现中国企业突破

思路决定出路。针对马来西亚市场，中机公司提出"整合、分享、共赢"的三大原则，积极谋求战略合作伙伴，在马来西亚市场实现永续经营，彻底告别中国企业广受诟病的"打鸟经济"。这"三大原则"成功促成了中机公司与阿尔斯通公司组建联合体的机会，赢得了合作伙伴和分包商的充分信任和支持，并在马来西亚市场体现了独到的适应性和功效。

2. 师于高端合作伙伴，提升中国企业水平

中机公司项目管理体系依据阿尔斯通、BV 等国际大公司的标准编制，使项目环境管理体系、内控管理体系和风险管控体系等与国际知名公司同处一个平台，并在曼绒项目的执行管理实践中实现了无缝对接。其次是理念新，

中机公司项目管理体系建设瞄准国际项目管理最前沿，尤其是《对外承包工程 HSE 管理手册》编制方面，引入了国际最新的"施工方法与危险"（HAZOP）风险分析方法，使用先进的 P6 项目管理软件对项目全程进行精细化管理。最后是覆盖广，中机公司项目管理体系内容涉及项目所有关键节点和风险，对项目各阶段实行严格的 RFI（检验申请）、CTO（土建移交）、MTO（机务移交）、NOCC（批准调试运行）等程序把控。为完善沟通体系建设，除联合体制定的《项目沟通管理计划》之外，中机公司执行团队还制定了《项目文档管理办法》，以及电子邮件负责人分级收发办法，使得项目信息流动顺畅、处理高效，大大提高了项目团队沟通效率。曼绒电站项目给中机公司带来了世界先进的项目管理理念、体系、方法和运作手段，使公司项目管理能力直接对标国际一流水平。

3. 打造跨国项目团队，积累属地化和国际化管理经验

曼绒项目具备高度国际化和多元化的特征，在项目一线施工现场，有来自 28 个国家的工程管理人员直接参与项目执行管理，地域上涵盖亚洲、美洲、欧洲、非洲、大洋洲等，来自不同国家的人们将其打造成为多元文化的平台。在人员构成高度国际化、多元化的背景下，中方团队提出了"One Team One Goal"（同一个团队、同一个目标）的口号，全力营造了尊重、理解、融合的良好合作氛围，磨炼造就了一支技术专业齐全、年龄结构合理、工作背景互补、具备国际视野和工作规范的高端项目执行团队。

在曼绒项目执行过程中，中方团队管理层通过不断整合中方与当地人力资源，促进两者的融合交流、优势互补，使得执行团队真正成为一个有机整体，成为中国企业海外项目国际化管理的有益探索和成功实践。当今企业的竞争，不仅是产品和技术之间的竞争，更是模式和理念的竞争。在曼绒电站项目开发与执行过程中，中机公司始终坚持以"联合、联盟、联动"为核心的"三联"指导思想，充分调动和发挥中外企业和人员的互补优势，将国际知名企业核心技术优势、中国企业的成本优势以及中机公司的强大商务集成能力有效融合，形成具有高度国际化和市场竞争力的国际工程承包项目新模式。我们相

信，这一模式必将引领今后各国企业参与国际大型项目竞争的新趋势。

三、哈电集团

哈电集团作为国内首个"走出去"承建海外电厂的企业，经过 30 余年国际市场的开拓，海外业务由工程项目、主（辅）机设备扩展到土建工程、输变电等领域，产品从煤电、水电拓展到核电、气电、风电等主机及配套辅机产品，在巴基斯坦、印度、越南等 40 余个国家和地区承建大型电站交钥匙工程或提供电站成套设备，总装机容量超过 33000 兆瓦。

（一）项目背景

1. 企业海外战略理念、目标与实施情况

哈电集团伴随着国家"走出去"战略的形成过程，经过近 40 年的"走出去"发展历程，在国际市场开辟了一定的市场空间，树立了哈电品牌。在国家鼓励实施"走出去"战略的环境下，2006 年明确提出加大国际市场开发的发展战略，以"走出去"战略为依托，电力工程业务与设备出口相结合，加强与其他企业合作，进一步拓展金融服务和投资业务，持续提升哈电集团品牌影响力。

在市场区域方面依托东南亚、拓展中亚和中东、延展南美和欧洲，并向周边国家辐射，争取在"一带一路"沿线每个国家和区域都有哈电集团的业务，将"一带一路"涵盖区域发展成哈电集团可与国内市场比肩的重要市场，最终实现订单额可达国内市场份额的三分之二以上的目标。

在海外市场开发方面，哈电集团不断加大工作力度，充分发挥自身优势，通过多种途径和措施，争取发电装备市场份额。一是加强"走出去"战略谋划，着眼于国家政治、经济、外交政策，准确定位目标市场，着力拓展丝绸之路经济带、21 世纪海上丝绸之路、孟中印缅经济走廊和中巴经济走廊有关国家

 引自中机公司开展国际产能合作调查报告

发电装备市场。二是加强与国内外合作方的沟通与联系，与中电建、中能建、三峡集团、华能集团、大唐集团、中国机械设备工程股份有限公司等公司建立战略合作关系，通过"借船出海"拓展海外市场。三是自主开发海外市场，通过加强总包公司和设计院走访，搜集海外市场信息，通过参加关键市场区域电力展览会推介公司产品，如美国奥兰多国际电力展览会、巴西圣保罗国际电力展览会、迪拜国际电力展览会、埃及国际电力及能源展览会等，扩大公司产品国际影响力，同时，在现有市场积极推进海外机组成套销售，加强机组改造市场开发。四是完善海外市场营销网络，在重点区域市场和新兴市场有计划地增设海外分支机构，形成驻外商务代表处、分（子）公司和售后服务中心的网络布局。五是通过加强客户服务管理，巩固水电、火电产品在亚洲、非洲、拉丁美洲的市场地位，积极开拓欧洲、南美等新兴市场。

2. 企业海外投资与全球布局

抢抓"一带一路"机遇，积极开发巴基斯坦 250 兆瓦风电 BOO 项目，迈出向电力投资领域拓展的第一步。BOT 投资项目开发也稳步推进，重点跟踪了巴基斯坦塔尔煤电一体化项目，该项目现已取得了巴基斯坦政府颁布的探矿证。

（二）项目概况

厄瓜多尔 500 千伏及 230 千伏输变电线路及变电站工程项目于 2013 年 7 月 26 日签约，项目业主是厄瓜多尔国家电力公司。项目地点跨越 Pichincha 省、Napo 省等多个省。工作范围包括 500 千伏和 230 千伏输变电线路和变电站的设计、供货、土建、安装、调试、运输、质保期运行以及移交后的运行与维护。

该项目是哈电集团在南美获得的首个输变电工程项目，同时也是厄瓜多尔首个 500 千伏等级输变电工程，将承担厄瓜多尔在建的两个最大规模水电站的输送任务，建成后对厄瓜多尔经济发展具有重要意义。

厄瓜多尔 500 千伏等级输变电工程实景

（三）项目经验

1. 主要合作模式

一是依托自身优势"自驾出海"，凭借技术实力与国际渠道建设经验，拓展电站设备和输变电项目总承包业务。近几年来，为适应市场形势的需要，哈电集团不断探索升级商业模式，在传统工程总承包业务基础上，以 BOO/BOT 投资业务提高企业持续盈利能力。典型案例是在 2016 年 6 月 26 日，与 GE 公司合作正式签订阿联酋迪拜哈翔（Hassyan）2400 兆瓦清洁燃煤电站 BOO（建设－拥有－经营，特许经营期 25 年）项目的 EPC 总承包合同，项目预计总投资为 33.3 亿美元。

二是协同总承包企业"借船出海"，与中国华能、中国电建等总承包企业合作，推进装备"走出去"；与战略合作方"联合出海"，巩固与中国华能、三峡集团、国机集团等战略合作关系，强强联合，优势互补，共同拓展海外市场。

2. 工程承包转型升级

在传统工程总承包业务的基础上，突出抓好投资业务，加快向电力投资领域延伸；完善一体化电力服务链上设计和运维关键环节，增强核心竞争力，加速转型升级。打造集融资、设计、制造、施工、运行、售后服务一体化的电力服务组合，在海外市场实现"走出去、走进去、走上去"。迪拜哈翔投资项目的成功，增强了哈电集团推进投资业务的信心。

3. 产业链培育与布局

借鉴国外先进经验，提升产品性能、质量，完善营销网络，健全风险防控；加强电力服务运维能力建设，所属企业调试运行中心正式获得国家火电机组调试甲级能力资质；强化产融结合，通过平价展期与择期交割等方式减少人民币汇率波动影响，为在建项目运营保驾护航。升级售后服务模式，在海外项目所在国设立4S售后服务中心，实施本地化服务策略，以售后服务业务拓展企业发展空间。

4. 本土化战略实施

1）通过阿联酋迪拜哈翔（Hassyan）2400兆瓦清洁燃煤电站项目的国际影响力提升企业的知名度。本项目是中东地区第一个大型清洁煤电项目，它的实施对该区域未来能源发展具有指导、示范效应，在全球电力市场也有很大影响力，共有48家知名电力开发商、总包商、设备制造商参与投标。因此，投资承建该项目能够提升哈电集团的声誉和知名度。

2）首次进入中东市场，具有里程碑意义。中东地区是电力投资的国际高端市场，多年来一直被欧美日韩及当地公司占据，参与该项目将实现哈电集团在此区域的突破，增强了哈电集团在中东电力市场的影响力，同时，可以起到对中亚、北非、欧洲等市场的辐射作用。

3）通过与ACWA的合作巩固深化双方的关系，为今后合作奠定基础。该项目是与ACWA的首次合作，ACWA是具有沙特主权基金背景的全球著名电力开发商，在电力开发领域有着丰富的经验和良好的声誉。该集团今后将继续在全球大力开拓电力市场，同其开展长期合作，对哈电集团在总承包和投资领域拓展将产生重大的积极影响。

5. 国际化标准建设

在哈翔（Hassyan）2400兆瓦清洁燃煤电站项目执行时，根据DEWA要求，哈电集团同阿尔斯通组成联合体作为项目的EPC承包商，由于业主对机组性能有特殊要求，项目需采用阿尔斯通公司设备。EPC合同主要包括建设电厂、卸煤码头和天然气计量站，合同金额为23.5亿美元。阿尔斯通公司提供主、辅机设备，并对设备主要参数和性能提供保证。

6. 知识产权合作

哈电集团在与GE公司组成的联合体共同参与阿联酋迪拜哈翔（Hassyan）2400兆瓦清洁燃煤电站项目的过程中，双方也互相加强了知识产权的合作。

7. 国际化人才培养

通过阿联酋迪拜哈翔（Hassyan）2400兆瓦清洁燃煤电站项目能够丰富哈电集团的国际电力投资的经验，锻炼队伍。该项目是哈电集团参与的第一个国际公开招标的投资项目，对于熟悉国际电力投资业务、提高BOT/BOO项目运作能力、锻炼和培养投资和运营管理队伍、提升国际电力投资市场业绩都有重要意义。

8. 社会责任

据世界能源理事会的数据，到2020年，海湾地区新增电力需求年均增长7.7%，到2025年，中东地区人口将增长31%，包括阿联酋在内的中东国家将加大对电力的投资。阿联酋与我国关系友好，是我国在中东地区第二大贸易伙伴。2013年，中阿双边贸易额达462.3亿美元，同比增长14.4%。迪拜是阿联酋最大和人口最多的城市，也是中东地区的经济和金融中心。2020年世博会将在迪拜举办，迪拜预计投入180亿美元用于能源等基础设施建设。迪拜哈翔（Hassyan）2400兆瓦清洁燃煤电站项目的建设将极大缓解当地电力紧张的局面。同时该项目也是中东地区第一个大型清洁煤电项目，符合目前电厂类型向环境友好型转变的趋势，它的实施对该区域未来能源发展具有指导、示范效应，在全球电力市场也有很大影响力。

9. 风险防控

（1）国别风险

主要体现在政府违约、战争、征收或国有化、汇兑限制等方面。哈翔（Hassyan）2400兆瓦清洁燃煤电站项目位于迪拜，一直以来迪拜政治、经济和社会稳定，政府信誉良好，迪拜作为中东地区最著名的免税港，金融业极为发达，汇率一直保持稳定，从未发生过政府违约及汇兑限制、征收及国有化以及战争等事件。正是因为这些原因，包括中资银行在内的银团在提供融资时均未要求ECA机构提供信用保险，由此可见政治风险是极小的。

（2）立项风险

本项目最主要的合同为EPC合同及购电合同PPA。PPA协议的购电方为DEWA，是迪拜唯一的一家负责水利和电力供应和管理的国有公共机构，实力雄厚，有迪拜政府作为后盾，同时迪拜政府为DEWA的付款责任出具主权担保，因此DEWA违约的风险是极小的。

（3）购电违约风险

本项目已经正式在政府立项并有权签订项目文件。根据投标情况来看，世界主要的电力投资商包括大韩电力、日本丸红等跨国公司都参与了本项目的正式投标，并且DEWA具有迪拜政府属性，因此本项目不存在未立项、DEWA无权签署项目文件的风险。

（4）付款风险

本项目的PPA由迪拜政府提供政府担保，并且根据融资方要求，已要求迪拜政府出具主权豁免弃权文件。如果DEWA迟付或拒付电费，迪拜政府将承担付款责任⊖。

⊖ 引自哈电集团开展国际产能合作调查报告

四、卧龙控股集团有限公司

卧龙控股集团有限公司（以下简称卧龙）发端于1984年创办的上虞县多速微型电机厂，经过30多年的拼搏，已经成长为我国著名的民营电机制造企业。卧龙通过并购国内外同行优秀企业，完善产业链与产品类，实现产业的外延式扩张与转型升级。从2002年成功收购绍兴灯塔蓄电池和湖北电机总厂开始，十几年间，卧龙先后实施了银川变压器厂、奥地利ATB集团、美的淮安清江电机、山东章丘海尔电机、意大利SIR机器人公司、南阳防爆集团等十余并购项目。

通过并购，卧龙得以迅速形成电机与控制系统、输变电和电源电池三大制造业产业主体，产品也从最初的参与简单工业机械配套，很快发展到参与国家重大基础设施项目建设，并且迅速与近百家世界500强企业和国内知名企业加强业务联系，成为他们的主要供应商。

（一）企业概况

卧龙控股集团有限公司现拥有卧龙电气、卧龙地产、卧龙ATB、卧龙-LJ公司4家上市公司，55家控股子公司，员工18000余人，总资产240亿元、年销售240亿元，形成了制造业为主业、房地产和金融业为两翼发展的产业布局。

公司主要从事各类电机及控制装置、变压器、蓄电池产品研发、制造与销售。生产的产品广泛用于工业自动化、家用电器、轨道交通（高铁、地铁、城际铁路）以及供电、能源（火电、水电、核电、光伏）、采油及炼油、环境、给水及处理水、采矿、船舶、冶炼等工程。2014年，实现营业收入68.93亿元，利润总额4.57亿元，营业利润3.21亿元，净利润4.46亿元。

公司设有博士后科研工作站和国家重点实验室，建立有国家级企业技术中心、省级电气研究院、省级院士专家工作站、浙江省外国专家工作站，已承担国家高新技术发展计划（863计划）1项，实施了国家级火炬项目15项，开发国家重点新产品15项，获得49项重点科技发展成果和339项国家专利，参与国际、国家和行业标准起草修订45项。公司是浙江省电机行业协会理事长单位、中国分马力电机行业协会和中国电器工业协会常务理事会单位，是中国机械工业 100 强企业、民营 500 强企业、中国制造 50 强企业。"卧龙牌"小功率电机被评为中国名牌产品，"卧龙牌"中、小、微电机获得国家免检产品资格，卧龙商标被认为定为中国驰名商标，全球进出口商协会授予"中国最佳供应商"称号。

（二）国际历程

为了进一步提升公司的国际知名度和品牌影响力，公司积极推进国际化进程，实践"走出去"战略，在国际并购方面进行了探索和尝试。

2009 年，因国际金融危机和产品竞争力的因素的影响，电池技术产业行业内的知名企业——瑞士欧立康公司出现经营危机，准备出手销售。获知该信息后，公司积极参加多轮并购洽谈。但是欧立康最终被美国的最大电池制造企业所收购。

2010 年上半年，在获悉美国艾默集团计划出售其电机与控制业务资源产包信息后，联合万向集团参与了竞标，最后因价格因素被日本企业所购。卧龙针对海外并购组建了一支由各个部门高级管理人员组成的专门团队，通过高盛、普华永道和贝雅等国际知名投资行和咨询公司的密切合作和交流，使得卧龙积累了相当程度的国际并购能力和经验。

2010 年 12 月，普华永道中国及奥地利团队在获悉 A-TEC 有意出售旗下 ATB 公司信息后，向国内电机行业的龙头企业——卧龙进行了推荐。在初步评估分析后，公司控股股东及公司认为收购 ATB 公司符合卧龙的长期发展战略和业务规划，是适合的购并目标，因此决定正式参与对 AEB 的收购。

2010 年 12 月，公司股东及公司在普华永道的介绍下与 ATB 公司、A-TEC 公司开始初步的接触；2011 年 1 月，包括卧龙控股董事长在内的高级管理层赴奥地利对 ATB 进行首次参观访问，并与 ATB 的主要管理层及股东——A-TEC 公司进行了洽谈；2011 年 2 月，A-TEC 的主要管理层及控股股东对卧龙进行参观访问，并就交易框架达成共识，签订了框架性协议；2011 年 5 月，公司控股股东及公司抽调业务、技术等部门的核心管理人员组成业务尽职调查团队，赴欧对 ATB 位于奥地利、德国、波兰、塞尔维亚和英国的十家生产型电子公司进行了为期两周的深入细致的考察，并与管理层进行了访谈；2011 年 6 月上旬，双方就交易的价格与主要的条款达成了初步共识，卧龙控股向 A-TEC 提交了附先决条件的约束性报价书；2011 年 7 月 15 日，卧龙控股与 A-TEC 就本次交易的条款基本达成一致，双方在奥地利维也纳签署了《股份购买协议》。

2011 年 9 月 30 日，由于 A-TEC 集团未能满足重组条件，A-TEC 集团转入破产托管人管理的破产保护状态。在此背景下，卧龙控股于 2011 年 10 月 19 日完成了对旗下电极板块业务即 ATB 集团的收购交割。在收购完成后，卧龙控股进行了一系列整合措施；卧龙电气受托管理 ATB 后，也对其实施了有效管理。收购当年，ATB 运营状况显著改善，实现了扭亏为盈，2012 年也继续保持了稳定盈利的态势。

从 2012 年 11 月开始，卧龙电气与 ATB 重大资产重组工作开启。2013 年 6 月 27 日，经中国证券监督管理委员会上市公司并购重组审核委员会召开的 2013 年第 15 次并购重组委员工作会议审核，本次交易无条件通过。2013 年 7 月，获中国证监会"证监许可【2013】966 号"《关于核准卧龙电气集团股份有限公司向浙江卧龙舜禹投资有限公司发行股份购买资产的批复》，重组完成。

2013 年 10 月，卧龙又并购了美的清江电机，成立卧龙电气淮安清江电机有限公司。2014 年 7 月，收购了章丘海尔电机 70% 的股权，一举改变空调电机为主的单一产品线结构。2014 年年底，又成功并购了意大利 SIR 机器人公司，使得卧龙在电机控制系统应用领域获得了进军全球市场的桥头堡。2015 年 3 月，成功并购中国最大的防爆电机研发制造基地——南阳防爆集团股份有限公司，使得卧龙一跃成为中国电机行业遥遥领先的龙头企业。

近十年来并购战略的实施，不仅丰富了卧龙产业结构，合理平衡了产业竞争力，而且全球资源要素合理配置效果逐渐显现，产业提升速度明显加快，1+1>2 协同逐步显现。迄今，卧龙基本完成了中国—欧洲—全球营销的电机制造产业布局，从而为达成"全球电机 No.1"的战略目标打下了坚实的实业基础和有效的跨国营业平台。

（三）企业经验

一个企业要成长蜕变为跨国企业和行业领袖，除了正确而远大的战略决心和宏大的愿景，更重要的还是具备发展所需的资源和可行的实现路径。2002年在上海证券交易所的成功上市，给卧龙的快速发展提供了有效的资本平台支持。而资本市场提供的丰富企业并购资源，则为卧龙指引了一条抓住市场机会、通过行业并购、整合优势资源，快速壮大企业规模实力和提高核心竞争力的成功路径。纵观卧龙发展历史，不管是在经济繁荣时期还是困难时期，提前谋划企业战略布局，抢抓机遇，通过实施一系列海内外并购，有效参与全球化合作和竞争，走出了独具特色的转型升级发展之路。

首先，得益于国内外市场的需求拉动。从全球电机行业看，根据IMSresearch发布的报告显示，过去十多年全球电机行业处于发展良好阶段，低压电机市场在2009～2017年，欧洲、中东和非洲地区、美洲区域和亚太地区的市场收入将分别保持8.8%、12.8%和9.0%的增长率，至2017年全球低压电机市场收入将达1462860万美元。中高压电机市场，2012～2014年上述三个区域的收入也保持了较高的增长。

从国内电机行业看，最近30多年，我国电机工业先后经历了依靠进口、技术引进、技术吸收再创新、自主开发等不同阶段。目前，我国电机行业已经形成了一套完整的业务体系，产品的品种、规格、性能和产量都已基本满足我国国民经济的发展需要。根据国家统计局的相关资料，2001～2013年期间我国交流电机总产量从6236.27万千瓦/年，年复合增长率为13.26%，到2013年，中小型电机行业总产量17289.5万千瓦，较2012年增产336.7万千瓦，增长率为2.0%;实现工业产值558.9亿元,同比增长4.9%;实现利润35.5亿元,同比增长6.9亿元，增幅达24.2%。我国已成为世界上最大的中小型电动机生产、使用和出口大国。

其次，得益于公司成功的转换升级战略。与大多数浙江民营企业一样，卧龙也是从小厂起步。在企业发展初期，仅仅是一个年销售不过个把亿的小企业的时候，就提出了建设"东方西门子"的企业愿景。在卧龙看来，这个企业愿景的含义，就是将西门子这样的跨国产业巨头作为企业发展的模范、目标和标杆，体现了卧龙产业和产品高端引领的专业气度和奋力实践做大做强的勇者魄力。自此，卧龙开始了"产业做大做深、产品高端引领、实现跨国经营、成就行业领袖"的持续十年的卓越征程。如今这一愿景又具体化为"全球 No.1"的阶段性战略目标。

公司收购完 ATB 集团后，在充分沟通的基础上，导入了卧龙的企业文化，初步实现了文化融合，稳定了员工情绪，提升了员工信心。"整合、协同、全球化"战略实施，确保了企业的平稳、持续和健康发展。

一是进行文化融合。收购伊始，东西方的语言和文化存在很大的差异和冲突，这是实施跨国经营的企业在企业管理中必须要面对和解决的问题。作为一个国内企业，在实施全球化战略时，如何实现更好地沟通，如何寻求中外文化、中外人员互相碰撞和沟通时的平衡点，成为"走出去"学到的第一课。控股股东在收购 ATB 公司之后，首先派驻了财务总监。该财务总监在国内一直负责对外贸易业务，对国外文化的了解程度相对较深，能较好地起到沟通桥梁作用。财务总监管理制度，是公司长期外延式发展的选择方式之一。

二是完善法人治理机构。通过改组 ATB 集团监事会和董事会、梳理母公司与子公司管理模式和主要管理制度流程的改造重构和优化，成功地使 ATB 管理层理解和接受卧龙的基本经营管理理念和一些操作方法，实现了对 ATB 公司的战略与制度管控。

三是全面推进卧龙 -ATB 间的双边协同。通过每年一度的协同大会，落实在市场营销、生产制造、零部件采购、技术研发等方面的协同工作。营销协同方面，充分利用卧龙电气和 ATB 公司之间的市场网络优势，扩大双方销售领域的协同，把卧龙的产品引入欧洲市场，把 ATB 的优势产品引入中国市场，并共同开拓新兴市场。开展重大客户联合销售，起到了完善 ATB 市场网络，优化卧龙客户结构的作用。技术协同方面，ATB 产品涵盖了低、中、高压各类电机，并广泛应用于石油化工、核电、核动力船舶、煤矿、石油天然气开采及钻井等领域，卧龙通过引进部分高端电机产品技术，加快了产品升级转型的步伐。制造协同方面，将 ATB 的部分产品转移到国内生产。与此同时，卧龙还与 ATB 共享采购资源并积极配合 ATB 在最佳成本地区寻找战略采购供应商，进一步增强了 ATB 产品的市场竞争力。

通过整合与协同，实现了 ATB 集团平稳发展，实现销售、利润同步增长。2011 年实现净利润 3183 万欧元，2013 年实现净利润 2616 万欧元[⊖]。

第二节 专用设备制造典型企业案例

首创集团

首创集团是中国领先的国有大型基础设施投资集团，专注于水务、固废处理、轨道交通及高速铁路等业务，其通过控股子公司运作的固废处理业务处于国内领先地位。同时，首创集团也是中国知名的房地产开发商之一。首创集团各地区以及国际业务板块员工总数约 2000 人，并多年上榜"中国企业 500 强"。

（一）项目背景

TPI NZ 在新西兰当地废物处理行业排名第一，占有新西兰固废处理市场超过三分之一的市场份额，在奥克兰、基督城、惠灵顿等主要城市的市场份额均排名第一。其中，该公司在液体废物处理市场拥有 56% 的市场份额。该公司目前拥有员工约 1100 人，各种业务车辆 800 辆，垃圾转运站 29 处以及垃圾填埋场 5 处，其在奥克兰、基督城的垃圾填埋场，均为当地最大的垃圾填埋场。公司 2014 年财务表现非常突出，收入同比增长约 8%。

（二）项目概况

2014 年 6 月 30 日，首创集团与澳大利亚 Transpancific Industries Group Limited 集团达成协议，并购其旗下的 Transpancific New Zealand 公司（TPI NZ）100% 的股权，并购对价为 9.5 亿新西兰元，约合 50 亿元人民币，这也是中国企业在环保领域的最大海外并购项目。新公司将命名为 Beijing Capital

---

⊖ 引自卧龙电气集团开展国际产能合作调查报告

Waste Management NZ Ltd（首创新西兰环境治理有限公司）。首创对 TPI NZ 的并购是新西兰固废处理历史上最大规模的交易，是中国企业在环保领域的最大海外并购，也是首创集团第一次采取并购方式走出国门参与国际竞争的项目。

首创集团选择对 TPI NZ 公司进行并购的主要原因有如下：

新西兰政策环境透明，经济健康平稳，对华经济合作政策友好、开放。尤其在环保治理方面，有比较先进、严格的管理制度，以及法制建设经验，社会公众具有强烈的环保意识。TPI NZ 公司在新西兰的成功经验值得学习。

TPI NZ 公司主营业务发展成熟，拥有稳定、充沛的现金流。采取并购方式，可以大大缩短企业的发展时间，实现首创在固废领域的快速、跨越式发展。

在固废处理方面，TPI NZ 拥有完整的产业链条，除了后期处置之外，同时拥有前期的垃圾收集、转运等多个环节，这对中国固废产业市场化发展有一定的借鉴意义。而在固废之外，横向上，TPI NZ 还有污染水、非污染水、医疗垃圾、建筑垃圾等业务内容，有足够大的业务扩展空间。

TPI NZ 有一个比较好的管理运营团队，保证了其在企业内部管理和项目运营管理等方面都有较高的效率。比如，TPI NZ 的一个垃圾转运场只需要四名员工，厌氧沼气发电可以稳定运行二十五六年。

（三）项目经验

此次并购是继北控水务 2013 年以 13.5 亿元并购标准水务公司两个污水处理项目后，环保领域内最大的海外并购。环保企业"出海"已经成为中国企业海外并购的新风向，重心已从过去的单纯工程、设备"出海"向资本并购转移。

清华大学环境学院环境产业研究中心主任傅涛表示，国内环保企业"出海"已经从早期的基础设施输出以及工程、设备合作转向资本型的服务输出，通过并购股权，推动环保服务产业壮大⊖。

⊖ 引自首创集团开展国际产能合作调查报告

第四章
航空工业企业装备制造合作典型案例

中航工业

2009 年 12 月 3 日，中航工业西安飞机工业（集团）有限责任公司与 FACC 公司股东在奥地利维也纳举行了股权交割仪式，中航工业西安飞机工业（集团）有限责任公司以 91.25% 的持股比例实现了对 FACC 公司的绝对控股。此次并购是中国航空工业的首次海外并购，标志着中航工业"两融、三新、五化、万亿"发展战略在融入世界航空产业链中取得实质性突破，受到了政府、企业、媒体社会各界的高度关注。

（一）项目背景

FACC 成立于 1989 年，是从事开发、设计、制造航空复合材料部件和系统的专业化公司，员工 1300 余人，其中工程团队 200 余人。在奥地利有四个制造厂、两个工程部门，在加拿大、美国各有一个客户支持中心。公司主要产品包括航空结构件及系统、飞机内装饰产品及系统两大类。FACC 是波音、空客、庞巴迪、罗罗、GE 及普惠等世界航空工业巨头的复合材料部件的供应商，也是全球 OEM 和一级供应商的一个可靠和公认的合作伙伴，其产品 100% 出口。

在国际航空合作项目中，中航工业西安飞机工业（集团）有限责任公司目前尚处于全球民机产业分工中回报率最低的产业环节。FACC 已比较牢固地占领了国际航空复合材料制造业市场，有明确的产品市场定位，具备由次承力构件向主承力构件扩展的能力。若将中航工业西安飞机工业（集团）有限责任公司在飞机结构设计方面的能力与FACC在复合材料的经验和研究能力结合，可实现由次承力构件的开发过渡到主承力构件的生产，将有助于形成核心国际竞争力和影响力，使中航工业西安飞机工业（集团）有限责任公司成为全球民机制造的一级供应商。

在设计研发和销售服务两个附加值高的环节上，通过并购FACC公司，可以充分借鉴吸收FACC长期与国际知名航空制造商商业交往中所形成的理念体系和标准体系，快速掌握融入世界先进民机制造体系所必需的行业规则，有助于形成自主创新的民机研制体系，尽快融入世界航空产业链的高端。

（二）项目概况

中航工业西安飞机工业（集团）有限责任公司实施海外并购的主要过程如下：

2008年8月10日，中航工业收到FACC财务顾问德意志银行发来的邀请原中国一航参与竞购的要约函；2008年8月13日，中航工业组建内外部工作团队；2008年8月16日，中航工业递交第一轮无法律约束力的竞标书；2008年8月27日，FACC邀请中航工业进入第二轮竞标程序；2008年9月3日～9月4日，中航工业召开项目正式启动大会，开始尽职调查工作；2008年10月5日，FACC确认并通知中航工业进入第三轮竞标程序；2008年10月27日～10月28日，完成最后一次购股协议的谈判，合同条款基本达成一致；2009年，中航工业将并购FACC项目转给中航工业西安飞机工业（集团）有限责任公司实施。中航工业西安飞机工业（集团）有限责任公司于2009年10月份与股东签署正式协议。2009年11月，中航工业西安飞机工业（集团）有限责任公司成立香港未来国际航空投资股份有限公司，作为FACC公司发展的融资平台；2009年12月3日，中航工业西安飞机工业（集团）有限责任公司与FACC公司股东在奥地利维也纳完成了股权交割；并购完成后，在中航工业海外企业管控团队和FACC管理层的共同努力下，FACC业绩稳步提升。近6年来，营业收入实现翻番，从2009/2010财年的2.54亿欧元，增长至2015/2016财年的587541万欧元。

（三）项目经验

1. 做好并购方案的设计和详尽可靠的尽职调查

海外并购整合能否成功不仅取决于并购交易后的管理，更与并购之前的并购方案设计和尽职调查有密切关系。对于将来希望进行海外并购的中国企业来讲，制定好严密的整合计划后，再进行并购交易将是降低交易风险的有效手段。

2. 企业应从战略高度思考并购

在全球经济动荡的不确定环境下，企业海外并购必须有清晰的战略思考，不能急功近利，过于激进，要研究并购后能否产生协同效应，因为并购行为不仅仅是产品、市场和产业结构的调整，也是战略布局，否则在看不清楚未来的情况下贸然进行投资会有很大的风险。在选定并购目标之后，要通过尽职调查充分评估并购目标，识别潜在的风险和影响。并购整合过程应充分评估双方在文化理念等方面的差异，分步骤、有策略地稳步推进实施。

3. 要注意交易过程中存在的信息不对称问题

由于信息不对称，可能会无形中增加交易成本。首先，对于交易标的详细情况不可能完全了解。一般来说，尽职调查通常只能发现账面的资产负债状况，对管理能力、企业文化、员工抵触、工会制度等关键问题很难准确评估。对目标企业的股权结构、技术专利所有权也常常存在了解不清晰的情况。

4. 海外并购必须培养和引进全球化人才

国际化人才的缺乏是中国企业海外并购面临的重要困难。中国企业要进行成功的跨国并购，必须拥有相当一批国际化人才。所谓国际化人才就是那些具有全球视野和胸怀的人才，具有与国际对接、交流、沟通能力的人才，是那些能够适应跨文化和具有在国外生存和发展能力的人才。由于中国许多企业都缺乏国际化人才，使并购后企业的整合与发展面临许多不确定因素，导致并购后的企业整合管理滞后[注]。

⊖ 引自中航工业开展国际产能合作调查报告

编　后　语

　　为了加强对"引进来"和"走出去"双向投资工作的宏观指导和服务，更好地为中国企业"走出去"、跨国公司"进入中国"提供政策和资讯等方面的信息，在国家发展和改革委员会领导的关怀和指导下，国际合作中心组织编辑了"一带一路双向投资丛书"（以下简称"丛书"）。

　　"丛书"以促进"一带一路"建设和中国的双向投资为宗旨，由《2016中国双向投资发展报告》《中国双向投资政策指南2016》《"一带一路"与国际产能合作——行业布局研究》《"一带一路"与国际产能合作——地方发展破局》《"一带一路"与国际产能合作——企业生存之道》和《"一带一路"与国际产能合作——国别合作指南》等6本书组成，以达到务实指导和服务社会各界开展交流合作的目的。

　　"丛书"编辑团队，经过走访、调研、征稿、网上搜集、分析等多种方式，历时8个月完成了"丛书"编辑工作。在"丛书"编辑过程中，编辑组得到了国家发展和改革委员会办公厅、利用外资和境外投资司、西部开发司、国际合作司等有关司局的支持，有关省区市发展改革委为"丛书"提供了大量丰富的信息资料；得到了商务部办公厅、外国投资管理司、对外投资和经济合作司的支持与帮助；同时，"丛书"也得到了有关外国驻华大使馆的大力协助与支持。最后，机械工业出版社对"丛书"的出版也给予了大力协助，在此一并致以最诚挚的谢意。

曹文炼

国家发展和改革委员会国际合作中心主任

"一带一路双向投资丛书"执行主编

国家发展和改革委员会国际合作中心组织编写的
一带一路双向投资丛书(国际产能合作)

由时任国家发展改革委主任徐绍史担任主编并作序，国家发展改革委主任何立峰，副主任宁吉喆、王晓涛为副主编，国家发改委国际合作中心组织编写的"一带一路双向投资丛书（国际产能合作）"，已全面出版发行。

"丛书"编辑部继2014、2015年出版了反映"一带一路"和双向投资状况的大型丛书后，在2016年推出重点配合宣传"一带一路"建设和推进国际产能和装备制造合作的权威性大型丛书。

"丛书"特点

权威性："丛书"编委成员为推进"一带一路"建设工作领导小组成员单位（国家发展改革委有关司局、国际合作中心）、各地方发展改革委工作人员，同时还得到商务部有关司局、外国驻华大使馆以及各行业协会、企业的支持与帮助，使本套全书资料全面且丰富。

政策性："丛书"深度解读"一带一路"与国际产能合作相关政策，以及各地方落实推进方案，向境内外投资者展示中国开放的新政策及投资导向。

务实性："丛书"内容结合大量"一带一路"与国际产能合作案例，总结并研究中国企业海外合作前景、方式、方法，是切实具有指导意义的一套丛书。

可观性："丛书"图文并茂地展开"一带一路"与国际产能合作的探讨与研究，语言平实易懂。

书号	书名	定价
978-7-111-56353-2	2016中国双向投资发展报告	120元
978-7-111-56308-2	中国双向投资政策指南2016	180元
978-7-111-56688-5	"一带一路"与国际产能合作——行业布局研究	180元
978-7-111-56658-8	"一带一路"与国际产能合作——地方发展破局	150元
978-7-111-56506-2	"一带一路"与国际产能合作——企业生存之道	180元
978-7-111-56592-5	"一带一路"与国际产能合作——国别合作指南	180元

一带一路双向投资丛书（国际产能合作）

扫描二维码立即购买

机械工业出版社
China Machine Press

国家发展和改革委员会国际合作中心组织编写的

一带一路双向投资丛书（2015）

"一带一路双向投资丛书"是由时任国家发展改革委主任徐绍史担任主编，国家发展改革委主任何立峰、副主任王晓涛为副主编，国家发展改革委国际合作中心具体组织编写的权威性大型丛书。

该"丛书"是继2014年组织出版了全面反映我国双向投资状况的权威报告之后、在2015年重点结合推进"一带一路"倡议的权威性大型丛书。

"丛书"分为《2015中国双向投资发展报告》《中国双向投资政策指南》《一带一路国外投资指南》（上、下）和《一带一路双向投资研究与案例分析》五册。

本套书特点可概括为四点：

一是收集了国家与各地方2014年双向投资的发展情况，对国内外更多了解中国双向投资发展情况提供了大量信息；

二是收集了有关双向投资的政策，特别是关于"一带一路"的政策，向外国投资者展示中国开放的新政策及投资导向；

三是收集了"一带一路"沿线重点国家的国外投资指南，对中国企业对外投资提供一定的指导；

四是收集了国内外专家对"一带一路"国家和地区双向投资的分析与研究报告，以及不同行业"走出去""引进来"的典型案例分析。

书号	书名	定价
978-7-111-52961-3	一带一路国外投资指南（上）	180元
978-7-111-52954-5	一带一路国外投资指南（下）	180元
978-7-111-52925-5	一带一路双向投资研究与案例分析	80元
978-7-111-52924-8	2015中国双向投资发展报告	100元
978-7-111-52883-8	中国双向投资政策指南	120元

一带一路双向投资丛书（2015）

扫描二维码立即购买